국제정치특강

전쟁과 정치, 그리고 지구촌 안보

이종선

머리말

일반적으로 대학교에서 사용되고 있는 국제정치학 교재의 저서명에는 '전쟁과 평화'라는 부제가 상당수 포함되고 있다. 베츠(Richard Betts)의 『탈냉전시대의 분쟁: 전쟁과 평화의 원인에 대한 논쟁』[Conflict After the Cold War: Arguments on Causes of War and Peace(Routledge, April 2017)]이 대표적 사례이다. 지글러(David Ziegler)는 한발 더 나아가 『전쟁, 평화 그리고 국제정치』[War, Peace and International Politics(Pearson, Oct. 1999)]에서 전쟁과 평화를 국제정치와 동급의 수준으로 부제가 아닌 저서명으로 언급하고 있다. 심지어 아롱(Raymond Aron)은 『평화와 전쟁: 국제관계이론』[Peace and War: A Theory of International Relations(Routledge, Sept. 2017)]에서 전쟁과 평화를 저서명으로, 그리고 국제관계를 부제로 쓰기도 했다. 국내 저서로도 이춘근의 『전쟁과 국제정치』(북앤피플, 2020. 5)가 있다.

역사가 시작된 이래로 우리 인류는 전쟁의 고통과 공포로부터 벗어나기 위하여 노력했으며, 지금도 그 과정은 계속되고 있다고 할 수 있다. 그리고 그러한 노력은 다양한 학문의 참여를 필요로 했으며, 그 중심에는 국제정치학이 자리했다. 심지어 국제정치학의 학문적 태동은 이러한 배경 하에서 이루어졌다. 30년 종교전쟁을 마무리한 1648년의 베스트팔렌조약 체결 이후 각국의 왕정은 더 이상 교황의 간섭을 받지 않고 자신들의 판단에 의해서만 주권 사용이 가능하게 되었다. 이는 전쟁 결정도 각국의 절대왕정 자신들이 정치적 이해관계에 따라 이루어지는 상황이 조성되었다는 것을 의미한다. 이른바 전쟁과 정치가 밀접하게 결부되는 계기가 조성되었다. 종교적 이해관계가 줄어든 상황에서 각국은 자신들만의 판단에 의한 국가이익 설정이 가능하게 되었다. 만일 그 판단에 오류가 있다면 전쟁은 무자비한 살육으로 나아갈 가능성이 농후했다.

여기서 전쟁과 정치와의 관계를 명확히 정리한 전략가가 등장했다. 군사전략가인 클라우제비츠(Carl von Clausewits)의 『전쟁론』(On War)은 당대뿐만 아니라 21세기 이 시점에도 큰 영향력을 미치고 있으며, 전쟁과 정치에 대한 견해를 담고 있는 저서이다. 클라우제비츠의 전쟁론은 자신이 나폴레옹전쟁과 프랑스혁명에 의해 큰 영향을 받은 후에 집필한 저서로서 나치 독일뿐만 아니라 현대 미국의 외교 및 군사정책에도 심오한 영향력을 행사하고 있다. 그의 유명한 명언은 전쟁이 다른 수단에 의한 정치의 연속이라는 주장이다. 정치적 목적이 목표이고 전쟁은 그 수단이며, 목적이 없이 수단은 고려될 수 없다는 점이다. 이런 점에서 보면, 전쟁의 동기가 적으면 적을수록 제한전으로 귀결될 가능성이 크며, 반면 전쟁의 동기가 매우 강하면 전체 국가의 존속이 영향을 받게 된다는 것을 알 수 있다. 클라우제비츠는 결국 전쟁의 동기 강도의 정도가 전쟁의 치열함 정도와 긴밀히 연계되어 있다는 점을 시사한다. 전쟁이 무제한의 파괴 형태를 띠는 절대적 형태로 치닫을 경우, 그것은 순전히 군사적으로 변모하게 되면 정치성을 잃게 되는 것이다. 그는 전쟁의 무자비한 파괴에 대한 경종을 울리고 있다. 정치성를 상실한 전쟁의 형태를 배격하고 있다.

전쟁과 정치와 관련하여 클라우제비츠 추세를 따르는 전략가가 20세기 중후반에 등장했다. 핵시대에는 클라우제비츠 논리를 따르는 것이 인류의 종식을 방지하는 차원에서 적절하다는 주장이 그것이다. 이른바 미국의 클라우제비츠라는 브로디(Bernard Brodie)의 견해이다. 그는 『전쟁과 정치』[War and Politics(MacMillan, 1973)]에서 전쟁의 이유가 어떤 수단에 대한 고려보다 우선되어야 한다는 점을 강조하고, 그러나 이러한 단순한 논리가 대부분 무시되거나 때로는 거부된다는 점을 강조했다. 이런 주장은 그가 클라우제비츠의 후계임을 명확히 했다. 그는 제2차 세계대전, 한국전쟁 그리고 베트남전쟁에 대한 분석을 통하여 정치적 고려를 넘어선 군사적 사고에 경종을 울렸다. 게다가 핵시대에 들어서면서 핵무기 보유국가들과의 갈등에서 정치적 고려가 무시되거나 부인되고 군사적 고려가 우선시된다면 인류의 멸망은 명약관화하다는 점에서 브로디의 주장은 많은 지지를 받고 있다.

본 저서를 집필하는 필자도 국제정치학자가 해야 할 일 가운데 가장 중요한 것은 국제정치의 핵심이 전쟁과 평화라는 것을 충분히 인지하며, 그리고 전쟁과 정치의 관계에서 정치의 우선적 위치에 방점을 찍는 것이라는 데 큰 동의를 표하고 있다. 지구촌 국제정세를 이해하는 데에도, 동북아의 국제정세를 파악하는 데에도, 그리고 우리가 당면하고 있는 한반도 문제를 보는 데에도 그 어떤 이슈보다 전쟁과 평화의 중요성, 그리고 클라우제비츠와 브로디의 사고방식을 장착하는 것은 매우 중요하다고 할 수 있다.

이제는 우리가 전쟁, 평화, 그리고 정치의 관계 맥락에서 한 걸음 더 나아갈 필요성을 느끼고 있다. 전쟁의 원인, 그리고 그 예방책에 대한 구체적 분석의 필요성이 그것이다. 전쟁의 원인이 무엇인가에 대한 분석이 확실하게 이루어진다면 그 전쟁을 방지하는 방안이 자연스럽게 마련될 수 있을 것이기 때문이다.

여기서 교재 하나를 더 소개하고자 한다. 필자가 그동안 대학에서 지속적으로 담당하고 있는 과목들, 〈국제정치이론〉, 〈지구촌정치학〉, 〈국제분쟁론〉, 그리고 〈외교정책론〉 등에서 약방의 감초같이 사용해 왔던 교재이다. 브라운(Seyom Brown)의 『전쟁의 원인과 예방』[The Causes and Prevention of War(St Martin's, 1994)]이 그것이다. 브라운의 저서는 전쟁의 원인, 그리고 전쟁의 예방책, 두 부분으로 단순하게 나누어져 있으며, 다양한 시각과 이론을 소개하는 데 주안점을 두고 있다. 형식의 단순성뿐만 아니라 내용의 충실성도 보장하기 때문에 필자가 향후 저서를 작성할 경우에 참고해야겠다고 생각한 롤모델이다.

먼저, 전쟁의 원인에 관한 이론으로서 개인 심리적/생물학적/사회학적/인류학적, 국가 차원, 그리고 국제체제적 관점, 즉 구조적/세력균형의 관점에서 인간의 폭력성, 그리고 전쟁의 발발 원인을 분석하고 있다. 다음으로, 전쟁의 예방책으로서 세계정부 수립, 인간의 비폭력 도덕성 회복, 그리고 전 세계적인 군비축소(제거)의 필요성이 제시된다. 이상주의적/현실주의적 관점에서 의견의 차이가 클 정도의 논쟁점도 예측된다. 그리고 브라운 저서의 2012년 증보판에 추가된 새로운 장들은 집단폭력, 전쟁의 문화적 측면, 그리고 외교의 역할 부분들인데, 이 모든 것들을 망라한다면, 한 학기 주교재로서도 손색이 없을 뿐만 아니라 논쟁점을 제시하여 토론식 수업에도 적절하다고 할 수 있다.

이제 필자의 저서를 소개할 시간이다. 필자는 본 저서명을 국제정치특강으로, 그리고 부제로서 전쟁과 정치, 그리고 지구촌 안보로 하였다. 대학교의 국제정치 영역의 과목에서 15주~16주의 부교재 혹은 과제물로 사용될 수 있도록 적절하게 분량을 조절하였다. 물론 국제정치 영역에 관심이 있는 일반인들에게 일독을 권하는 것은 필자가 해야 할 당연한 일이다.

본 저서는 필자가 그동안 학회지 등에 기고한 글, 여러 가지 이유로 미발간된 글들, 그리고 필자가 미제스와이어 집필위원으로서 작성·발간한 소분량의

번역 논문들 가운데 전쟁과 정치, 그리고 지구촌 안보와 연관성이 높은 글들로 구성되어 있다. 이렇게 보면 본 저서는 필자가 그동안 관심을 두었던 영역의 글들을 모은 집합체로서 시기가 다소 지난 것들로부터 최근에 이르기까지의 글들이 망라되어 있다. 그렇지만 전쟁과 정치의 영역을 벗어난 글들은 없으며, 장의 구성에 맞게 배치되어 저서로서 구색은 충분하게 갖추었다고 할 수 있다. 두꺼운 저널 속에 있던 글들, 시간이 지나 빛이 약간 바랜 글들, 미발간의 어둠을 뚫고 나온 글들, 그리고 최근에 발간된 글들 등을 전쟁과 정치의 영역에서 하나로 묶음으로써 새로운 형식의 글로서 재등장하게 되었다.

본 저서는 크게 4부로 나누어져 있으며, 각 부는 3~4개의 장으로 구성되어 있다. 먼저, 제1부는 전쟁의 원인과 연관된 국제정치의 이론 부분이다. 필자가 그동안 관심을 가졌던 전쟁의 이론에 대한 3개의 글이 제공되고 있다. 첫 번째는 외교정책의 이론사적 재평가이다. 외교정책의 사례연구와 계량적 연구의 장·단점에 대한 검토를 통하여 새로운 길을 모색한 글이다. 두 번째는 민족주의와 전쟁과의 연관성에 관한 글이다. 민족주의는 20세기 중반 이후부터 탈냉전시대까지 지구촌의 정치적 지도를 크게 바꾼 역동적인 요소로서 전쟁의 발발에 큰 기여를 했다. 세 번째는 전쟁 발발과 민·군관계이다. 전쟁 발발과 관련한 호전성에 대한 민·군 지도자들의 태도에 관한 연구이다.

다음으로, 제2부는 핵무기 국제정치, 그리고 테러와 연관된 안보에 관한 부분으로서 4개의 글로 이루어져 있다. 핵무기 등장은 군사전략의 관점에서 큰 변화를 가져왔다. 첫 번째는 핵우산 개념의 변화 및 요인이다. 냉전 이후에 확장억지로서 알려진 핵우산의 역할에는 어떤 변화가 있는가에 관한 글이다. 두 번째는 핵비확산체제(NPT)의 지속 가능성이다. NPT의 한계는 무엇이며, 극복 가능성은 어떠한가에 관한 글이다. 세 번째는 핵무기금지조약(TPNW)의 성공적 정착을 위한 하나의 제안이다. 약소국 중심의 TPNW가 강대국 중심의 NPT와의 갈등적 측면을 극복할 가능성과 그 대안의 모색에 관한 것이다. 네 번째는 미국의 중동정책과 테러의 상관성에 관한 재검토이다. 미국의 주요한 관심은 제2의 9·11 테러를 방지하는 것이며, 이는 중동에서의 핵무기 확산과도 연계되어 있다.

다음으로, 제3부의 주제는 동북아 국제정세, 그리고 한반도이다. 한반도 주변을 둘러싼 4강과의 역학관계에 대한 정책적 내용으로서 3개의 글이 도입되고 있다. 첫 번째는 센카쿠 위기의 본질과 중·일 분쟁이다. 중·일 간의 군사적 충돌 가능성이 큰 지역이라서 만일 충돌 상황이 조성된다면 한반도에 미치는 영향은 지대할 것이다. 두 번째는 미사일 방어와 동북아 안보에 관한 것으로서 북한의 비핵화가 이루어지지 않는 한 그것은 항상 남북한 군사 긴장의 불씨로써 작동할 것으로 보인다. 세 번째는 오바마 정부의 대북정책이다. 이 글은 이미 시기상 다소 지난 것 같지만, 바이든 정부가 외교정책 면에서는 오바마 정부와 큰 궤적을 공유할 것이라는 점에서 이 글의 정치적 의미는 상당한 가치가 있다고 할 수 있다.

다음으로, 제4부는 지구촌 안보와 연관된 국제정치 이슈와 관련된 것이다. 분량은 다소 적지만 8개의 글로서 이루어져 있다. 첫 번째는 민족국가의 종언이다. 민족국가의 등장배경과 향후 민족국가의 생존 가능성에 대한 글이다. 두 번째는 윌슨의 민주주의를 위한 전쟁의 백년사이다. 제1차 세계대전의 미국 참전 이후 그동안에 진행되어 온 미국과 연관된 전쟁의 역사이다. 세 번째는 오바마 외교정책의 실패와 연관된 것이다. 오바마 정부의 혁신적인 중동 외교정책을 기대했던 사람들의 비판적인 시각이 핵심적인 내용이다. 네 번째는 일본의 원폭 투하에 대한 재검토이다. 다양한 관점에서 일본 원폭 투하에 대한 비판적인 주장이 제기된다. 다섯 번째는 러시아, 중국 그리고 실크로드 정치학이다. 러시아 관점에서 본 중국의 실크로드 계획으로서 향후 그 계획의 성공 가능성을 검토한다. 여섯 번째는 마약전쟁에 관한 것이다. 미국의 마약전쟁 성공 가능성은 중남미의 빈곤 문제에 대한 보다 근본적인 대책에서 출발해야 된다는 비판적인 관점이다. 일곱 번째, 인구 감소는 대재앙인가에 대한 의문점이다. 통상적인 우려와는 달리 인구 감소에 대한 향후 영향은 크지 않을 것이라는 전망이다. 마지막으로, 여덟 번째, 학자의 감소와 학계의 쇠퇴에 대한 글로서 본 저서의 결론으로 대신하고자 한다. 연구비 용역 등을 통한 학계에 대한 국가 개입을 최소화하는 것이 전문가들보다 교육자들을 살리는 길이며, 그것이 학자와 학생 등 학계를 살리는 길이라는 점을 강조한다.

마지막으로, 본 저서의 출간에 흔쾌히 응해 주신 도서출판 삼우사 조병철 대표와 출판사 관계자들에게도 심심한 감사의 말씀을 드린다. 그리고 대학교에서 강의를 하는 동안에 교수는 학생들을 가르치는 역할을 한다는 생각을 하게 되는데, 실상은 학생들과의 눈빛 교환과 몇 마디 질문과 답변이 오가는 과정에서 교수가 훨씬 더 많은 것을 수확한다는 점을 교수 경력의 후반부에 더 절실하게 느끼고 있다. 그것을 더 빨리 인지했더라면 얼마나 좋았을까 하는 아쉬움도 있지만, 지금이라도 알게 된 것만도 관련된 모든 이들에게 감사할 따름이다. 큰 작품 뒤에는 묵묵하게 지원해 주는 든든한 우군인 가족이 버티고 있다. 바쁜 와중에도 큰 소리 한번 내지 않고 격려해 준 아내와 멀리 있어서 매일 매일 전화 통화를 통하여 안부를 묻는 아들에게도 고맙다는 말을 전한다.

2021년 12월
신어산 자락 연구실에서
이종선

차 례

제1부 국제정치이론, 그리고 전쟁의 원인

제2부 핵무기, 테러, 그리고 국제정치학

제3부 동북아 국제정세, 그리고 한반도

제 4 부 국제정치 이슈, 그리고 지구촌 안보

제 1 부

국제정치이론, 그리고 전쟁의 원인

제 1 장 외교정책의 이론사적 재평가*

I. 서 론

탈냉전의 시대의 급작스런 등장은 국제질서의 급격한 변화를 예측하지 못한 국제정치이론과 외교정책 분석의 무력감에 대한 자성론적인 비판을 노정시켰다.[1] 국가간의 행동을 좀 더 과학적이고 체계적으로 분석하여 그 유형을 발견하며 그리고 정치가들에게 불확실한 미래에 대하여 보다 효율적으로 대처하는 방안을 제시하기 위해 그동안 수많은 학자들이 시간과 노력을 제공해 왔다는 점을 고려해 보면 이러한 비판은 무리가 아니라는 판단도 가능하다. 냉전체제의 붕괴는 외교정책의 분야에서 그동안 제시되었던 어떠한 접근방법도 그 사태의 도래를 예측하는 데 실패했다는 점에서 지난 기간 논의되었던 주장을 전반적으로 재검토할 수 있는 좋은 기회를 부여한 셈이다. 특히 비교외교정책은 외교정책의 과학화를 위한 선도적인 역할을 담당해 왔다는 점에서 외교정책의 영역에서 비교외교정책이 그 동안에 이루었던 업적을 이론사적으로 재평가하고 그 바탕 위에서 앞으로 나아갈 방향을 검토해 보는 노력은 심도 있게 논의될 필요가 있다.

이 논문은 비교외교정책에 대한 이러한 재평가를 위해, 먼저 비교외교정책이 등장한 배경을 살펴보고, 다음으로 비교외교정책이 어떠한 특징적 요소를 가

---

* 이 논문은 김달중 편저, 『외교정책의 이론과 이해』(오름, 1998. 6), 25-44면에 게재된 것임.

1) John Lewis Gaddis, "International Relations Theory and the End of the Cold War", *International Security* 17, 3 (Winter 1992/93), pp. 5-6; Valerie M. Hudson and Christopher S. Vore, "Foreign Policy Analysis Yesterday, Today, and Tomorrow", *Mershon International Studies Review* 39 (1995), pp. 209-212.

지고 있는가를 분석하며, 그리고 비교외교정책에 대한 비판적인 시각을 검토하고, 마지막으로 이러한 평가를 기반으로 하여 비교외교정책이 나아갈 방향을 제시하는 전망을 하고자 한다.

Ⅱ. 사례연구의 한계와 비교외교정책의 등장

비교외교정책은 1960년대 중반 로즈노우가 제시한 학문의 한 분야로서, 그 이전까지 진행되었던 외교정책의 분석에 대한 비판적 관점에서 등장한 산물로서 생각될 수 있다.[2] 외교정책의 전통적인 분석은 국가의 대외적인 행동을 단지 외부적인 환경으로부터 오는 자극에 대한 반작용으로서 파악하는 현실주의적인 시각을 반영했다. 이러한 분석은 제2차 세계대전이 끝난 이후에야 비로소 부분적인 변화를 보이기 시작했으며, 그 결과 국가의 외교정책이 외부적 환경뿐만 아니라 국내적인 상황에도 영향을 받는 것으로 이해되었다. 외교정책의 분석에 있어 이러한 국내적 요인들의 중요성은 이후의 학문적 조류에 큰 영향을 미쳤음은 부인할 수 없다.[3]

이러한 추세에 따라 국가의 대외적 행동에 영향을 주는 국내의 사회적, 경제적, 문화적 그리고 심리적 요인들에 대한 분석이 등장했으며 정치과정에 초점을 맞추는 연구들도 나타났다.[4] 특히 정책결정 과정에 대한 분석은 정부 내의 조직, 동기, 그리고 역할의 변수들을 도입함으로써 외교정책의 결정요인을 분석하는 데 새로운 지평을 열었다고 할 수 있다.[5] 정책결정의 접근방법은 힘과 국

2) James N. Rosenau, "Pre-Theories and Theories of Foreign Policy", in R. Barry Farrel, ed., *Approaches to Comparative and International Politics* (Evanston, IL.: Northwestern University Press, 1966), pp. 27-92.

3) 외교정책의 분석에 있어 현실주의와 국내적 요인 간의 갈등은 1990년대에도 여전히 지속되고 있다. Ethan B. Kapstein, "Is Realism Dead? The Domestic Sources of International Politics", *International Organization* 49, 4 (1995), pp. 751-753.

4) Rosenau (1966), pp. 96-97.

5) 외교정책의 분석에 있어 정책결정의 접근방법을 사용한 대표적인 문헌은 Richard C. Snyder, H.W. Bruck and Burton M. Sapin, *Decision-Making as an Approach to the Study of International Politics* (Princeton, N.J.: Foreign Policy Analysis Project, Princeton University, 1954); Karl W. Deutsch, "Mass Communications and the Loss of Freedom in National Decision-Making: A Possible Research Approach to Interstate Conflicts", *Journal of Conflict Resolution*, 1 (1957); Joseph Frankel, "Towards a Decision-Making Model in Foreign Policy", *Political Studies*, 7 (1959) 등을 들 수 있다.

가이익 중심으로 이루어진 전통적인 외교정책의 분석에 대한 반작용으로서 정책의 결정과정이 외교정책의 분석에 있어 필수적이라는 주장을 함으로써 다양한 변수들을 발견하고 국가 행위자에 추상적인 역할을 부여했던 기존의 경향을 변화시키는 데 큰 역할을 했다.

그러나 이러한 분석들은 특정한 상황에 직면한 국가들이 그 상황에 대처하기 위한 정책지향의 성격을 보였기 때문에 단일 사례를 주로 다루었으며 사안들의 급박성으로 인하여 시간 및 공간적으로 제한적인 성격을 가질 수밖에 없었다. 따라서 1940년대 중반 이전에는 두 개 이상의 경험적인 사례들을 비교하려는 시도는 예외적으로 인식되었으며[6] 이러한 경향은 제2차 세계대전 이후에도 크게 나아지지 않았다고 할 수 있다. 1950년대와 1960년대에 걸쳐 외교정책을 보다 체계적으로 분석하고자 했던 정책결정의 접근방법도 다른 국가들의 정책결정자가 가지는 시각의 유사성과 차별성에 대한 가능성을 배제함으로써 여전히 비교분석적인 접근의 관점에서 볼 때 문제점을 내포하고 있었다. 다시 말하면, 이러한 분석을 통하여 발견된 변수들은 모든 국가에 있어 동일한 방식으로 작용하는 것으로 가정하고 논의가 진행되었기 때문에 정책결정의 분석이 기존의 사례분석을 대체하는 새로운 형태의 접근방법이라고 간주하기는 어렵다는 데 한계가 있었다.[7]

물론 이 시기에도 외교정책의 분석에 있어 비교론적 관점의 필요성을 인정했지만 현실적으로 시기상조라는 입장에서 회의적인 시각이 있었다는 점이 지적될 필요가 있다. 이러한 주장의 핵심은 외교정책의 현상에 대한 가장 기초적인 자료의 부족과 당시의 초보적인 과학적인 분석 도구의 수준으로 인하여 외교정책의 변수들이 갖는 복잡성을 체계적으로 설명하기에는 어려우며 상당한 시일이 필요할 것이라는 점이었다.[8] 이와 같이 외교사적 사례연구에 대한 전통적인 경향이 지속됨에 따라 외교정책의 비교분석은 1960년대 중반에 가서야 비로소 태동하게 되었다.

---

6) 이 시기의 비교분석적인 접근은 민주체제와 독재체제 중에서 어느 체제가 국제사회에서 효율성이 더 높은가의 문제에만 한정되었다. James N. Rosenau, *The Scientific Study of Foreign Policy* (New York: The Free Press, 1971), pp. 68-69.

7) Rosenau (1971), pp. 68-71.

8) Kenneth W. Thompson and Roy C. Macridis, "The Comparative Study of Foreign Policy", in Roy C. Macridis, ed., *Foreign Policy in World Politics* (Englewood Cliffs, N.J.: Prentice Hall, 1962), pp. 26-27.

비교외교정책이 등장한 배경을 살펴보기 위해서는 당시의 학문적 및 역사적 경향을 우선적으로 분석할 필요가 있다. 먼저, 1950년대 중반에 제시된 비교정치학의 구조기능주의 분석은 국내정치 과정을 연구하는 학자들로 하여금 서로 다른 것같이 보이는 현상을 비교할 수 있도록 하는 기반을 제공했다.[9] 구조기능주의의 분석이 등장하기 전에는 정치체제에 대한 연구가 주로 그 체제의 독특성에 집중되었기 때문에 체제의 차별성이 상이한 결과를 낳는다는 분석 외에는 체제간의 비교분석을 행한다는 것은 생각하기 어려운 실정이었다. 1950년대 중반 이후 비교분석을 통하여 유사성과 상이성의 구별에 바탕을 둔 정치과정에 대한 경험적 모델이 등장했다. 이 시기에 범람했던 신생독립국들이 비교분석을 촉발시킨 계기가 된 것은 분명하지만 그 대상은 아시아, 아프리카 그리고 남미에 국한되지 않고 당시 극단적으로 대조되는 체제였던 미국과 소련도 비교의 대상으로 간주되었다는 것은 주목할 만하다. 외교정책에 대한 전통적인 분석은 서구와 비서구의 정치체제를 비교 불가능한 대상으로 간주했던 반면, 구조기능주의에 입각한 비교분석은 그 대상의 범위를 확장시켰다.[10] 정치체제 내의 모든 기구들, 즉 정당, 관료, 군부 등은 그들이 속한 체제의 종류에 관계없이 비교분석이 가능하게 되었다.

그러나 정치체제의 전반적인 분야에서 비교에 입각한 분석이 강조되었음에도 불구하고 외교정책의 현상에 대한 분석은 이러한 추세의 조류를 타지 못했다는 점이 관심 있게 지적될 필요가 있다. 그 주요한 이유로서 당시에는 국내정치와 국제정치의 연계현상에 대한 체계적인 분석의 필요성을 인식하지 못한 점을 들 수 있다.[11] 비교정치를 연구하는 학자들은 국내체제가 외부의 영향을 받지 않기 때문에 외부의 환경을 당연한 것으로 받아들이는 반면, 국제정치를 연구하는 학자들은 국가의 대외적인 행동을 유사한 자극에 대한 유사한 반응이라는 관점에서 국가의 대외적인 행동을 단순화시켰다.[12] 그러나 연계현상에 대한 이러한 한계성에도 불구하고 비교외교정책이 비교정치학의 분야에서 국제정치

9) 구조기능주의는 정치체제가 존속하려면 특정한 기능들을 이행해야 하며, 이러한 기능들은 다양한 조직에 의해 실행된다는 시각을 반영하고 있다. G.A. Almond, "Comparative Political Systems", *Journal of Politics*, 18 (1956), pp. 391-409.

10) Rosenau (1971), pp. 72-73.

11) Rosenau (1971), pp. 98-103.

12) Rosenau (1971), pp. 308-309.

학의 분야로 관심이 전이되었기 때문에 촉발되었다는 인식을 부인하기 어려운 실정이다.

다음으로, 비교외교정책의 등장은 1950년대 중반 이래 약 10년간 전개되었던 두 가지의 역사적 추세에서 찾을 수 있다.[13] 첫째, 신생국의 수적 증가는 외교정책의 현상을 비교가 가능할 정도로 확산시켰을 뿐만 아니라 유사한 행태에 대한 재발이 인식될 정도로 증가하였다. 특히 이들 신생국들은 규모, 문화적 유산, 정치구조 그리고 경제발전의 단계에서 유사성을 보임으로써 외교정책에 대한 비교분석을 용이하게 했다. 그보다 더 중요한 것은 국제체제의 규모가 증대됨에 따라 독특한 형태의 탐색보다는 비교에 입각한 분석이 국제체제를 이해하는 데 더 설득력을 갖게 되었다는 점이었다. 둘째, 핵무기의 등장으로 인하여 국가들 간의 정책과 대응이 주목을 받게 되면서 과거에는 단일사례의 분석으로 국한되었던 국가들의 외교정책이 상호 비교적인 관점에서 파악될 필요성이 증진되었다는 점을 들 수 있다. 미국과 소련 간의 핵무기 협상, 핵무기의 세계적인 확산 등이 긴요한 정책문제로 제기되면서 이러한 사안에 대해 많은 국가들이 어떻게 대응할 것인가 하는 정책적인 고려가 비교외교정책의 필요성을 가속화시켰다. 이러한 관점에서 볼 때 비교외교정책은 전통적인 외교사적 사례연구가 갖는 한계성을 보완한다는 점에서 그 등장의 의의를 찾을 수 있다.

Ⅲ. 외교정책의 과학적 연구와 비교외교정책

외교정책의 분석에 있어 과학적 방법이 최선의 방안이라고 받아들이는 학자들은 외교정책의 과학적 분석과 비교분석 간에는 지적인 차이가 없다고 믿기 때문에 양자는 유사한 개념으로 사용되고 있다는 점이 지적될 필요가 있다.[14] 따라서 다양한 방법으로 접근될 수 있는 외교정책의 분석에 있어, 비교외교정책은 방법론적으로 방향성을 제시하고 있다는 점에서 외교정책의 비교분석과 호

13) Rosenau (1971), pp. 73-75.

14) 알몬드는 실험, 계량 설문조사의 결과에 대한 분석, 혹은 현실세계의 과정과 행동에 대한 관찰에 있어 비교는 과학적 방법의 핵심을 이룬다고 주장했으며, 한편 라스웰도 이론을 증명하기 위해서는 관련된 모든 자료를 비교하는 과학적 방법의 불가피성을 피력했다. G.A. Almond, *Political Development: Essays in Heuristic Theory* (Boston, Mass.: Little, Brown, 1970), p. 254; H.D. Lasswell, "The Future of Comparative Method", *Comparative Politics* 1 (1968), p. 3.

완성을 갖는 것으로 간주될 수 있다.[15] 비교외교정책은 다음과 같은 특성을 갖고 있는 것으로 파악되고 있다.

먼저, 비교외교정책은 외교정책에 영향을 주는 요인의 분석에 초점을 맞추고 있다는 점에서 전통적인 분석과는 차별성이 있다는 점이 지적될 필요가 있다. 외교정책의 현상을 적절히 설명하고 예측의 신뢰성을 높이고자 하는 열망은 그 분석이 전통적이거나 과학적이거나 혹은 계량적이거나 질적이거나를 떠나 정책에 영향을 미치는 요인에 대한 분석을 필요로 한다는 점을 부인할 수 없다. 그러나 요인들을 규명하여 그것들이 정책에 어느 정도 영향을 미친다는 주장만으로는 불충분하며 그러한 관련성의 본질을 밝히는 것이 더욱 중요하다는 맥락에서 비교외교정책은 요인의 발견, 개념화 그리고 가능하다면 측정에까지 관심을 가지게 되었으며, 이와 함께 외교정책에 있어 종속변수와 독립변수를 연결하는 조건부(if-then) 가설에 대한 필요성을 요구 받았다는 점이 주요한 특징을 이루고 있다. 사실상 외교정책의 현상이 변수들 간의 다양한 역학관계에 의해 이루어진다는 관점에서 파악된다면 다양한 조건부 가설들의 등장은 충분히 예측할 수 있다. 이러한 맥락에서 볼 때 외교정책의 분석을 위해 변수들을 발견하고 체계적으로 분류화하는 작업에 일차적인 관심의 초점이 모아질 수밖에 없었다.[16]

그리고 외교정책에 대한 구체적이고 명확하며 다수가 공감을 갖는 개념을 규정하는 것도 요인의 발견 못지않게 주목을 받는 사안이었다. 그 이유는 전통적인 분석에 의한 외교정책의 개념화는 관심의 대상에서 제외되었거나 혹은 관심이 있었더라도 혼란을 더하는 개념규정이었다는 점에서 찾을 수 있다. 외교정책이 의미하는 바가 행위, 목적, 전략, 이익, 태도, 계획 등 어느 것인지 명확하지 않은 채, 예를 들면 외교정책이 장기적인 전략인지, 아니면 단기적인 행위인지 명확히 구별되지 않은 채 모호하게 사용되었으며, 따라서 이러한 개념의 모호성이 극복되지 않으면 외교정책의 과학적 분석은 그만큼 더 멀어지게 될

15) Patrick J. McGowan, "Comparative Foreign Policy: Substantive Perspectives", in James N. Rosenau, ed., *In Search of Global Patterns* (New York, N.Y.: The Free Press, 1971), pp. 218-219.

16) 로즈노우는 외교정책과 관련하여 고려될 수 있는 모든 변수들을 개인적, 역할, 정부, 사회적 그리고 체제적 관점에서 다섯 가지로 분류한 반면, 맥고원 등은 이들을 더욱 세분화하여 열세 가지로 분류하는 등 변수들의 분류와 관련하여 학자들 간에는 다양한 견해가 제시되었다. Rosenau (1966), pp. 90-92; Patrick. J. McGowan and H.B. Shapiro, *The Comparative Study of Foreign Policy: A Survey of Scientific Findings* (Beverly Hills, CA.: Sage, 1974), p. 41.

가능성이 높았다.

이러한 인식은 외교정책을 개념으로서뿐만 아니라 다른 변수들과의 관계에 따라 상이한 가중치를 가질 수 있는 변수로서 고려하게 되었으며, 그 결과 시간과 장소에 따라 다르게 나타나는 외교정책의 현상에 대한 분석이 신뢰성을 갖도록 하기 위해서 정책의 종류, 유형, 혹은 크기의 상이함에 대한 탐구의 필요성을 요구했다. 그리고 외교정책이 변수로서 강조됨으로써 다른 변수들과의 관계에서 이론적으로 다양한 개념화가 가능하게 되었다. 이러한 경향은 외교정책의 개념을 설명되는 현상으로서의 종속변수로서뿐만 아니라 연계이론 등에서 보여지듯이 국내정책을 설명하는 독립변수로서의 지위도 갖게 하였다.[17] 이와 더불어 이러한 필요성은 사건자료(events data)를 정책의 측정 가능한 지표로서 등장시키는 데 큰 역할을 했음을 부인할 수 없다.

한편 비교외교정책은 요인분석 등 다양한 과학적인 방법을 통하여 정책의 측정과 관련된 문제를 다룸으로써 외교정책의 전통적인 분석보다는 더욱 체계적인 방식으로 외교정책의 현상을 이해하는 데 초점을 맞추고 있다. 전통적인 분석은 구체적인 가설을 제시하지 않은 채 특정한 정책의 형성과정을 서술하는 방식에 의존함으로써 외교정책의 행위에 대한 이론화 작업에 공헌하지 못했다는 한계성을 가진 것으로 지적되었다.[18] 따라서 이러한 분석은 내부적 및 외부적 요인이 결합되어 이루어지는 외교정책의 총체적 성격을 설명함에 있어 내부적 요인의 서술 이상으로 나아가지 못했기 때문에 외부적 요인은 고사하고 내부적 요인의 특정한 형태인 if와 외교정책의 특정한 형태인 then을 포함하는 조건부(if-then) 가설을 이들에게서 기대한다는 것은 더욱 어려운 일이었다. 이러한 조건부 가설은 독립변수가 종속변수에 미치는 중요성을 평가함으로써 변수들 간의 인과관계를 밝히려는 시도라고 할 수 있기 때문에 보통 회귀분석, 요인분석 등 통계적인 기법에 의지하는 경향을 강하게 보이고 있다.[19]

---

17) Charles F. Hermann and Gregory Peacock, "The Evolution and Future of Theoretical Research in the Comparative Study of Foreign Policy", in Charles F. Hermann, Charles W. Kegley, Jr. and James N. Rosenau, eds., *New Directions in the Study of Foreign Policy* (Boston, Mass.: Allen & Unwin, 1987), pp. 16-17.

18) Charles F. Hermann, "Comparative Study of Foreign Policy", *World Politics* 20 (1968), pp. 521-522.

19) 비교외교정책에서 추구되는 조건부 가설의 논리적 기반에는 인과관계에 대한 고전적인 인식이 반영되어 있다. John V. Gillespie, "Optimal Control Theory: A Promising Approach for

다음으로, 비교외교정책은 비교방법의 필요성을 강조한다는 점에서 전통적인 방법과 구별된다는 점이 주요한 특징으로 지적될 수 있다. 비교방법의 특징은 전통적인 사례연구에 비해 비교대상의 수가 광범위하다는 점, 분석방법이 엄밀하다는 점 그리고 과학적 방법에 의지한다는 점을 들 수 있다.[20]

첫째, 비교외교정책은 단일국가를 분석하는 사례연구가 내재적으로 불완전하며 비생산적이라고 가정하고 있기 때문에 외교정책의 분석이 국가들 간의 비교연구를 통하여 이루어져야 한다는 주장에 그 논리적 기반을 두고 있다. 단일사례의 분석은 특정한 정책과 관련하여 많은 사실 — 이 중에는 알려진 사실뿐만 아니라 상당 부분은 알려지지 않았던 사실도 포함할 수 있지만 — 에 대한 상세한 설명을 제공함으로써 일반화의 기반이 될 수도 있다는 주장도 제기되고 있지만, 이러한 분석은 특정한 국가의 외교정책을 역사적이며 문제해결의 맥락에 두고 그 국가가 관여한 국제상황을 독특한 것으로 파악하게 함으로써, 그리고 많은 변수들을 통해서 단일사례를 분석함으로써 조건부 가설의 설정과 이론의 발전에 역작용을 할 가능성이 높다는 것이 약점으로 부각되었다.[21] 특히 단일사례는 다수의 사례에 기반을 둔 이론을 확증하거나 부정하기는 어려우며 단지 그 이론을 부분적으로 강화하거나 약화시킬 뿐이라는 점도 지적되고 있다.[22] 결국 비교외교정책은 비교의 불가능성을 함축하고 있는 단일사례의 분석이 체계적이고 과학적인 외교정책의 분석과는 거리가 있다는 시각을 갖고 있는 것으로 특징지을 수 있다.

둘째, 비교외교정책은 외교정책에 영향을 주는 변수들이 모든 정치체제에서 그 정도의 차이에도 불구하고 존재하고 있는 것으로 가정하고, 이러한 변수들의 변화 정도를 각 국가들의 외교정책의 특징과 관련하여 체계적으로 비교분석하였다. 이 같은 비교방법은 전통적인 사례연구에서 보이는 다소 집중력이 부족한 비교방법과 큰 차이를 보인다고 할 수 있다. 전통적인 사례연구는 비교

Future Research", in James N. Rosenau, ed., *In Search of Global Patterns* (New York, N.Y.: The Free Press, 1976), pp. 237-238.

20) Hermann and Peacock (1987), pp. 17-18.

21) J. David Singer, "The Behavioral Science Approach to International Relations: Payoff and Prospects", in James N. Rosenau, ed., *International Politics and Foreign Policy* (New York, N.Y.: The Free Press, 1969), p. 66; Rosenau (1966), p. 36.

22) Arend Lijphart, "Comparative Politics and the Comparative Method", *The American Political Science Review* 65 (Sept. 1971), p. 692.

방법을 선호하지 않았지만 비록 비교연구가 적용된 경우에도 몇 개의 외교정책의 현상을 병렬식으로 나열하는 데 국한되었으며, 비교연구에서 제기되는 근본적인 의문점들—비교의 대상이 외교정책의 어떠한 측면인가, 어떻게 비교될 것인가, 왜 비교되어야 하는가, 그리고 과연 비교가 될 수 있는가 등—에 대한 고려는 이루어지지 않은 이론적인 약점을 갖고 있었다고 할 수 있다.

셋째, 외교정책의 과학적인 분석을 위해서 비교외교정책은 외교정책의 비교분석을 용이하게 하는 경험적 자료의 체계적 축적을 강조했다는 점에서 전통적인 외교정책과 큰 차이를 보였다. 조건부 가설들이 현실세계에서 경험적으로 검증되어야 한다는 점에 대한 인식은 경험적이고 자료수집적인 연구의 필요성을 더욱 요구하며 이는 또한 이론의 정립에 필수적이라는 생각으로 연결되었다.[23] 외교정책의 이론은 특정한 유형의 발견뿐만 아니라 그러한 유형의 발생에 대한 이유, 시기 그리고 조건을 설명해야 하기 때문에 변수들 간의 관련성은 역사적 기록을 통하여 검증될 필요가 있다는 것이며, 따라서 비교외교정책이 다양한 형태의 자료, 특히 계량적 자료의 수집에 큰 관심을 보였던 것은 이러한 배경에서 이루어진 것임은 명백하다고 할 수 있다.[24]

요약하면, 비교외교정책의 분석은 전통적인 외교정책의 분석에 대한 불만족—특히 사례분석의 결과에 대한 비교 및 축적의 곤란성—에서 출발했다. 즉, 체계적인 비교분석의 맥락에서 엄격한 방법론적인 기술을 도입하면 외교정책에 대한 상당한 분량의 신뢰할 만한 결과를 산출할 것이고 이러한 산출물은 외교정책의 행동에 대한 일반화 작업을 자극하여 구체화되는 한편, 이러한 일반화의 축적은 또한 외교정책에 대한 검증 가능한 이론들로서 등장할 것이라는 귀납주의적인 관점이 비교외교정책의 기본적인 가정을 구성하고 있다고 할 수 있다. 결국 비교외교정책은 과학적 방법을 사용하여 외교정책을 분석하기 위하

23) J. David Singer, "The Level-of-Analysis Problem in International Relations," K. Knorr and S. Verba, eds., *The International System* (Princeton, N.J.: Princeton University Press, 1961), pp. 91-92.

24) 1967-1981년 기간 동안 작성된 사건자료(events data)의 상당 부분은 미국 정부의 재정적 지원하에 이루어졌다. 한편 사건은 신문, 연대기, 정부간행물 등을 통하여 수집되었고, 그 자료가 착수된 목적에 따라 종종 변화된 부호화규칙에 따라 분류되었으며, 몇몇 자료들의 수집은 현재에도 지속되고 있다. 이러한 자료들은 가설을 검증하는 근거로서 여전히 유효하게 사용되고 있으며 주요 자료로서 전쟁상관관계연구(COW), 세계사건/상호작용개관(WEIS), 분쟁과 평화자료은행(COPDAB), 세계사건비교연구(CREON) 등을 들 수 있다. Hudson and Vore (1995), pp. 215-216.

여 외교정책과 관련한 인과관계에 대한 가설들을 체계적으로 만들어진 자료를 통해 검증하는 데 그 목적이 있다고 할 수 있다.

Ⅳ. 외교정책의 이론적 정립과 비교외교정책에 대한 비판

비교외교정책의 비판론자들뿐만 아니라 옹호론자들마저도 초창기에 기대했던 지적인 결과의 낙관적인 산출에 실망하면서부터 비교외교정책을 구성하는 전반적인 요소에 대한 회의를 느끼기 시작했다. 이러한 비판은 비교외교정책의 목표를 인정하지만 그 방향에 대한 수정을 요구하는 미약한 비판에서부터 비교외교정책의 본질에 대한 혹평까지 1970년대 중반부터 시작하여 약 10년간 지속되었다.[25] 비교외교정책에 대한 이러한 비판은 방법론적인 비판과 본질에 대한 비판으로 크게 대별될 수 있다.

먼저, 방법론적 비판은 요인분석 그리고 계량적 자료를 선호하는 경향에 집중되고 있다는 점을 들 수 있다. 비교외교정책은 정책에 영향을 미치는 요인에 대한 분석을 강조하기 때문에 정책의 본질이나 속성에 대한 분석에 대하여 관심을 등한시하는 경향이 있다고 지적되고 있으며, 이와 더불어 현실적으로 더욱 중요한 것은 그러한 분석의 기법이 의지하는 사건자료에도 한계점이 발견된다는 점에서 비판을 본질적으로 벗어나기는 어려운 실정이라는 점이다.[26]

사건자료의 성격과 관련하여 살펴보면, 그 자료에 나타난 일련의 사건들은 각 국가의 정부에 의해 의도적으로 결정된 정책의 결과에 대한 기록이기 때문에 어떤 종류의 사건이 그 자료에 포함되어야 하는지의 범위, 그리고 사건으로서 명확히 드러나지는 않았지만 중요한 외교정책으로서 고려되어야 할 사건 등에 대한 명확한 이해가 공감을 받지 않으면 그 자료에 대한 신뢰성은 한계를 가질 수밖에 없다. 그리고 사건의 종류와 관련하여, 직접적으로 측정 가능한 현상

---

25) 비교외교정책의 비판은 1970년대 중반 대학간비교외교정책(ICEP) 회의에서 제기된 이래 1980년대 중반 국가들 간의 상호의존도가 심화되는 국제환경의 변화 속에서 개최된 비교외교정책의 학회에서 비교외교정책이 고수한 과학적 엄밀성을 완화함으로써 그동안의 비판을 어느 정도 수용하는 효과를 보게 되었다. James N. Rosenau, "Introduction: New Directions and Recurrent Questions in the Comparative Study of Foreign Policy", in Charles F. Hermann, Charles K. Kegley and James N. Rosenau, eds., *New Directions in the Study of Foreign Policy* (Boston, MA.: Allen & Unwin, 1987), pp. 5-8; Hermann and Peacock (1987), pp. 13-15.

26) Munton (1976), pp. 258-259.

— 전쟁의 사상자, 군비경쟁의 지표, 무역 통계치, 인구이동 등 — 을 선호함으로써 측정이 어려운 현상을 도외시하는 경향이 있다는 지적은 비교외교정책이 기반을 두고 있는 사건자료의 본질적인 한계점을 지적한 것으로서 인식, 기억, 감정, 문화 그리고 역사와 같이 측정되기 어려운 변수들을 제외하고 외교정책의 분석에 임할 경우 그 분석의 결과가 외교정책의 설명력을 높이는 데 얼마나 기여할 것인가를 생각해 보면 비교외교정책에 대한 회의적인 시각도 상당한 설득력을 갖는다.[27] 결국 계량화의 용이성을 중시하는 경향이 없어지지 않으면 비교외교정책이 외교정책의 분석에서 정당성과 타당성을 확보하기 어려울 것으로 파악된다고 할 수 있다.

한편 사건의 통계적 처리를 위한 부호화의 과정에서 상당한 부분의 정보가 손실된다는 점이 지적될 필요가 있다. 계량화의 효율성을 높이기 위해서는 수집된 정보가 부호화되어야 하는데, 이 과정에서 부호화하는 작업자의 주관적 판단이 개입함으로써 사건자료가 과학적 기준의 객관성을 부분적으로 상실할 가능성도 항상 존재한다고 할 수 있다. 부호화에 대한 이러한 인식은 비교외교정책이 벗어나고자 했던 사례연구의 비과학성을 크게 벗어나지 못하고 오히려 전통적인 방법으로 회귀하는 결과를 낳게 된다는 점에서 역설적인 의미를 내포하고 있다.[28]

더욱이 약소국의 외교정책은 국제적으로 중요한 함의를 가진다고 해도 사건자료에서 충실히 반영되지 않을 수도 있다는 주장은 자료수집과 관련하여 현실적으로 타당성이 있는 우려라고 할 수 있다.[29] 외교정책의 분석에 있어 강대국들이 주요한 행위자라는 점은 부인할 수 없지만, 이러한 인종편견적인 시각은 일반적이고 설명력이 높은 이론의 정립을 위하여 회피되어야 할 요소임은 분명하다.[30] 예를 들면, 미국측 시각에서 도출된 관료정치의 모델은 외교정책의 현상을 설명하는 데 유용한 분석틀임에도 불구하고 미국 외의 다른 국가들에 적

27) Hudson and Vore (1995), pp. 220-221.
28) Gaddis (1992/93), pp. 26-27.
29) Bruce M. Moon, "Political Economy Approaches to the Comparative Study of Foreign Policy", in Hermann, Kegley, Jr. and Rosenau, eds., *New Directions in the Study of Foreign Policy* (Boston, MA.: Allen & Unwin, 1987), pp. 41-42.
30) 경제학자들은 소비자의 행동을 이론화하여 한계효용의 개념에 의해 빈부의 소비자가 행하는 행동을 설명하고 있으나, 외교정책의 영역에서는 아직까지 그러한 단계에 도달하지 못하고 있다는 점이 지적되고 있다. McGowan (1976), p. 227.

용될 경우에도 유사한 수준의 설명력을 유지할 수 있을지의 여부, 즉 국제적으로 보편타당성을 인정받을 수 있을지에 대한 의문은 여전히 남을 수밖에 없다. 반면 이러한 논리적 추론은 비서구 사회의 관점을 반영한 종속이론에 근거한 분석의 경우에도 예외는 아니다. 종속이론이 주장하듯이 경제구조가 국가의 자유로운 행동을 제한한다는 점은 부인되기 힘들지만 제3세계의 내부에도 국가들 간의 차별성이 있기 때문에 현실적으로 그 논리가 국가들의 행동을 분석함에 있어 유사한 설명력을 가지고 반영되기에는 한계성을 내포하고 있다.[31] 이러한 관점에서 볼 때 외교정책의 분석에 있어 비교외교정책이 추구하고자 하는 포괄적이고 추상적인 이론을 정립하려는 노력은 성공적인 결과를 얻기가 용이하지 않다는 것을 보여준다고 할 수 있다.

다음으로, 비교외교정책에 대한 본질적 비판으로서 그 비판의 핵심은 조건부 가설들에 대한 검증이 지속적으로 이루어지면 외교정책의 분야에서 이론의 축적이 가능한가의 여부에 초점이 맞추어지고 있다. 비교외교정책의 옹호론이 가정하고 있는 귀납주의적인 방법, 즉 관찰을 한 후 가설을 검증하는 경향은 이론의 발전에 도움이 되지 않는다는 주장을 하는 연역주의적인 방법으로부터 비판에 직면했다. 귀납주의는 자료를 더 많이 수집하여 그 자료들 내에서 높은 상관관계를 발견하면 할수록 이론화에 더욱 접근할 수 있다는 인식을 하는 반면, 연역주의는 경험적 자료의 수집은 설명력의 제고와는 연관성이 없다는 믿음을 갖고 있다.[32] 외교정책의 이론화와 관련하여 귀납주의적인 시각에 대한 비판을 좀 더 구체적으로 살펴보면, 변수들 간의 상호관련성이 그들 간의 인과관계를 입증하지 못하는 것과 마찬가지로 사실은 그 자체를 증명하기 어렵다는 점에서 비교외교정책이 그 분석의 기반으로 삼고 있는 귀납주의에 대한 믿음은 단지 신념에 불과하다는 시각이 그 비판의 핵심적인 사항이라 할 수 있다.

이와 함께 지식의 축적에는 부가적인 측면과 종합적인 측면을 구분하여 비교분석할 필요가 있으며, 단지 기존의 분야에 몇 가지 사실을 덧붙이는 데 불과한 비교외교정책의 분석은 이론적인 면에서 지식의 축적으로 고려되어서는 않

31) K.J. Holsti, *Change in International System: Essays on the Theory and Practice of International Relations* (Bancouver, Canada: Edward Elgar, 1991), pp. 192-193.

32) 외교정책의 분석에 있어 이러한 관점의 논란은 영과 러셋의 논쟁에서 명확히 드러났다. Oran Young, "Professor Russett: Industrious Tailor to a Naked Emperor", *World Politics* 21 (1969), pp. 489-493.

된다는 입장을 견지하는 논리도 있다.[33] 다시 말하면, 이러한 시각은 종합적인 축적이 기존의 몸체에 더 많은 사실을 덧붙이는 단순한 과정을 통해 발생하지 않는다는 점에서 귀납주의적인 접근을 통해서는 본질적으로 이론화에 도달할 수 없다는 점을 강조하고 있다. 결국 중요한 것은 자료와 자료수집이 그 자체로서 목적이 되어서는 안되며 더구나 지식 그 자체와 혼동되어서는 안된다는 점이다. 따라서 외교정책의 분석에서 계량적 접근은 본질적으로 귀납주의에 근거한 방법으로써 수집된 자료의 분석을 통하여 유형의 발견을 가능하게 하지만, 그러한 유형이 이론적으로 중요성을 함축하고 있는지를 보여주지 못한다고 할 수 있다. 연역주의적 논리에 의하면 자료수집이 이론적 시각에 입각하여 이루어지지 않으면 지식의 축적에 도달하지 못한다는 점에서 비교외교정책의 논리는 한계성을 띨 수밖에 없다.[34]

결국 이론화의 작업이 점진적으로 이루어질 수 있는가의 여부, 즉 부분이 전체를 이룰 수 있는가의 의문이 자료수집을 강조하는 비교외교정책의 옹호론과 이론의 우선적 적용을 강조하는 비교외교정책의 비판론과의 차이를 근본적으로 드러내게 한다고 할 수 있다.

V. 결론: 비교외교정책의 평가와 전망

비교외교정책은 로즈노우에 의해 학문의 한 분야로서 제시된 이후 외교정책의 전반에 걸쳐 자료의 수집과 분석에 중점을 두어왔는데, 이는 측정 가능한 현상으로부터 이론을 정립하고자 하는 귀납주의적인 열망을 반영한 것으로서, 수집된 자료로부터 주요한 변수들을 발견했고 통계적이고 컴퓨터 기법을 이용하여 변수들 간의 상관관계를 발견하기도 했으며 이러한 결과를 역사적 기록에 다시 검증하기도 했다. 그러나 이러한 노력들은 외교정책에 있어 이론의 정립이나 정책적 효용성의 관점에 비추어 볼 때 큰 업적으로 평가받지 못하고 있다

33) 부가적인 측면을 강조하는 귀납주의에 입각한 분석은 '부가적인 사고방식'(additive mentality)을 반영한 것으로 비판의 대상이 되고 있다. Zinnes (1976), pp. 162-163.

34) 외교정책의 분석에 있어 귀납주의식의 접근은 질문이 먼저 주어지지 않은 상황에서 해답을 찾기 위해 자료를 수집하는 것과 다를 바 없다고 비판하는 학자도 있다. Stanley Hoffmann, "International Relations: The Long Road to Theory", in James N. Rosenau, ed., *International Relations and Foreign Policy: A Reader in Research and Theory* (New York: N.Y.: The Free Press, 1961), p. 422.

는 점을 부인할 수 없다. 특히 과학적 분석의 목표가 지식의 축적에 있다고 가정할 경우 비교외교정책의 분야가 이론적인 관점에서 기대에 훨씬 못 미친다는 주장은 반박되기도 힘든 실정이라 할 수 있다.[35] 그러면 비교외교정책에 대한 전망을 어떻게 할 수 있을까? 이를 위해 먼저 비교외교정책에 대한 회의론의 논리적 근거를 살펴본 후 앞으로 비교외교정책이 나아갈 바를 고찰하는 게 타당한 순서라고 할 수 있다.

먼저, 비교외교정책의 분석에 있어 개념의 측정 가능성과 관련하여 개인단위의 수준에서와는 달리 국제체제의 수준에서는 측정 가능한 개념이 많지 않다는 점이 지적될 필요가 있다. 개인의 성향, 국가의 투표자료, 국가의 경제지표 등 상대적으로 구하기 쉬운 자료가 있는 반면 극화, 적대감, 억지 등 국제정치의 본질적인 속성을 이해하기 위하여 필수적으로 고려해야 될 개념들은 수집하거나 계량화하기 힘든게 사실이다. 이러한 근본적인 장애물을 제거하지 않고는 비교외교정책이 학문적인 성숙의 단계에 돌입할 것이라고 쉽게 예측하기 어렵다고 할 수 있다. 이론이 없는 상황에서 이루어지는 자료의 수집은 변수들 간의 관련성이 상관관계의 발견이라는 초보적인 수준 이상으로 진행하는 것을 방해할 뿐이다.

그리고 대부분의 자료는 냉전시대의 산물을 반영하듯이 전쟁의 분야에 집중되어 있기 때문에 분쟁, 확전, 억지, 위기관리 그리고 위기시의 정책결정 등 평화가 붕괴되는 상황에 대한 분석에 치중해 있고 평화를 조장하는 상황에는 별다른 관심을 두지 않았다는 점도 주목을 받을 만하다. 그 주된 이유는 대부분의 자료수집이 냉전의 절정기에 시작되었으며 또한 자료의 축적된 재생산을 강조하는 연구의 경향 때문에 상황이 변화한다고 해서 그 방향을 수정하는 게 어렵게 되었다는 점, 그리고 계량화를 강조하는 학문적 영향으로 인하여 계량화되기 쉬운 자료에 중요성을 더 부여하는 경향이 있기 때문에 전쟁과 관련한 사건이 평화와 관련한 것보다 계량화가 더 쉽다는 점에서 찾을 수 있다.[36] 따라서 사건자료의 수집과 관련하여 앞으로 비교외교정책이 나아갈 방향은 계량화의 용이성이 사안의 중대성과는 상관관계가 미약하다는 시각에서 전쟁에 대한 자

35) Gaddis (1992/93), pp. 18-21.

36) 외교정책의 연구에 있어 계량화에 과도한 중요성을 부여하게 되면 현실에 대한 왜곡으로 귀착될 수 있으며, 이러한 관점은 '계량적 오류'(quantitative fallacy)의 개념으로서 분석되고 있다. Gaddis (1992/93), p. 25.

료의 수집보다는 계량화가 어렵더라도 궁극적으로 추구되어야 할 사안인 평화에 대한 연구에 더 큰 관심이 부여되어야 한다는 점을 지적할 필요가 있다. 이와 함께 통상과 환경의 중요성이 그 어느 때보다도 강조되고 있는 탈냉전의 시대에는 이러한 시각을 반영하는 자료의 수집에도 노력을 기울려야 하며 아울러 기존의 자료를 재구성하는 방안도 검토할 사안이 될 수 있다.

다음으로, 비교외교정책은 외교정책의 과학적 설명력을 높이기 위한 이론적 탐구에 중점을 둘 것인가, 아니면 특정한 국가의 정책에 도움을 주는 정책적 목표를 지향할 것인가의 딜레마에 직면해 있다는 관점에서 그 목표를 명확히 정립할 필요가 있다. 외교정책의 분야에서 자연과학이 요구하는 수준의 과학적 이론에 도달하려는 노력은 앞서 논의된 비교외교정책에 대한 비판적인 시각을 고려해 볼 때 외교정책의 현상의 복잡성으로 인하여 비교외교정책이 위치하고 있는 현재와 같은 초보단계의 수준으로는 상당한 시간을 필요로 하는 반면, 정책적 고려에 중점을 둘 경우에는 전통적인 지역전문가의 수준으로 나아가게 된다는 점에서 이론과 정책의 두 가지의 목표는 동시에 달성되기 어려운 실정이다. 이러한 맥락에서 두 가지 목표 간의 균형을 유지하는 작업, 즉 이론이 요구하는 추상성과 일반성의 수준을 낮추는 동시에 정책적 요구사항인 특이성과 독특성을 확보할 수 있는 중간범위의 이론들을 도출하기 위한 노력을 경주할 필요가 있다.[37)]

이러한 관점에서 보면 전통적인 사례연구의 약점을 극복하기 위해 사례연구의 숫자를 증가시키면서 비교분석적인 기법을 이용하는 사례연구는 그 대안으로써 모색될 수 있다. 비교사례연구는 각 개별 사례가 일반화되는 과정에서 그 독특성을 부분적으로 잃게 할 수 있다는 점에서 단일사례연구로부터 비판을 받을 수 있을 뿐만 아니라, 컴퓨터에 의한 통계적 처리가 되지 않을 경우 변수들 간의 인과관계에 대한 분석에 있어 그 신뢰성에 문제가 제기될 수 있다는 점에서 비교외교정책으로부터 비판을 동시에 받을 수 있지만, 각 사례의 독특성이 일반적인 변수에 의해 설명된다면 전통적 및 과학적 외교정책의 분석이 갖는 약점을 보완하고 강점을 함께 살릴 수 있어 이론과 정책의 딜레마를 벗어날 수

37) 중간범위의 이론(middle range theory)은 자연과학이 요구하는 일반화의 수준을 갖는 대이론(grand theory)에 대비되는 이론으로서, 비교외교정책의 목표를 부분적으로 수정하여 이론적 및 현실적 제약을 극복하려는 개념으로 설명될 수 있다. Dudson and Vore (1995), pp. 220-221.

있는 적절한 방안이 될 수 있다.[38]

외교정책의 분석이 처한 딜레마 — 가능하면 많은 국가들을 경험적으로 비교분석함으로써 변수들 간의 관계에서 자연과학에서 요구하는 수준의 일반성과 추상성을 높이려는 이론적인 열망, 그리고 발생한 사건에 대한 자세한 분석을 바라는 현실적이며 정책적인 고려 간의 갈등 — 는 상당 기간 동안 그 해결의 실마리를 찾지 못할 것이라는 가정하에, 결국 외교사적 사례를 좀 더 체계적이고 과학적으로 분석하려는 비교사례연구는 계량적 분석을 통한 이론의 일반성을 제고하려는 비교외교정책의 한계성을 보완한다는 점에서 과도기적인 자리매김을 할 것이라는 주장에는 실용적인 논리가 자리하고 있다고 할 수 있다.

마지막으로, 비교외교정책의 분석을 사용한 대부분의 학자들이 서구적 관점 — 주로 미국측의 시각 — 을 주로 반영했다는 비판을 고려해 볼 때, 비교외교정책이 보다 체계적이고 과학적인 분야로서 성장해 가기 위해서는 미국 이외의 지역에서 외교정책을 연구하는 학자들과 자료의 상호교환 등 인적 및 물적인 교류 증진에 더 큰 관심을 보일 필요가 있다. 외교정책의 분석에 있어 그 시각이 국제화되지 못할 경우 비교외교정책은 이론적으로뿐만 아니라 현실적으로도 인종적 편견으로부터 벗어날 수 없는 한계성에 직면해 있다는 점은 이러한 시각을 반영하고 있다.

38) Alexander L. George, "Case Studies and Theory Development: The Method of Structured, Focused Comparison", in Paul G. Lauren, ed., *Diplomacy: New Approaches in History, Theory, and Policy* (New York, N.Y.: The Free Press, 1979), p. 48.

참고문헌

Almond, G.A. 1956. "Comparative Political System", *Journal of Politics* 18.

_______. 1970. *Political Development: Essays in Heuristic Theory.* Boston, MA.: Little Brown.

Boynton, G.R. 1976. "Cumulativeness in International Relations", in James N.Rosenau, ed. *In Search of Global Patterns.* New York, N.Y.: The Free Press.

Deutsch, Karl W. 1957. "Mass Communications and the Loss of Freedom in National Decision-Making: A Possible Research Approach to InterstateConflicts", *Journal of Conflict Resolution* 1.

Frankel, Joseph. 1959. "Towards a Decision-Making Model in Foreign Policy", *Political Studies* 7.

Gaddis, John Lewis. 1992/93. "International Relations Theory and the End of the Cold War", *International Security* 17, 3.

George, Alexander L. 1979. "Case Studies and Theory Development: The Method of Structured, Focused Comparison", in Paul G. Lauren, ed., *Diplomacy: New Approaches in History, Theory, and Policy.* New York, N.Y.: The Free Press.

Gillespie, John V. 1976. "Optimal Control Theory: A Promising Approach for Future Research", in James N. Rosenau, ed., *In Search of Global Patterns.* New York, N.Y.: The Free Press.

Girard, Michel. 1994. "Theory and Practice in Foreign Policy: Epistemological Problems and Political Realities", in Michel Girard, Wolf-Dieter Eberwein and Keith Webb, eds., *Theory and Practice in Foreign Policy-Making.* London, U.K.: Pinter Publishers.

Hermann, Charles F. 1968. "Comparative Study of Foreign Policy", *World Politics* 20.

_______ and Gregory Peacock. 1987. "The Evolution and Future of Theoretical Research in the Comparative Study of Foreign Policy", in Charles F. Hermann, Charles W. Kegley, Jr. and James N. Rosenau, eds. *New Directions in the Study of Foreign Policy.* Boston, MA.: Allen & Unwin.

Hill, Christopher and Margot Light. 1985. "Foreign Policy Analysis." in Margot Light and A.J.R. Groom, eds. *International Relations: A Handbook of Current Theory.* Boulder, CO.: Lynne Rienner Publishers, Inc.

Hoffmann, Stanley. 1961. "International Relations: The Long Road to Theory", in James N. Rosenau, ed. *International Relations and Foreign Policy: A Reader in Research and Theory.* New York, N.Y.: The Free Press.

Holsti, K.J. 1991. *Change in the International System: Essays on the Theory and Practice of International Relations.* Bancouver, Canada: Edward Elgar.

Hudson, Valerie M. and Christopher S. Vore. 1995. "Foreign Policy Analysis Yesterday, Today, and Tomorrow." *Mershon International Studies Review* 39.

Kapstein, Ethan B. 1995. "Is Realism Dead? The Domestic Sources of International Politics." *International Organization* 49, 4.

Lasswell, H.D. 1968. "The Future of Comparative Method." *Comparative Politics* 1.

Lijphart, Arend, 1971. "Comparative Politics and thr Comparative Method." *The American Political Science Review* 65.

McGowan, Patrick J. 1976. "The Future of Comparative Studies: AnEvangelical Plea." in James N. Rosenau, ed. *In Search of Global Patterns*. New York, N.Y.: The Free Press.

_______ and H.B. Shapiro. 1973. *The Comparative Study of Foreign Policy*. Beverly Hills, CA.: Sage.

Moon, Bruce E. 1987. "Political Economy Approaches to the ContemporaryStudy of Foreign Policy." in Charles F. Hermann, Charles W. Kegley, Jr and James N. Rosenau, eds. *New Directions in the Study of Foreign Policy*. Boston, MA.: Allen & Unwin.

Morgan, Patrick M. 1987. *Theories and Approaches to International Politics: What Are We to Think?* New Brunswick, N.J.: Transaction Books.

Munton, Don. 1976. "Comparative Foreign Policy: Fads, Fantasies, Orthodoxies, Perversities." in James N. Rosenau, ed. *In Search of Global Patterns*. New York, N.Y.: The Free Press.

Raymond, Gregory E. 1987. "Evaluation: A Neglected Task for the Comparative Study of Foreign Policy." in Charles F. Hermann, Charles W. Kegley, Jr. and james N. Rosenau, eds. N*ew Directions in the Study of Foreign Policy*. Boston, MA.: Allen & Unwin.

Rosenau, James N. 1966. "Pre-Theories and Theories of Foreign Policy." in R. Barry Farrell, ed. *Approaches to Comparative and International Politics*. Evanston, IL.: Northwestern University Press.

_______. 1968. "Comparative Foreign Policy: Fad, Fantasy, or Field?" *International Studies Quarterly* 12, 3.

_______. 1971. *The Scientific Study of Foreign Policy*. New York, N.Y.: The Free Press.

_______. 1987. "Introduction: New Directions and Recurrent Questions in theComparative Study of Foreign Policy." in Charles F. Hermann, Charles W. Kegley, Jr. and james N. Rosenau, eds. *New Directions in the Study of Foreign Policy*. Boston, MA.: Allen & Unwin.

Singer, J. David. 1961. "The Level-of-Analysis Problem in International Relations." in K. Knorr and S. Verba, eds. *The International System*. Princeton, N.J.: Princeton University Press.

_______. 1969. "The Behavioral Science Approach to International Relations: Payoff and Prospects."

in James N. Rosenau, ed. *International Politics and Foreign Policy*. New York, N.Y.: The Free Press.

Snyder, Richard C.H.W. Bruck and Burton M. Sapin. 1954. *Decision-Making as an Approach to the Study of International Politics*. Princeton, N.J.: Foreign Policy Analysis Project, Princeton University.

Thompson, Kenneth W. and Roy C. Macridis. 1962. "The Comparative Study of Foreign Policy." in Roy C. Macridis, ed., *Foreign Policy in World Politics*. Englewood Cliffs, N.J.: Prentice Hall.

Young, Oran. 1969. "Professor Russett: Industrious Tailor to a Naked Emporor." *World Politics* 21.

Zelikow, Philip. 1994. "Foreign Policy Emgineering: From Theory to Practice and Back Again." *International Security* 18, 4.

Zinnes, Dina A. 1976. "The Problem of Cumulation." In James N. Rosenau, ed. *In Search of Global Patterns*. New York, N.Y.: The Free Press.

제 2 장 민족주의와 전쟁 발발의 상관성*

Ⅰ. 서론: 탈냉전과 민족주의의 대두

냉전의 종식은 국제적인 (비록 전세계적인 차원은 아닐지라도 적어도 유럽에서는) 평화와 협력을 향한 새로운 시대의 진입을 의미할 것이라는 점에서 많은 사람들에게 낙관적인 희망을 제공했다. 그러나 이러한 기대는 실망스럽게도 구 유고에서 발생한 잔인한 전쟁과 구 소련의 각지에서 발생한 폭력의 증폭에 의해 무너졌다. 전쟁은 단일의 변수에 의해 설명되기 어려운 복합적인 기원을 가지고 있지만 탈냉전시대에 있어 유럽, 나아가 전세계에 걸쳐 평화를 위협하는 주요한 요인으로서 민족주의를 든다는 것은 큰 무리가 없는 것 같다.

사실상 중동부 유럽에서 공산주의의 붕괴는 역사의 종언을 가져온 것이 아니라 민족주의의 회복을 야기시켰다는 사실은 주목을 받을 만하다. 발칸반도와 구 소련의 공화국에서 다시금 등장한 민족주의가 이 지역에서의 분쟁에 대한 전망뿐만 아니라 유럽의 질서에도 큰 영향을 미칠 것이라는 점은 분명한 사실이다. 나아가 카슈미르와 스리랑카, 그리고 퀘벡과 북아일랜드에 이르기까지 전세계에 걸쳐 수많은 지역에 있어 민족주의가 그 잠재적 폭력성을 드러낼 가능성은 점점 더 커지게 될 것이다. 이렇게 되면 민족주의는 탈냉전시대의 국제정치에 강력한 원동력을 제공하는 주요한 원천이 되는 셈이다.[1]

---

* 이 논문은 국방대학교 안보문제연구소에 제출(2000. 10. 14)된 연구보고서임.

1) Barry R. Posen, "Nationalism, the Mass Army, and Military Power", in Sean M. Lynn-Jones and Steven E. Miller, eds., *Global Dangers: Changing Dimensions of International Security* (Cambridge, Mass.: The MIT Press, 1995), pp. 286-287.

더구나 민족주의는 탈냉전의 상황에만 국한되지 않는다는 점은 그 중요성을 한층 부각시키고 있다. 냉전기간 동안에도 비록 민족주의와 관련한 분쟁이 미국과 소련의 전략적인 이해관계로 인하여 수면 위로 부상하지 않았음에도 불구하고 강력한 위력을 나타내었다. 1945년부터 1990년대 초반까지 발생한 약 100여개의 분쟁 가운데 약 70%가 민족주의와 관련되었고, 약 2천만명 정도가 민족주의와 관련한 분쟁으로 사망했으며, 그리고 그 분쟁으로 인하여 같은 수만큼의 난민이 발생했다.[2] 그리고 민족주의와 관련한 분쟁은 제3세계에서 주로 발생했다는 점을 지적할 필요가 있다. 그 이유는 식민지로부터 독립한 국가들 가운데 소수의 국가만이 인종적인 동질성을 확보한 데서 찾을 수 있다. 이러한 점은 향후 제3세계의 국가들 가운데 상당한 숫자가 민족주의와 관련한 분쟁에 휘말릴 가능성이 매우 높다는 점을 시사하고 있다.

이처럼 민족주의는 과거 및 현재의 국제정치뿐만 아니라 미래의 국제정치에도 큰 영향을 미칠 것임이 자명함에도 불구하고 민족주의를 연구하는 학자들은 민족주의와 관련하여 일부분적인 측면에만 초점을 맞추는 경향을 보였다. 기존의 연구는 민족주의의 형성에 영향을 미친 정치적, 사회적 및 경제적 측면에 관한 연구에 중점을 둔 관계로 민족주의의 영향, 특히 민족주의가 국제정치에 미치는 영향에 대한 분석은 충분히 이루어지지 못했다. 그 중에서도 민족주의가 전쟁의 발발에 미치는 영향에 대한 분석은 더욱 미미한 실정임을 부인할 수 없다. 민족주의에 대한 기존의 연구는 양적으로 엄청난 분량임에도 불구하고 대부분의 학자들은 엄밀한 분석과 검토가 없이 민족주의가 전쟁을 야기하는 속성을 당연히 받아들이고 있다는 점[3]은 우리를 놀라게 하기에 충분하다.

Ⅱ. 민족주의의 형성: 개념 및 이론

민족주의와 전쟁의 발발과 관련한 논쟁은 두 가지 관점에서 그동안 이루어져 왔다. 첫 번째 관점은 민족주의가 고대로부터 전수된 증오심에 기반을 두고

2) David Welsh, "Domestic Politics and Ethnic Conflict," *Survival,* Vol. 35, No. 1 (Spring 1993), pp. 63.

3) 민족주의는 주로 부정적인 의미로 사용이 되며, 민족주의가 극단으로 치닫을 경우 전쟁에 이르게 된다는 논리가 일반적으로 받아들여지고 있다. Anthony D. Smith, *Theories of Nationalism*, 2nd ed. (New York: Harper & Row, 1983), p. 8.

있다는 논리로서 발칸반도 및 코카서스 지방, 그리고 아프리카 등 대부분의 비유럽 지역에 해당되며, 두 번째 관점은 민족주의가 경제적 혼란과 직결되어 있다는 논리로서 러시아와 동유럽에 주로 해당된다.

첫 번째 논리는 민족주의의 생성을 각 민족들 간에 지속되었던 인종적 및 부족적 적개심에 초점을 맞춤으로써 그 기원을 인류의 역사와 맥을 같이하고 있다. 이러한 시각은 구 소련의 몰락이 단지 민족주의의 분출을 촉진시켰을 뿐이라는 점을 강조하고 있으며, 감정적인 민족주의적인 증오심의 폭발은 본질적인 해결책을 찾기가 어렵기 때문에 구 소련 및 발칸반도 등에서 발생하는 민족주의적인 갈등을 막기 위하여 서방국들이 개입하는 것은 자제해야 한다는 입장을 고수하고 있다.

그러나 이러한 시각과는 달리, 민족주의는 근대적 현상이며 인종적 갈등은 사회적 및 정치적 환경의 변화로 인하여 악화되어 왔다는 주장도 있으며, 이러한 논리는 민족주의를 연구하는 학자들의 대부분이 공감하고 있다.[4] 예를 들면 발칸반도의 경우를 살펴보면 세르비아인들과 크로아티아인들은 20세기 이전에는 서로 간에 전쟁의 경험이 거의 없었으며, 심지어 크로아티아에 거주하는 세르비아인들 가운데 1980년대에 크로아티아 배우자와 결혼한 비율은 약 30%에 달했을 정도였다.[5] 게다가 현대에 발생하는 인종적 폭력은 전통적인 부족의 적개심이 아니라 정부에 의해 의도적으로 이루어진 정책에 기인한 것이라는 주장도 있다.[6]

두 번째 관점은 냉전의 종식 이후에 러시아 및 동유럽에서 형성되고 있는 민족주의와 관련된 것으로서, 전환기적인 환경의 변화가 민족주의의 정서에 미치는 영향을 강조하고 있다. 러시아와 동유럽의 민족주의자들이 경제적 난국의 상황을 타개하기 위하여 시장자본주의의 잔인성을 비난하고 인민을 보호하겠다는 공약을 함으로써 민족주의를 이용할 여지가 있다는 것이다.

이렇게 보면, 러시아 및 동유럽에서 극우 파시스트의 출현을 배제하기 어려운 상황이며, 이러한 논리는 제1차 세계대전 이후의 독일 바이마르공화국과

4) Jack Snyder, "Nationalism and the Crisis of the Post-Soviet State", *Survival,* Vol. 35, No. 1 (Spring 1993), pp. 5-6.
5) *Ibid*, p. 5.
6) Eric J. Hobsbawm, *Nations and Nationalism since 1980* (Cambridge, U.K.: Cambridge University Press, 1990), p. 14.

냉전의 종식 이후의 러시아와의 연계성에 입각한 우려에 근거하고 있다. 독일과 러시아의 공통점은 양국 모두 강대국의 자존심이 훼손되었고, 양국의 국경 밖에 자신의 민족들이 많이 거주하고 있으며, 그리고 경제적인 위기에 봉착했다는 점이다.

이러한 맥락에서 볼 때, 제2차 세계대전으로 치닫게 된 독일의 경우를 벗어나기 위하여 러시아에 대한 대폭적인 경제적 지원을 통한 민족주의의 등장을 막는 방안을 고려할 수 있지만, 이러한 서방의 조치들은 오히려 역작용을 낼 수 있는 우려가 있다는 점에서 신중하게 접근할 필요가 있다. 서방에 의한 대규모의 경제적 원조는 성공적인 결과를 보장하지 못할 뿐만 아니라, 비록 성공적인 성과를 거둔다고 할지라도 서방의 자본이 유입되는 과정에 있어 부수적으로 수반되는 요구조건들, 즉 균형예산의 확보, 예산집행의 투명성, 경쟁력이 없는 산업에 대한 지원 중단 등은 러시아의 사회적 개혁을 요구하게 되고 실업의 증가를 야기함으로써 민족주의의 등장을 오히려 촉진시킬 수 있다는 우려가 있다.

결국, 냉전의 종식 이후에 등장하고 있는 민족주의의 본질에 대한 정확한 진단에 입각한 처방이 필요한 시점이며, 그렇지 않고 인종적 증오심을 강조한 나머지 서방국들이 개입을 주저하거나 경제적 상황을 호전시키기 위하여 서방국들이 무리한 개입을 감행할 경우 러시아 및 동유럽의 민족주의는 다시금 등장할 소지가 많다는 점에서 신중한 태도가 필요하다고 할 수 있다.

더구나 냉전의 종식 이후에 등장하고 있는 민족주의는 신생 국가의 탄생을 요구하고 있는 실정이며, 그 국가는 그 민족이 요구하는 경제적 및 정치적 목표를 충족시키기에는 취약할 수밖에 없다. 이렇게 되면 민족주의의 공격적인 성향을 다시금 증폭시키게 되며, 극단적인 민족주의는 그 문제를 해결하기 위하여 효율적인 국가의 관리를 요구하게 되고, 그 과정에서 기반을 확고히 굳히는 계기로 삼을 수 있다.

이같이 탈냉전시대에 들어서면서 위력을 더하고 있는 민족주의의 등장은 필연적인 현상이었으며, 그 등장을 방지하는 방안은 본질적인 한계점을 가지고 있다는 점에서 볼 때, 민족주의의 기원과 형성과정에 대한 이론적 분석은 민족주의의 공격적 성향을 분석함에 있어 주요한 시발점이 된다.

중세시대의 전쟁은 귀족층과 용병들의 관심사였으며, 그 결과 넓은 의미의 공동체의 이익과 관련이 없었기 때문에 외부의 군사적 위협이 민족적 정체성의 증가로 연결되는 경우가 거의 없었다. 그러나 국가가 대중의 지지를 필요로 함에 따라 외부의 군사적 위협은 민족주의를 불러일으키는 강력한 동인이 되었다.[7] 특히 프랑스혁명은 이러한 추세에 결정적인 계기가 되었다. 프랑스혁명은 외부의 군사적 위협에 직면한 프랑스로 하여금 공화국을 수호하기 위하여 국민군을 결성하게 한 반면, 이러한 현실은 또다시 프랑스의 군사적 정복에 직면한 유럽의 각국으로 하여금 자신의 민족적 의식을 고양시키는 계기로서 작용했다. 프랑스의 민족국가와 유럽의 절대국가가 동원능력에 있어 보여준 엄청난 격차는 각국의 민족의식을 일깨우는 데 큰 기여를 한 셈이다. 프랑스혁명 이후 외부의 군사적 위협, 민족적 의식 그리고 국가의 능력이라는 삼자 간의 연관성은 주요한 관심사항으로 지속적으로 부각되었다.

이러한 점은 19세기 후반부 및 20세기 초반부에 있었던 공격적인 민족주의의 시대에 그 전성기를 맞이했다. 독일과 프랑스의 경우, 외부의 위협 인식은 전투능력을 강화하기 위한 민족주의의 재등장과 사회적 동원능력을 촉진시켰으며, 그리고 러시아의 경우 국가의 능력을 개발할 수 없는 고대국가는 전쟁에서 패퇴한 이후 다른 국가로 대체되기도 했다.

이처럼 민족주의의 기원을 설명함에 있어 외부의 군사적 위협을 주요한 요인으로서 들 수 있지만, 이러한 민족주의를 강화시킨 요인으로서 대내적인 근대화의 과정도 그에 못지않게 중요한 역할을 했다는 점을 지적할 수 있다. 근대민족국가는 경제적 및 군사적 안보를 증진시키는 데 가장 효과적인 수단으로서 등장했다. 민족국가는 국민들에게 그 이전의 국가가 보여주지 못했던 경제적 안정성을 제공한 대신 국민들의 충성심을 요구했다. 그리고 그 국가가 효율성을 증가시키지 못할 경우 국민들은 보다 효율적인 국가의 형성을 요구했으며, 이러한 상황은 민족주의의 강화를 더욱 자극했다. 근대 민족국가의 형성과 민족주의와의 연계성은 다음과 같은 네 가지의 특징적인 요소로서 이론적인 설명이 가능하다.[8]

첫째, 자본주의의 발달로 인하여 각 개인들은 그 이전의 시대에는 겪어보

7) 전쟁은 국가를 만들었고, 국가는 전쟁을 만들었으며, 그리고 이 둘은 민족주의를 만들었다는 주장은 이러한 맥락에서이다. Charles Tilly, ed., *The Formation of National States in Western Europe* (Princeton, N.J.: Princeton University Press, 1975), p. 42; Jack Snyder, "Nationalsm and the Crisis of the Post-Soviet State," p. 13.

8) Jack Snyder, "Nationalism and the Crisis of the Post-Soviet State," pp. 7-9.

지 못했던 새로운 문제들에 직면하게 되었다. 규모의 확대로 인한 상업 및 무역활동의 효율적인 관리의 필요성은 개인의 통제영역을 벗어나게 되었다. 국가는 시장의 독점화를 막고 경제의 효율성을 높이기 위한 목적으로 개인의 재산권 보호 및 상업활동에 있어 내부적 장애물을 제거하기 위한 법과 기준을 제정할 필요성을 느끼게 되었다. 더욱이 상업활동의 규모가 지리적으로 확대됨으로써 개인들은 의사소통의 어려움을 겪게 되었다. 공통의 문화 및 언어는 근대화의 진행과정에 있어 필수적인 요소로서 등장하게 되었다. 이처럼 자본주의의 발달은 민족국가의 등장을 필연적으로 요구하게 되었다.

둘째, 전쟁의 규모가 확대되고 그 파괴력을 증가시키는 기술이 발달함에 따라 유럽의 국가들은 더 많은 재정적 및 인적인 필요성을 느끼게 되었으며, 이러한 현상은 각 개인들에게 엄청난 부담으로 남게 되었다. 국가의 생존은 세금의 징수 및 상비군의 조직을 효율적으로 관리할 수 있는 관료제의 도입을 필수적으로 요구하게 되었으며, 이 과정에서 국가들은 민족주의를 강화시켜야 될 필요성을 절실히 느끼게 되었다.[9)]

셋째, 각 국가들은 군사력 증강의 효율성을 높이기 위하여 각 개인들에게 그들이 군사력 증강에 기여하는 대가로 국가의 활동에 참여하는 길을 열어 놓았으며, 그 결과 이러한 조치들은 국가에 대한 충성심을 확보하는 부수적인 효과도 제공했다.

넷째, 근대사회의 매스미디어는 민족주의의 강화에 큰 기여를 했다. 전통사회에서는 공동체의 단결은 각 개인들 간의 직접적인 접촉을 통하여 이루어진 반면, 근대국가의 공동체 의식은 매스미디어를 통한 간접적인 방안에 의지하게 될 수밖에 없다. 민족주의를 의도적으로 전달하기 위한 토양은 이미 마련된 셈이다.

이러한 맥락에서 볼 때, 자본주의의 발달로 인한 근대화의 과정에서 민족국가 및 민족주의의 발달은 필연적일 수밖에 없었다는 주장은 상당한 논리적 타당성을 갖는다고 할 수 있다. 민족주의는 국가의 생존에 있어 부산물적인 성격을 띠었으며 동시에 필수적인 요건이 된 셈이다.

---

9) Barry R. Posen, "Nationalism, the Mass Army, and Military Power," in Sean M. Lynn-Jones and Steven M. Miller, eds., *Global Dangers: Changing Dimensions of International Security* (Cambridge, Mass.: The MIT Press, 1995), pp. 289-291.

이처럼 민족주의의 형성은 자본주의의 발달 및 근대국가의 형성과 맥락을 같이한다는 역사성을 띠고 있다는 관점에서 볼 때, 그 이론적 특징에 대한 분석은 다음과 같이 논의될 수 있다.

먼저, 국가가 개인들의 경제적 및 물질적 안보를 증진시키는 데 필수적인 요소로서 등장한 이상 민족적 정체성은 각 개인들이 가지는 정치적 차이점을 해소하는 데 있어 핵심적인 역할을 하게 된다. 그러나 자본주의의 발달이 더욱 증가되어 경제의 규모가 국내의 수준에 머물지 않고 국가경제의 세계화가 진척될 경우, 즉 국가간의 경제적 상호의존도가 증폭하는 경우에 민족국가는 경제의 효율적 관리를 담당하는 역할을 성공적으로 하지 못하기 때문에 점차 소멸될 것이라는 우려가 있다.

서유럽의 경우 유럽연합의 순조로운 진척이 그 실증적인 예로서 제기되고 있다. 그렇지만 유럽연합이 화폐통합의 이상으로 그 조직의 단합력을 과시할 것인지의 전망은 논외로 하더라도 그 핵심적인 과제는 국가들이 다른 형태의 기구에 의해 대체될 것인가의 의문이 아니라 유럽통합을 선호하는 기술관료들이 그 기구의 민주적 및 민족적 정당성을 확보할 수 있는 방안을 설득력 있게 마련할 수 있는지의 여부에 달려 있다고 할 수 있다.

그러나 동유럽의 경우는 사정이 좀 다르다는 점을 지적할 필요가 있다. 동유럽의 민족주의는 공산국가를 포기한 이유가 민족국가를 포기한 것은 아니라 공산국가가 실패한 국가였기 때문이었다. 그 결과 동유럽의 민족주의는 새로운 국가의 형태를 가진 단위—비록 그 단위가 인종적 조직이든지 아니면 인위적인 공화국 조직이든지를 불문하고—에 관심을 가지고 있다고 할 수 있다.

다음으로, 민족적인 정체성은 두 가지 형태를 띠고 있다는 점에 주목할 필요가 있다. 시민적 민족주의는 제도화가 성숙된 민주적인 사회에서 나타나는 반면, 인종적 민족주의는 제도화의 진척이 초보적이거나 아니면 그 공백이 생겼을 때 등장한다.[10] 시민적 민족주의는 그 영토 내에 거주하는 시민에게 평등하고 보편적인 권리를 인정하고 또 그러한 권리를 법으로써 보장하지만, 인종적 민족주의는 제도보다는 문화에 의존하는 경향을 보이기 때문에 현존하는 제도가 붕괴되거나 아니면 그 제도가 국민들의 근본적인 욕구를 충족시키지 못하고 또 그 대안이 만족스럽게 준비되지 않았을 때 그 위력을 발휘하게 된다. 인종적

10) Jack Snyder, "Nationalism and the Crisis of the Post-Soviet State," p. 5.

민족주의가 제3세계 및 냉전의 종식 이후에 동유럽 및 구소련에서 다시금 등장하는 이유는 이러한 맥락에서 이해될 수 있다.

그렇다면 이 같은 민족주의가 시대의 변화에 따라 다르게 나타나는 원인은 무엇이며, 이러한 현상을 설명하는 이론적 기반은 어떻게 설명될 수 있는가? 먼저, 민족주의는 국가가 국민의 욕구를 적절하게 충족시킬 수 있는 능력이 부족할 경우, 그리고 외부로부터 군사적 및 경제적 안전을 위협받을 경우에 첨예화되는 경향을 보인다. 게다가 이러한 민족주의는 그 국가 내의 특수한 이해관계를 가진 집단이 자신의 목적을 달성하기 위하여 민족주의적 정서를 이용하는 경우가 있음은 부인할 수 없다.

그렇다면 민족주의는 역사적으로 어떠한 형태를 구체적으로 띠었는가에 대한 분석으로 이어질 필요가 있다. 민족주의는 국가와 민족 간의 상호 불일치의 정도에 가장 큰 영향을 받았다. 일련의 민족들이 자신이 거주하는 관할권을 변경시키려는 의도가 있다면, 이러한 현상은 전쟁으로 이어질 수 있으며, 그리고 역사적으로 종종 전쟁의 원인이 되었다. 이러한 관점에서 민족주의는 분리독립주의의 유형을 띠었다.

분리독립주의는 한 국가 내에서 거주하는 소수민족이 다른 다수민족에 의해 통치되는 국가를 벗어나 새로운 인종적, 언어적 혹은 민족적 국가를 수립하고자 하는 운동을 총칭하는 개념으로서, 그 폭력성의 정도는 분리·독립의 열망에 비례하여 상대적으로 다르게 나타났다. 1993년부터 1996년까지 지속되었던 러시아와 체첸인들 간의 전쟁은 체첸인들이 러시아로부터 독립을 추구하고자 하는 열망이 주된 이유였다. 중국의 서부에 있는 티벳인들과 회교도들의 경우에도 중국으로부터 분리·독립하고자 하는 의도는 있었으나 체첸인들이 보여 주었던 그러한 정도의 저항을 감행할 수단이 부족했던 것이다. 중국에 거주하는 티벳인들과 회교도들, 그리고 체첸인들이 갖고 있는 분리독립의 열망은 세계의 여론으로부터 어느 정도 동정심을 받았지만 공식적인 지원을 받지는 못했다.

주권국가들은 현존하는 국경선 — 비록 그 선이 인위적으로 만들어 진 국경선일지라도 — 을 합법적이며 영속적인 것으로 간주하기를 원하고 있다. 왜냐하면 특정한 국경선이 문제가 있다고 하는 주장은 모든 국경선이 문제가 있다는 논리로 연결될 우려가 있으며, 이러한 주장은 국제적인 혼란을 초래할 가능성이 크기 때문이다.

더구나 강대국인 중국과 러시아에 중요한 사안이지만 다른 국가에는 사소한 사안인 분리독립의 문제로 인하여 러시아와 중국에 도전하고 싶어하는 국가는 없기 때문이다. 그렇기 때문에 체첸인들에 대한 러시아의 정책 및 티벳인들과 회교도들에 대한 중국의 정책은 도덕적으로 비난을 받을 수는 있지만 모든 국가들로부터 합법적으로 받아들여지고 있다. 기껏해야 이 같은 문제들은 국제적인 인권문제로 제기되어 국제기구에서 결의문을 채택할 수 있는 기회는 마련할 수 있지만 본질적인 해결에는 미치지 못하고 있다.

이처럼 국가와 민족이 서로 일치하지 못하는 현상은 러시아와 중국에만 국한된 것은 아니다. 이 현상은 국제사회에서 오랜 기간 동안 있어왔지만 그 분출이 억제되었을 뿐이다. 냉전의 종식 이후에 이 문제는 국제적 분쟁의 주요한 동기로서 표출되고 있다. 현존하는 국경선에 대한 불만은 전세계에 걸쳐 일어나고 있다.

아프리카에서는 에리트리아가 에티오피아로부터 분리독립에 성공했으며, 팔레스타인들이 이스라엘의 지배에 대한 저항, 그리고 터키, 시리아 그리고 이라크의 지배에 대한 쿠르드인들의 저항이 보여 주듯이 중동지역에는 민족주의자들, 종교적 및 인종적 집단들은 현존 질서에 불만족을 표출하고 있다. 남아시아의 분리독립운동도 국제적 관심사로 부각되고 있다. 인도의 지배에 반발하는 카슈미르 지방의 회교도들은 핵무기로 무장한 인도와 파키스탄을 직접적인 분쟁으로 몰아가고 있다. 인도와 파키스탄 양국은 이미 1947년에 카슈미르 지역을 둘러싸고 전쟁을 했지만 당시에는 양국 모두 핵무기 보유 국가는 아니었기 때문에 1990년대 후반부에 일어나고 있는 갈등의 양상과는 큰 차이점을 보이고 있다.[11)]

분리독립운동은 다민족으로 구성된 국가에서 흔히 보이는 현상이지만 지난 냉전기간 동안에는 그 분출력이 미국과 소련 양국에 의해 억제된 특징을 보였다. 미국과 소련은 자신의 영향권 내에서 분리독립운동이 일어나지 않도록 분리독립운동의 가능성이 있는 국가를 지원하여 사전에 그 가능성을 막는 조치를 취했다. 그러나 냉전의 종식과 함께 구소련 및 동유럽이 붕괴함으로써 냉전기

11) 핵무기를 둘러싼 인도와 파키스탄의 갈등은 Ashok Kapur, "New Nuclear States and the International Nuclear Order," in T.V. Paul, Richard J. Harknett, and James J. Wirtz, eds., *The Absolute Weapon Revisited: Nuclear Arms and the Emerging International Order* (Ann Arbor, MI.: The University of Michigan Press, 1998), pp. 240-242 참조.

간 동안 지속되었던 그러한 밀약은 사라졌으며, 그 결과 현존하는 국경선에 불만을 가진 소수민족들이 분리독립운동을 추구할 수 있는 여건이 마련되었다. 이와 더불어 미국과 소련의 지원에 의하여 분리독립운동을 저지할 수 있었던 국가들도 그 능력을 잃게 된 것은 당연한 결과라고 할 수 있다.

더욱이 현존하는 국경선에 불만을 가진 국가들이 추구하는 목표인 분리독립운동, 즉 정치적 독립은 20세기 후반부의 정치적 및 문화적 추세와도 일치하고 있다는 점은 주목을 받을 만하다. 분리독립운동이 내세우는 명분인 민족자결권은 정당성이 있는 것으로 평가받고 있다. 20세기 후반에 들어서면서 일어나고 있는 전쟁은 그 원인으로서 분리독립운동이 대부분을 차지하고 있을 정도로 전쟁의 다른 동기는 상대적으로 퇴색되고 있다. 냉전시대의 분쟁이 이념에 입각한 자본주의와 사회주의의 체제적 경쟁의 산물이었다면 탈냉전시대의 분쟁은 국경선의 변화를 허용하지 않으려는 측과 민족자결권을 주장하는 측과의 대립으로 특징지울 수 있다.

21세기에 들어서는 시점에서 전쟁의 주요한 원인으로 자리하고 있는 분리독립운동은 그 해결책을 찾아가고 있다는 점은 무척 고무적인 현실이다. 가장 해결되기 어렵게 보였던 분쟁도 궁극적인 해결은 여전히 시간을 필요로 하지만 그 강도 면에서 점점 쇠퇴하고 있는 징조를 보이고 있다. 보스니아, 이스라엘, 북아일랜드 등 세계의 분쟁지역에서 영토적 해결보다는 주권을 일정 부분 이양함으로써 국경선에 불만족한 민족들과 해결책을 찾으려는 시도가 이루어지고 있다. 분리독립운동이 냉전의 종식 이후 전세계에 퍼지고 있는 질병이라면 그 치료제은 지역적인 특성에 맞는 연방제인 셈이다. 이 방안은 크림 반도, 카슈미르 지방, 대만, 러시아연방 등 민족독립운동이 주된 원인으로 등장하는 분쟁지역에서 유혈충돌을 회피할 수 있게 하는 효력을 지니고 있다.

이렇게 된다고 해서 정치적 독립을 추구하는 민족독립운동의 열기가 완전히 사라질 것이라는 예측이 곤란한 것과 마찬가지로 그 운동이 무장충돌로 반드시 이어진다는 논리도 반드시 설득력이 있다고 할 수 없다. 캐나다의 퀘백 독립운동은 민족독립운동과 전쟁의 직접적인 연계성을 부인하는 사례로 지적되고 있다. 일본, 북미, 서유럽 등의 지역에서도 소수민족이 거주하고 있음에도 불구하고 전쟁이 일어나지 않을 가능성이 매우 높은 실정이다. 게다가 국가와 민족의 불일치로 인하여 전쟁이 발발했던 장소에서도 그 전쟁은 그 지역에 국한되고 확전이 되지 않는 경향을 보였다.

이러한 현상은 20세기의 전쟁이 보여준 전형적인 흐름과는 정반대로 나아감을 함축한다. 제1차 세계대전은 세르비아가 민족자결권을 추구한 결과 야기된 1914년의 오스트리아-헝가리 제국의 황태자 암살이 그 주된 원인이었으며, 냉전기간 동안 발생한 한국전쟁과 베트남전쟁은 국지적인 전쟁이 미국의 개입을 유발한 대표적인 사례라고 할 수 있다. 발칸반도, 한국, 그리고 베트남은 그 지역이 강대국의 전략적 이익과 밀접히 연관되어 있었다.

이러한 역사적인 맥락에서 볼 때, 민족주의는 국가와 민족의 일치성에 바탕을 두고 이루어졌으며 대체로 다음과 같은 세 가지 특징을 갖는 것으로 일반적으로 정의되고 있다. 첫째, 세계는 다양한 민족들로 구성되어 있으며, 이러한 민족들의 분리는 적절하며 자연스러운 현상이라는 점이다. 둘째, 각 민족들은 역사적 및 문화적 차별성에 기반을 둔 자신들의 민족적 공동체가 다른 민족들보다 더욱 우월하다는 믿음을 가지고 있다는 점이다. 셋째, 이러한 민족적 공동체는 자신들의 국가를 수립하길 원한다는 점이다.[12)]

이러한 개념적 정의에 입각하여 기존의 연구는 다음과 같은 몇 가지 관점에서 민족주의와 전쟁의 연관성을 분석하는 경향을 보이고 있다. 먼저, 대부분의 기존 연구가 초점을 맞추고 있는 시각으로서 만약 동일한 인종, 언어, 역사, 문화적 배경을 갖고 있는 민족이 하나의 국가에서 거주하지 못하고 분열되어 있다면 민족적 통합을 이루기 위한 수단으로써 민족주의가 전쟁의 발발에 기여할 수 있다는 관점이다.

다음으로, 민족주의와 전쟁 발발과의 상관성은 정치과정에서 군부의 영향이 증가되는 형태로 혹은 민간사회에서 군대의 가치관이 우위를 점유하는 형태로서 군국주의를 형성하고 강화시킨다는 관점으로서, 이러한 특징은 제1차 세계대전 이전의 독일의 사례에서 찾을 수 있다. 마지막으로, 민족주의는 국가간의 갈등을 해결함에 있어 무력적 수단의 사용보다는 다소 유화적인 수단에 의지하려는 정책결정자에 부정적인 영향을 미침으로써 그러한 결정이 보다 강경

12) 이처럼 민족주의는 민족적 정치성 및 우월성, 그리고 민족자결권을 갖는 민족국가의 형성을 주요한 요소로 하고 있다. Alexander J. Motyl, *Sovietology, Rationality, Nationality: Coming to Grips with Nationalism in the USSR* (New York: Columbia University Press, 1991), pp. 49-52; Jack Snyder and Karen Ballentine, "Nationalism and the Marketplace of Ideas," *International Security,* Vol. 21, No. 2 (Fall, 1996), pp. 9-10.

한 성향을 띠게 한다는 관점이다.

이러한 관점들은 민족주의의 역사적 및 문화적 차별성에 대하여 강조를 한 나머지 다른 민족으로부터 오는 위협을 과도하게 평가하고 자신의 민족이 야기하는 위협을 무시하며, 나아가 자신의 민족적 목적을 달성하기 위한 군사적 수단의 사용에 있어 이득을 강조하고 손실을 무시하는 경향을 보임으로써 그 정당성을 쉽게 확보하고 있다는 점을 함축하고 있다.

Ⅲ. 민족주의와 공격적 성향의 상관성

이처럼 민족주의와 전쟁 발발 간의 연관성에 대한 인식이 광범위하게 퍼져 있음에도 불구하고 이러한 현상은 국제분쟁과 외교정책 결정과정을 연구하는 학자들의 관심을 제대로 받지 못했다. 특히 어떠한 조건에서 민족주의가 전쟁이나 평화를 야기하는가에 대한 연구 혹은 이러한 현상이 발생하는 과정에 대한 연구는 특히 부족한 실정이다. 이러한 연구는 무엇보다도 민족주의가 전쟁의 주요한 요인인가? 즉 전쟁은 민족주의에 의해 발발하는가의 본질적인 의문에 대한 재검토에서 출발할 필요가 있다.

사실상 민족주의가 국제정치에 미치는 영향은 다양하게 나타난다고 할 수 있다. 다른 민족주의에 비해 보다 더 위험한 민족주의가 있을 수 있지만 모든 민족주의가 전쟁을 선호하는 것은 아니다. 민족주의가 갖는 본래의 특성에 대한 연구보다는 주어진 조건에 대한 분석이 더욱 중요하다는 주장은 이러한 시각을 고려한 연유에서이다. 왜냐하면 특정한 상황에서는 위험한 민족주의도 전쟁으로 비화되지 않을 수 있는 반면, 덜 위험한 민족주의도 전쟁으로 치닫을 수 있기 때문이다. 이러한 맥락에서 제기되는 주요한 의문점은 1) 어떻게 민족주의가 발생하며, 그 주요한 영향은 무엇인가, 2) 민족주의의 유형은 어떻게 나눌 수 있으며, 그 위험성의 정도는 어떠한가, 그리고 3) 민족주의가 전쟁을 야기하는 시기와 방식은 어떠한가 등을 들 수 있다.

민족주의와 전쟁 발발 간의 직접적인 연관성은 민족주의의 속성 가운데 다음과 같은 네 가지의 상황이 형성될 경우 그 잠재적인 폭력성이 구체적으로 실현된다고 할 수 있다.

먼저, 민족주의의 정치적 위상과 관련된 것으로서 국가의 형성 여부를 들 수 있다. 국가가 형성되지 않은 상태에서 이루어지는 민족주의 운동은 분리·독립전쟁을 추구하게 되기 때문에 국제적인 전쟁으로 비화되기 쉬운 특징을 보인다. 게다가 특정 민족의 분리·독립운동은 다른 민족의 피해에 바탕을 두고 이루어지는 제로섬게임의 성격을 본질적으로 지니고 있기 때문에 그 운동이 비록 성공적으로 끝난다고 해도 미래의 분쟁에의 불씨를 남겨 두게 되는 경우가 있다.

1948년에 달성된 이스라엘의 건국은 팔레스타인들의 축출로써 이루어진 관계로 그 이후에 전개되었던 아랍-이스라엘 전쟁의 기반을 제공했다. 그리고 분리·독립운동의 결과 새로운 국가가 탄생할 경우 그 지역의 국제질서는 변화의 시기를 맞게 마련이다. 이처럼 기존의 질서가 새로운 질서로 변모하는 전환기에는 분쟁의 발발 위험성이 더 커지게 되는 상황도 초래될 수 있다. 이러한 관점은 분리·독립운동이 성공적인 국가의 탄생으로 이어진다고 해도 전쟁의 발발을 본질적으로 막을 수는 없으며, 오히려 전쟁을 더욱 조장시킬 수 있다는 점을 함축하고 있다.

지난 2세기 동안 민족주의가 평화를 파괴하는 요인으로서 간주되었던 것은 현대 민족주의 가운데 대다수가 초기에는 국가가 없는 상태로 시작되었기 때문으로 보인다. 제2차 세계대전 이후 국가의 수는 50여개에서 1990년대 후반 현 시점에는 약 180여개로 세 배 이상 증가되었음에도 불구하고 국가에 대한 열망을 가지고 있는 민족은 여전히 많이 남아 있다. 세계적으로 사용되는 언어의 수는 약 6천여개에 달하고, 국가가 없는 인종적 집단은 약 6백여개에 달하며, 그리고 인종적으로 동질적인 국가의 숫자는 단지 41개국에 불과하다는 주장은 분리·독립운동의 잠재적 폭발성을 잘 보여주는 것이라고 할 수 있다.[13)]

국가가 없는 민족의 수가 상대적으로 미약한 서유럽과는 달리 동유럽의 민족주의가 관심의 초점으로 부각되는 것은 이러한 관점에서이다. 구소련의 104개 민족 가운데 15개만이 국가의 지위를 확보했으며, 이처럼 국가가 없는 민족의 인구는 약 2,500만명에 달한다.[14)] 물론 이들 가운데 국가를 희망하지 않는

13) Alan Thein Durning, *Guardians of the Land: Indegenous Peoples and the Health of the Earth*, Worldwatch Paper No. 112 (Washington, D.C.: Worldwatch Institute, Dec. 1992), p. 9.

14) Stephen Van Evera, "Hypotheses on Nationalism and War," in Sean M. Lynn-Jones and Steven E. Miller, eds., *Global Dangers: Changing Dimensions of International Security* (Cambridge, Mass.: The MIT Press, 1995), p. 257.

민족들(예를 들면 유태인, 독일인 등)이 대부분을 차지하고 있지만, 그렇지 않고 국가를 희망하는 민족들(예를 들면 타타르인, 체첸인 등)은 미래의 분쟁을 야기하는 역할을 하기에 충분하다.

다음으로, 특정한 민족이 국가를 형성했다고 하더라도 그 민족이 다른 국가에도 흩어져 분포되어 있을 경우 그 국가가 분산된 자기 민족에 대하여 취하는 태도는 민족주의와 전쟁 발발의 상관성에 영향을 미치게 마련이다. 이러한 관점은 앞서 논의된 분리·독립운동과는 다른 시각으로서 민족통일운동의 핵심적인 요소라고 할 수 있다. 중국과 러시아는 이전에 자신이 지배했지만 지금은 더 이상 통제하지 못하는 영토에 대한 주권을 요구하고 있다. 대표적인 실례로서 대만에 대한 중국의 요구와 우크라이나에 대한 러시아의 요구, 그리고 크로아티아에 거주하는 자국민들과의 통합을 바라는 세르비아의 요구 등을 들 수 있다.

특히 대만과 우크라이나는 중국과 러시아에 의한 지배를 거부하고 있다. 그렇다고 해서 러시아의 우크라이나 침공은 독일의 우려를 낳게 되는 한편, 대만에 대한 중국의 침공은 일본에 대한 직접적인 위협으로 작용하기 때문에 미국은 이 두 가지 사례에 직접적인 개입의 가능성이 크다고 할 수 있다. 우크라이나의 경우 상당한 수의 인종적 러시아인들이 러시아와의 재통합을 바라고 있는 상황이기 때문에 가장 위험한 분쟁 지역으로 부상하고 있다. 대만과 우크라이나는 21세기의 사라예보가 될 잠재적 폭발성을 가진 지역으로 간주될 수 있다.

이처럼 민족통일주의는 그 국가가 민족의 통합을 추구하는가 아니면 민족의 분산을 허용하는가, 그리고 민족적 통합을 추구할 경우 영토적 팽창방식, 즉 그 국가가 난민들을 통합하기 위하여 다른 국가를 침공하는 방식에 의존하는가 아니면 이민의 방식, 즉 난민들을 그 국가에서 받아들이는 방식을 따르는가에 대한 의문은 민족주의의 공격성을 판단하는 데 큰 역할을 한다. 부분적인 통합에 만족하는 유형(예를 들면, 중국의 민족주의 경우)은 다른 국가에 대한 영토적 요구를 하지 않기 때문에 민족주의가 내포하고 있는 공격성은 현저히 약화되어 있다.15) 그리고 민족적인 완전한 통합을 추구하지만 이민의 방식에 의존하는

---

15) 중국은 다른 나라에 화교를 남겨 둠으로써 정치적 수단으로 이용했다는 분석이 있다. John E. Wills, "Maritime Asia, 1500-1800: The Interactive Emergence of European Domination,"

유형(예를 들면, 현재의 독일 민족주의와 이스라엘의 민족주의 경우)도 민족주의와 전쟁의 상관성에 대한 분석에 있어 미약한 역할을 한다.

이와는 달리, 완전한 민족적 통합을 추구하면서 그 방식이 영토적 팽창에 의존하는 유형(1914년 이전의 독일 민족주의와 1990년대의 세르비아 민족주의)은 다른 국가들과의 영토적 갈등을 필연적으로 낳는다는 점에서 가장 위험한 민족주의로서 간주되고 있다. 따라서 체첸인들이 독립을 위하여 러시아와 투쟁하는 현재의 상황과는 달리, 만약 현재의 러시아가 비러시아공화국에 살고 있는 러시아 민족을 통합하기 위하여 무력에 의존한다면 구 소련에서의 전쟁 발발은 충분히 예측할 수 있다.[16]

다음으로, 자신의 민족주의를 주장하는 국가가 다른 민족주의의 자결권에 대한 인정 여부도 민족주의와 전쟁 발발의 상관성을 검토하는 데 있어 주요한 변수가 될 수 있다. 특히 모든 민족은 국가를 형성할 만한 가치가 있는가, 아니면 특정한 민족만이 국가를 형성할 가치가 있는가에 대한 판단은 전쟁의 발발과 직접적인 연계성을 가지고 있다. 민족자결권에 대한 보편적인 인식을 받아들일 경우 다른 나라에 거주하는 자신의 민족들에 대한 지원을 당연시하고 그 국가와의 전쟁도 정당성을 인정받을 수 있는 여지가 있지만, 그 대신 만일 자신의 나라에 거주하는 다른 민족을 지원하는 국가가 있을 경우 자신의 나라에 대한 다른 나라의 간섭권과 전쟁선포권도 그 정당성을 인정받을 수 있다는 당연한 논리도 받아들여야 하는 다소 역설적인 상황도 제기될 수 있다.[17]

이러한 논리는 내전 상태에 있는 국가에 외부의 세력들이 개입하는 하는 것을 정당화하는 데 사용되어 왔다. 그 예로서 18세기 말과 19세기 초에 나폴레옹은 다른 국가들의 지역에 살고 있는 민족들이 그들의 자유를 획득하는 것을 원조하기 위하여 일으킨 제국주의적 전쟁을 정당화했으며, 1971년에 인도가 파키스탄에 대한 전쟁을 도발함에 있어 사용된 논리는 파키스탄이 방글라데시의 독립운동을 억압하는 것을 예방한다는 것이었다. 그리고 아랍국가들이 팔레스

American Historical Review, Vol. 98, No. 1 (Feb. 1993), p. 87.

16) 러시아의 팽창주의적 태도는 군부의 태도 및 극우 민족주의적 성향을 띤 정치가의 등장과 밀접한 관련성이 있으며, 1990년대 초반에 걸쳐 이미 등장하고 있었던 것으로 평가되었다. Thomas Goltz, "Letter From Eurasia: The Hidden Russian Hand," *Foreign Policy*, No. 92 (Fall 1993), pp. 92-95.

17) Seyom Brown, *The Causes and Prevention of War* (New York: St. Martin's Press, 1994), pp. 41-42.

타인의 국가 수립의 목표를 지원하면서 이스라엘과의 전쟁을 정당성 있게 주장하는 이면에는 이러한 논리가 자리하고 있다. 이러한 관점이 보편적으로 받아들여진다면 다민족으로 구성된 국가에서는 민족자결권에 입각한 전쟁은 잠재적인 폭력성을 항상 드러낼 개연성이 높기 때문에 특정 민족의 자결권을 요구하는 주장은 그 위력을 상실할 수 있다. 민족주의에 입각한 전쟁의 발발은 항상 가능하다는 논리는 자신의 국가도 그 논리에 입각하여 침공을 받을 가능성이 높다는 점을 암시하고 있기 때문이다. 그러나 이와는 달리 자신의 민족주의만이 우월하다는 신념이 받아들여지는 상황에서는 제2차 세계대전 이전의 독일, 이탈리아 그리고 일본의 민족주의가 보여 주듯이[18] 전세계적인 규모의 전쟁 분위기가 조성되는 데 있어 결정적인 영향을 미칠 수 있다.

마지막으로, 자국 내에 있는 소수민족에 대한 태도, 즉 소수민족을 존중하는지 아니면 탄압하는지의 여부도 또한 전쟁의 발발에 직접적인 영향을 미침을 부인하기 어렵다. 소수민족을 존중하는 민족주의는 자국의 영토 내에 있는 다른 민족에게 동등한 권한을 부여하며 나아가 소수민족에게 상당한 자치권을 부여하는 경우도 있다. 반면 소수민족을 탄압하는 민족주의는 다른 민족에게 그러한 권한을 거부하며 나아가 복종을 강요하기도 한다. 이민을 허용하는 민족주의는 소수민족의 권리를 존중하는 경향을 강하게 보이는 반면, 이민을 허용하지 않는 민족주의는 자신의 영토 내에 있는 소수민족의 권리를 인정하지 않는 경향을 보인다. 전자로는 미국과 캐나다의 경우가 해당되며, 후자의 사례로서 쿠르드족에 대한 이라크와 터키의 탄압, 터키족에 대한 불가리아의 탄압, 중국의 티벳인 탄압, 세르비아족에 대한 크로아티아의 태도, 그리고 회교도와 알바니아인들에 대한 세르비아의 탄압 등을 들 수 있다. 그리고 나치시대의 독일 민족주의는 소수민족을 탄압한 극단적인 사례임을 부인하기 어렵다.

소수민족을 탄압하는 민족주의는 전쟁의 발발과 직접적으로 연관되어 있다. 1991년에 발발한 세르비아의 크로아티아 공격이 크로아티아 내에 있는 세르비아인들에 대한 크로아티아의 탄압에 상당한 영향을 받았다는 사실이 보여 주

18) 독일, 이탈리아 그리고 일본의 민족주의에 대해서는 Louis L. Snyder, *German Nationalism: The Tragedy of a People* (Port Washington, N.Y.: Kennikat Press, 1969), Denis Mack Smith, *Mussolini's Roman Empire* (Harmondsworth, U.K.: Penguin, 1977), Saburo Lenaga, "The Glorification of War in Japanese Education," *International Security*, Vol. 18, No. 3 (Winter 1993/94) 참조.

듯이 억압받는 소수민족을 해방시키기 위하여 소수민족의 본국이 무력에 의하여 자신의 민족을 보호하려는 시도가 있을 수 있다. 더욱이 억압받는 소수민족의 본국이 지리적으로 가까이 있을 경우 전쟁의 발발 가능성은 매우 크게 됨은 당연한 일이다. 소수민족에 대한 태도가 불명확한 상태에 있는 동유럽과 구소련의 민족주의는 향후 국제적 분쟁의 불씨가 될 소지가 충분히 있다는 점은 이러한 시각을 반영하고 있다.

민족주의가 갖고 있는 이러한 속성들은 민족주의가 전쟁으로 항상 이어진다는 주장에 비판적인 입장을 견지하고 있다. 왜냐하면 다음과 같은 상황이 조성될 경우 민족주의는 전쟁의 발발에 큰 위협적인 요인으로 작용하지 않을 수 있기 때문이다. 먼저, 민족주의가 국가를 형성했을 경우, 다음으로 민족주의가 부분적인 민족적 통합을 추구할 경우, 혹은 민족주의가 완전한 통합을 추구하더라도 이민의 방식에 의존할 경우, 그리고 다른 국가의 민족주의보다 자신의 민족주의가 우월하다는 인식이 사라질 경우, 마지막으로 자신의 영토 내에 있는 소수민족의 권리를 존중할 경우 등을 지적할 수 있다.

그러나 전쟁의 원인을 민족주의에서 찾는다면 이처럼 유연한 특성을 가진 민족주의가 그렇지 않은 민족주의보다 전쟁의 위험성을 낮추는 데 기여할 수 있다는 주장은 무리가 없다. 그렇지만 지역적인 혹은 세계적인 패권을 추구하는 국가가 있을 경우 상황은 달라지게 마련이다. 유연한 민족주의보다 강경한 민족주의는 저항을 함에 있어 더욱 강경한 태도를 보일 것이기 때문에 패권을 추구하는 국가가 강경한 민족주의로 무장한 국가를 정복하기 위해서는, 그리고 정복했다고 하더라도 그 민족의 저항을 고려해 볼 때 엄청난 피해를 감수해야 하기 때문이다.

이러한 논리는 냉전기간 동안 미국과 소련 간의 경쟁을 어느 정도 제어한 주요한 동기로써 작용했다. 미국은 전세계에 걸쳐 형성된 민족주의가 소련의 팽창에 자연스러운 장애물로 등장할 것이라는 인식에 바탕을 두고 소련을 자극할 만한 적극적인 저지정책을 자제했다는 주장이 있다.[19] 소련은 비록 단기적으로 특정 지역을 정복할 수 있지만 그 지역의 민족주의는 소련이 취한 이득을 장기적으로 회복하게 될 것이기 때문에 만일 민족주의가 그 위력을 강하게 발

19) John Lewis Gaddis, *Strategies of Containment: A Critical Appraisal of Postwar American National Security Policy* (New York: Oxford University Press, 1982), pp. 42-48.

휘한다면 공격적인 미국의 대외정책은 그 논리적 지지를 잃게 된다는 것이다.

이러한 점에서 볼 때, 유연한 민족주의는 자신의 국가가 평화적 성향을 가지고 있다는 점을 대외적으로 과시함으로써 주변의 다른 국가를 안심시키는 효과는 보이고 있지만, 다른 국가의 침공을 받을 경우 저항이 약할 것이라는 우려를 낳는 것도 또한 사실이라는 점을 주목할 필요가 있다. 민족주의와 전쟁 발발의 가능성을 연계시키는 문제는 민족주의가 갖는 이러한 이중적인 특성을 충분히 이해할 때에만 가능하다는 주장은 이러한 관점에서 그 논리적 타당성을 인정받을 수 있다.

Ⅳ. 전쟁의 원인과 민족주의: 비판적 고찰

위에서 지적한 네 가지 요인들은 민족주의가 전쟁의 원인으로 작용할 수 있는 배경으로서 설명될 수 있지만 이러한 요인들이 전쟁으로 항상 직결될 수 없다는 점을 주목할 필요가 있다. 그렇다면 민족주의의 공격적인 성향에 영향을 주는 요인은 어떻게 설명할 수 있으며, 그 구체적인 상황은 무엇인가?

민족주의의 공격적인 성향에 영향을 주는 요인은 크게 구조적 관점과 정치적 관점으로 나누어 볼 수 있다. 구조적 관점으로서 먼저, 국가가 없는 민족주의와 그 민족을 통치하는 중앙정부와의 힘의 균형, 다음으로, 그 지역 내의 인종적인 분포, 그리고 신생 민족국가의 국경선에 대한 정통성과 방어 가능성 등을 들 수 있다.[20]

먼저, 국가가 없는 민족주의가 전쟁의 원인으로 설명되기 위해서는 그 민족주의가 국가를 수립하려는 강력한 의지, 그리고 이러한 의지를 뒷받침해 줄 수 있는 힘을 갖추는 것이 선결요건이며, 게다가 이러한 시도를 저지하려는 중앙정부의 힘이 미약해야만 한다는 것은 당연하게 보인다. 만약 민족주의의 의지와 힘이 충분하지만 중앙정부의 억지력이 이보다 더 압도적일 경우 국가 수립을 추구하려는 민족주의는 그 목적을 달성할 수 없게 된다. 따라서 전쟁의 발발 가능성이 가장 높은 시점은 민족주의가 국가를 수립하지 못한 상태에서 그 목적을 달성하려는 의지와 힘을 갖고 있으며, 그리고 그러한 시도를 저지하려는 중앙정부의 힘이 압도적으로 우위에 서지 못할 경우라고 할 수 있다.

20) Stephen Van Evera, "Hypotheses on Nationalism and War," pp. 262-268.

이러한 민족주의의 분리·독립전쟁은 국제적인 분쟁으로 비화될 수 있는 여지가 충분하며, 그 예로서 제1차 세계대전을 촉발한 발칸반도의 분리·독립전쟁과 1990년대 초반에 발발했던 세르비아와 크로아티아 분쟁을 들 수 있다. 특히 세르비아와 크로아티아의 분쟁을 살펴보면 이러한 맥락이 구체적으로 드러난다. 유고슬라비아의 정치지도자들은 1980년대 들어서면서 발생한 티토의 사망과 공산주의의 몰락을 지켜보면서 유고연방의 붕괴를 예측했다. 가장 번영한 공화국인 슬로베니아와 크로아티아는 독립을 원했다. 그러나 불행하게도 크로아티아 내에는 상당한 규모의 세르비아 소수민족이 거주하고 있었다. 만약 크로아티아가 유고로부터 분리·독립한다면 세르비아의 소수민족은 그 지위를 두려워할 수밖에 없는 실정이었다. 그러나 세르비아가 중앙정부와 군대를 지배하고 있었기 때문에 크로아티아의 분리·독립운동은 세르비아의 개입 가능성을 증폭시켰다. 그럼에도 불구하고 1991년에 크로아티아의 독립이 성공적으로 이루어지고 크로아티아 내에 거주하는 세르비아인들에 대한 기습공격이 이루어진 배경에는 유고의 중앙정부와 경제가 미약한 상태였다는 점이 자리하고 있었다.[21]

20세기에 걸쳐 제3세계의 독립운동은 제국주의 국가와의 힘의 균형에서 민족주의의 세력이 힘의 우위를 점유했기 때문에 가능했다. 제3세계의 민족주의가 제국주의 세력과의 경쟁에서 힘의 열세를 만회한 배경에는 과거와는 달리 문자 해독률이 높아졌다는 점 및 무기 구입이 상대적으로 용이하게 되었다는 점을 들 수 있다. 1980년대 후반에 들어서면서 구 소련에서 민족주의가 다시금 위력을 발휘하게 된 배경에는 민족주의를 통제했던 구 소련의 중앙권력이 약화되었던 현상이 자리하고 있었다는 주장은 이러한 시각과 그 맥락을 같이한다고 할 수 있다.

그러나 민족주의의 세력이 발생한다고 해서 모두 전쟁으로 비화되는 것은 아니다. 중앙정부가 그 세력을 저지할 의지를 갖고 있지 않을 때에는 민족주의는 폭력적인 행동이 없이 그 목적을 달성할 수 있다. 1960년대 들어서면서 아프리카 국가들이 독립을 달성한 배경 및 1980년대 후반에 구 소련에서 비 러시아

---

21) Russell Hardin, "Self-Interest, Group Identity," John L. Comaroff and Paul C. Stern, eds., *Perspectives on Nationalism and War* (Amsterdam, Netheland: Gordon and Breach Publishers, 1995), pp. 32-33.

민족들이 독립을 성취한 배경에는 유럽 제국주의국가들 및 구소련이 저지를 포기했기 때문으로 보인다. 프랑스는 알제리와 베트남 등지에서 민족주의운동을 저지할 의지를 갖고 있었기 때문에 전쟁은 필연적으로 진행되었다.

이러한 실증적인 예들은 결국 민족주의의 공격성은 중앙정부의 의지와 밀접한 연관성을 갖고 있는 것을 시사하고 있다. 그렇다면 중앙정부의 의지에 영향을 미치는 요인은 무엇인가에 대한 의문이 핵심적인 사안으로 등장하게 된다. 중앙정부의 의지는 국내정치적 요인에 의해 영향을 받을 수밖에 없을 뿐만 아니라 그 국가 내에서 형성된 인구의 분포에도 영향을 받게 된다.

먼저, 국내정치적 요인을 살펴보면, 비록 분리·독립이 이루어지더라도 중앙정부의 동질성이 유지된다면 민족주의가 폭력이 없이 진행될 수 있는 여지를 남긴다. 그 예로서 냉전의 종식 이후에 이루어진 체코슬로바키아의 분할을 들 수 있는데, 체코가 슬로바키아의 분리·독립을 허용한 배경에는 체코 내에는 더 이상 슬로바키아의 분리·독립세력이 없다는 점을 확신했기 때문이다. 또 다른 예로서 필리핀의 독립을 들 수 있는데, 미국이 1946년에 필리핀의 독립을 허용한 배경에도 그 독립으로 인하여 영향을 받을 다른 식민지도 없었기 때문이다. 반면 제1차 세계대전 이전의 오스트리아-헝가리제국은 분리·독립을 적극적으로 반대했는데, 그 이유는 그 분리가 허용될 경우 영향을 받게 될 또 다른 분리·독립운동이 그 제국 내에서 일어날지도 모른다는 점을 우려했기 때문이다.

다음으로, 인구분포적 요인을 살펴보면 민족이 넓게 분포되었을 경우 민족국가가 동일한 민족을 모두 한 국가 내에 포함할 수 없기 때문에 분산된 형태로 다른 국가 내에서 소수민족으로 남을 수밖에 없다. 이렇게 되면 소수민족을 흡수하여 통일을 하려는 민족통일운동은 자연스럽게 등장할 가능성이 많아지게 될 뿐만 아니라 다른 국가에 남아 있는 소수민족이 박해를 받을 가능성은 더욱 커지게 마련이다. 인구분포가 넓게 퍼진 경우보다 집중된 지역에 거주하는 민족에게서 민족주의의 공격성이 줄어든다는 논리는 이러한 시각을 반영한 결과이다.

예를 들면, 체코는 자국 내에 소수민족이 거의 없을 뿐만 아니라 다른 나라에 남아 있는 체코 민족이 없었기 때문에 전쟁이 없이 민족주의를 추구할 수 있었다. 그리고 1947년의 인도의 분할이 폭력으로 치달을 수밖에 없었던 배경에는 힌두족과 회교도들의 혼합된 정도가 체코 민족과 슬로바키아 민족보다 훨씬 높았던 점이 자리하고 있다. 특히 유고의 분할은 더욱 폭력적으로 진행되었는데, 그 이유는 구 유고의 민족들이 구 소련을 제외한 서유럽과 동유럽의 어느 지역보다도 더욱 밀도 있게 혼합되어 있기 때문이었다. 이와는 달리 구 유고에서 슬로베니아의 독립은 상대적으로 쉽게 이루어졌는데, 그 이유는 슬로베니아에는 다른 민족들의 거주 비율이 매우 낮았기 때문이다.[22)]

이러한 관점에서 볼 때, 동유럽의 민족주의가 서유럽의 민족주의보다 더욱 폭력적으로 비치는 이면에는 동유럽의 민족들의 혼합률이 더욱 높다는 점이 자리하고 있다는 주장도 가능하다.

이처럼 민족들이 서로 혼합되어 있다는 점은 전쟁의 발발 가능성을 더욱 높이는 역할을 한다. 특히 분산된 민족을 통합할 여지가 있을 경우 그 민족주의는 더욱 위험한 형태를 띠게 마련이다. 만약 분산된 민족의 통합이 불가능하다면 전쟁의 가능성은 그만큼 줄어들게 마련이다. 예를 들면, 이스라엘은 러시아에 있는 유태인을 통합할 수 없으며, 우크라이나도 러시아에 있는 우크라이나 민족을 통합할 수 없다는 것을 충분히 파악하고 있다. 이와는 달리 분산된 민족의 통합이 가능한 상황일지라도 그러한 통합의 위협이 그 소수민족의 탄압을 억제할 정도로 충분한 위력을 발휘할 경우 통합을 향한 그러한 시도는 이루어지지 않을 수가 있다. 예를 들면, 러시아는 러시아 변방에 있는 러시아 소수민족을 통합할 의지와 힘을 가지고 있음에도 불구하고 그 소수민족이 탄압을 받지 않는 상황에서 공격적인 민족주의의 행사를 자제하고 있는 실정이다.[23)]

이와 더불어 러시아의 민족주의가 공격적인 성향을 띠지 않는 이면에는 군사력 면에서 압도적인 우위를 점유하고 있는 러시아는 향후 언제든지 민족통합을 할 수 있다는 자신감이 자리하고 있다는 점도 지적될 필요가 있다. 왜냐하면 특정 시점에는 자신감이 있지만 향후 그러한 군사적 우위가 사라질 가능성이 크다고 할 경우에는 예방전쟁의 차원에서 민족주의의 공격성은 수면 위로 부상할 수 있기 때문이다. 세르비아와 크로아티아의 전쟁은 이러한 측면을 잘 보여주고 있다. 크로아티아와 보스니아에 있는 세르비아의 난민들은 본국으로부터

22) 구 유고의 인구분포율에 대한 자세한 분석은 Central Intelligence Agency, "Ethnic Majorities and Minorities," in Central Intelligence Agency, *Atlas of Eastern Europe* (Washington, DC: U.S. Government Printing Office, August 1990) 참조.

23) Barry R. Posen, "The Security Dilemma and Ethnic Conflict," *Survival* Vol. 35, No. 1 (Spring 1993), pp. 32-33.

너무 먼 거리에 위치하고 있었으며, 그 중간은 회교도들의 집단거주지였다. 게다가 세르비아의 세력이 약했기 때문에 정상적인 상황에서 세르비아가 자신의 민족들을 구하기는 어려운 실정이었다.

그러나 1990년에 세르비아가 유고 군부의 무기를 확보한 이후 군사적인 우위를 누릴 기회가 왔을 때, 세르비아는 자신의 민족들을 구할 수 있는 기회를 맞이했다. 세르비아는 이러한 기회는 시간이 지나갈 경우 상실될 것을 우려한 나머지 크로아티아에 대한 즉각적인 공격에 나섰다.[24] 이 과정에서 세르비아의 소수민족을 위한 통로를 확보할 필요가 있었으며, 1992년부터 1993년까지 보스니아의 회교도들에 대한 잔인한 공격이 이루어진 것은 이러한 측면을 대변하고 있다.

마지막으로, 신생 민족국가의 국경선에 대한 방어능력과 정통성은 전쟁의 발발에 주요한 영향을 미칠 수 있다. 먼저, 국경선이 안전하게 방어될 수만 있다면 외부로부터 오는 침공을 저지할 수 있기 때문에 전쟁의 위험은 그만큼 줄어들게 된다. 서유럽의 국가들이 상대적으로 평화를 누리는 이유는 자연환경(예를 들면, 알프스산맥, 발틱해, 북해 등)으로 인하여 국경선이 상대적으로 확보되었기 때문이라는 주장도 있다.[25]

이와는 달리 동유럽과 서아시아의 경우 각 민족들이 평원(平原)에 거주하기 때문에 지리적으로 상대방의 침공을 받거나 아니면 상대방에 대한 침공을 감행하기가 쉬운 경향을 보인다. 이처럼 지리적으로 국경선이 상대적으로 취약한 국가는 민족주의에 의존하여 그 약점을 보완하는 경향을 보인다. 동유럽과 서아시아에서 민족주의의 영향력이 강하게 나타나는 것은 이러한 주장과 맥을 같이한다고 할 수 있다.[26]

다음으로, 신생 민족국가의 국경선이 국제적인 정당성을 확보하지 못한다면 그 국경선의 변화를 요구하는 주변국들의 목소리는 커질 수밖에 없으며, 이러한 현상은 향후 분쟁의 불씨를 남겨 두는 셈이다. 예를 들면, 구 소련에서 독

24) 세르비아와 크로아티아의 분쟁 원인 및 진행과정에 관한 자세한 설명은 Barry R. Posen, "The Security Dilemma and Ethnic Conflict," pp. 35-38 참조.

25) Stephen Van Evera, "Hypothese on Nationalsm and War," pp. 267-268.

26) 독일의 민족주의도 다른 서유럽 국가들과는 달리 지리적으로 취약한 국경선을 가졌기 때문에 그 공격성이 상대적으로 크게 부각될 수밖에 없었다는 주장도 있다. Stephen Van Evera, "Hypotheses on Nationalism," p. 267.

립한 국가들은 그들의 국경선이 스탈린 등 공산당 지배층에 의해 형성되었기 때문에 상대적으로 정통성을 인정받기 어려운 실정이다. 그리고 1948년 전쟁으로 인한 휴전협정에 기반을 두고 만들어 진 이스라엘의 국경선도 그 역사적 기반이 취약하기 때문에 국제적인 정통성을 인정받기 어렵기는 마찬가지이며, 21세기에 들어서는 이 시점에도 아직도 팔레스타인으로부터 그 정통성을 도전받고 있다. 그러나 동유럽의 국가들은 역사적 근거가 확고하며 국제적인 조약 및 협정에 의해 형성되었기 때문에 그 정통성은 상대적으로 강하게 확보하고 있다.

그러나 국경선과 관련한 논쟁은 국경선이 특정한 민족을 분단시켰을 경우에 집중되고 있다. 왜냐하면 자신의 민족들 가운데 일부분이 분단되었을 경우 그 국가는 잃어버린 땅을 회복하기 위하여 팽창주의적인 정책을 감행함으로써 그 지역을 분쟁의 도가니로 몰아넣을 수 있기 때문이다. 헝가리는 국경선이 자신의 민족들을 분리시켰기 때문에 슬로바키아, 세르비아, 그리고 루마니아에 대하여 실지(失地) 회복을 요구하고 있다. 러시아와 우크라이나의 국경선도 양국의 민족들을 분단시켰기 때문에 국경선을 조정하기 위한 노력이 평화적으로 이루어지지 않을 경우 전쟁 발발의 소지도 안고 있다.[27]

이처럼 신생 민족국가의 국경선은 이스라엘의 경우와 같이 전쟁에 의존하거나, 아니면 구소련에서 독립한 국가들과 같이 기존에 이미 형성된 지역에서 주권을 이양받는 방식으로 형성될 수 있다. 전쟁으로 인하여 형성된 국경선은 일반적으로 전쟁의 와중에서 인종적 탄압을 가하기 때문에 다른 민족은 그 지역에서 탈출을 하게 되는 경향을 보인다. 반면 주권을 이양받는 방식은 독립의 과정이 평화적으로 이루어지는 대신 다른 민족들이 여전히 자신의 국경선 내에 거주하기 때문에 미래의 분쟁이 발발할 소지를 안고 있다고 할 수 있다.

다음으로, 구조적인 관점과는 달리 정치적 관점을 살펴 볼 필요가 있다. 민족주의의 공격성은 다른 국가가 그동안 취해온 역사적 행동에 의해 영향을 받게 된다. 민족들이 서로 섞여 살고 있다 하더라도 그들 간에 갈등의 발생 정도는 과거 그 민족들이 상대방에 의해 받았던 피해의 정도와 밀접하게 관련되어 있다. 다른 민족에 의해 저질러진 역사적 잔인성을 기억하는 민족은 분산된 민

27) 러시아와 우크라이나 간의 민족적 갈등은 Barry R. Posen, "The Security Dilemma and Ethnic Conflict," pp. 38-41 참조.

족을 통합하려는 시도에 더욱 박차를 가하게 된다. 구체적으로, 과거에 자신의 민족이 당했던 비극에 대한 성찰은 이민에 의해 민족을 통합하려는 의도를 무력에 의한 민족의 통합 방식으로 변모시킬 여지를 제공하는 셈이다.

예를 들면, 1940년대에 자행되었던 세르비아인에 대한 크로아티아의 대량학살은 1990년대 들어서면서 진행되었던 세르비아의 범 세르비아 민족주의의 기폭제가 되었다.[28] 세르비아는 크로아티아에 있는 세르비아민족을 통합하기 위하여 크로아티아와의 전쟁에 돌입했다. 이와는 달리 과거에 다른 민족으로부터 역사적 고통을 당한 민족이 그 고통을 복수하기 위하여 현재 자국 내에 소수민족으로 거주하는 그 민족을 탄압하는 경우가 있으며, 이러한 탄압은 그 소수민족의 본국을 자극하여 분쟁을 촉발시킬 수 있다. 예를 들면, 스탈린에 의해 피해를 입은 에스토니아, 라트비아, 리투아니아 민족들은 자국에 거주하는 러시아 민족을 차별하고 있으며, 이러한 차별은 또다시 러시아가 이들 국가에 대하여 부정적인 태도를 갖는 데 크게 기여하고 있다.[29] 이처럼 과거에 저질렀던 만행은 계속하여 후대에 전달되며, 이러한 '기억의 정치'는 국가간의 분쟁을 지속시키고 심화시키는 데 결정적인 기여를 하고 있다.[30]

과거에 저질렀던 범죄 가운데 가장 문제가 되는 것으로서 대량학살, 영토찬탈, 그리고 인구축출을 들 수 있다. 대량학살은 분산된 민족의 통합을 촉진시켜야 한다는 이념을 정당화시키고, 영토찬탈은 영토에 대한 개념의 논쟁을 촉발시키는 역할을 한다. 인구축출은 소수민족에 대한 차별을 촉진시키는 역할을 한다. 예를 들면, 이스라엘은 과거 선조들이 살았던 영토를 회복했다고 주장하는 반면 팔레스타인은 자신들이 살았던 영토의 회복을 주장하고 있다. 그리고 세르비아인들은 알바니아계 코소보인들의 권리를 인정하지 않고 있으며, 잃었던 영토를 회복하기를 바라고 있다. 이처럼 과거의 만행에 거의 잊혀지지 않고 다시 등장하는 악순환을 반복하고 있으며, 적절한 기회가 주어지면 민족주의가

28) Misha Glenny, "The Massacre of Yugoslavia," *New York Review of Books*, (Jan. 30, 1992), pp. 30-35.

29) 1940년부터 1949년까지 약 10년 동안 스탈린 정권에 의해서 이들 국가의 토착 인구 가운데 36%(라트비아), 33%(에스토니아), 그리고 32%(리투아니아)가 죽거나 국외로 추방당했다. Stephen Van Evera, "Hypotheses on Nationalism and War," p. 269.

30) 인종적·종교적·민족적·지역적 정체성에 대한 집단적 기억은 국가간의 분쟁에 일차적인 기여를 하고 있다. Herbert Hirsch, *Genocide and the Politics of Memory: Studying Death to Preserve Life* (Chapel Hill, N.C.: The University of North Carolina Press, 1995), p. 2.

다시 폭발하는 경향을 보이고 있다.

한편 이와는 달리 과거에 저질렀던 만행이 없는 체코 및 퀘벡 민족주의는 상대적으로 공격적인 성향을 보이지 않는다는 점은 과거의 경험이 민족주의의 폭력성에 어떠한 기여를 하는가를 여실히 보여준다고 할 수 있다.

과거에 범죄를 저질렀던 민족이 그 이후에 역사적 고통을 당한 민족에 대하여 어떠한 태도를 보였는가에 따라 민족주의의 공격성은 영향을 받을 수도 있다. 피해를 입힌 민족이 진심에서 우러난 사과를 하고 적절한 보상을 할 경우 피해를 당한 민족은 상대방에 대한 공격성을 자제할 수 있는 분위기가 마련될 수 있다. 나치 독일이 저질렀던 만행은 그 이후의 독일 지도자들이 공식적인 사과를 함으로써 독일은 주변국들과의 우호적인 관계를 회복한 반면, 일본은 제2차 세계대전의 과정에서 한국, 중국, 동남아시아 등에 입힌 피해에 대한 공식적인 사과를 표명하는 데 적극적이지 못한 관계로 일본의 만행은 이들 국가의 뇌리에서 완전히 사라지지 않고 있는 실정이다. 그리고 제1차 세계대전 중에 아르메니아인들에 대한 터키의 만행은 그 이후 터키가 부인함으로써 터키에 대한 아르메니아인들의 적대적 거부감은 현재에 이르기까지 지속적으로 표출되고 있다.[31]

이 같은 몇 가지 사례는 비록 과거의 만행이 있었다고 하더라도 그 민족이 이후에 어떠한 행동을 하는가에 따라 민족주의의 공격성은 전혀 성격을 달리할 수 있다는 점은 잘 보여준다고 할 수 있다. 그러나 과거의 만행을 기억하는 민족들이 현 시점에서 그러한 공격성을 표출할 수 있는 힘을 가지고 있는가 하는 점도 과거의 만행에 대한 공식적인 사과 여부 못지않게 중요하다고 할 수 있다. 왜냐하면 만일 과거의 역사에서 피해를 당한 민족이 현 시점에서 그러한 공격성을 표출할 수 있는 강대국의 위치에 있다면 문제는 더욱 복잡해질 수 있기 때문이다.

이러한 맥락에서 보면, 발칸반도와 구 소련의 사정은 명확한 차별성을 보이고 있다. 발칸반도의 경우, 과거의 역사에서 가장 큰 피해를 보았다고 주장하는 민족과 현 시점의 발칸반도에서 가장 강력한 힘을 보유한 국가가 세르비아

---

31) 아르메니아인들에 대한 만행 및 터키의 부인에 관한 자세한 내용은 Roger W. Smith, "The Armenian Genocide: Memory, Politics, and the Future," in Richard C. Hovannisian, ed., *The Armenian Genocide: History, Politics, Ethics* (New York: St. Martin's Press, 1992), pp. 1-20 참조.

로서 양자가 일치한다는 점이다. 과거의 역사적 피해에 대한 보상을 직접적으로 요구할 수 있는 위치에 있는 세르비아는 민족주의의 공격적 성향을 마음껏 표출할 수 있기 때문에 향후 발칸반도에서의 분쟁 가능성은 매우 높다고 할 수 있다.

이와는 달리 구 소련의 경우 러시아가 역사적인 피해자라기보다는 가해자의 성격을 지니고 있고, 현 시점에서 가장 강력한 힘을 보유하고 있기 때문에 민족주의의 공격성이 표출되기 어려운 실정이며, 그리고 이러한 맥락에서 향후 상당 기간 동안 구소련에서 분쟁의 발발 가능성은 매우 낮다고 할 수 있다. 따라서 구 소련에서 민족주의에 입각한 분쟁의 발발 가능성은 비 러시아 국가들이 자국에 있는 러시아 소수민족들에 대하여 어떠한 태도를 취하는가의 문제가 주요한 기준으로서 고려될 뿐이다.

다음으로, 대부분의 민족주의는 어느 정도 광신적 애국주의의 특징을 지니고 있는 것으로 보인다. 그 결과, 그 민족주의는 자신의 민족과 국가, 그리고 역사에 대하여 과도하게 정당성을 부여하는 반면 다른 민족과 국가, 그리고 역사에 대한 왜곡은 용인하는 모습으로 비치는 경향이 있다. 만약 이러한 민족주의의 모습이 극단으로 치닫는다면 자신의 민족을 독립시키는 데 매진하지 않고 다른 민족을 지배하는 패권주의적 행동에 관심을 갖게 될 가능성이 크다고 할 수 있다. 이러한 민족주의는 자신의 미덕과 능력에 특별한 의미를 부여함으로써 자신의 민족을 숭배하며, 과거에 다른 민족에 피해를 준 자신의 잘못된 행동을 부인하는 모습을 띠게 된다. 이렇게 되면 다른 민족을 지배할 수 있는 특권을 부여받은 것처럼 행동하는 민족주의가 뿌리를 내리게 되고, 이러한 민족주의로부터 나오는 공격적인 성향은 팽창주의적인 정책을 낳음으로써 주변국가들을 긴장시키기에 충분하다. 게다가 이러한 민족주의가 문화적 우월성과 결부될 경우, 자신의 국가에 거주하는 소수민족에 대한 차별은 필연적이기 때문에 그 소수민족의 본국과의 관계는 악화될 것은 충분히 예측할 수 있다.

독일의 민족주의가 제1차 세계대전에 대한 독일의 죄책감을 없앰으로써 유럽에 대한 적개심을 고조시키고 나아가 나치의 외교정책에 대한 국민의 지지를 이끌어 내는 기반을 조성했다는 점은 이러한 시각을 반영하고 있다.[32] 이와 더

32) Holger H. Herwig, "Clio Deceived: Patriotic Self-Censorship in Germany After the Great War," *International Security* Vol. 12, No. 2 (Fall 1987), pp. 5-8.

불어 제2차 세계대전 중에 크로아티아가 세르비아 민족에게 저지른 대량학살을 크로아티아가 부인함으로써 세르비아의 적개심은 더욱 증폭되었으며, 그 결과 50년이 지난 1990년대 초반에 세르비아와 크로아티아가 전쟁을 하는 상황으로 전개되었다.

이처럼 자기 민족의 역사에 대한 미화는 다른 민족의 역사에 대한 歪曲과 더불어 민족주의의 공격성을 이끌어 내는 데 큰 공헌을 하고 있다. 그렇다면 이러한 현상이 발생하는 이유를 살펴 볼 필요가 있다.

먼저, 정권의 정통성 문제와 민족주의는 연관성이 있는 것으로 고려될 수 있다. 정치가들이 권력을 장악하고자 하는 욕망은 부인할 수 없는 현실이라고 할 때, 국민들로부터 정통성을 인정받지 못할 경우 그 정권의 통치기반은 미약하게 마련이다. 더구나 국가가 형성되어 있지 않은 경우, 국가의 형성이 실현되었다고 할지라도 제도화의 미비로 능력의 부족을 느끼는 경우, 혹은 부패한 정권인 경우 정치가들은 자신의 민족으로부터 지지를 받아낸다는 것은 더욱 어려운 실정임을 부인하기 어려우며, 심지어 자신의 민족 가운데로부터 도전세력이 등장할 수 있다. 민족주의가 등장하는 것은 이러한 도전으로부터 관심을 돌리기 위한 수단으로서 이해할 수 있다. 특히 외부적 요인에 의하여 발생한 경제적 및 사회적 혼란의 경우 민족주의에의 의존은 상당히 긍정적인 효과를 나타내기도 한다. 이러한 맥락에서 볼 때, 정통성이 미약한 정권일수록 민족주의에 더욱 의존하는 경향이 있다는 주장은 상당한 논리적 설득력이 있다고 할 수 있다. 19세기 후반부에 등장한 유럽의 민족주의, 제2차 세계대전 이후에 독립한 제3세계에서 나타난 민족주의, 그리고 냉전의 종식 이후에 구 소련 및 동유럽을 휩쓸고 있는 민족주의는 이러한 정치적 동기가 주요한 요인으로 자리하고 있다는 데 공통적인 특징을 보이고 있다.

다음으로, 민족주의의 공격성은 급속한 산업화의 역사적 과정과 밀접히 연관되어 있다는 점은 주목을 받을 만하다.[33] 자본주의가 아닌 사회에서 자본주의적 시장기구를 도입하는 경우, 권위주의적 정부의 통제적인 경제가 자유시장 제도를 도입하는 경우, 그리고 국가경제가 세계화로 편입되는 과정에서 그 경제가 붕괴되는 경우, 민족주의는 정치적 역할을 할 수 기회를 많이 가지게 된다. 기업가들은 민족주의를 이용하여 민족경제의 형성에 장애가 되는 요인

33) Jack Snyder, "Nationalism and the Crisis of the Post-Soviet State," pp. 14-16.

들을 제거할 수 있으며, 시장경제의 도입으로 인하여 이득을 보는 인종적 집단과 그렇지 못한 집단 간에 민족적 갈등은 드러나게 마련이다. 결국, 국제적인 상호의존성의 심화가 전통적인 민족경제에 주는 충격은 보호무역을 주장하는 민족적 요구로 나타남으로써 민족주의의 공격성을 촉진시키는 계기가 된다고 할 수 있다.

게다가 더 중요하게 지적되어야 할 점은 이렇게 촉발된 경제적 난국의 책임이 자신들에게 있지 않고 다른 민족에 있다고 믿는 경향이 일반적이라는 데 있다. 민족주의의 강력한 결집에 필수적인 요소인 희생양의 등장은 충분히 예측될 수 있으며, 그리고 20세기 전반부에 나타난 파시즘의 등장 및 냉전의 종식 이후에 등장한 구 소련과 동유럽의 경제적 어려움은 이러한 역사적 맥락에서 이해될 필요가 있다.

다음으로, 민족주의의 공격성은 그 민족 내부로부터 그러한 분출을 제어할 수 있는 통제기구의 여부와 관련이 있다는 주장이 있다.[34] 토론의 자유, 출판의 자유, 사상의 자유 등의 전통을 가지지 못하는 사회는 민족주의의 공격성에 취약한 측면을 보인다. 극단적인 애국주의가 발현될 시점에 그러한 추세에 제동을 걸지라도 사회적 불이익을 당하지 않을 수 있으며, 오히려 그러한 비판이 사회의 균형적 발전에 도움이 된다는 확신이 사회적으로 용인될 필요가 있다. 성숙된 시민사회가 형성될 경우에만 민족주의가 배타적인 국수주의의 성향을 벗어나게 되며, 그리고 민주적인 정치체제는 정통성이 있을 뿐만 아니라 자유로운 사상의 전달을 허용하기 때문에 민족주의가 극단적으로 치닫게 될 위험성을 감소시킨다는 점은 이러한 시각을 반영하고 있다.

V. 결론: 민족주의 분쟁의 해결방안 모색

서유럽의 민족주의는 대부분이 이미 국가를 수립했기 때문에 전쟁의 발발과 직접적인 상관성이 있는 것으로 판단하기는 어려운 실정이다. 더구나 서유럽의 경우 분산된 민족은 소규모이며 대체로 적절한 권리를 부여받고 있으며, 역사적인 증오심 — 특히 독일에 대한 — 은 상당히 사라진 셈이다. 이와 더불어 독일과 이탈리아의 민족주의가 공격적인 성향으로 복귀할 가능성은 거의 없다

34) Stephen Van Evera, "Hypotheses on Nationalism and War," pp. 284-285.

고 할 수 있다. 이처럼 서유럽의 경우 전반적으로 정권의 합법성이 높은 수준으로 유지되고 있고, 군사적 안보가 상당한 수준으로 확보되어 있으며, 그리고 경제적 안정성이 보장되어 있기 때문에 극단적 민족주의가 다시 등장할 가능성은 희박한 실정이다.

그러나 동유럽의 경우 사정은 다르게 나타난다. 국가가 없는 민족주의의 수는 상당하며, 이러한 현상은 분리·독립을 위한 민족주의가 전쟁으로 치닫게 될 수 있는 가능성이 높다는 것을 의미한다. 더구나 구소련의 몰락으로 야기된 15개의 독립국의 탄생은 힘의 균형의 관점에서 민족주의의 우세를 가능하게 한 주요한 계기가 되었다. 특히 동유럽의 경우 인종적 혼합의 정도는 심각하기 때문에 분산된 민족의 수는 상당하며, 게다가 대규모인 실정임을 무시할 수 없다. 동유럽 사회는 전통적으로 소수민족의 권리에 대한 보호에 익숙하지 않기 때문에 그 권리는 남용될 가능성이 크다. 그 결과 이들 소수민족을 통합하려는 본국 정부의 시도가 무력적 방법에 의해 이루어질 가능성이 높다. 게다가 신생 동유럽 국가들은 자연적인 방어장벽을 가지지 못하고 있으며, 인공적인 국경선에 의존하고 있기 때문에 방어함에 있어 취약성을 보이고 있다.

특히 구소련에서 독립한 국가들의 경우 정통성이 부족하며 제도화의 수준이 낮은 상태이기 때문에 호전적인 민족주의에 의존할 가능성은 매우 높다. 그리고 이러한 위험성은 사회주의 경제체제로부터 자본주의적 시장경제체제로 나아감에 따라 표출되는 경제적 위기감에 의해 증폭될 수밖에 없다. 게다가 동유럽에서 서유럽에서 용인되는 수준의 표현의 자유를 누린다는 것은 동유럽의 경우 민족주의가 전쟁으로 비화될 가능성이 상당히 높다는 주장은 이러한 시각을 반영하고 있다.

한편 동유럽의 경제적 어려움이 시장경제체제로 전환되는 과정에서 발생하는 일시적인 현상이라고 생각하면, 그리고 민주화의 진전이 더디지만 지속적으로 진행되고 있다고 보면 장기적인 관점에서 동유럽에서 민족주의의 공격성에 대한 전망은 반드시 어둡지만은 않다고 할 수 있다. 그러나 다민족으로 구성된 국가에서 인종적으로 소수민족이라는 이유로 인하여 차별을 받는다면 민족들 간의 본질적인 갈등의 불씨는 여전히 살아있는 셈이다. 게다가 동유럽의 정치적 민주주의가 뿌리를 굳건히 내린다고 해도 다민족 국가에서 국가의 정책을 결정함에 있어 단지 다수결원칙만이 유일한 대안이 될 경우 수적으로 부족한 소수민족의 불만은 남을 수밖에 없기 때문에 권력을 배분하는 절차에 대한 민족들 간의 타협이 필요한 실정이다.35)

민족주의의 공격성은 제3세계의 경우에도 그 심각성의 정도는 동유럽에 비해 크게 떨어지지 않는다고 할 수 있다. 제3세계의 민족주의에 입각한 갈등은 미국과 소련 간의 갈등 속에서 겉으로 드러내지 않는 결과를 낳았다는 점, 그리고 냉전의 종식과 함께 인종적 민족주의에 입각한 분쟁은 증폭되고 있다는 점에서 동유럽의 경우와 유사한 특징을 보여주고 있다. 단지 제3세계와 동유럽의 경우를 구별짓는 차이점은 냉전시대와는 달리 탈냉전시대에 들어서면서 강대국의 전략적인 관점에서 전자의 중요성이 후자에 비해 훨씬 떨어지기 때문에 국제여론의 관심으로부터 점점 멀어진다는 점이다. 예를 들면, 아프리카의 르완다에서 일어나고 있는 후투족과 투치족의 갈등은 동유럽에서 벌어지고 있는 민족주의의 갈등에 비해 더욱 처절함에도 불구하고 강대국의 전략적인 이해관계가 줄어들었다는 이유로 국제적인 관심사로부터 멀어지고 있다.36)

민족주의와 관련된 분쟁은 비록 그 지역의 정치지도자들이거나 아니면 국제사회의 관련된 사람들이 나선다고 해도 종국적인 해결을 모색한다는 것은 사실상 어려운 일이며, 단지 민족주의로 인하여 발생한 갈등의 증상을 어느 정도 완화시키는 데 초점을 맞출 수밖에 없는 실정이다. 결국 민족주의는 종국적 해결의 대상이 아니라 적절한 통제를 통하여 그 분출을 제어하는 길밖에 없는 것이 현실이라는 점을 직시할 필요가 있다. 소수민족의 물리적 및 문화적 안보를 보장함으로써 미래의 분쟁 발발을 예방하는 데 관심을 두어야 하는 것은 이러한 이유에서이다.

이를 위해, 민족간의 갈등은 그 국가의 내부에서 해결하거나 아니면 외부의 개입을 통하여 해결하는 방안을 모색할 필요가 있다. 첫째, 그 국가의 내부적 해결방안으로서 민족들 간의 상호의존성을 유지하기 위하여 선거를 통한 권력의 분할, 지역적인 자치권의 부여, 나아가 연방제의 수립 등을 들 수 있는데,

---

35) 다수결원칙의 엄격한 적용이 다민족 국가에 미친 부정적인 영향은 북아일랜드의 사례에서 이미 입증되었기 때문에 동유럽의 국가들은 스위스 민주주의 방식과 운용에 따른 권력 배분의 원칙을 채택해야 한다는 주장이 제기되고 있다. Stephen Van Evera, "Hypotheses on Nationalism and War," p. 287.

36) 이삼성, 『20세기의 문명과 야만』(한길사, 1998), 97-101면; Hugh Miall, Oliver Ramsbotham, and Tom Woodhouse, *Contemporary Conflict Resolution: The Prevention, Management and Transformation of Deadly Conflict* (Cambridge, U.K.: Polity Press, 1999), pp. 133-139

이러한 내부적인 방안은 소수민족의 권리와 지위를 증진시키는 데 기여할 수 있으며, 이러한 조치들은 민족들 간의 신뢰 구축을 위한 하나의 방편이 될 수 있다.37) 둘째, 그 국가만의 힘으로는 해결이 어려울 경우, 아니면 그 국가 내부의 분쟁이 국제적 관심사로 부각될 경우 다른 나라의 개입의 필요성과 정당성을 강요하는 상황으로 치닫게 된다.

먼저, 다민족 국가는 소수민족의 자발적인 협력을 이끌어 내기 위하여 정계, 군부, 공공기관 등에서 일정한 부분을 소수민족에게 할당하는 방안을 모색할 필요가 있다. 예를 들면, 남아프리카공화국 만델라 대통령은 과도적인 헌법에 권력의 분할 조항을 채택하여 경제적으로 부유한 백인들의 자발적인 참여를 유도하기도 했으며, 그리고 동유럽에서 유고의 티토 정권 시절에는 대통령과 소수민족의 대표들이 내각회의에 참여하여 공식적인 의견의 충돌이 드러나기도 했다.38) 그러나 이러한 권력의 분할은 그 기반이 본질적으로 연약하며 일시적인 무마책의 성격을 지닌 것으로 본질적인 한계점을 드러낼 수밖에 없으며, 오히려 현존 정권에 참여하는 소수민족의 대표성의 문제 등으로 인하여 민족적 갈등을 촉발시킬 수 있는 계기로서 작용할 수 있다.

다음으로, 다민족국가에서 소수민족의 불만을 완화시키는 수단으로 지역적인 자치권을 부여하면서 연방제에 의지하는 방안이 고려될 수 있다. 이 같은 권력의 분권화를 추구하는 노력은 동유럽 및 아프리카의 민족적인 분쟁이 발생하는 지역에서 그 분쟁을 해결하기 위한 수단으로써 자주 이용되고 있다. 예를 들면, 보스니아의 분쟁을 해결하기 위하여 1995년에 미국이 주도한 중재는 보스니아 정부가 자국 내에 거주하는 세르비아인들의 자치권을 인정하는 대신에 세르비아와 크로아티아는 보스니아·헤르체고비나의 법적인 존속을 인정하게 하는 데 초점을 맞추었다.39)

이처럼 권력의 분할은 소수민족에 대한 탄압을 막기 위하여 중앙정부의 권력에 제도적인 제한을 가한다는 점에서 이론적인 이점은 있지만 중앙정부의 자

---

37) David A. Lake and Donald Rothchild, "Containing Fear: The Origins and Management of Ethnic Conflict," in Michael E. Brown, et al., eds., *Theories of War and Peace* (Cambridge, Mass.: The MIT Press, 1998), pp. 309-315.

38) 그러나 이러한 조항은 1996년의 새로운 헌법에서 구체적으로 채택되지는 않았다. David A. Lake and Donald Rothchild, "Containing Fear: The Origins and Management of Ethnic Conflict," pp. 309-310.

39) *Ibid.*, pp. 312-313.

발적인 참여를 가정하고 있다는 점에서 그 논리의 실제적인 적용은 심각한 저항에 직면할 수 있다는 점을 지적할 필요가 있다. 예를 들면 1989년에 구 유고가 와해되기 시작했을 때, 밀로세비치 대통령은 티토 정권이 알바니아계 코소보 지역에 이미 부여했던 자치권을 철회했으며, 수단의 경우에도 강경파인 회교 근본주의자들의 반발을 무마하기 위하여 이미 합의된 자치권의 허용을 철회하는 사례도 있었다. 그 결과, 유고와 수단에서 다시 조성된 중앙정부와 소수민족 간의 긴장은 그 이후에 진행된 폭력적 충돌의 기반이 되었다. 이러한 관점에서 볼 때, 유고와 수단의 사례는 중앙정부가 자치권을 허용하는 데 있어 그 반발의 정도가 얼마나 심각한지를 단적으로 보여 주는 사례라고 할 수 있다.

이러한 시각과는 달리 지역적인 자치권의 확보 및 연방제의 실현은 의도하지 못했던 결과를 초래함으로써 민족들 간의 갈등을 더욱 악화시키는 계기가 될 수 있다는 점은 주목을 받을 만하다. 왜냐하면 이러한 방안은 이전에는 불분명하게 규정되었던 민족들 간의 경계선을 명확하게 함으로써 민족들 간의 정체성이 수면 위로 부상시키는 역효과를 보일 수 있기 때문이다. 냉전의 종식 이후에 러시아는 이러한 딜레마로부터 벗어나지 못한 것으로 보인다.[40] 중앙정부의 권력 이양이 민족들 간의 문제를 개선시키는 효과를 주기보다는 오히려 악화시킬 수 있다는 점은 이러한 측면에서 이해할 수 있다.

다민족 국가에서 민족들 간의 갈등을 해결하는 데 초점을 맞추고 있는 내부적인 방안들은 소수민족들의 안전을 보장하는 데 그들이 가질 수 있는 불안감과 두려움을 없애고 다른 민족들과의 협력을 위한 동기를 제공함으로써 그 국가 전체의 안정성을 유지하는 데 일차적인 목적을 가지고 있다. 이러한 과정은 시간이 경과할 경우 민족들 간의 유대관계가 형성됨으로써 공동체의 지속에 긍정적인 효과를 낳을 수 있을 것으로 기대하는 측면이 많다. 그렇지만 이러한 방안들은 분쟁의 해결보다는 분쟁 관리의 관점에서 진행될 수밖에 없다는 데 그 한계성이 있다. 이러한 방안을 통하여 민족적 갈등의 완화라는 목적은 어느 정도 달성할 수 있으나 그러한 갈등이 생성된 원인을 근본적으로 치유하기는 어렵다.

---

40) Gail W. Lapidus and Renee de Nevers, eds., *Nationalism, Ethnic Identity and Conflict Management in Russia Today* (Stanford, Ca.: Stanford University Center for International Security and Arms Control, 1995), p. 3.

이러한 맥락에서 볼 때, 외부의 개입은 내부적 방안의 한계점을 보완할 수 있는 대안으로서, 그리고 내부적 방안의 타결을 강요하는 환경을 만들어 내는 수단으로써 고려될 수 있다.

다민족국가에서 소수민족의 문제가 내부적으로 해결되지 못하고 민족들 간의 분쟁으로 이어지는 상황이 지속될 경우 외부의 도움에 의해 소수민족의 보호가 이루어질 수 있다. 그러나 국제적인인 관점에서 주권을 가진 국가는 국내문제에 대한 배타적인 권리를 가지고 있다고 일반적으로 인정을 받고 있지만, 그러한 국가는 자신의 국가 내에 있는 소수민족을 보호할 의무도 있다는 주장도 인정을 받고 있다.[41] 예를 들면, 제1차 세계대전 이후에 유럽 문제를 다루었던 많은 조약들은 각 국가들로 하여금 자신의 영토 내에 있는 소수민족의 정치적 및 종교적 권리를 보호할 의무를 지우고 있으며, 제2차 세계대전 이후에 채택된 국제연합 헌장도 기본적인 인권과 자유에 대한 국제적인 의무를 확인하고 있다. 특히 냉전의 종식 이후에 국제연합은 주권의 절대성과 배타성을 부인하고 있다.[42]

이러한 관점에서, 다른 국가가 그 분쟁지역에 취할 수 있는 개입의 유형은 첫째, 비탄압적인 개입, 둘째, 강압적인 개입을 들 수 있다.

첫째, 보스니아, 체첸, 르완다 그리고 수단 등에서 일어나고 있는 소수민족에 대한 탄압은 인권의 침해라는 관점에서 서방국들의 관심을 끌게 되었으며, 서방국들은 비공식적으로 이루어지는 외교적 항의에 의해 비판을 가했다. 국제적 규범을 강요하는 방안은 소수민족을 탄압하는 국가로 하여금 중요한 사안에 대하여 양보를 하도록 유도하는 효과를 보이기도 했다. 왜냐하면 만일 국제적 규범을 지키지 않을 경우 국제기구로부터 축출될 가능성도 배제할 수 없기 때문이다. 예를 들면, 헝가리와 루마니아에서 일어나고 있는 민족적 분쟁은 국제기구에 가입하고자 하는 양국의 지도층에 영향을 미침으로써 완화되었으며, 그리고 유럽연합에의 가입을 추진했던 터키는 자신의 영토 내에 있는 쿠르드족에 대한 탄압을 자제할 수밖에 없었다. 남아프리카공화국의 경우, 국제연합에 의한

41) Seyom Brown, *The Causes and Prevention of War*, pp. 41-42; 군사적 개입의 정당성과 윤리성에 관한 자세한 분석은 Stanley Hoffmann, "The Politics and Ethics of Military Intervention," *Survival*, Vol. 37, No. 4 (Winter 1995/96), pp. 33-36 참조.

42) 국제연합 사무총장도 주권의 이러한 성격 변화를 공식적으로 인정하고 있다. Boutros Boutros-Ghali, *An Agenda for Peace* (New York: United nations, 1992), p. 9.

제재는 그 국가와 정권의 정통성에 결정적으로 부정적인 영향을 미쳤다.[43] 그 제재의 상징적 효과는 흑인들의 고통에 대한 동정심과 남아프리카공화국에서 추진하고 있는 인종분리정책에 대한 국제사회의 불인정을 대변했다는 데 있다.

그러나 비강압적 방안은 소수민족에 대한 탄압에 있어 그 국가의 행동을 국제적인 규범에 맞도록 요구함으로써 국제적인 여론에 호소하는 방식에 의존하고 있기 때문에 그 국가 내에서 일어나고 있는 민족적인 분쟁을 종식시키거나 아니면 억제할 수 있는 지렛대는 가지고 있지 않은 실정이다. 따라서 비강압적인 방안은 그러한 탄압이 비합법적이라는 인식을 국제사회에 확신시킴으로써 분쟁의 전개과정이 소수민족에게 불리하지 않게 되도록 새로운 환경을 조성하는 데 만족할 수밖에 없는 한계성을 가지고 있다.

다음으로, 강압적인 방법에 의한 외부의 개입은 두 가지 효과를 보여줄 수 있다. 첫째, 외부의 개입은 그 국가 내부에서 벌어지고 있는 민족적 분쟁에서 세력이 약한 측을 지원하고 세력이 강한 측의 승리 가능성을 줄임으로써 양측이 협상의 테이블에서 합의를 도출하도록 하는 데 그 목적이 있다. 왜냐하면 외부의 세력이 개입한 이상 세력이 강한 측은 이전에 자신들이 주장했던 요구를 더 이상 관철할 수 없다는 것을 인식하고 그 요구의 수준을 낮출 수밖에 없게 되기 때문이다. 그렇게 되면 양측의 합의 가능성은 높아지게 되며, 외부의 개입을 통하여 달성하고자 하는 목적은 이루게 되는 것이다.

그렇지만 일단 세력이 강한 측의 요구 수준이 낮아질 경우, 세력이 약한 측은 외부의 개입이 자신들을 지지한다는 확신에서 자신들의 요구 수준을 높임으로써 협상의 타결 전망을 어둡게 할 가능성도 배제할 수 없다. 예를 들면, NATO가 1995년 가을에 보스니아 정부를 지지하고 보스니아의 세르비아군을 비난했을 때, 세르비아군은 요구 수준을 낮추어 자신들이 그동안 거부했던 영토의 분할안을 받아들였다. 그러나 보스니아와 크로아티아는 이러한 기회를 이용하여 자신들의 요구 수준을 높임으로써 협상의 타결이 결렬될 상황에 빠졌으나 서방측이 보스니아와 크로아티아에 압력을 가함으로써 이러한 위기가 극복되었다. 이러한 사례는 외부의 개입만으로는 분쟁의 해결을 보장하지 못하며, 오히려 양측에 압력을 동시에 가함으로써 양측의 요구 수준을 적절하게 조절하는 데 초점을 맞추어야 한다는 점을 시사하고 있다.

---

43) David A. Lake, "Containing fear: The Origins and management of Ethnic Conflict," pp. 316-317

둘째, 외부의 개입은 분쟁에 개입하고 있는 양측에 그 타결된 합의문에 신뢰성을 부여하는 정치적 효과도 가져올 수 있다. 외부의 개입에 대한 성공적 평가의 기준은 국제사회가 분쟁의 당사자들이 타결한 합의문의 이행 과정에 양측 가운데 어느 한 측에 기울지 않는 공정한 시각에서 관심을 지속적으로 가지는 있는가의 여부이다. 이러한 점에서 볼 때, 외부세력의 행동 그 자체가 중요한 것이 아니라 외부의 세력들이 협상의 타결 시점뿐만 아니라 앞으로도 상당 기간 지속적으로 관심을 나타낼 것이라는 점을 분쟁의 당사자들이 믿는가 하는 것이다. 따라서 외부세력의 공정성과 지속성이 민족주의에 기인한 분쟁의 해결에 필수적인 요소로 등장하는 셈이다.

이러한 관점에서 볼 때, 1994년에 있었던 프랑스의 르완다 개입은 공정성과 지속성을 양측의 분쟁 당사자들에게 확신시키지 못했으며, 그리고 협상의 성공적 타결을 가져오지 못했다는 점에서 실패한 사례로서 평가될 수 있다. 특히 외부의 세력이 그 분쟁의 해결에 미약한 관심을 보이고 모호한 태도를 취할 경우, 그 분쟁은 더욱 악화될 수도 있다. 세력이 강한 측은 협상보다는 투쟁의 지속에 더 관심을 가지게 되고 세력이 약한 측은 외부의 세력이 자신들을 지지한다는 데 대한 확신을 가질 수 없기 때문이다. 결국 외부의 강압적 개입은 양측의 분쟁 당사자들에게 심리적 압박감을 제공하여 분쟁을 평화적으로 해결하는 데 그 목적이 있다고 할 수 있다.

특히 냉전의 종식 이후에 발칸반도 등 여러 지역에서 전개되고 있는 '인종청소'는 인도주의적 군사개입의 필요성과 정당성에 활기를 불어넣었다.[44] 더욱이 분쟁지역에서 자행되는 잔인성과 야만성을 현장감 있게 신속히 보도하는 CNN 등 언론의 역할, 그리고 최소한의 희생으로 인도주의적 목적을 달성할 수 있을 것이라는 판단을 가능하게 한 첨단무기의 등장은 이러한 추세에 크게 공헌했다.

게다가 1990년대 들어서면서 이루어지는 인도주의적 군사개입은 국제여론으로부터 강대국의 신속한 개입을 재촉받는다는 점에서 그 이전과는 확연히 구별되는 특징을 지니고 있다. 이제는 인도주의적 요소가 군사개입을 결정함에 있어 필수적인 요건일 뿐만 아니라 더 나아가 그 개입을 촉진하는 요인으로 등장하게 되었다.[45] 이러한 추세는 군사개입의 패권주의적 성향을 인도주의적 도

44) Michael E. Brown, "Causes and Implications of Ethnic Conflict," pp. 16-20.
45) Steven R. David, "The Necessity for American Military Intervention," in The Aspen Institute, *The*

덕성으로 미화하는 데 기여하고 있다. 그렇지만 1990년대 이후에 국제여론의 동정을 받는 인종청소가 모두 강대국의 군사개입으로 귀결되지 않았다는 점에서 인도주의적 군사개입도 결국 군사개입 가운데 하나의 유형에 불과하다는 점을 직시할 필요가 있다.

먼저, 인도주의적 군사개입도 결국 주변 강대국들 대부분의 이해관계가 일치되어 있을 때 이루어진다는 점을 주목해야 한다. 코소보 사태에 유럽의 국가들이 적극적으로 나선 배경은 코소보 지역에 있는 알바니아계가 유럽인들과 비슷한 외양을 가지고 있다는 인종적 맥락에서, 그리고 발칸반도의 갈등이 향후 유럽의 전역으로 비화하는 것을 사전에 차단하고자 하는 전략적 맥락에서 찾을 수 있다. 인도주의적 군사개입이 그 순수성과는 상당한 거리가 있다는 점은 이러한 시각에서이다.

인종청소가 자행되는 지역이 강대국의 인종적 및 전략적 이해관계와 관련성이 없는 지역일 때, 그 지역은 인도주의적 군사개입의 대상으로 선정되기 힘들다는 점은 후투족과 투치족 간의 갈등으로 표출된 르완다 사태에서 적절히 표출되었다. 그렇지만 주변 강대국들의 이해관계가 일치를 보인다고 해도 이러한 개입에 강력히 반발하는 다른 강대국의 견제가 있다면 군사개입의 상황으로까지 치닫기 어렵기는 마찬가지라고 할 수 있다. 이 점은 러시아가 냉전시대와 같이 건재했더라면 유고에 대한 NATO(북대서양조약기구)의 공습이 가능했겠는가를 자문해 보면 쉽게 이해될 수 있는 사안이다.

다음으로, 인도주의적 군사개입이 이루어졌다고 하더라도 그 지속성 여부는 비인도적 요인에 의해 크게 영향을 받는다. NATO의 공습은 유고측의 조속한 항복을 받아내는 효과를 보지 못하고 오히려 유고 내에서 반서방 결속을 촉진시켰을 뿐만 아니라 범슬라브주의의 맹주로서 자처하는 러시아의 자존심에 심각한 타격을 주었다. 그 결과 코소보 사태의 해결에 있어 러시아가 갖는 역할의 중요성은 더 한층 증대되었으며, 세르비아의 입지도 강화시키는 역작용을 낳았다.

이러한 맥락은 강대국간의 외교적 타협만이 코소보 사태의 종식을 가져올 것이라는 판단을 가능하게 하기 때문에 코소보의 알바니아계가 겪는 비인도주

United States and the Use of Force in the Post-Cold War Era (Washington, DC: The Aspen Institute, 1995), pp. 49-52.

의적인 상황의 타개는 국제여론의 관심으로부터 점점 멀어져 가는데 기여했다. 결국 이러한 사태의 진전은 인도주의적 군사개입의 필요성과 당위성에 근본적인 의문을 제공하고 있다.

이처럼 소수민족이 박해를 받을 경우 이들을 보호하기 위하여 국제적인 개입은 필요한 조치일 수 있으나, 외부의 세력들 간에는 그 개입의 동기나 과정에 있어 차별성을 보일 수밖에 없기 때문에 그 효과는 제한적인 특징을 지니고 있다는 점을 지적할 필요가 있다. 인도주의적인 호소를 통하여 관련 민족들이 국제적인 규약을 준수하도록 하는 비강압적인 개입은 상당한 시간과 인내를 필요로 한다는 점에서 정치적 비용이 많이 드는 방안임에 틀림없다. 반면 강압적인 개입은 분쟁 당사자들을 협상 테이블로 불러들여서 적절한 타협점을 강요하는데 기여할 수 있지만 외부적인 강압을 통한 개입에 있어 주요한 요소는 국제적인 공약의 신빙성이다. 그리고 이러한 신빙성은 외부세력들 간의 이해관계에 따라 다르게 나타나게 되고, 그 결과 외부적인 개입이 때로는 전혀 개입하지 않는 것보다 상황을 더욱 악화시킬 수 있다.

그러나 장기적인 관점에서 볼 때, 민족주의에 기인한 분쟁을 해결하기 위해서는 분쟁 당사국이 내부적 해결 방안의 모색에 더욱 매진하는 것이 중요하며, 국제사회는 적극적인 개입을 통하여 이들 스스로가 민족적 갈등을 해소할 수 있는 환경의 마련이 중요하다. 그럼에도 불구하고 이러한 방안들은 자체적으로 한계점을 가지고 있기 때문에 민족주의는 앞으로도 전쟁의 원인으로서 그 위력이 감소되지 않을 것이라는 점에서, 그리고 민족주의는 전쟁으로 반드시 연결되지 않는다는 점에서 전쟁을 연구하는 학자들의 더 많은 관심이 필요한 시점이라고 할 수 있다.

참고문헌

김동성.『한국민족주의 연구』. 오름, 1996.

앤더슨 저, 윤형숙 역.『민족주의의 기원과 전파』. 나남, 1991.

이삼성.『20세기의 문명과 야만』. 한길사, 1998.

차기벽. "민족주의와 민주주의: 한국의 경우를 중심으로".『대한민국학술원논문집(인문사회과학편)』제31집 (1992).

최상용. "신흥국의 민족주의: 상징성과 현실".『국제정치논총』제17집 (1977).

Boutros-Ghali, Boutros. *An Agenda for Peace*. New York: United Nations, 1992.

Brown, Michael E. "Causes and Implications of Ethnic Conflict". In Michael E. Brown, ed. *Ethnic Cinflict and International Security*. Princeton, N.J.: Princeton Univ. Press, 1993.

Brown, Seyom. *The Causes and Prevention of War*. New York: St. Martin's Press, 1994.

Central Intelligence Agency. "Ethnic Majorities and Minorities". In Central Intelligence Agency, *Atlas of Eastern Europe*. Washington, DC: U.S. Government Printing Office, August 1990.

David, Steven R. "The Necessity for American Military Intervention in the Post-Cold War Era". In The Aspen Institute, *The United States and the Use of Force in the Post-Cold War Era*. Washington, DC: The Aspen Institute, 1995.

Evera, Stephen Van. "Hypotheses on Nationalism and War". *International Security*, Vol. 18, No. 4 (Spring 1994).

Gaddis, John Lewis. *Strategy of Containment: A Critical Appraisal of Postwar American National Security Policy*. New York: Oxford University Press, 1982.

Gagnon, Jr., V.P. "Ethnic Nationalism and International Conflict" International Security, Vol. 19, No. 3 (Winter 1994/1995).

Gellner, Ernest. *Nations and Nationalism*. Ithaca, N.Y.: Cornell Univ. Press, 1983.

Glenny, Misha. "The Massacre of Yugoslavia". *New York Review of Books* (Jan. 30, 1992).

Greenfeld, Liah. *Nationalism: Five Roads to Modernity*. Cambridge, Mass.: Harvard University Press, 1992.

Haas, Ernst. "What is Nationalism and Why Should We Study It?" *International Organization*, Vol. 40, No. 3 (Summer 1986).

Hardin, Russell. "Self-Interest, Group Identity". John L. Comaroff and Paul C. Stern, eds. *Perspectives on Nationalism and War*. Amsterdam, Netheland: Gordon and Breach Publishers, 1995.

Hassner, Pierre. "Beyond Nationalism and Internationalism: Ethnicity and World Order". *Survival*, Vol. 35, No. 2 (Summer 1993).

Herwig, Holger H. "Clio Deceived: Patriotic Self-Censorship in Germany After the Great War". *International Security*, Vol. 12, No. 2 (Fall 1987).

Hirsch, Misha. *Genocide and the Politics of Memory: Studying Death to Preserve Life*. Chapel Hill, N.C.: The University of North Carolina Press, 1995.

Hobsbawm, Eric J. *Nations and Nationalism Since 1980*. Cambridge, U.K.: Cambridge University Press, 1990.

Hoffmann, Stanley. "The Politics and Ethics of Military Intervention". *Survival*, Vol. 37, No. 2 (Winter 1995/96)

Kapur, Ashok. "New Nuclear States and the International Nuclear Order". In T.V. Paul, Richard J. Harknett, and James J. Wirtz, eds., *The Absolute Weapon Revisited: Nuclear Arms and the Emerging International Order*. Ann Arbor, MI: The University of Michigan Press, 1998.

Lake, David A. and Donald Rothchild. "Containing Fear: The Origins and Management of Ethnic Conflict". In Michael E. Brown, et al., eds., *Theories of War and Peace*. Cambridge, Mass.: The MIT Press, 1998.

Lapidus, Gail W. and Renee de Nevers, eds. *Nationalism, Ethnic Identity and Conflict Management in Russia Today*. Stanford, Ca.: Stanford University Center for International Security and Arms Control, 1995.

Lenaga, Saburo. "The Glorification of War in Japanese Education". *International Security*, Vol. 18, No. 3 (Winter 1993/94).

Mandelbaum, Michael. "Is Major War Obsolete?" *Survival*, Vol. 40, No. 4 (Winter 1998/99).

Miall, Hugh, Oliver Ramsbotham, and Tom Woodhouse, *Contemporary Conflict Resolution: The Prevention, Management and Transformation of Deadly Conflicts*. Cambridge, U.K.: Polity Press, 1999.

Motyl, Alexander J. *Sovietology, Rationality, Nationality: Coming to Grips with Nationalism in the USSR*. New York: Columbia University Press, 1991.

Posen, Barry R. "Nationalism, the Mass Army, and Military Power". In Sean M. Lynn-Jones and Steven E. Miller, eds., *Global Dangers: Changing Dimensions of International Security*. Cambridge, Mass.: The MIT Press, 1995.

________. "The Security Dilemma and Ethnic Conflict". *Survival*, Vol. 35, No. 1 (Spring 1993).

Smith, Anthony D. *Theories of Nationalism*. New York: Harper & Row, 1983.

________. "The Ethnic Sources of Nationalism". *Survival*, Vol. 35, No. 1 (Spring 1993).

Smith Denis Mack. *Mussolini's Roman Empire*. Harmondsworth, U.K.: Penguin, 1977.

Smith, Roger W. "The American Genocide: Memory, Politics, and the Future". In Richard C. Hovannisian, ed. *The Armenian Genocide: History, Politics, Ethics*. New York: St. Martin's Press, 1992.

Snyder, Jack. "Nationalism and the Crisis of the Post-Soviet State". *Survival*, Vol. 35, No. 1 (Spring 1993).

Snyder Jack and Karen Ballentine. "Nationalism and the Marketplace of Ideas". *International Security*, Vol. 21, No. 2 (Fall 1996).

Snyder, Louis L. *German Nationalism: The Tragedy of a People*. Port Washington, N.Y.: Kennikat Press, 1969.

Tilly, Charles, ed. *The Formation of National State in Western Europe*. Princeton, N.J.: Princeton University Press, 1975.

Welsh, David. "Domestic Politics and Ethnic Conflict". *Survival*, Vol. 35, (Spring 1993).

Wills, John E. "Maritime Asia, 1500-1800: The Interactive Emergence of European Domination". *American Historical Review*, Vol. 98, No. 1 (Feb. 1993).

제3장 전쟁 결정과 민·군 지도자들의 태도*

Ⅰ. 문제의 제기

이 글은 민·군 관계와 전쟁의 결정에 관한 것이며, 주 목적은 1945년부터 1975년까지 있었던 미국의 군사개입 사례에 대한 베츠(Richard Betts)의 연구[1]가 미국 외의 다른 나라에도 적용될 수 있는가의 여부를 분석하는 데 있다. 베츠의 연구를 일반화하려는 이러한 노력은 국제정치를 연구하는 학자나 특히 전략문제를 다루는 정책 결정자에게 그 중요성을 아무리 강조해도 지나치지 않다. 왜냐하면 미국의 분석가들은 미국의 문화가 분석의 양태에 미치는 영향을 간과할 위험성이 있으며 이러한 분석에 근거하여 나타난 결론은 사실을 왜곡할 가능성이 크기 때문이다.[2] 다시 말하면, 국제정치에 있어서 각 행위자의 행동은 단지 미국적 시각이 아니라 그 나라 고유의 문화적, 인종적 그리고 역사적 관점에서 파악되어야 하기 때문이다.[3]

이 글이 전쟁 결정에 있어서 민·군 지도자들의 태도에 관한 미국적 시각을 일반화의 관점에서 분석해 보려는 것은 이러한 고려에서이다. 베츠는 미국 외교정책 결정과정에 있어서 민간인 지도자들과 비교하여 군 지도자들의 역할을 분석하였지만 다른 국가에 그의 분석을 적용한 논문은 없었다. 따라서 이 글의

---

* 이 논문은 『한국정치학회보』, 제26권 제3호(1992), 3277-3296면에 게재된 것임.

1) Richard K. Betts, *Soldiers, Statesmen and Cold War Crises* (Cambridge, MA.: Harvard Univ. Press, 1977).

2) Joseph S. Nye, Jr. and Sean M. Lynn-Jones, "International Securities Studies: A Report of Conference on the State of the Field," *International Security*, Vol. 12, No. 4 (Spring 1988), p. 14..

3) 전략문제에 있어서 인종편견주의(Ethnocentrism)의 극복에 관해서는 Ken Booth, *Strategy and Ethnocentrism* (London: Croom Helm, 1979) 참조.

의문점은 다음과 같이 정리될 수 있다. "베츠의 연구가 미국만의 독특한 현상인가 아니면 다른 국가들의 다른 상황에서 적용될 수 있는가?"

Ⅱ. 논 점

군사적 개입, 즉 전쟁을 결정함에 있어서 민·군 지도자들의 역할에 관해서 미국의 학자들 간에 두 가지 관점이 있다. 그 첫째는 전쟁과 정치의 관계에 관한 것이다. 클라우제비츠(Clausewitz)가 지적했듯이, 전쟁은 다른 수단에 의한 정책의 연장(War is a continuation of policy by other means)이기 때문에[4] 민간인 전략가들은 전쟁의 과정에 있어서 항상 군부를 통제해야 한다는 것이 주된 논리이다. 따라서 전쟁 결정의 담당은 군부가 아니라 정치를 하는 민간인들이 해야 한다는 주장이다. 이 주장에 동의하는 학자들은 버나드 브로디(Bernard Brodie), 로버트 오스굿(Robert Osgood) 그리고 헨리 키신저(Henry Kissinger) 등이다.[5]

그 두 번째의 관점은 전쟁 결정에 있어서 군부의 중요성에 주안점을 두는데, 이 시각은 민간인 전략가들이 종종 가볍게 다루는 것이다. 냉전의 본질과 핵무기의 등장으로 외교와 군사정책의 구분이 와해되었기 때문에 민간인들도 본질적으로 '군사적인' 임무를 수행하고 있으며 군 지도자들의 역할도 민간인들의 그것과 구분될 수 없다는 것이 그 주된 논리이다.[6] 즉, 전쟁 준비를 정치가들에게만 맡기기에는 너무 위험한 생각이라는 것을 군 지도자들은 지적한다. 이것은 클라우제비츠(Clausewitz) 이래로 지속되어 온 전통적인 비정치적 군인의 개념에 반하는 것이며,[7] 더 나아가 군 지도자들이 전쟁의 결정과정에 참여해야

4) Michael Howard and Peter Paret의 편역서 Carl Von Clausewitz, *On War* (Princeton, N.J.: Princeton Univ. Press, 1967), p. 87 참조.

5) 민간인 전략가들은 확전(Escalation of war)을 주장하는 군부와는 달리 제한전(Limited warfare)을 선호한다. Bernard Brodie, *War and Politics* (New York: The Macmillan Co., 1973); Robert E. Osgood, *Limited War: The Challenge to American Strategy* (Chicago, IL.: University of Chicago Press, 1957); Henry A. Kissinger, *Nuclear Weapons and Foreign Policy* (New York: Harper & Row, 1957), 그리고 Thomas C. Shelling, *The Strategy of Conflict* (Cambridge, MA.: Harvard Univ. Press, 1960).

6) Gene M. Lyons, "The New Civil-military Relations," *American Political Science Review*, Vol. 55 (March 1977), pp. 53-63.

7) Jerome Slater, "Apolitical Warrior or Soldier-statesman," *Armed Forces and Society*, Vol. 4, No. 1 (November 1977), pp. 102-107.

된다는 것을 의미한다. 이러한 군부의 입장은 옹호하는 연구가들은 브루스 팔머(Bruce Palmer, Jr.)와 해리 서머스(Harry Summers, Jr.) 등이다.[8)]

이러한 두 관점의 차이는 어디서 연유하는가? 군 지도자들은 어떻게 하면 전쟁에서 이길 수 있을까 하는 데 주된 관심을 두고 있다. 왜냐하면 전쟁을 수행하는 것은 군인들이기 때문이다. 반면, 민간인 지도자들은 전쟁에서의 군사적 승리보다는 전쟁을 왜 시작해야 하는가에 관심을 집중시키며, 그리하여 "왜"라는 의문이 전쟁 수행의 모든 단계에서 군사적 고려사항을 통제해야 한다고 주장한다. 민간인 지도자들의 주장에 의하면, 군 지도자들의 역할은 목적을 달성하기 위하여 군사적 능력이 충분한지의 여부에 관하여 정치지도자들에게 조언을 하는 데 제한되어야 하며 전쟁의 최종 결정은 군인들에 의하지 아니한다는 것이다. 군 지도자들의 전쟁에서의 승리에 대한 집착이 민간인 지도자들이 전쟁 결정을 논하는 데 있어서 군인들을 거부하는 주된 이유이며, 그리고 전쟁의 정치적 목적은 반드시 군사적 승리와 관련이 없을 수도 있다는 것을 함축한다.

전쟁의 결정에 있어서 이러한 민·군 지도자들의 관점의 차이는 군 지도자들은 민간인들보다 본질적으로 더 호전적(Hostile)이라는 믿음으로부터 기인한다는 것이 전통적인 시각이다.[9)] 군부는 항상 극단을 추구하기 때문에 민간인들이 군부의 공격성(Aggressiveness)을 통제해야 한다는 점을 클라우제비츠(Clausewits) 학파들은 군부에 대한 문민우위(Civilian control over the military)의 원칙으로 이해하고 있다.

베츠의 연구가 관심 있게 분석되어야 하는 이유는 이러한 관점에서이다. 왜냐하면 그는 전통적인 군부의 호전성에 배치되는 연구결과를 제시했기 때문이다. 제2차 세계대전 이후의 미국의 군사개입에 관한 베츠의 분석에 의하면, 군 지도자들이 확전(Escalation of war)의 결정에서는 더 호전적이었지만 전쟁개입(Intervention)의 단계에서는 덜 호전적이었다. 이러한 연구는 군부는 항상 공격적이며 군사개입을 선호한다는 전통적인 민·군 관계의 이론화에 공헌했다.

---

8) Bruce Palmer, Jr., *The 25-year War* (Lexington, KY.: University of Kentucky Press, 1984); Harry Summers, Jr., *On Strategy: A Critical Analysis of the Vietnam War* (Novaco, CA.: Presidio, 1982); Ward Just, *Military Men* (New York: Knopf, 1970), 그리고 Donald Bletz, *The Role of the Military in U.S. Foreign Policy* (New York: Praeger, 1972).

9) 군부의 호전성에 대한 고전적인 관점에 대해서는 Stephen William Van Evera, *Causes of War*, Ph. D. Dissertation (University of California, Berkely, 1984), pp. 206-214 참조.

이 글은 전통적인 시각과 별 차이가 없는 확전단계에 대한 분석보다는 상당한 차이가 있다고 베츠가 주장하는 전쟁개입단계에 있어서의 결정을 다른 국가들의 경우와 비교·분석함으로써 민·군 관계의 이론적 정립에 공헌을 하고자 한다.

Ⅲ. 가설의 설정

베츠는 전쟁개입의 단계에서는 군 지도자들이 오히려 민간인 지도자들보다 덜 호전적이라는 점에서 전통적인 민·군 관계와 큰 차이를 보였다는 것을 앞에서 살펴보았다. 이와 더불어 베츠가 분석한 주요한 연구결과는 전쟁 결정에 있어서 군부의 영향력에 관한 것이다. 그에 의하면, 군부의 영향력은 전쟁 개입에 반대했을 때 가장 강력했으며, 찬성했을 때 가장 미미한 결과를 보여 주었다는 것이다.[10)]

그러나 베츠의 분석이 갖는 한계성은 미국적 상황에서 아무리 그의 연구결과가 인정을 받는다 하더라도 다른 문화와 체제를 갖고 있는 국가들에 대한 분석이 연장되지 않는다면 그의 연구결과에 대한 타당성의 의문이 제기될 수 있는 것이다. 따라서 베츠의 연구결과가 이 글에서 가설로 설정되는 것은 자연스러운 것이다. 그 가설은 다음의 두 형태로 분류된다. (1) 전쟁 결정에서의 민·군 지도자들의 태도에 대한 비교, (2) 군부가 전쟁 결정에서 찬성과 반대의견을 건의할 때 나타나는 영향력에 대한 비교가 그것이다.

첫 번째 가설은 전쟁 결정을 건의하는 데 있어서 민간인 지도자들이 군 지도자들보다 더 호전적이라는 점이다. 이것은 성취되는 정치적 목표가 군사적 비용을 능가한다면 민간인 지도자들이 전쟁의 개시를 주저하지 않는 경향이 있다는 것을 의미한다. 그들은 항상 전쟁의 결정을 정치적 관점에서 이해하기 때문에 군사적으로 합리적이지 못한 전쟁도 시작할 가능성이 있는 것이다.

반면, 군 지도자들은 그들의 관심이 군사적 시각에서 나오기 때문에 전쟁

10) 베츠의 이론에 대한 대부분의 평가들은 그의 연구결과에 대한 반박보다는 그가 이용한 자료의 신빙성에 집중되고 있다. D. Kinnard의 서평 (*American Political Science Review*, Vol. 73 (1978), p. 673), J.E. Wiltz의 서평 (*Journal of American History*, Vol. 65 (1979), p. 673), R.A. Hoover의 서평 (*Military Affairs*, Vol. 42 (1978), p. 218), 그리고 R.C. Kent의 서평 (*International Affairs*, Vol. 54 (1978), p. 719) 참조.

에 군인을 파병하는 것을 주저하는 경향이 있다. 특히 대규모 전쟁에서 될 수 있는 상황에서는 전쟁 결정에 적극적이지 못하다. 왜냐하면 그들은 군사적 능력과 동원에 필요한 시간이 충분하다고 거의 생각하지 않기 때문이다. 일단 전쟁이 시작되면 재래식 무기를 증가시키든지 아니면 심지어 핵무기를 사용하더라도 모든 노력은 전쟁에서 승리를 획득하기 위해 이루어져야 한다고 군 지도자들은 믿고 있다. 승리를 위한 최상의 방법은 적의 군사능력을 파괴하여 싸울 의지를 잃게 하는 것이다. 그러므로 전쟁 준비에 있어서 더 많은 시간을 필요로 하며, 이것이 전쟁 개시의 결정에 있어서 군 지도자들이 덜 호전적이 되는 주요한 이유가 된다.

두 번째 가설은 전쟁 결정에 있어서 군 지도자들의 영향력에 관한 것이다. 군사개입에 반대할 때 군 지도자들은 가장 영향력이 크며 찬성할 때 가장 미미한 영향력을 갖는다. 이것은 민간인 정책결정자들은 군사적으로 합리적일지라도 전쟁개시에 반대하는 경향이 있다는 것을 암시한다. 전쟁의 사실상 결정은 민간인 지도자들에 의해 순전히 정치적 배경에 이루어진다. 군사적 고려는 군 지도자들이 군사개입을 반대할 때 중요성을 갖는다. 왜냐하면 군사작전을 수행하는 이는 군인들이기 때문에 그리고 반대한다는 그 사실은 적어도 군사적으로 승리할 수 없다는 것을 암묵적으로 정치지도자들에게 보여주기 때문이다. 그러나 이 경우에도 그 영향력은 결정적이지 못하다. 반면, 군 지도자들이 전쟁의 시작을 찬성할 경우, 군사개입에 대한 결정은 순전히 정치적 상황에 귀착된다. 왜냐하면 군사적인 문제는 이미 해결된 것으로 정치지도자들은 생각하기 때문이다. 본질적으로 군사적 고려사항은 실질상의 전쟁 결정에 긍정적인 영향력을 행사하지 못한다.

Ⅳ. 가설의 검증: 사례연구

이 글은 5개의 사례연구(중공과 한국전, 1950; 영국과 수에즈 분쟁, 1956; 이스라엘과 6일 전쟁, 1967; 인도-파키스탄 전쟁, 1971; 그리고 이집트와 라마단 전쟁, 1973)를 통하여 베츠의 연구결과에 근거한 2개의 가설이 갖는 타당성을 입증하고자 한다.

위의 사례들은 1945년부터 1975년까지 발생한 전쟁들 중에서 다음과 같은 기준에 의해 선정되었다. 첫째, 정규군들 간의 재래식 전쟁의 경우만을 택함으로써 인도네시아-말레이시아 전쟁(1963-1965)과 같은 어느 일방이 비정규군이거나 게릴라 전쟁인 경우를 제외시켰으며, 프랑스-모로코 전쟁(1952-1956)과 같은 식민지 전쟁, 그리고 콩고내전(1960)과 같은 내란의 성격을 띤 전쟁을 포함시키지 않았다.

둘째, 미국과 소련이 그 전쟁에 개입할 가능성이 큰 대규모의 전쟁을 사례로 선택하였다. 따라서 엘살바도르-온두라스 전쟁(1969)과 같은 소규모의 전세계적인 안보의 위협이 없는 사례들도 제외시켰다.

셋째, 전쟁의 개시(War initiation)의 경우만 포함시켰으며 확전(War escalation)은 본고의 고려 대상이 아니다. 더욱이, 주된 관심은 한 나라에 의해 시작된 전쟁에 관한 것이기 때문에 반격전(counter attacked war)과 같은 경우는 포함시키지 않았다. 왜냐하면 모든 사례들은 동급이나 동질의 경우여야만 하고, 따라서 사과, 귤, 그리고 배를 섞어서는 안 되기 때문이다.[11] 따라서 어느 쪽이 전쟁을 시작했는지가 분명하지 않은 인도-파키스탄 전쟁(1965)의 경우는 제외되었다.

넷째, 전쟁 결정에 있어서 민·군 지도자들 간의 심각한 논쟁이 있었던 사례가 관심대상이 된 것은 당연하다. 마지막으로 중요한 것은 해당 사례에 대한 자료(data)가 있어야 된다는 것은 앞서 얘기한 선택기준보다 훨씬 덜 중요한 것이다.

위와 같은 선택기준을 감안하여 이 글은 각 지역과 시기의 특성을 고려했다. 공산세계, 유럽, 중동아시아, 그리고 제3세계 등으로 구분되었으며 1950년대, 1960년대 그리고 1970년대의 사례의 분포도 고려의 대상이 되었다. 각 사례는 본고의 가설을 검증함으로써 베츠의 연구결과에 대한 재평가를 시도한다.

1. 중공과 한국전(1950)

중공의 지도자들로서는 1949년 새로운 정권이 들어선 후 한국전 참전의 결정이 가장 어려운 것이었다. 그들은 강력한 미국과 싸워야 했을 뿐 아니라, 너무 늦기 전에 개입의 여부를 결정해야만 했다. 10월 7일 최종결정이 되기 전까지 찬·반의 논쟁의 계속되었다. 가장 중요한 논점은 거의 승리의 가능성이 없는 한국전에의 개입이 이루어진다면 희생되어야 했던 대만 문제(Taiwan question)

11) Alexander L. George, "Case Studies and Theory Development: The Method of Structured, Focused Comparison," in Paul Gordon Lauren, ed., *Diplomacy: New Approaches in History, Theory, and Policy* (New York: The Free Press, 1979), p. 48 참조.

와 경제회복 문제였다.

(1) 민·군 지도자들의 태도

북한군이 한국전에 있어 상대적으로 우월했던 시기(6월 하순-7월 하순)에는 중공의 지도자들은 한국전에 상대적으로 무관심하였다. 한국전에 직접 파병보다는 대만해협에 큰 관심을 두었다. 그러나 모택동(Mao)은 최악의 경우를 대비하여 남쪽 군대의 일부분을 북쪽으로 재배치했다. 따라서 이것은 대만의 점령이라는 정책의 우선순위가 연기되는 것을 의미했기 때문에 남쪽의 군부는 반대했으리라 여겨진다.[12] 그러나 한국전에서 북한의 승리 없이는 그리하여 미국의 대한해협 철수 없이는, 중공에 의한 대만의 점령은 어렵다는 것을 모택동은 명백히 인식했다.[13]

한국전에서의 군사적 상황이 김일성에게 불리하게 전개되었던 시기(8월 하순-9월 중순)에 중공은 심각하게 한국전 참전을 고려했다. 그러나 군 지도자들은 다음과 같은 세 가지 관점에서 만주지방의 군사력 증강에 관한 모택동의 지시에 반대했다; 순수한 군사적 관점, 대만 침공의 연기, 그리고 미국의 핵무기 사용 가능성이 그것이다.

첫째, 모택동이 3주 정도면 충분하다고 생각했던 한국전 참전에 대해 군 지도자들은 대규모의 군대를 파병하기 위해서는 적어도 4개월의 시간이 필요하다고 건의했다.[14] 모택동은 이미 9월 말까지 전쟁 준비의 완료를 명령한 바 있다.[15] 다시 말해서, 군사적 승리의 확신이 없이는 싸우지 않는다는 순수한 군사적 관점에서 볼 때, 그 반대는 충분한 시간적 여유가 필요했다. 둘째, 특히 대만 침공을 준비해 온 군 지도자들은 중공에 대한 미국의 위협이 직접적이거나 심각하지 않는 한 대만 침공을 포기해서는 안된다고 주장했다.[16] 단지 김일성은

---

12) Melvin Gurtov and Byong-Moo Hwang, *China under Threat: The Politics of Strategy and Diplomacy* (Baltimore, MD.: The Johns Hopkins Univ. Press, 1980), pp. 48-49.

13) *Ibid.*, p. 49.

14) Mark A. Ryan, *Chinese Attitudes toward Nuclear Weapons: China and the United States during the Korean War* (Armonk, N.Y.: M.E. Sharpe, 1989), p. 27; Russell Spurr, *Enter the Dragon: China's Undeclared War against the U.S. in Korea, 1950-1951* (New York: Newmarket Press, 1988), pp. 59-60.

15) Hao Yufan and Zhai Zhihai, "China's Decision to Enter the Korean War: History Revisited," *The China Quarterly*, no. 121 (March 1990), pp. 99-100.

16) Spurr, *Op. cit.*, pp. 62-63.

계획보다 조금 늦을 뿐이라는 것이다. 셋째, 미국이 핵무기를 가지고 있는 한 중공이 개입해서는 안된다는 주장이다. 그러나 소련이 1년 전 핵무기를 소유한 이상 미국이 그것을 사용하지 않을 것이라는 생각에서 모택동은 군 지도자들의 반대를 묵살했다.

군 지도자들의 대부분의 반대는 전쟁 승리의 가능성이 없다는 데서 기인하였으나 모택동과 몇몇 최고 군 지도자들은 정치적 동기에서 반대의견을 수용하지 않았다.[17] 모택동은 김일성의 패배가 확실하게 되고 중공의 안보가 심각하게 위협받는 시기(9월 하순-10월 초순)에 군사개입을 원했지만, 민·군 지도자들의 반대에 직면했다.

민간인 지도자들은 한국전에 개입할 경우, 중공의 경제회복은 불가능하다는 관점에서 군사개입의 반대를 표명했다.[18] 군 지도자들의 경우, 미국이 한반도의 38도선에 접근한 이후에도 중공에의 주 위협은 국민당 잔존 세력 등이며 이것은 한국으로부터가 아니라 대만으로부터 나온다는 관점에서, 참전할 경우, 대만 침공의 자원이 집중되지 못한다고 주장하여 반대를 표시했다.[19] 대부분의 군 지도자들은 결국 전쟁의 승리 가능성이 희박하기 때문에 전쟁개입을 반대했으며, 민간인 지도자들은 경제회복의 불가능을 이유로 모택동의 참전 주장을 반대했다.

(2) 군 지도자들의 영향력

중공의 한국전 개입을 전적으로 모택동에 의해 결정되었으며 민·군 지도자들은 전쟁의 결정에 큰 영향을 주지 못했다. 일련의 전쟁 결정은 세 단계로 분류된다. 남쪽 군부대의 만주로의 이동, 그리고 그 이동이 양적 그리고 질적인 증대, 그리고 최종적인 참전 결정이 그것이다.

첫째, 군 지도자들은 남쪽 군부대의 북쪽으로의 이동에 대하여 대만 침공을 위한 군사전력의 약화를 초래하기 때문에 반대했다. 그렇지만 모택동은 한국문제 해결 없이는 대만문제는 해결될 수 없다는 관점에서 그 반대를 무마했다.[20]

둘째, 군부대가 대규모로 만주지방으로 결집되면 미국은 위협을 받은 나머

---

17) *Ibid.*, p. 62.
18) John Gittings, *The World and China, 1922-1972* (New York: Harper & Row, 1974), p. 183.
19) Yufan and Zhihai, *op. cit.*, p. 105.
20) *Ibid*, p. 101 그리고 Gurtov and Hwang, *op. cit.*, pp. 48-49.

지 공격적인 위치를 견지할 것이기 때문에 한국전의 상황은 더욱 악화될 가능성이 있다는 관점에서 군 지도자들은 그것을 명백히 반대했다. 군 지도자들의 반대는 미국의 군사적 우위에 근거를 둔 것이었지만 모택동은 중공의 군사력이 전혀 미국에 대항할 수 없다 하더라도 김일성을 지원하여 미국과 싸워야 한다는 정치적 고려에서 군 지도자들의 견해는 받아들이지 않았다.[21]

셋째, 마지막 파병 결정에 있어서는 대부분의 군 지도자들은 심각하게 반대했다. 왜냐하면 앞선 결정들은 전쟁 준비 단계였지만, 지금은 사실상의 전쟁 결정의 단계였기 때문이었다.[22] 그러나 군 지도자들은 모택동의 마음을 돌리는 데 실패했을 뿐 아니라 심지어 그에게 설득당하기까지 했다.[23]

2. 영국과 수에즈 분쟁(1956)

수에즈 분쟁(The Suez crisis)에서 영국이 군사적으로 참전한다는 데 대한 최종결정은 1956년 10월 말경 이루어졌지만 만장일치는 아니었다. 그 결정에 도달하기 전에 에덴(Eden) 정부는 민·군 지도자들 간의 심각한 토론을 겪었다.

(1) 민·군 지도자들의 태도

나세르(Nasser)가 1956년 7월 26일 수에즈운하에 대한 국유화를 선포했을 때, 에덴 정부 내각의 반응은 필요한 군사적 행동에 의해 영국의 이익을 지켜야 한다는 즉각 군사개입이었다.[24] 그러나 딕슨 경(Sir William Dickson)을 의장으로 한 합참회의는 이집트에 대한 군사적 공격은 시간을 필요로 하기 때문에 민간인 지도자들의 즉각 개입에 반대를 명백히 하였다.[25]

민간인 지도자 나세르(Nasser)가 즉시 영국에 의해 위세가 꺽이지 않으면 중동지역에서의 영국의 영향력은 심각히 손실된다는 정치적 고려에서 신속한 군사행동을 요구했다.[26] 그러나 군 지도자들의 군사준비태세의 완료시까지 연기

21) Spurr, *op. cit.*, pp. 62-63.

22) 특히 모택동이 총애하던 장군이었던 임표(Lim Biao)는 와병을 핑계로 중공 파병군의 사령관직을 고사했다. Yufan and Zhihai, *op. cit.*, p. 15, 그리고 Peng Dehuai, *Memoirs of a Chinese Marshal: The Autobiographical Notes of Peng Dehuai (1898-1974)* (Beijing: Foreign Language Press, 1984), pp. 472-474.

23) Yufan and Zhihai, *op. cit.*, pp. 100-108.

24) Richard Lamb, *The Failure of the Eden Government* (London: Sidgwick & Jackson, 1987), p. 200.

25) Robert Rhodes James, *Anthony Eden* (London: Weidenfeld and Nicolson, 1966), pp. 489-490.

26) David Carlton, *Britain and the Suez Crisis* (New York: Basil Blackwell, 1988), p. 136. 그러나 민

요청에 의해 그리고 미국의 중재에 의해 일단 신속한 군사 개입은 일단 연기되었다.

한편, 군 지도자들은 수에즈운하의 회복을 위한 군사계획을 수립하여 1956년 8월 10일 '머스키티'(Musketeer) 계획이란 이름 하에 에덴 정부의 승인을 받았다. 에덴 정부로서는 군사행동에 대한 미국의 지지를 얻는 것이 주 관심이 되었다. 그러나 미국은 영국으로 하여금 국제회의의 소집을 받아들이도록 하는 등 영국의 군사행동에 적극적인 지원을 하지 않았다. 그리고 일련의 협상은 성공적이지 못하였으며, 마침내 국제연합(UN)으로 수에즈운하에 관한 문제가 이관되었다. 소련은 거부권 행사와 미국의 불충분한 지원으로 미루어 볼 때, 그 문제가 해결된다는 것은 거의 가능성이 없었으며, 그리고 이러한 미국의 행동은 에덴 정부에서는 시간 지연책으로 인식되었다.

따라서 협상을 옹호했던 민간인 지도자들도 군사행동 외에는 대안이 없다고 생각하게 되었으며, 그리고 중동지방으로부터 오는 석유가 없이는 영국과 유럽은 존속하지 못할 것이라는 경제적 관점이 군사행동을 더욱 재촉하게 했다.[27] 영국, 프랑스 그리고 이스라엘 간의 3자 공모(Tripartite conspiracy) 계획이 에덴 정부에 의해 10월 말경 받아들여진 것은 이러한 배경 하에서이다.

(2) 군 지도자들의 영향력

비록 에덴은 이집트에 대한 신속한 공격을 선호했지만 군 지도자들의 연기 요청을 받아들였으며, 더구나 군 지도자들이 '머스키티'(Musketeer) 계획을 제출했을 때. 비록 그것이 군사적 관점에서 작성되었음에도 불구하고 반대하지 않았다. 수에즈 파견부대 최고사령관인 스톡웰(Hugh Stokwell) 장군이 9월 15일을 공격개시 시간으로 삼고 세이드 항(Port Said)보다 알렉산드리아(Alexandria)를 상륙기점으로 택한 것은 군사적인 관점이었다.

에덴(Eden)으로서는 알렉산드리아에 상륙하는 것은 너무 간접적인 접근방법이고, 또한 정치적으로 정당화시키기에 어려웠음에도 불구하고 군 지도자들의 건의를 받아들일 수밖에 다른 대안이 없었기 때문에 8월 10일 그 계획을 승인했다.

간인 지도자들의 의견도 일치를 보지 못했다. 대규모의 군사행동은 세계 여론에 반하는 것이라는 주장도 민간인 정치가들 가운데 특히 국방장관 몽크톤(Walter Monckton)에 의해 제기되었다. 이 점에 관하여는 Lamb, *op. cit.*, p. 208, 그리고 William Clark, *From Three Worlds: Memoirs* (London: Sidwick & Jackson, 1986), p. 180 참조.

27) James, *op. cit.*, p. 504.

그리고 공격일시가 외교협상 때문에 무산된 이후, 군 지도자들은 세이드항(Port Said)을 상륙거점으로 한 '수정된 머스키티'(Musketeer Revised) 계획을 제출했다. 그 계획에 의하면, 9월 26일까지 공격이 이루어지면 '머스키티'(Musketeer) 계획의 성공 가능성이 아주 높지만 그 이후가 되면 가능성이 극도로 낮아진다는 것이다. 군사계획의 변경은 전쟁 승리에 근거한 순수한 군사적 고려에 의해서 작성되었지만, 에덴은 또다시 받아들일 수밖에 없었다.[28]

민간지도자들은 군사적 관점에서 작성된 군사계획을 받아들였지만 사실상 실행에 옮기지 않았으며, 그리고 그것은 계속 연기되어 마침내 3자 공모계획에 의해 파기되었다. 군 지도자들의 견해는 영국의 군사개입 결정에 있어서 상대적으로 미미한 영향력을 행사했다. 한편, 군 지도자들은 무력 사용을 민간인 지도자들에게 강요하지 않았으며, 단지 운하의 확보를 위한 가장 가능성이 큰 계획을 제출했을 따름이다. 그 계획의 수행 여부는 전적으로 민간인 지도자들의 손에 달려 있었다. 대신 민간인 지도자들은 군사계획 그 자체를 존중했던 것이다.

3. 이스라엘과 6일전쟁(1967)

이스라엘의 민·군 지도자들은 1967년 5월 나세르(Nasser)가 이스라엘의 안보를 위협했을 때부터 1967년 6월 4일 무력 사용의 최종결정이 이루어지기 전까지 심각한 의견 대립을 보였다.

(1) 민·군 지도자들의 태도

이집트가 1967년 5월 18일 시나이(Sinai) 반도에 있는 유엔군(UN Emergency Force)의 철수를 요구하면서 시나이 반도를 점령했을 때, 이스라엘의 민간인 지도자들은 군 지도자들 보다 덜 호전적이었으며, 무력 사용을 둘러싼 심각한 분쟁은 없었다.

이스라엘의 민간인 지도자들은 이집트가 더욱 강경하게 해협의 봉쇄를 하지 않고 체면을 살리면서 철수하도록 미국과 소련을 이용한 외교에 치중하였다.[29]

---

28) 알렉산드리아(Alexandria)에 상륙한다는 원래의 계획이 포기된 데 대하여 에덴은 분노를 표시했지만, 9월 10일 '수정된 머스키티'(Musketeer Revisited) 계획을 승인했다. *Ibid.*, p. 509.

29) Michael Brecher, *Decisions in Crisis: Israel, 1967 and 1973* (Berkely, CA.: Univ. of California Press, 1980), p. 47.

물론 이런 주장의 배경에는 이집트의 이러한 행동이 시리아와의 관계에 염두를 둔 정치적 제스처임을 민간인 지도자들이 인식하고 있다는 점이다.

반면, 군 지도자들은 이집트가 군사적 능력의 미비로 인하여 이스라엘에 대한 공격을 할 수 없는 위치에 있다는 것을 인식하고는 있지만 초반부터 군사적으로 대응해야 한다고 주장했다. 그러나 이스라엘의 군사적 준비의 완료와 이집트의 심각한 공격적 위협이라는 두 가지 요인이 충족되지 않은 상태에서 군 지도자들의 호전성은 충분히 드러나지는 않았다.

그러나 나세르(Nasser)가 해협 봉쇄를 선언함에 따라 이스라엘의 민·군 지도자들은 심각한 의견의 대립을 보였다. 군 지도자들은 앞서 언급한 두 가지 조건이 충족되었다고 보고 즉각적인 군사개입을 주장했다. 군사적 손실을 최소화하기 위해 전쟁이 불가피하게 전단계에 기습공격을 감행해야 한다는 요구가 그 주장의 배경에 있었음은 명백하다.[30]

반면, 민간인 지도자들은 군사개입의 전단계로써 정치적 노력의 계속을 주장했으며, 심지어 이스라엘의 군사행동은 몇 가지 외교적 조치에 앞서서는 안 된다고 밝혔다. 첫째, 이집트를 지원하는 소련의 의도가 우선 파악되어야 하며, 둘째, 이스라엘의 군사행동에 대한 우방국의 태도를 점검해야 하며, 그렇지 않으면 전쟁에서 승리하더라도 전쟁에서 얻은 것을 잃고 고립될 수도 있기 때문이었다. 이 점은 이스라엘이 1956년 전쟁에서 뼈저리게 경험한 바 있다.[31] 그리고 셋째, 전쟁 발발의 경우, 무기 공급에 대한 미국의 지원이 필수적이었다.[32]

민·군 지도자들의 의견충돌은 정치적 목적과 군사적 그것이 양립될 수 있는가에 근본적으로 기인한다고 할 수 있다. 정치적 목적은 무력의 사용 없이 외교적 조치들로써 분쟁을 해결하는 것인 반면, 군 지도자들은 이집트의 군을 무력화시키지 않으면 분쟁이 궁극적으로 해결될 수 없다는 관점이다. 그렇지만 외교적 노력이 수포로 돌아간 후, 민간인 지도자들은 군 지도자들의 호전성을 회피할 수 있는 방법이 없었다.[33] 남은 문제는 군사개입을 하는지의 여부가 아

30) Yitzhak Rabin, *The Rabin Memoirs* (Boston, MA.: Little, Brown, 1979), p. 66; Brecher, *op. cit.*, p. 120.

31) Abba Eban, *An Autobiography* (New York: Random House, 1977), p. 333.

32) Brecher, *op. cit.*, p. 120.

33) Eban, *op. cit.*, p. 386.

니라 그것의 시기가 중요하게 된 것이다.

(2) 군 지도자들의 영향력

민간인 지도자들은 모든 정치적 노력이 행하여지기 전까지는 군사개입을 선호하는 군 지도자들의 의견을 받아들이지 않았다. 단지 외교적 조치가 실패로 판명된 후, 다른 대안이 없었기 때문에 무력사용에 동의했던 것이다. 해협의 봉쇄 후, 군 지도자들은 외교적 노력이 진행되던 중에도 무력 사용을 주장했지만 실패로 끝났다.

군 지도자들의 의견이 효율적으로 채택되기 위해서는 전쟁 결정 외의 다른 방법이 없음을 보여 주어야만 했다. 외교의 실패와 전쟁의 불가피성이 인정됨에 따라 군 지도자들이 이스라엘의 모든 군사정책 과정을 통제했다. 군사개입의 시기와 방법은 민간인 지도자들의 의사와는 상관없이 군 지도자들만에 의해 결정되었다.

4. 인도의 인도-파키스탄 전쟁(1971)

인도-파키스탄 전쟁은 1971년 12월 3일 파키스탄의 공군이 인도 북서지방의 군 기지를 폭격했을 때 시작한 것으로 보통 알려져 있지만, 사실상 1971년 11월 21일 인도군이 다카(Dhaka) 지방을 해방할 목적으로 파키스탄의 일부 지방을 점령했을 때 현실적으로 시작되었다고 주장하는 것이 안전하다고 할 수 있다.[34)] 파키스탄에 대한 공격 결정에 도달하기 위해 인도의 민·군 지도자들은 심각한 논의를 거쳤다.

(1) 민·군 지도자들의 태도

동 파키스탄에 있는 피난민들이 인도에 밀려 들어옴에 따라 간디(Mrs. Gandhi) 정부는 경제적 그리고 인도적으로뿐만 아니라 국가안보적으로도 심각하게 염려하게 되었다. 단지 그것이 피난민의 문제였다면 인도는 동 파키스탄에 개입하지 않았을 것이다.[35)]

동 파키스탄에서 분쟁이 발생하여 피난민 문제가 제기되었을 때 민간이 지도자들은 파키스탄의 분열을 인도의 이익에 도움이 된다는 관점에서 신속한 군

34) Richard Sisson and Leo E. Rose, *War and Secession: Pakistan, India, and the Creation of Bangladesh* (Berkely, CA.: University of California Press, 1990), pp. 213-215.

35) *Ibid.*, p. 206.

사개입을 요구했다.36) 그러나 민간인 지도자들이 모두 군사개입을 선호한 것은 아니었다. 인도가 외교적 노력이 없이 군사적으로 개입한다면 세계 여론으로부터 지탄을 받을 것이 분명하기 때문에 방글라데시(Bangladesh)는 각 국가들의 인정을 받지 못할 결과가 야기된다는 점이다.37)

한편, 군 지도자들은 군사적 준비가 불충분하다는 이유로 군사개입에 반대하였다. 그 이유로서 다음과 같은 세 가지를 들었다. 첫째, 동 파키스탄으로 군대를 이동시키는 데는 수개월이 소요되며, 둘째, 몬순(monsoon) 시기 동안은 군사작전이 거의 수행될 수 없기 때문에 적어도 10개월까지는 기다려야 하며, 그리고 셋째, 인도-파키스탄 전쟁에서 중공의 개입을 회피하기 위해서는 히말라야(Himalaya) 산맥에 눈이 쌓이는 11월 이후가 적당하다는 것었이다.

위의 조건들이 충족되어지지 않은 상황에서 인도는 파키스탄에 대한 군사개입을 할 수가 없었다. 그 이후, 간디 정부는 외교적 노력에 관심을 두었다. 그러나 외교적 노력이 실패하게 되고, 또한 피난민 문제로 인하여 인도의 경제적 부담이 증가됨에 따라, 대부분의 민간인 지도자들은 전쟁에 호소하는 것 외의 다른 방안이 없다고 믿었다.38)

일단 인도의 군사개입이 이루어진다는 생각 하에 민·군 지도자들은 전쟁의 목적이 무엇인지에 관한 문제로 대립했다. 민간인 지도자들은 외교적 노력 실패로 인해 생긴 정치적 손실을 보상하는 파키스탄과의 전면전을 요구한 반면, 군 지도자들의 입장에서 볼 때, 전면전은 수많은 사상자를 배출할 것이며 또한 전쟁이 끝난 후, 파키스탄으로부터 방글라데시를 보호하는 것이 더욱 어렵게 되기 때문이었다. 군 지도자들이 제한전을 주장한 것은 이러한 군사적 동기에서였다.

(2) 군 지도자들의 영향력

군 지도자들은 전쟁의 결정과정에 있어서 상당한 영향력을 행사했다. 첫째, 난민문제가 발생한 초기에 신속한 군사행동을 주장하는 민간인 지도자들의 요구를 군 지도자들이 반대함으로써 연기시켰다. 간디는 군 지도자들의 연기 배경을 근거로 하여 군사개입에 소극적이었다. 11월 이후에 전쟁의 개시가 가능

36) Pran Chopra, *India's Second Liberation* (Cambridge, MA.: The MIT Press, 1973), p. 93.
37) *Ibid*, pp. 94-95.
38) Sukhwant Singh, *The Liberation of Bangladesh* (New Delhi: Vikas, 1980), p. 97.

하다는 군 지도자들의 주장에 따라 간디는 전쟁보다 외교적 노력에 더 큰 관심을 보였다. 둘째, 외교적 노력이 점차 실패로 되어감에 따라, 군사개입의 시기 문제는 전적으로 군 지도자들에 의해 통제되었다. 동 파키스탄에 군사개입은 비록 외교적 조치가 11월 중순경 거의 실패로 되었음에도 불구하고 단지 군사적 고려에 의해 이루어졌다.

전쟁의 목적에 관하여는 군 지도자들의 영향력은 상대적으로 약했다. 군 지도자들은 동 파키스탄에의 제한전을 주장했지만, 민간인 지도자들은 방글라데시 전지역의 해방을 목표로 하는 전면전을 옹호했다. 즉, 전쟁의 목적은 군사적 고려에 의하지 않고 정치적 관점에서 이루어졌다.

5. 이집트와 라마단 전쟁(1973)

욤키퍼 전쟁(Yom Kippur War)이나 10월전쟁(October War)으로 더 잘 알려진 라마단 전쟁(Ramadan War)은 1973년 10월 6일 이집트와 시리아가 이스라엘에 대하여 대규모의 군사행동을 감행했을 때 사실상 시작되었다. 앞선 전쟁들(1948, 1956, 그리고 1967)은 이스라엘이 전쟁을 시작했지만, 라마단 전쟁은 이집트가 전쟁을 개시한 것으로 큰 특징을 보여준다. 사다트(Sadat) 그 자신이 전쟁 결정에 관하여 전적인 책임이 있다고 할 수는 있으나 민·군 지도자들도 전쟁 결정에 상당한 영향을 주었다는 것을 부인할 수 없다.

(1) 민·군 지도자들의 태도

1967년의 6일전쟁 후 이스라엘에서 잃었던 시나이 반도의 이집트 영토를 회복하기 위해 사다트(Sadat)는 외교적 노력에 집중했다. 미국과의 관계개선을 통하여 미국으로 하여금 이스라엘에 영향을 줌으로써 시나이 반도의 영토를 이집트로 반환하게 만드는 것이다.

그러나 미국과의 외교가 실패함에 따라, 사다트(Sadat)는 시나이 반도 회복을 위한 무력 사용을 결심하게 되었다. 그러나 문제는 소련이 공격용 무기를 공급할 수 있는지의 여부였지만, 미국과 소련이 데탕트(detente)로 인하여 소련으로부터 적극적인 도움을 받지 못하게 된 것이다. 이런 상황에서 군 지도자들은 소련의 도움이 없이도 전쟁을 치를 수 있는지에 관해 의견의 일치를 보지 못했다.

합참의장인 샤즐리(Shazly) 장군은 다음과 같은 네 가지 요인에 근거하여 하이 미나레트(High Minarets)와 같은 제한전을 선호했다: (1) 이집트 공군의 미약성, (2) 이집트 샘미사일(SAM)의 제한된 공격성, (3) 이스라엘을 불리한 상황에서 싸우게 강요할 필요성, (4) 이집트 군인들에게 전투경험을 길러 줄 필요성이 그것이다.[39] 그러나 전쟁장관 겸 군사령관인 사데크(Sadek) 장군은 샤즐리(Shazly) 장군의 견해를 반박하면서 이집트는 전 시나이 반도를 회복하기 위해 전면전을 치르야 한다고 주장했다.[40]

이러한 샤즐리-사데크(Shazly-Sadek) 논쟁은 상이한 가정에 근거하고 있다. 사데크는 소련이 공격용 무기를 공급할 경우 1년 이내에 공격을 감행할 수 있다고 주장한 반면, 샤즐리는 이집트는 제한된 전쟁수단을 갖고 있기 때문에 더구나 소련이 이집트가 필요로 하는 무기를 공급한다 하더라도 그것을 이행하는 데 수년이 걸리 때문에 이스라엘과의 전면전을 불가능하다고 믿고 있었다. 사데크는 왜 이집트가 전쟁을 해야 하는가에 대한 정치적 시각을 갖고 있는 데 반해, 샤즐리는 전쟁의 승리를 위해 어떻게 해야 하는가에 대한 군사적 관점을 고수했다.

그러나 사데크가 전쟁을 정치적으로 고려한다고 할지라도, 그가 "평화도 아니고 전쟁도 아닌"(no peace, no war) 상황을 타파하기 위해 무력 사용을 열망하는 사다트(Sadat)와 반드시 일치하는 것은 아니다. 사데크는 소련 무기가 도착하기 전까지는 전쟁의 개시를 반대하였다. 그는 이스라엘과 비교하여 군사적 준비상태의 열세를 가장 심각히 고려했던 것이다. 전쟁 결정에 있어서 이집트의 최고 지도자들의 호전성을 비교한다면 다음과 같이 분석될 수 있다. 사다트는 전쟁 준비의 정도와 상관없이 교착상태의 국면을 타파하기를 원할 정도로 순전히 정치적이다. 사데크는 사다트보다는 덜 정치적이지만 샤즐리보다는 더 정치적이었다. 왜냐하면 군사준비가 완료될 때까지 전쟁은 일어나지 않아야 하며, 준비가 되면 이집트는 이스라엘에 대해 전면전을 치르야 한다고 주장한다. 반면, 샤즐리는 소련 무기가 도착한다 하더라도 군사적 이유로 제한전을 선호하였다.

1972년 10월 말경 사다트의 전쟁 결정에 대하여 군 지도자들은 전쟁 준비가 완료되지 않은 상태이기 때문에 반대하였다. 더구나 1973년 소련과 이집트 간에

---

39) Saad el Shazly, LT. General, *The Crossing of the Suez* (San Francisco, CA.: American Mideast Research, 1980), pp. 24-27.

40) *Ibid.*, pp. 27-28.

무기공급 조약이 체결된 이후에도 전면전을 원하는 사다트의 주장에 대해 제한전의 필요성을 역설했다. 대부분의 군 지도자들은 사다트와 이견을 보였지만 전쟁 그 자체에는 반대하지 않았고, 제한전 혹은 전면전에 차이가 있었던 것이다. 군 지도자들은 제한된 군사능력 내에서 제한된 군사적 승리는 가능하다고 보았으며 전면전의 승리는 불가능하다는 주장을 견지했다.

한편, 민간인 지도자들은 경제적 관점에서 전쟁 결정에 의문을 가졌다. 사다트는 전쟁의 초기에 경제가 붕괴되더라도 전쟁은 세계를 극적으로 변화시킬 가능성이 있기 때문에 상쇄된다는 주장이었다.[41] 사다트는 고착된 상태에서 사는 것보다 전쟁에서 죽는 것이 더 명예롭다고 믿었다.

(2) 군 지도자들의 영향력

군 지도자들의 견해는 군사준비가 완료된 후와 그 전의 상황은 판이하게 다르다는 것을 알 수 있다. 소련 무기가 도착하기 전에는 본질적으로 이스라엘과의 전쟁에 대해 비관적이었다. 대부분의 군 지도자들은 승전 가능성이 희박하기 때문에 반대했다. 사다트가 교착상태를 타파하기를 열정적으로 원하는 상황에서 군 지도자들의 반대는 사다트의 마음을 바꿀 수는 없었지만, 그리고 공격의 시간을 최소화하지는 못했지만 그것을 연기시켰다는 것은 명백하다.[42]

소련과의 무기거래 계약이 성립된 후, 군 지도자들은 제한전을 선호했다. 그러나 사다트의 전면전을 옹호하지는 않았다. 그러나 전쟁의 최종결정은 군 지도자들이 계속적으로 주장해왔던 제한전 개념인 하이 미나레트(High Minarets)에 근거를 두었다. 전쟁의 개시 시간에 관하여 사다트는 본래 정치적 이유로 1972년 11월 15일을 택했다. 그러나 군사적 시각에서 연기되었으며, 다른 시간들은 군 지도자들에 의해 1973년 5월 후반부, 9월이나 10월이 선정되었다. 5월과 9월은 속임수로 사용되고 10월 6일이 사실상 결정되었다. 군 지도자들은 공격시간의 선정에 결정적 영향을 주었으며, 사다트가 할 수 있는 것은 군 지도자들이 선정한 시간들 중 하나를 선택하는 것이었다.

---

41) Raphael Israel, *Man of Defiance: A Political Biography of Anwar Sadat* (London: Weidenfeld and Nicolson, 1985), pp. 83-84, 그리고 Anwar el Sadat, *In Search of Identity: An Autobiography* (New York: Harper & Row, 1978), pp. 245-246.

42) 사다트는 본래 1972년 11월 15일을 공격 날짜로 잡았지만, 군 지도자들이 반대한 관계로 연기할 수밖에 없었다. 그가 할 수 있었던 유일한 것은 군 지도자들 가운데 몇 명을 해임하는 것이었다. 이 점에 관하여는 Sadat, *op. cit.*, pp. 234-236, 그리고 Israel, *op. cit.*, p. 80 참조.

V. 연구결과에 대한 이론적 고찰

이 글은 제2차 세계대전 후의 미국의 군사개입에 대한 베츠의 연구결과가 다른 나라에도 적용될 수 있는지의 여부를 검토하기 위해 5개의 사례(중공과 한국전, 1950; 영국과 수에즈분쟁, 1956; 이스라엘과 6일전쟁, 1967; 인도와 인도, 파키스탄 전쟁, 1971; 그리고 이집트와 라마단 전쟁, 1973)를 분석하였다.

베츠의 연구결과를 토대로 하여 이 글이 설정한 가설은 두 가지이다. 첫째, 민·군 지도자들이 전쟁 결정에 있어서 보여준 상대적인 호전성에 관하여, 민간인 지도자들이 군 지도자들보다 전쟁 결정에 있어 더욱 호전적이다. 둘째, 군 지도자들이 전쟁의 결정에 미친 영향력에 관하여, 군 지도자들은 전쟁 결정에 반대할 때 가장 영향력이 크며, 찬성할 때 가장 미미한 영향력을 갖는다.

이것은 민간인 지도자들이 전쟁을 선호한다 하더라도 군사적 준비가 완료되지 않으면 전쟁을 결정하지 않는다는 것을 보여 준다. 반면, 민간인 지도자들은 그들 자신이 전쟁을 선호하지 않으면 군 지도자들의 전쟁 주장을 받아들이지 않는다는 것이다. 중요한 것은 전쟁 결정은 군사적 고려에만 의하기보다는 정치적 요인에 의해 항상 지배된다는 것이다. 전쟁 결정에 있어서 군 지도자들의 의견은 필요조건은 되지만 충분조건은 아니다.

1. 민·군 지도층의 호전성

민간인 지도자들이 군 지도자들보다 더 호전적이라는 첫 번째 가설은 다음

〈표 3-1〉 민·군 지도층의 상대적 호전성

사 례	민(民)이 군(軍)보다 더 호전적이다	베츠(Betts) 연구와의 일치성 여부
중공(1950)	둘 다 덜 호전적이다.	NO
영국(1967)	군사준비의 완료 전에는 부분적으로 호전적이다.	YES
이스라엘(1967)	군 지도자들이 더 호전적이다.	NO
인디아(1971)	심지어 군사준비의 완료 후에도 호전적이다.	YES
이집트(1973)	둘 다 덜 호전적이다.	NO

의 〈표 3-1〉에 잘 분석되어 있다.

이 〈표 3-1〉에 의하며, 민간인 지도자의 호전성에 대한 베츠의 연구는 미국 외의 나라들에 일반화하기에는 어려움이 있다. 5개의 사례 중 단지 2개의 사례(영국과 인디아)가 베츠와 유사한 양태를 보여준다. 그리고 나머지 3개의 사례(중공, 이스라엘 그리고 이집트)의 경우 미국의 사례와는 상이한 형태를 나타낸다. 따라서 본 연구는 베츠의 연구결과에 대하여 혼합된 유형을 드러낸다고 할 수 있다.

2. 군 지도자들의 영향력

아래의 〈표 3-2〉에는 군 지도자들의 전쟁 반대를 건의할 때 가장 잘 받아들여지며, 그리고 전쟁 찬성을 주장할 때 가장 미미한 영향을 미친다는 두 번째 가설에 대한 분석이 잘 요약되어 있다.

〈표 3-2〉에서 드러난 두 번째 가설은 첫 번째 가설보다 상대적으로 일반화

〈표 3-2〉 전쟁 결정에 있어서 군 지도자들의 영향력

사례	군(軍)의 반대의견		군(軍)의 찬성의견		베츠(Betts) 연구와의 일치성 연구
	건의 여부	수락 여부	건의 여부	수락 여부	
중공(1950)	YES	NO			전적으로 NO
영국(1956)	YES (군사준비가 완료되기 전까지)	YES	YES (군사준비가 완료된 후)	NO	전적으로 YES
이스라엘(1967)			YES	NO	YES
인디아(1971)	YES (군사준비가 완료되기 전까지	YES	YES (군사준비 완료 후 제한전 주장)	NO	YES
이집트(1973)	YES (군사준비가 완료되기 전까지)	YES	YES (군사준비 완료 후 제한전 주장)	YES	어느 정도 YES (두 가지 건의가 모두 수락된 경우)

의 가능성이 크다고 할 수 있다. 5개의 사례 중 4개의 경우는 전적이든지 아니면 어느 정도라도 베츠의 연구결과와 일치하며, 그리고 불일치하는 유일한 사례는 중공(1950)이다. 군 지도자들이 전쟁 결정에 반대하는 의견을 제시했을 때는 그것은 전쟁 개시의 시간을 적어도 연장하는 데 기여했으며, 군 지도자들이 찬성할 경우에는 군사적 고려보다는 정치적 관점이 더 큰 비중을 갖게 되었다.

3. 이론적 고찰

전쟁 결정에 있어서 군 지도자들이 민간인 지도자들보다 덜 호전적이라는 베츠의 연구결과는 군 지도자들의 호전성을 주장하는 전통적인 시각에의 도전이었다. 그러나 이 글에서 분석한 5개의 사례들은 이러한 베츠의 주장이 다른 나라에 항상 적용될 수 없다는 것을 보여 주었다.

그러나 일반화가 어렵다는 것만으로는 이론의 정립에 도움을 주지 못한다. 전쟁 결정과 민·군 관계에 대한 새로운 이론을 세우기 위해서는 그러한 상이점과 같은 점을 유발하는 다양한 요인들에 대한 검토가 필요하다.[43] 어떤 상황에서 혹은 왜 그러한 차이점과 같은 점이 발생하는가?

먼저, 민·군 지도자들의 호전성과 관련하여 말하면, 베츠와 이 글의 분석상 차이점은 다음과 같이 설명될 수 있다. 민간인 지도자들의 호전성은 양국 간의 군사력의 상대적 비교에 근거를 두기 때문에, 군사력이 강한 국가들의 민간인 지도자들은 호전성을 띠게 되는 경향이 있다. 미국과 이 글에서 분석한 영국(1956)과 인디아(1971)의 경우가 그에 해당한다. 반대로 군사력이 상대적으로 약한 경우에는 민간인 지도자들은 군사개입에 소극적이며 덜 호전적이 된다. 중공(1950), 이스라엘(1967), 그리고 이집트(1973)의 경우가 여기에 해당된다. 첫 번째 가설이 일반화되지 않은 이유가 여기에 있다.

반면, 군 지도자들의 호전성은 군사적 준비의 정도와 관련되어 있다. 군 지도자들은 넓은 의미의 군사적 균형에 의지하지 않고 보급, 동원 문제 등과 같은 전쟁 발생시에 예상되는 좁은 의미에서의 군사적 문제를 주로 고려하며, 이것이 전쟁의 승리와 직결되어 있다고 믿고 있다. 이런 관점에서 군 지도자들은 상대적인 군사준비 상황에 근거하여 전쟁계획서를 작성한다. 그리고 일단 전쟁 승

43) Alexander L. George and Richard Smoke, *Deterrence in American Foreign Policy: Theory and Practice* (New York: Columbia Univ. Press, 1974), pp. 512-515.

리의 가능성이 있다고 판단되면, 그 전단계보다 더 호전적으로 변하는 경향이 있다.

둘째, 군 지도자들의 영향력과 관련하여 논하면, 베츠의 분석은 어느 정도 일반화가 가능하다고 이 글에서 연구된다. 그러나 그 영향력을 조금 더 세분화시킬 필요가 있다. 첫째, 전쟁의 승리가 명백히 가능하다고 최고 정책결정자가 판단할 경우, 군 지도자들은 전쟁 결정에 있어서 그리고 심지어 공격개시 시간의 결정에 있어서도 거의 영향을 주지 못했다(영국, 1956). 둘째, 전쟁의 승리가 불투명할 때, 군 지도자들은 전쟁개시의 시간과 심지어 전쟁의 목적까지도 지배한다(인디아, 1971; 이스라엘, 1967; 그리고 이집트, 1973). 셋째, 전쟁 승리가 거의 불가능하다고 판단되면, 최고 정책결정자가 전쟁계획의 전과정을 지배·통제한다(중공, 1950).

이것은 전쟁은 군사적 준비의 정도와 관계없이 발발될 수 있다는 것을 보여 준다. 최고 정책결정자가 전쟁의 승리에 대해 확신을 가지지 못할 때, 군 지도자들은 전쟁계획에 있어서 가장 큰 영향력을 가지며, 그리고 전쟁의 승리가 명확할 것으로 판단되면 군 지도자들은 가장 미미한 영향을 준다.

4. 결 어

베츠의 연구결과는 전쟁 결정에 있어서 민·군 관계에 대한 새로운 개념을 형성하는 데 주요한 기여를 했다. 그는 1945년부터 1975년까지 미국이 시도했던 분쟁개입 사례를 연구함으로써 군 지도자들이 민간인 지도자들보다 더 호전적이라는 전통적인 민·군 관계의 개념에 의문점을 제시했다.[44]

이 글은 베츠의 연구에서 한 걸음 더 나아가 그의 연구결과가 일반화될 수 있는가를 살펴 보았고, 또한 그로 인하여 나타난 상이점과 유사점에 대한 재분석을 시도했다. 민·군 지도자들의 상대적 호전성에 영향을 준 주요한 요인으로서 이 글에서는 양국 간의 군사력에 대한 상대적 비교와 군사적 준비 정도를 들었다. 전자는 민간인 지도자들의 호전성, 그리고 후자는 군 지도자들의 호전성과 밀접히 연관되어 있다.

---

44) 1976년부터 1991년까지 있었던 새로운 사례연구를 첨가함으로써 베츠는 그의 이론이 다시금 적중했다는 것을 보여 주었다. Richard K. Betts, *Soldiers, Statesmen, and the Cold War Crises*, Morningside Edition with New Preface and Epilogue (New York: Columbia Univ. Press, 1991), Preface to the Morningside Edition, p. x.

그러나 보다 폭넓은 분석을 통한 민·군 관계에 대한 이론의 정립에 도움을 주기 위해서는 더 많은 사례분석을 통하여 다음과 같은 요인들에 대한 분석도 필요하다. 첫째, 정부유형(Regime type)과 민·군 지도자들의 호전성과의 관계에 관한 것이다. 일견 정부유형의 요인이 앞선 요인들보다 전쟁 결정에 있어서 더 설득력이 있는 듯하다. 예를 들면, 권위주의체제에 있어서 민간인 지도자들은 최고 통수권자가 전쟁을 선호할 경우 반대하지 않으며, 반대로 민주적인 체제에서는 상대적으로 자유롭게 의사를 표현할 듯하다. 중공(1950)과 이집트(1973)의 경우 전쟁 결정에 대한 민간인 지도자들의 반대는 없을 것같이 여겨진다. 그러나 이 글에서는 전쟁 결정에 있어서의 영향력은 크지 않았지만 민간인 지도자들은 명백히 반대했음을 보여준다. 정부형태보다는 군사력의 상호 비교가 더 설득력이 있다고 할 수 있다. 그러나 사례연구의 폭을 넓힘으로써 이 두 변수들 간의 비교가 필요하다고 하겠다.

둘째, 군 지도자들의 호전성과 관련하여 군사준비 상황 외에도 군부의 역사적인 역할에 대한 분석도 필요하다. 역사적으로 군부의 역할을 강조하고 그들의 의견을 존중하는 나라도 있으며 정치적으로 그 역할을 경시하는 국가들도 있을 수 있기 때문이다.

셋째, 전쟁 결정에 있어서 민·군 지도자들의 위험성에 대한 평가(Risk assessment)도 주요한 관심대상이 된다. 민간인 지도자들은 전쟁 발발시 군인들의 사상자 수에 대한 군 지도자들의 염려를 과소평가하는 경향이 있다. 군 지도자들은 전쟁이 조직으로서의 군부에 대한 생존권을 위협할 수 있기 때문에 전쟁 결정을 찬성에 조심스러운 태도를 취하고 대신 제한전이나 전격전(Blitzkrieg)을 선호하는 것이다. 반면 민간인 지도자들은 전쟁 결정을 정치적으로 생각하기 때문에 기습전을 선호하는 군부의 의견을 종종 무시하는 경향이 있다. 따라서 민·군 지도자들의 호전성은 위험성에 대한 평가와도 크게 연관성이 있다고 할 수 있다.

끝으로 민간인 지도자들은 그들의 호전성의 수준을 종종 바꾸기 때문에 분석하는 데 있어서 어려움을 주는 반면, 군 지도자들은 상대적으로 변함이 적다는 점도 지적이 되어야 한다. 이와 더불어 민·군 관계의 호전성 연구에서 부닥치는 어려움은 민·군 지도자들에 대한 개념상의 분류이다. 즉 양분법이 민·군 지도자들의 분류로서 가능한가이다. 이 글에서는 분석의 편의상 민간인 직위를

차지하면 그가 비록 군사적인 경력 소유자일지라도 민간이 지도자로서 간주했다.[45)]

45) 이러한 개념상의 문제는 베츠도 똑같이 직면한 바 있다. 이 글에서도 베츠와 마찬가지로 앨리슨(Allison)의 분류에 의지했음을 밝혀둔다. 이 점에 관하여는 Graham T. Allison, *Essence of Decision: Explaining the Cuban Missile Crisis* (Boston, MA.: Little, Brown, 1971), p. 176. 참조.

참고문헌

Allison, Graham T. *Essence of Decision: Explaining the Cuban Missile Crisis*. Boston, MA.: Little Brown, 1971.

Betts, Richard K. *Soldiers, Statesmen and Cold War Crises*. Cambridge, MA.: Harvard Univ. Press, 1991.

Bletz, Donald. *The Role of the Military in U.S. Foreign Policy*. New York: Praeger, 1972.

Booth, Ken. *Strategy and Ethnocentrism*. London: Croom Helm, 1979.

Brecher, Michael. *Decisions in Crisis: Israel, 1967 and 1973*. Berkerly, CA.: Univ. of California Press, 1980.

Brodie, Bernard. *War and Politics*. New York: he Macmillan Co., 1973.

Carlton, David. *Britain and the Suez Crisis*. New York: Basil Blackwell, 1988.

Chopra, Pran. *India's Second Liberation*. Cambridge, MA.: The MIT Press, 1973.

Clark, William. *From Three Worlds: Memoirs*. London: Sidwick & Jackson, 1986.

Dehuai, Peng. *Memoirs of a Chines Marshal: The Autobiographical Noted of Peng Dehuai (1898-1974)*. Beijing: Foreign Language Press, 1984.

Eban, Abba. *An Autobiography*. New York: Random House, 1977.

George, Alexander L. "Case Studies and Theory Development: The method of Structured, Focused Comparison". In Paul Gordon Lauren, ed. *Diplomacy: New Approaches in History, Theory and Policy*. New York: The Free Press, 1979.

_______ and Richard Smoke. *Deterrence in American Foreign Policy: Theory and Practice*. New York: Columbia Univ. Press, 1974.

Gittings, John. *The World and China, 1922-1972*. New York: Harper & Row, 1974.

Gurtov, Melvin and Byong-Moo Hwang. *China Under Threat: The Politics of Strategy and Diplomacy*. Baltimore, MD.: The Johns Hopkins Univ. Press, 1980.

Israel, Raphael. *Man of Defiance: A Political Biography of Anwar Sadat*. London: Weidenfeld and Nicolson, 1985.

James, Robert Rhodes. *Anthony Eden*. London: Weidenfeld and Nicolson, 1966.

Just, Ward. *Military Men*. New York: Knopf, 1970.

Kissinger, Henry A. *Nuclear Weapons and Foreign Policy*. New York: Harper & Row, 1957.

Lamb, Richard. *The Failure of the Eden Government*. London: Sidgwick & Jackson, 1987.

Lyons, Gene M. "The New Civil-military Relations". *American Political Science Review*, Vol. 55 (March 1961).

Nye, Joseph S. and Sean M. Lynn-Jones. "International Security Studies: A Report of a Conference on the State of the Field". *International Security*, Vol. 12, No. 4 (Spring 1988).

Osgood, Robert O. *Limited War: The Challenge to American Strategy*. Chicago, IL.: Univ. of Chicago Press, 1957.

Palmer, Bruce, Jr. *The 25-year War*. Lexington, KY.: Univ. of Kentucky Press, 1984.

Rabin, Yitzhak. *The Rabin Memoirs*. Boston, MA.: Little Brown, 1979.

Ryan, Mark A. *Chines Attitudes toward Nuclear Weapons: China and the United States during the Korean War*. Armonk, N.Y.: M.E. Sharpe, 1989.

Sadat, Anwar el. *In Search of Identity: An Autobiography*. New York: Harper & Row, 1978.

Schelling, Thomas C. *The Strategy of Conflict*. Cambridge, MA.: Harvard Univ. Press, 1960.

Shazly, Saad el, Lt. General. The Crossing of the Suez Canal. San Francisco, CA.: American Mideast Research, 1980.

Singh, Sukhwant. *The Liberation of Bangladesh*. New Delhi: Vikas, 1980.

Sisson, Richard and Leo E. Rose. *War and Secession: Pakistan, India, and the Creation of Bangladesh*. Berkerly, CA.: Univ. of California Press, 1990.

Slater, Jerome. "Apolitical Warrior or Soldier-statesman". *Armed Forces and Society*, Vol. 4, No. 1 (November 1977).

Spurr, Russell. *Enter the Dragon: China's Undeclared War against the U.S. in Korea, 1950-1951*. New York: Newmarket Press, 1988.

Summers, Harry, Jr. *On Strategy: A Critical Analysis of the Vietnam War*. Novaco, CA.: Presidio, 1982.

Van Evera, Stephen William. *Causes of War*. Ph. D. Dissertation. Univ. of California, Berkerly, 1984.

Yufan, Hao and Zhai Zhihai. "China's decision to Enter the Korean War: History Revisited". *The China Quarterly*, No. 121 (March 1990).

제 2 부

핵무기, 테러, 그리고 국제정치학

제4장 핵우산 개념의 변화 및 요인*

Ⅰ. 서론: 핵억지와 재래식 억지

넓은 의미에 있어 억지(Deterrence)는 적대국으로 하여금 특정한 행동을 시도하지 못하도록 확신시켜 주는 행위를 의미한다. 이러한 논거의 배경에는 그러한 행동을 개시함에 따른 이득이 손실이나 위험성을 정당화시키지 못한다는 손익계산에 대한 생각이 자리하고 있다. 이러한 점에서 볼 때, 전쟁 발발의 방지라는 의미에서의 억지는 상대국이 공격을 함에 있어 지불해야 하는 비용이 잠재적 이득보다 크다는 것을 확신시켜 줌으로써 공격을 못하도록 하는 논리이다. 다시 말하면 억지는 적대국으로 하여금 외교정책의 목적을 달성하기 위한 수단으로써 군사력의 사용을 못하게 하기 위하여 군사적 보복의 위협을 이용하는 것으로 정의할 수 있다.[1)]

억지는 두 가지 관점에서 일반적으로 분류된다. 응징(Punishment)과 거부(Denial)에 의한 억지가 그것이다.[2)] 응징에 근거한 억지는 보통 핵무기와 관련되어 있으며, 때로는 재래식 무기와도 연관되기도 한다. 그 주된 논리는 적대국의 민간인들과 대부분의 산업시설에 대한 파괴위협을 통하여 적대국의 공격을 방지하는 것이다. 즉, 전쟁의 결과는 전쟁터에서 결정되는 것이 아니라 적대국의 지도

* 이 논문은 『국제정치논총』, 제34권 제2호(1994), 149-163면에 게재된 것임.

1) 억지에 관한 정의는 군사적 위협뿐만 아니라 국가안보를 위한 모든 수단을 포함하는 광의의 해석을 포함할 수 있지만, 이 글에서는 좁은 의미에서 군사력의 사용에 한정한다. Paul K. Huth, *Extended Deterrence and the Prevention of War* (New Heaven, Conn.: Yale University Press, 1988), p. 15 참조.

2) Glenn H. Snyder, *Deterrence and Defense: Toward a Theory of National Security* (Princeton, N.J.: Princeton University Press, 1961), pp. 14-16 참조.

자와 사회가 인식하는 엄청난 손실에 달려 있기 때문에 군사력에 의존하는 것은 비합리적이라는 주장이다.[3] 반면, 거부에 근거한 억지는 전쟁터에서 군사적 목적을 달성하지 못할 것이라는 인식을 적대국에 심어 줌으로써 전쟁의 발발을 막는 것으로서 보통 재래식 무기와 연관되어 있지만 핵무기도 전쟁터에서 사용될 수도 있으며, 또한 사용되어야 한다고 주장하는 학파도 있다.[4]

이러한 기본논리에 의하여 억지의 개념을 응징과 거부라는 측면에서 분류하는 것과는 달리 억지는 군사력의 성격에 따라 구별될 수도 있다. 그러면 재래식 억지(Conventional Deterrence)와 핵억지(Nuclear Deterrence)의 근본적인 차이점은 무엇인가? 먼저, 재래식 무기에 의한 억지의 실패는 크게 세 가지 경우에 있어 발생한다.[5] 첫째, 어느 일방이 군사력에 있어 상당한 정도의 양적인 우세를 가질 때, 둘째, 공격형 무기가 우세할 때, 그리고 셋째, 공격자가 특별한 전략을 얻을 수 있을 때 전쟁의 발발 가능성이 높아진다고 할 수 있다. 특히 세 번째의 특별한 전략과 관련하여 말하면, 성공적인 전격전(Blitzkrieg)의 능력을 갖추었을 때 그리고 제한목적전략(Limited Aims Strategy)이 소모전략(Attrition Strategy)으로 변화할 가능성이 적을 때 재래식 억지는 실패한다.

소모전의 경우는 엄청난 비용과 희박한 성공 가능성으로 인하여 전쟁 발발의 동기를 제공하지 않는다. 제2차 세계대전 이후의 분쟁들, 특히 초강대국들 간의 이해가 대립된 지역에서 발생한 분쟁들은 미국과 소련이 개입하여 중재할 가능성이 적었으며, 이것은 또한 제한전의 발발을 상대적으로 쉽게 해 주었다는 점도 부인할 수 없다.

그러나 이러한 군사적 요인들은 전쟁 결정을 하는 지도자들에 있어 필요충분조건은 아니다. 왜냐하면 전쟁 결정과정에 있어 군사적 관점 외에 정치적 요인을 고려해야 하기 때문에 단지 군사적 승리의 가능성이 있다고 해서 전쟁은 발발하지 않기 때문이다. 그렇지만 군사적 고려는 전쟁 결정에 있어 필요조건임은 두말할 필요가 없다.

---

3) Stephen Cimbala, *Strategy after Deterrence* (New York, N.Y.: Praeger, 1991), p. xii.

4) 핵무기는 사용되어서는 안된다는 통상적인 억지 개념에 비판적인 학자로서 Richard Pipes, "Why the Soviet Union Thinks It Could Fight and Win a Nuclear War," *Commentary*, Vol. 64, No. 1 (July 1977), pp. 21-34 참조.

5) John J. Mearsheimer, *Conventional Deterrence* (Ithaca, N.Y.: Cornell University Press, 1983), pp. 203-212.

다음으로, 핵억지의 경우는 어떠한가? 핵무기 시대에도 전쟁은 정치적 목적을 달성할 수 있는가? 핵무기의 엄청난 파괴력은 전쟁에 참여하는 국가들에 일단 그것이 사용되면 양측에 엄청난 재앙을 준다는 인식을 심어 주었기 때문에 정치가와 전략가들은 핵무기 사용을 억제하는 전략을 추구하게 되었다. 따라서 재래식 전쟁에서와는 달리 군사력의 상대적 우위에 의한 군사적 승리의 가능성이 높다고 하더라도, 핵전쟁이나 핵전쟁으로 확전될 가능성이 큰 재래식 전쟁의 발발은 이론적으로 상상하기 힘들다는 인식이 핵억지의 근저에 자리하고 있다.

핵억지와 재래식 억지와의 큰 차이점은 핵억지가 전쟁 발발의 방지에 있어 재래식 억지보다 훨씬 더 효과적이라는 주장이 있다.[6] 그 핵심적인 논리는 재래식 무기의 시대에서는 전쟁으로 갈 수 있는 정도의 압력이나 도발에도 핵무기 시대에서는 인내로써 대처한다는 것이다. 즉, 핵시대의 국가들은 상황이 통제 불능으로 바뀌는 것을 두려워한 나머지 그 행동이 더욱 조심스러워지며, 이러한 신중함의 이면에는 전면전을 할 경우 모든 것을 잃는다는 인식이 근저에 있기 때문에 핵시대에 있어 전쟁은 국가정책의 수단으로써 고려되기 힘들다. 이러한 맥락에서 볼 때, 제2차 세계대전 이후에 적어도 미국과 소련 간에 직접적인 전쟁이 없었다는 사실은 핵억지는 핵무기를 보유한 국가들 간의 전쟁을 방지하는 데 큰 효과가 있었다는 주장에 타당성을 불어넣는다.[7]

따라서 이러한 직접억지(Direct Deterrence)는 전쟁의 발발을 방지한다는 점에서 그 효과를 인정할 수 있지만 핵무기를 보유한 국가들로부터 핵우산(Nuclear Umbrella)을 제공받는 국가들에도, 즉 간접억지(Indirect Deterrence)의 경우에도 핵억지 이론이 그대로 적용되는가의 신빙성에 관한 문제가 대두됨은 당연하다. 핵우산 개념의 신빙성 문제는 냉전시대에서도 제기되어 왔지만 안보상황이 크게 바뀐 탈냉전시대에도 그대로 적용된다는 것은 현실성이 결여되어 있다고 할

6) Peter R. Moody, Jr., "Clausewitz and the Fading Dialectic of War," *World Politics*, Vol. 31 (1978), p. 429.

7) Robert Jervis, "The Political Effects of Nuclear Weapons: A Comment," *International Security*, Vo. 13, No. 2 (Fall 1988), pp. 83-88. 그러나 이러한 시각과는 달리 핵무기와 제2차 세계대전 이후에 미·소 간의 전쟁이 없었다는 사실과는 무관하다는 주장도 있다. John Muller, "Deterrence, Nuclear Weapons, Morality, and War," in Charles W. Kegley, Jr., and Kenneth L. Schwab (eds.), *After the Cold War: Questioning the Morality of Nuclear Deterrence* (Boulder, Co.: Westview Press, 1991), pp. 82-84 참조.

수 있다.

핵우산을 제공받는 국가의 입장에서는 자국의 안보를 극대화하기 위한 방안으로서 핵무기의 보유를 원하고 있는 반면, 핵우산을 제공하는 국가는 영향력의 확대 및 핵확산(Nuclear Proliferation) 방지라는 측면을 중요시한다는 점을 고려해 볼 때, 양자 간의 이해관계에 핵심적인 사항은 핵우산의 신빙성이라고 할 수 있다. 만약 위기상황에서 핵우산이 절대적인 역할을 하지 못할 것이라고 인식된다면 핵우산을 제공받는 국가들은 핵우산을 거부하고 재래식 무기를 증강하든지, 아니면 핵무기를 보유하든지 해서 자국의 안보를 강화시킬 수밖에 없다. 이러한 점은 핵확산의 방지라는 국제질서에 심각한 딜레마를 제공한다. 이 글은 핵확산 개념의 이론적 논쟁점을 제시하며, 이러한 분석을 통하여 핵우산 개념의 재평가를 도모함과 아울러 나아가 탈냉전시대에 있어 핵우산 개념의 이론적 한계점을 밝히고자 함에 그 목적이 있다.

Ⅱ. 핵전략 변천과 핵우산

억지이론은 잠재적인 적대국이 자신의 행동을 결정함에 있어 효용성과 비효용성을 평가한 후 최대한의 이득과 최소한의 손실을 주는 일련의 행동을 선택한다는 것을 가정한다.8) 이러한 의미에서 볼 때, 전쟁을 결정하는 것이 계속적으로 현상(*status quo*)을 받아들이는 것보다 덜 효율적이라는 것을 잠재적인 적대국을 설득하는 시도로써 파악될 수 있다.9) 냉전시대에 있어 미국과 소련의 핵전략은 억지의 수단으로써 공격(Offense)과 방어(Defense)의 개념에 의해, 그리고 그 목적은 전쟁의 발발을 방지한다는 관점에서 국제체제의 안정(Stability)의 극대화를 추구했다. 핵우산의 개념에 대한 타당성은 이러한 맥락을 파악할 필요가 있으며, 그리고 이러한 배경의 분석이 선행되어야 한다.

1. 핵전략의 논리: 공격과 방어의 개념

핵공격의 위협은 같은 종류의 핵보복의 가능성에 의해 상쇄된다는 점에서

8) 억지이론의 합리성에 관한 고전적인 개념규정은 Thomas C. Schelling, *The Strategy of Conflict* (Cambridge, Mass.: Harvard University Press, 1961), p. 4 참조.

9) 억지와 게임이론을 간략하게 소개한 논문으로는 Paul Bracken, "Deterrence, Gaming, and Game Theory," *Orbis*, Vol. 27, No. 4 (Winter 1984), pp. 790-802 참조.

핵억지는 명료성을 갖는다. 핵무기의 맥락에서 억지가 타당성을 갖기 위해서는 적대국의 제1차 공격으로부터 살아남은 자국의 제2차 공격(보복)능력의 보유를 필수조건으로 하며 이러한 능력은 핵시대에 있어 적대국을 억제하는 최소한의 조건이 된다.[10)]

핵무기를 보유한 국가는 이러한 최소한의 조건을 충족시켰다고 하더라도 억지의 필요조건에 대한 논쟁은 계속되었다. 그 논쟁의 핵심은 첫째, 보복능력을 얼마나 크게 보유해야 하는가? 둘째, 보복위협의 성격, 즉 미사일 및 군사시설에 대한 공격(Counterforce)과 민간인과 도시에 대한 공격(Countervalue), 아니면 제한전, 전면전 등이 억지의 질에 미치는 영향은 어떠한가? 셋째, 보복의 확실성이 억지에 필수적인가 아니면 단지 보복의 가능성이면 충분한가 등이었다.

우선, 핵무기 시대에 있어 '보장된 파괴'(Assured Destruction) 능력만 있으면 억지에 있어 적절하다고 주장하고 핵시대의 전쟁수행(War-fighting)이나 전쟁승리(War-winning) 전략은 의미가 없는 것으로 평가하는 학자 및 전략가들이 있다.[11)] 그 주된 논점은 아무리 소량이라도 적대국의 선제공격으로부터 살아남는 한 제2차 공격능력(Countervalue)은 충분하기 때문에 더 이상의 제2차 공격능력은 불필요하며, 따라서 상대방의 제2차 공격능력을 빼앗는 무기체계는 그것이 공격용이든지 아니면 방어용이든지 간에 피해야 한다는 주장이 그것이다. 그리고 이러한 조건들은 1960년대와 1970년대의 군비통제 논의에서 제기된 핵심사항이었다고 할 수 있다.[12)] 이러한 '공포의 균형'(Balance of Terror) 체제에서는 최소한의 제2차 공격능력을 제외하고 적대국의 미사일로부터 취약한 방어체제를 만드는 것이 상대국의 불신을 제거하여 미·소 양국의 소모적이고 비경제적인 군비경쟁을 막는 최선의 방법이었다. 따라서 이러한 전략적 균형체제에서는 미·소 양국 가운데 어느 국가도 핵무기 선제공격의 동기를 가지지 않게 하는 것이 중요하게 인식되었다.

어느 한 국가가 상대방의 핵무기와 군사시설을 목표로 삼을 경우, 즉 Counterforce 능력을 보유할 경우 상대방의 불안감이 증폭되기 때문에 상대방에

---

10) Robert Aldridge, *The Counterforce Syndrome: A Guide to U.S. Nuclear Weapons and Strategic Doctrine* (Washington, D.C.: Institute for Policy Studies, 1979), p. 1.

11) Bernard Brodie, *War and Politics* (New York: MacMillan, 1973), pp. 375-432 참조.

12) Warner R. Schilling, "U.S. Strategic Nuclear Concepts in the 1970s," in Steven E. Miller (ed.), *Strategy and Nuclear Deterrence* (Princeton, N.J.: Princeton University Press, 1984), pp. 187-193.

게 기습공격의 필요성과 동기를 부여하게 되는 반면 상대방의 도시를 공격대상으로 삼을 경우, 즉 Countervalue 능력을 보유할 경우 기습공격의 동기는 줄어든다. 공포의 균형에 근거한 '상호보장된 파괴'(MAD: Mutual Assured Destruction) 전략은 공격(Offense)에 중점을 둠으로써, 그리고 상대적으로 방어(Defense)를 취약하게 함으로써 적대국의 제1차 공격능력을 저지할 목적을 가지며, 이러한 주장은 적어도 핵전쟁의 위험성을 양국 모두가 인식하고 있다는 신뢰감에 기반을 두고 있다. 다시 말하면, 양측 모두가 제1차 공격능력을 보유하고 상대방을 위협할 때, 그리고 선제공격을 당한 후에 살아남은 보복능력을 유지하지 못할 때 억지는 실패한다. 따라서 적어도 어느 한 측이 선제공격의 보유능력을 거부하고 동시에 충분한 보복능력으로써 다른 한 측의 선제공격을 저지할 때 성공적인 억지가 가능한 셈이다. 이러한 믿음은 본질적으로 핵무기 사용은 상상할 수 없다는 인식에 근거하고 있다.

이와는 달리 1980년대에 들어서면서 보장된 파괴의 개념을 반대하고 미국의 전략은 소련을 격파하는 개념을 포함해야 되며, 이러한 전략은 보다 더 효과적인 억지가 된다고 주장하는 학자들도 있었다.[13] 이들은 미국의 핵공격이 정치적이고 군사적인 목표물을 대상으로 해야 하며, 상대방의 핵공격으로부터 취약성을 줄이기 위하여 적극적인 방위체계를 구축해야 한다는 점을 강조했다. 이러한 핵사용이론(NUT: Nuclear Utilization Theory)의 근본가정은 핵무기의 억지 역할뿐만 아니라 전쟁에서의 사용 가능성을 함축하고 있다는 점에서 '상호보장된 파괴' 전략과 큰 차이점을 보인다. 소련이 핵전쟁의 수행이나 승리를 준비하는 한 미국으로서도 대응은 필요하며, 더구나 핵위협의 신빙성을 더욱 높이기 위해서도 제한전에서 핵무기의 사용은 고려될 수 있으며, 또한 바람직하다는 것이다. 이러한 관점에서 볼 때, 도시를 목표물로 삼은 '상호보장된 파괴' 전략의 제2차 공격능력은 핵전쟁을 제한전으로 축소시킬 수 있는 희망을 모두 없애는 것으로 인식되었다.

전략방위구상(SDI: Strategic Defense Initiative)으로 대표되는 방어를 강조하는 주장은 적대국을 믿을 수 없다는 불신감에 근거하고 있다.[14] 전략방위구상이 이

13) Colin S. Gray, "Nuclear Strategy: A Case for a Theory of Victory," in Miller (ed.), Strategy and Nuclear Deterrence, pp. 44-46 참조.

14) SDI가 억지전략인가 아니면 방어전략인가에 대한 의문은 어떠한 관점에서 보는가에 따라 차

처럼 방어에 중점을 둘 경우 군비경쟁이 다시 발생할 가능성이 있어 자국의 안보를 더욱 악화시킬 가능성이 있다는 개념인 안보 딜레마(Security Dilemma)[15]에 빠지기 때문에 그것은 본질적으로 공격에 근거한 억지의 논리와는 상충된다.

2. 핵전략의 개념과 국제체제의 안정

공격에 의한 억지(공격형 억지)와 방어에 의한 억지(방어형 억지)는 둘 다 핵전쟁의 발발을 방지한다는 의미에서는 공통의 목적을 갖고 있으나 그 목적을 달성하기 위한 수단에 있어서는 개념상으로 명확하게 구분된다.

먼저, 방어형 억지(SDI)는 공격형 억지(MAD)를 비판함으로써 그 개념이 구체화될 수 있다. 첫째, 방어형 억지는 민간인들을 담보로 하는 MAD 전략이 비도덕적이라는 비판을 피할 수 없기 때문에 만약 핵전쟁의 위험성을 줄일 수 있는 방어체제가 개발된다면 미국의 핵정책은 도덕적 관점에서 정당화되고 지지를 받을 수 있다고 믿고 있다.[16] 둘째, 공격에 의존한 억지는 양측 모두에 두려움을 제공하여 핵전쟁의 발발을 방지하는 데 그 목적을 두고 있으나 일시적인 목적 달성은 가능할지 모르지만 무한적으로 성공적일 수 없는 속성을 가질 수밖에 없고, 만약 그 억지가 실패할 경우 그 결과는 엄청난 재앙을 가져온다는 점이다.[17] 셋째, 방어형 억지는 MAD 전략이 의도적인 공격을 막을 수는 있지만 인간의 실수나 기계의 오작동에 의해 발생하는 우발적 공격 및 테러리스트에 의한 의도적인 핵전쟁 도발의 가능성에 대한 대응에 대해서는 회의적인 입장을 보인다.[18] 결국 SDI 전략의 핵심은 MAD 전략이 갖고 있는 약점을 보완하기 위하여 개발된 것이다.

다음으로, 방어형 억지에 반대하는 MAD 전략의 옹호론자들은 SDI 전략이

이가 있지만, 이 글은 SDI가 방어형 억지전략의 극단적인 유형으로서 간주한다. Fred S. Hoffman, "The SDI in U.S. Nuclear Strategy: Senate Testimony," *International Security*, Vol. 10 (1985), pp. 13-24.

15) 안보 딜레마의 속성에 관해서는 Robert Jervis, "Cooperation Under the Security Dilemma," *World Politics*, Vol. 30 (January 1978), pp. 167-214 참조.

16) Robert Jastrow, *How to Make Nuclear Weapons Obsolete* (Boston, Mass.: Little, Brown, 1983), p. 14.

17) Keith B. Payne and Colin S. Gray, "Nuclear Policy and Defensive Transition," *Foreign Affairs*, Vol. 62, No. 4 (Spring 1984), p. 822.

18) Kenneth Adelman, "The Impacts of Space on Arms Control," *Defense Science 2003+*, Vol. 4 (April/May 1985), p. 46.

심각한 정치적 문제를 야기시킴으로써 국제체제의 안정에 위해가 될 수 있다는 점을 경고한다. 첫째, 그들은 SDI는 미국의 도시들이 갖고 있는 전략적 취약점을 상쇄시킬 수 있을 만큼 완벽한 방어망을 구축할 수 있는 기술적 수준에는 아직 훨씬 못 미치고 있다는 점을 지적하고 있다.[19] 둘째, 그들은 미국의 방어력 증강은 소련에도 유사한 방어망 증강을 초래하든지 아니면 공격력의 강화를 가져옴으로서 또 다른 무기경쟁의 시대가 도래하게 된다는 점을 강조하고 있다.[20]

결국, 공격형 억지를 주장하는 논리는 현재의 핵무기는 억지력을 충족시키고도 여분이 충분하기 때문에 국제체제의 안정을 위해서는 오히려 방어용 핵무기를 감축하고 그 대신 공격형 핵무기에 기반을 둔 공포의 균형에 의존해야 한다는 시각을 갖고 있는 반면, 방어형 억지를 옹호하는 주장은 상대방의 합리성에 의존하기에는 너무 위험성이 크기 때문에 국제체제의 안정을 위해서는 자신의 방어를 강화하여 상대방의 공격력을 약화시켜야 한다는 논리를 전개하고 있다. 여기서 이러한 상반된 주장을 보다 체계적으로 검토하기 위해서는 공격과 방어에 의한 억지를 주장하는 양측이 공통으로 강조하고 있는 국제체제의 안정에 대한 개념을 명확히 할 필요가 있다.

국제체제의 안정은 무엇을 의미하는가? 안정을 구체적으로 이해하기 위해서는 네 가지의 구성요소들, 즉 군비경쟁안정, 위기안정, 억지안정, 그리고 심리적 안정을 분석틀로서 제시할 수 있다.[21]

첫째, 군비경쟁안정(Arms-race Stability)은 어느 한 국가에 의한 추가적인 무기의 배치는 다른 국가를 위협하여 그 국가에 더 많은 무기를 획득하려는 동기를 제공한다는 가정에 근거하고 있다. 이러한 시각은 어느 일방이 우위를 점유하기 위해 무기를 배치하면 상대방도 같은 종류의 반응을 보일 것이기 때문에 어느 한 측에 의한 우월한 지위는 보장되지 않는다는 믿음을 불어넣음으로써 안정적 상황을 유지한다는 것을 의미한다.[22] 둘째, 위기안정(Crisis Stability)은 단지

19) Charles A. Zraket, "Strategic Defense: A System Perspective," *Daedalus*, Vol. 114, No. 2 (Spring 1985), p. 109.

20) David Holloway, "The Strategic Defense Initiative and the Soviet Union," *Daedalus*, Vol. 114, No. 3 (Summer 1985), p. 265

21) George H. Quester, "Nuclear proliferation and Stability," in D.L. Brito, M.D. Intriligator and A.E. Wick (eds.), *Strategies for Managing Nuclear Proliferation* (Lexington, Mass.: LexingtonBooks, 1983), p. 101.

22) Colin S. Gray, "Strategic Stability Reconsidered," *Daedalus*, Vol. 109, No. 4 (Autumn, 1980), p. 135.

군사적 능력의 비교보다는 보복능력을 비교한다는 점에서 군비경쟁안정과는 차이가 있다. 위기안정은 최소한의 보복능력 — 비록 그것이 충분하지 않을지라도 —을 확보할 경우 유지될 수 있기 때문에 '세력균형'(Balance of Power)에 의존하는 정태적 측면이 아니라 '공포의 균형'에 근거한 동태적 개념이라고 할 수 있다. 셋째, 억지안정(Deterrence Stability)은 재래식 전쟁의 발발 가능성을 방지하는데 있어 핵무기의 역할과 관련되어 있으며, 그 핵심적인 논리는 핵무기가 재래식 전쟁의 발발 가능성을 증가시키는가 아니면 감소시키는가에 대한 의문이다. 마지막으로, 심리적 안정(Psychological Stability)은 핵무기 사용에 책임이 있는 사람들과 관련된 것으로서 이러한 점은 정치지도자들의 감정적 변화와 정신상태와 결부되어 있다.

그러면 국제체제의 안정을 공통으로 추구하는 공격형 억지(MAD)와 방어형 억지(SDI)의 관계는 어떻게 설명될 수 있는가? 먼저, SDI 전략과 같은 방어형 억지는 상대방으로 하여금 공격능력이나 혹은 방어능력을 증가시키는 대응을 자연스럽게 초래하기 때문에 군비경쟁안정에 역행을 하는 것이 되며, 그리고 공포의 균형 개념을 파괴한다는 점, 즉 SDI 전략의 방어적 능력이 강화됨으로써 상대방의 제1차 공격능력은 상대적으로 약화될 수밖에 없다는 점에서 위기안정은 약화된다. 반면, 방어형 억지는 동맹국에 대한 핵우산을 강화함으로써 상대 진영에 의한 재래식 전쟁 도발의 동기를 약화시킬 수 있다. 그러나 이러한 논리는 억지안정을 강화시킨다는 측면이 있지만 상대 진영에서 또 다른 SDI와 같은 방어망을 구축하지 않는다는 가정에서 가능하기 때문에 논란의 여지는 남겨 두고 있다.23) 그리고 SDI 전략은 발사된 미사일을 육지에 도달하기 전에 공중에서 파괴함으로써 우발적 공격의 가능성을 줄인다는 점에서 심리적 안정을 강화시키는 역할을 한다.

다음으로, MAD 전략과 같은 공격형 억지에 의하면 어느 일방에 의한 전략적 우위는 고려하지 않고 양측이 보유하고 있는 방어적 취약성의 극대화를 추구하기 때문에 군비경쟁안정과 위기안정을 강화시키는 역할을 한다. 그렇지만 공격형 억지는 핵우산을 제공받는 국가들 간에 재래식 전쟁이 발발할 경우 그 핵무기를 자신의 동맹국을 위하여 사용할 것인가의 문제에 대해서는 회의적이

23) Colin S. Gray, "Emerging Policy Triad: Defense, Offense & Arms Control," *Defense Science 2003+*, Vol. 4 (April/May 1985), p. 32.

라는 점에서 억지안정은 약화되며, 동시에 비합리적 요인에 의한 우발적 핵전쟁에 있어 그 역할은 제한적일 수밖에 없음은 고려될 필요가 있다.

3. 핵전략의 개념과 핵우산

핵억지전략의 딜레마는 핵무기를 보유한 국가들은 자신이 직접 핵무기 공격을 받는 것을 억지할 수 있지만 자신의 동맹국들을 위하여 자신이 보유하고 있는 핵무기를 사용할 수 있는가 하는 점이다. 핵우산을 제공받는 국가가 주변에 있는 적대국으로부터 핵무기에 의한 공격을 받는다면 핵우산의 신빙성은 상당히 높다고 할 수 있지만, 관심의 초점은 재래식 무기에 의한 침공을 받을 경우에도 동맹국은 핵우산을 제공하는 국가로부터 핵무기의 보호를 받을 수 있을 것인가의 여부에 있다.

핵무기의 정치적 유용성을 강조하는 측면에서 보면 핵우산을 받고 있는 국가들을 상대로 주변에 있는 어느 국가가 재래식 전쟁을 감행할 가능성은 상당히 낮다고 할 수 있다. 그러나 미국이 소련과의 핵무기 경쟁에서 압도적 우위를 유지한 1950년대, 그리고 전략적 균형이 유지된 1960년대 중반에 있어 핵무기는 억지의 결과와 관련이 없는 것으로 분석되고 있다.[24] 특히 1950년에 감행된 중공의 한국전 개입 사례와 1982년에 이루어진 아르헨티나의 포클랜드전쟁 사례가 보여 주듯이 미국과 영국이 보유한 핵무기의 존재는 중공과 아르헨티나의 전쟁 결정에 결정적인 영향을 주지 못했다는 것을 알 수 있다.[25]

이러한 맥락에서 볼 때, 냉전의 상황에서 전쟁의 발발을 막을 수 있었던 요인은 핵무기의 존재 그 자체가 아니라 통제가 불가능한 상황으로 갈지도 모르는 확전(Escalation)에 대한 공포감이라는 주장도 상당한 타당성을 인정받는다고 할 수 있다.[26] 이러한 공포감은 반드시 핵무기로부터 파생되는 것이 아니라 오히려 재래식 무기가 공포감을 유발하는 데 더 큰 기여를 했음을 지적할 필요가 있다. 확전의 공포가 심각하지 않다면 핵무기에 의한 억지도 군사적으로 도전

24) Paul Huth and Bruce Russett, "Deterrence failure and Crisis Escalation," *International Studies Quarterly*, Vol. 32 (1988), pp. 30-33.

25) 중공의 경우 Russell Spurr, *Enter the Dragon: China's Undeclared War against the U.S. in Korea, 1950-1951* (New York: NewMarket Press, 1988), pp. 62-63; 아르헨티나의 경우 Huth, *Extended Deterrence and the Prevention of War*, p. 12 참조.

26) John Mueller, "The Essential Irrelevance of Nuclear Weapons," *The Cold War and After: Prospects for Peace* (Cambridge, Mass.: The MIT Press, 1991), pp. 54-55 참조.

을 받았다는 역사적 사례들은 이러한 점을 잘 지적하고 있다.

억지가 성공을 거두었을 경우에 핵무기의 존재가 필수적이었다는 주장은 설득력을 잃게 될 가능성이 크다. 왜냐하면 핵무기 외에 다른 요인들이 더 큰 역할을 했다는 주장을 반박할 수 있는 여지가 많지 않기 때문이다. 반면, 억지가 실패했을 경우에는 핵우산의 무용론에 대한 검증을 상대적으로 쉽게 할 수 있다는 주장도 타당성을 갖고 있다. 그렇지만 제2차 세계대전 이후에 발생한 분쟁의 사례들을 살펴보면 핵무기의 존재보다는 재래식 무기에 의한 지역적 우위가 억지의 성공요인으로 작용했다는 것을 알 수 있다.27)

또 다른 시각에서 억지의 실패와 성공의 사례를 살펴보면 공격형 억지의 경우 핵우산의 신빙성이 낮았기 때문에 1960년대와 1970년대에 재래식 분쟁이 상대적으로 빈번하게 발생했으며, 그리고 1980년대 이후에는 상대적으로 재래식 분쟁의 발발 빈도가 낮았고, 그 이유는 방어형 억지로 인한 핵우산의 신빙성이 상대적으로 강화되었기 때문이라는 분석도 가능하다고 할 수 있다.28)

Ⅲ. 핵확산 방지와 핵우산

핵우산을 제공하는 가장 근본적인 배경에는 핵무기 확산의 방지를 추구하는 기존의 핵 보유국가들의 이해관계가 우선적으로 작용하고 있다는 점을 지적할 필요가 있다. 핵우산에 대한 신뢰성의 약화는 전세계적인 핵확산 분위기를 창출한다는 점에서 핵우산과 핵확산은 상호 밀접하게 연관되어 있으며, 핵우산에 대한 논쟁은 핵확산의 맥락에서 파악되어야 한다. 그러면 핵무기의 확산은 핵전쟁의 발발 가능성을 증가시키는가 아니면 감소시키는가의 의문, 그리고 재래식 전쟁의 발발 가능성은 어떻게 평가해야 하는가에 대한 견해는 핵우산의 효용성과 관련하여 충분히 논의될 필요가 있다.

---

27) Bruce Russett, "An Acceptable Role for Nuclear Weapons?" in Charles W. Kegley, Jr. and Kenneth L. Schwab (eds.) *After the Cold War: Questioning the Morality of Nuclear Deterrence* (Boulder, Co.: Westview Press, 1991), pp. 128-131.

28) 1961년부터 1979년까지 발생했던 억지의 실패와 성공에 대한 개략적인 설명은 Huth and Russett, "Deterrence Failure and Crisis Escalation," p. 32 참조.

1. 핵확산 옹호 논리와 핵우산

핵확산을 옹호하는 논리는 핵무기의 전세계적인 확산이 핵전쟁의 발발과 관련하여 볼 때 바람직하지 않다는 주장에 대하여 의견을 달리하고 있다. 그 주된 요지는 핵무기만이 강대국의 욕망으로부터 약소국을 지탱해 줄 수 있는 보장책이 되며, 적어도 이론상으로는 국제체제의 안정을 더욱 강화시킬 수 있다는 것이다.[29] 이러한 주장의 배경에는 프랑스가 자신의 핵무기 보유 의도를 정당화시키기 위한 논리가 자리하고 있을 수 있으나 전반적으로 핵확산 옹호 논리의 이론적 기반을 제공했다는 데 큰 의의가 있다.[30] 어느 한 국가에 의한 핵무기 보유는 이미 핵무기를 보유하고 있는 다른 국가들에 그리고 아직도 핵무기를 보유하고 있지 않은 국가들에도 상당한 정도의 공포감을 불러일으킴으로써 전체적으로 핵전쟁의 가능성을 감소시키는 데 긍정적인 효과를 줄 수도 있다.

더 나아가 핵무기 확산은 국제체제의 안정에 심지어 바람직하다는 주장도 제기되고 있다. 핵무기를 중심으로 한 군비경쟁이 급속도로 진행되는 양극체제보다는 다극체제가 더 바람직할 수 있다는 것이다.[31] 이러한 주장은 두 국가만이 핵무기를 보유한 양극체제보다는 핵무기의 확산으로 그 무기의 보유국의 수가 늘어난 다극체제는 국가간의 상호관계를 더욱 조심스럽게 만들며, 결과적으로 국제체제의 안정에 긍정적인 영향을 미친다는 것을 가정하고 있다. 심지어 핵무기를 보유한 국가들 간에는 핵무기가 재래식 전쟁의 빈도를 감소시킬 뿐만 아니라 그 강도를 줄이는 역할을 한다는 주장도 제기되고 있다.[32] 핵확산을 찬성하는 학자들의 주장에는 모든 국가가 확전의 공포감을 갖고 있기 때문에 핵확산에 내재되어 있는 억지효과가 핵전쟁의 발발을 방지하는 데 주요한 역할을 한다는 믿음이 있다고 할 수 있다.

핵무기 보유국가들 가운데 어떤 국가라도 핵무기 비보유국가에 대하여 전쟁을 시도하는 데 큰 어려움을 가지지 않지만 핵국가가 다른 핵국가를 상대로 전쟁을 치른다는 것은 무척 어려운 일이다. 왜냐하면 핵국가는 비핵국가로부터

29) Pierre Gallois, *The Balance of Terror* (Boston, Mass.: Houghton Mifflin Company, 1961), p. 200.
30) *Ibid.*, pp. 229-231.
31) Karl W. Deutsch and J. David Singer, "Multipolar Power System and International Stability," *World Politics*, Vol. 16 (1964), p. 403.
32) Kenneth N. Waltz, *The Spread of Nuclear Weapons: More May Be Better*, Adelphi Paper, No. 171 (1981), p. 25.

보복의 두려움을 상대적으로 덜 가지는 반면, 다른 핵국가에 대한 전쟁을 결정하는 경우에는 보복 가능성과 그 강도가 무척 크게 작용하기 때문이다. 이러한 관점은 핵무기 보유국가의 수가 증가하면 할수록 핵전쟁의 가능성이 줄어든다는 것을 의미하며, 이 점은 핵확산 옹호 논리의 핵심이 된다.

핵확산이 국제체제의 안정에 긍정적인 영향을 미친다는 논리를 구체적으로 살펴보면 다음과 같다. 첫째, 핵무기 보유국가가 전혀 없는 상황을 가정해 보면 모든 국가는 국제체제에서 '최초의 유일한' 핵국가가 되기 위하여 노력하는 것은 자연스럽기 때문에 국제체제는 극히 불안정한 상태가 된다. 둘째, 단지 한 국가만이 핵무기를 보유했다고 가정하면 전쟁의 발발은 핵국가의 의사에 달려 있기 때문에 국제체제의 불안정성은 여전히 유지된다. 그 체제 내의 국가들의 수가 N이고 그 핵무기 보유국가를 A라고 칭하면 이론적으로 N-1만큼의 전쟁이 발생할 수 있다. 셋째, 비록 약하지만 새로운 국가(B)가 등장하면 B국가의 존재가 A국가의 전쟁 결정에 어느 정도 영향을 줄 수 있다. 그러나 B국가의 핵보복능력이 충분하지 못하기 때문에 A국가에 결정적인 영향을 미칠 수는 없지만, 국제체제는 이전과 비교해 볼 때 더 안정적으로 되었다는 것을 부인하기 어렵다. 넷째, B국가가 핵보복능력을 충분하게 갖추었을 때는 상황이 달라진다. A국가는 B국가를 상대로 전쟁을 일으키는 것이 매우 어려울 뿐만 아니라 체제 내의 다른 국가에 대한 전쟁도 B국가의 반응을 고려해야 하기 때문에 쉽지 않게 된다. 양극체제가 이전의 체제보다 더 안정적임을 알 수 있다. 다섯째, 새로운 핵무기 보유국가(C)가 양극체제에서 등장한다면 A 혹은 B국가는 전쟁 결정에 있어 고려해야 될 요소가 더 많아지고 불확실성이 가중되는 결과를 낳기 때문에 그 결정은 더 큰 어려움에 직면하게 된다. 따라서 핵전쟁의 발발 가능성은 더욱 줄어들게 되며, 이 점은 삼극체제가 양극체제보다 더 안정적이라는 논리의 근거로서 작용한다.

이러한 방식대로 분석을 진행할 경우 핵국가의 수가 늘어나면 날수록 국제체제의 안정성은 더욱 높아진다는 결론에 이르게 된다. 이론적으로 말하면 극단적으로 모든 국가가 핵무기를 가질 경우에 전쟁의 방지와 국제체제의 안정을 극대화시킬 수 있다는 주장이 나올 수 있다.

그러나 핵확산과 관련하여 이러한 방식의 추론이 갖는 한계는 전쟁이 국가에 의한 의도적이고 사려깊은 행동으로서 파악될 때만 의미가 있다는 것이다.

이 점은 핵국가의 정치지도자들이 합리적으로 전쟁을 결정한다는 가정에서 핵확산이 국제체제의 안정에 도움이 된다는 것을 시사하고 있다. 이러한 맥락에서 볼 때, 계산된 공격의 가능성은 매우 낮지만 기계적인 실수나 비합리적인 행동을 통한 우발적 전쟁의 발발 가능성은 상대적으로 높다고 할 수 있다.[33] 다시 말해서 핵국가의 수가 증가함에 따라 계산적이며 의도적인 전쟁의 발발 가능성은 감소하지만, 전쟁 발발에 있어 비합리적인 요인들이 영향을 미칠 가능성이 높아감에 따라 국제체제의 안정성은 약화될 수도 있다.

2. 핵확산 반대 논리와 핵우산

핵확산 옹호론자들과는 달리 반대론자들은 핵무기 확산은 국제체제의 안정에 바람직하지 않다는 가정에서 핵무기를 보유하는 국가의 수가 증가할 경우 핵전쟁의 가능성은 점점 커진다는 논리를 전개한다. 이러한 주장은 '핵 방아쇠에 손가락이 많아지면' 전쟁 발발의 가능성이 더욱 높아진다는 인식을 함축하고 있다. 기존의 핵무기 보유국가들이 더 이상 신생 핵국가의 등장을 거부하는 배경에는 이러한 핵확산 반대 논리가 자리하고 있다. 그 논리를 좀 더 구체적으로 살펴보면 다음과 같다.

첫째, 핵무기 보유국가들의 수가 더욱 늘어난 상황을 가정해 보면 핵국가의 정치지도자들이 갖는 문화와 이데올로기의 다양성으로 인하여 이들 국가 가운데 상당한 수가 핵무기를 단지 다른 재래식 무기와 동등하게 간주할 수도 있다는 점을 우려하고 있다. 핵전쟁이 가져올 결과를 충분히 인식하지 못하고 전쟁을 시작할 가능성이 있다는 것이다.[34] 둘째, 핵국가의 수가 증가하면 재래식 전쟁이 핵전쟁으로 확전될 가능성이 크며, 이러한 경우에 초강대국들이 각자의 동맹국과 결부된 지역분쟁에 관여할 수 있다.[35] 이러한 관점에서 보면 양극체제가 국제체제의 안정에 더 바람직하다는 주장이 타당성을 가질 수 있다. 다극체제가 국제체제에 주는 안정성에 대한 반론은 핵무기를 보유하려는 국가들이

33) M.D. Intriligator and D.L. Brito, "Nuclear Proliferation and the Probability of Nuclear War," *Public Choice*, Vol. 37 (1981), pp. 249-250.

34) Bruce D. Berkowitz, "Proliferation, Deterrence, and the Likelihood of Nuclear War," *Journal of Conflict*.

35) Lewis A. Dunn, *Controlling the Bomb* (New Heaven, N.J.: Yale University Press, 1982), pp. 85-87.

정치지도자들에 대한 회의적인 시각에서 출발한다. 정치적으로 불안한 국가의 지도자들은 책임성이 있는 믿음을 주지 못하며, 이러한 국가들은 통제(Command-and-Control) 절차의 부실로 인하여 핵무기가 군부나 테러리스트에게 탈취당함으로써 잘못 사용될 수도 있다.[36] 결국, 핵확산이 적어도 통계적 관점에서는 우발적 핵전쟁의 가능성을 증가시킨다는 주장을 부인하기 어려운 셈이다.

그러면 핵확산 반대 논리와 핵우산의 관계는 어떠한가? 핵국가는 핵확산을 막기 위하여 핵무기 보유를 원하는 국가에 대하여 핵우산을 제공함으로써 군사적 불안감을 해소해 줄 수 있다. 기존의 핵국가들은 핵무기 보유를 원하는 다른 국가들에 대하여 불신감을 갖고 있으며, 그 결과 직접적인 핵무기 보유를 허용하지 않고 그 대안으로써 핵우산을 제공한다. 따라서 핵무기를 보유함으로써 갖게 되는 이익과 손실의 관점에서 핵우산은 해당 국가에 대하여 이익의 최대화와 손실의 최소화라는 조건을 충족시킴으로써 그 신빙성을 높일 수 있다. 만일 이러한 조건이 충족되지 않으면 핵확산의 현상을 단지 핵우산이라는 수단으로써 막을 수 없다는 데 핵우산의 한계가 있다.

3. 핵확산 논쟁과 국제체제의 안정

핵확산 논쟁은 전쟁의 발발 가능성과 핵무기 보유국가의 수의 상호관련성을 분석함에 있어 큰 시각차를 가지고 있다. 핵확산 옹호 주장은 핵확산이 국제체제의 안정에 위해가 되는 것이 아니며 오히려 바람직하다는 주장을 함으로써 의도적인 핵전쟁의 발발 가능성을 줄인다는 믿음을 갖고 있다. 반면 핵확산 반대론자들은 핵무기 확산이 우발적인 핵전쟁의 발발 가능성을 높인다는 관점을 견지하고 있다. 이러한 상반된 시각은 핵확산 논쟁의 기저에는 핵전쟁 발발의 의도성과 우발성에 대한 인식상의 차이점이 있다는 것을 보여준다. 앞선 논의에서 제시된 네 가지 유형의 안정, 즉 군비경쟁안정, 위기안정, 억지안정, 그리고 심리적 안정을 핵확산 논쟁에 적용해 보면 전쟁 발발을 방지하기 위한 구체적 방안에 대하여 각각의 논의가 어떠한 관점을 중시하는가를 파악하는 데 도움을 준다.

먼저, 핵확산 옹호론자들은 핵무기 보유가 확산의 과정을 필연적으로 수반

36) Albert Wohlstetter, et. al., *Swords form Plowshares* (Chicago, Il.: The University of Chicago Press, 1977), p. 132.

함으로써 결국 핵무기 보유의 동기·의욕을 약화시키기 때문에 군비경쟁안정을 강화시키며, 또한 핵무기의 확산은 각 국가들을 취약하게 만들기 때문에 위기안정의 증진에 도움을 준다고 본다. 특히 어떠한 국가도 자국을 완전히 방어할 수 없으며 또한 어떠한 국가도 다른 국가를 공격할 수 있는 체제에서는 모든 국가가 핵무기를 보유하고 있기 때문에 보복의 두려움에 의해 위기안정이 극대화될 수밖에 없으며, 이 점은 핵확산이 국제체제의 안정에 바람직하다는 근거로써 이용된다.

핵전쟁으로 확전될 수 있기 때문에 핵국가들은 재래식 전쟁의 지속이나 강도 높은 전쟁을 원하지 않으며 심지어 전혀 싸우길 원하지 않을 수도 있기 때문에[37] 결국 재래식 전쟁의 발발 가능성은 줄어들게 된다. 따라서 핵국가의 수가 많아질수록 억지위기는 강화된다고 할 수 있다. 그러나 핵확산으로 인하여 우발적 전쟁의 가능성은 증가하기 때문에 심리적 안정의 극대화는 보장할 수 없다.

다음으로, 핵확산 반대 논리는 인간의 실수나 기계상의 잘못된 작동 등의 비합리적 요인들을 강조함으로써 핵국가의 수가 증가하면 핵전쟁의 발발 가능성이 높아진다는 점을 가정하고 있다. 이러한 관점은 심리적 안정의 극대화를 강조하고 있는 셈이다. 핵확산을 반대하는 주장의 배경에는 다극체제보다는 소규모체제, 즉 양극체제이거나 삼극체제 등을 선호하는 경향이 있는데, 소규모체제는 다극체제와는 달리 다양한 보복능력이 존재하지 않는 관계로 불확실성을 덜 야기시키기 때문에 군비경쟁안정과 위기안정에 부정적인 영향을 미친다. 그리고 핵국가가 특정한 지역과 관련하여 극히 중대한 이해관계가 없으면 재래식 전쟁에 개입하지 않을 것이라는 가정에 근거해 볼 때, 핵우산의 신빙성은 약화될 수밖에 없기 때문에 재래식 전쟁의 발발 가능성은 상대적으로 더 높다고 할 수 있다. 이러한 맥락에서 핵확산 반대 논리는 억지안정을 강화시키는 데 덜 효율적임을 알 수 있다.

Ⅳ. 결론: 탈냉전과 핵우산

이 글에서는 핵전략, 핵확산, 그리고 핵우산에 대한 분석을 포괄적으로 시도하였다. 먼저, 핵전략을 공격과 방어에 의존한 개념으로서 분류하였으며, 그

37) Waltz, *op. cit.*, p. 25.

분류에 바탕을 두고 핵우산과의 상관성을 검토하였다. 다음으로, 핵확산의 경우는 옹호논리와 반대논리에 의해 구분되었으며, 그 구분에 입각하여 핵우산과의 관련성이 분석되었다.

요약하면, 공격형 핵전략은 비핵국가들의 핵무기 보유의욕을 약화시키는 동시에 비합리적 요인에 의한 전쟁 발발의 가능성을 증가시키기 때문에 핵확산 방지를 위한 주장에 힘을 실어주게 된다. 그러나 핵우산의 신뢰성이 약화됨으로써 재래식 전쟁의 발발 가능성은 상대적으로 증가하기 때문에 비핵국가가 핵무기를 보유하려는 욕구, 즉 핵확산의 동기는 여전히 존속하게 된다. 반면, 방어형 핵억지는 비합리적 요인에 의한 전쟁 발발의 가능성을 감소시킴으로써 그리고 핵우산의 신뢰성을 증가시킴으로써 핵확산의 의욕을 약화시킬 수는 있으나 불확실성에 의한 보복능력의 극대화를 통한 국제체제의 안정을 추구할 수 없는 약점이 있다. 결국 공격형 핵전략은 이론적으로 핵우산의 신뢰성을 약화시키는 반면, 방어형 핵전략은 핵우산에 높은 신뢰성을 제공함으로써 핵확산의 의욕을 약화시킬 수는 있다.

그러나 여기서 중요하게 지적되어야 할 것은 현실적으로 핵우산을 제공하는 국가에 대한 신뢰성이 문제가 된다는 점이다. 핵우산의 논리가 재래식 전쟁의 발발을 감소시킨다는 점에서 그 신뢰성에 의문이 생긴다면 핵무기에 의한 동맹국 지원보다는 재래식 무기의 증강을 통한 억지의 회복이 더 바람직하다는 주장이 제기될 수 있다. 더욱이 탈냉전시대에서는 양극체제에 의한 국제질서가 종말을 고하고 지역적 패권국가들이 등장하는 다극체제로의 재편이 필연적인 현상이기 때문에 핵우산은 이러한 지역적인 맥락에서 분석될 필요가 있다.

이러한 점에서 볼 때, 재래식 무기를 통한 억지의 개념 변화는 두 가지 점에서 그 이전과는 큰 차이를 보인다. 그 하나는 기술의 발달로 인하여 재래식 무기의 엄청난 능력 향상이며, 다른 하나는 지역적 분쟁에 있어 핵무기 위협의 신뢰성 상실과 부적절성이다.[38] 먼저, 재래식 무기는 과거에 핵무기만이 가질 수 있었던 능력, 즉 거부와 응징을 충분히 대치할 수 있을 정도의 정확성과 파괴력을 갖추었다는 점이다.[39] 이러한 점은 재래식 무기에 의한 억지에 더욱 신

38) Charles T. Allan, "Extended Conventional Deterrence: In From the Cold and Out of the Nuclear Fire," *The Washington Quarterly*, Vol. 17, No. 3 (Summer 1994), pp. 208-214.

39) 이 점은 1990년대 초반에 발발한 걸프전에서 이미 확인되었다. Robert P. Haffa, Jr., "The

빙성을 부여한다고 할 수 있다. 더욱이 구 소련이 소멸한 상황에서 재래식 무기에 의하여 미국에 대항할 만한 세력은 당분간 존재하지 않을 정도로 미국이 압도적인 우위를 유지하고 있다는 점은 재래식 무기에 의하여 핵무기를 대치할 것을 주장하는 논리를 더욱 강화시킨다고 할 수 있다.

다음으로, 탈냉전시대의 미국은 압도적인 핵우위를 갖게 되었다는 점이다. 구 소련이 와해된 이후에 사실상 미국이 핵공격의 직접적인 대상이 된다는 사실은 상상하기 힘들 뿐만 아니라 억지의 대상마저도 불분명하기 때문에 지역적인 분쟁에서 핵무기를 직접적으로 사용한다는 가정은 미국의 주요한 관심사항으로부터 벗어났다.[40] 따라서 핵우산을 제공받는 미국의 동맹국이 재래식 무기에 의하여 침공을 받는 경우에 핵무기로 직접적인 보복을 감행한다는 주장은 신빙성을 잃은 것이라 할 수 있다.

탈냉전시대에 들어서면서 핵억지의 비효율성을 지적하면서 재래식 무기에 의한 억지를 옹호하는 주장과는 달리 핵무기의 효용성을 계속적으로 옹호하는 주장도 있다.[41] 핵우산은 잠재적인 적대국으로 하여금 재래식 전쟁을 도발할 경우에 핵무기의 보복을 받을 가능성을 크게 함으로써 그 결정을 어렵게 만들며, 결과적으로 재래식 전쟁의 발발 가능성을 감소시키는 데 큰 기여를 한다는 냉전적인 시각을 여전히 고수하고 있다. 더욱이 핵우산의 중요성은 핵무기의 확산 방지라는 측면에서 고려될 수 있다. 핵우산을 제공받지 못하는 국가는 잠재적인 적대국에 의한 재래식 전쟁의 도발에 대한 억지수단으로써 핵무기를 보유하려는 시도를 할 것이며, 이러한 상황은 예측하기 어렵지 않은 현상이라는 점이다.

그러나 앞선 분석에서 논의되었듯이 핵우산은 적대국이 명백하게 규정되어

Future of Conventional Deterrence: Strategies and Forces to Underwrite a New World Order," in Gary L. Guertner, Robert P. Haffa, Jr., and George H. Quester (eds.), *Conventional Forces and the Future of Deterrence* (Carlisle Barracks, Pa.: Strategic Studies Institute, U.S. Army War College, 1992), pp. 11-12.

40) Gary L. Guertner, "Deterrence and Conventional Military Forces," *The Washington Quarterly*, Vol. 16, No. 1 (Winter 1993), pp. 149-150.

41) 탈냉전시대에도 핵우산의 중요성을 강조하는 주장은 Keith B. Payne, "Deterrence and U.S. Strategic Force Requirements After the Cold War," *Comparative Strategy*, Vol. 11, No. 3 (July-September, 1992), pp. 269-282 및 George H. Quester and Victor A. Utgoff, "U.S. Arms Reductions and Nuclear Proliferation: The Counterproductive Possibilities," *The Washington Quarterly*, Vol. 16, No. 1 (Winter 1993), pp. 129-140 참조.

있었던 냉전시대에도 그 신뢰성이 충분하게 입증되지 못했는데, 탈냉전시대에도 여전히 같은 식의 논리를 전개한다는 것은 무리가 따를 수밖에 없다. 탈냉전시대의 핵우산이 신뢰성을 회복하기 위해서는 핵억지가 갖고 있는 이론상의 한계점을 극복하는 것이 무엇보다도 중요하다.

억지이론은 잠재적인 적대국을 합리적인 행위자로서 간주하며, 전쟁을 결정함에 있어 경제적 의미의 손익계산을 하는 것으로 가정하고 있다. 억지이론은 추상적 논리에 근거한 이론으로서 인간행동의 합리성, 즉 '죄수들의 딜레마'와 같이 최악의 상황을 회피하는 것을 가정하지만, 때때로 인간이 비합리적으로 행동한다는 것을 부인하기 어렵다. 여기서 비합리성은 두 가지의 형태로 인간의 행동에 개입한다.

그 하나는 정책결정자들은 그들에게 부과된 장애로 인하여 효용극대화 정책을 결정함에 있어 필요한 계산을 하지 못한다는 점이다. 그 장애를 구체적으로 말하면, 평시의 인간적 한계, 위기시의 긴장으로 인한 인식의 한계, 그리고 조직상 및 관료적 정책결정으로 인한 한계 등을 들 수 있다.42) 다른 하나는 효용의 극대화를 추구하는 목표가 문제가 되는 것이 아니라 가치관의 차이에 의한 비합리성 때문에 '치킨게임'이 적용되지 않는다는 점이다. 왜냐하면 짧은 시간에 모든 수단을 현실적으로 고려하기 어려울 뿐만 아니라 그 목표가 합리적으로 설정되었다고 보기 어렵기 때문이다. 양측 모두가 세계관이나 문화의 차이로 인하여 전쟁의 회피를 지고의 가치로 두고 있다고 가정할 수 없기 때문에 완전한 합리성은 이론적으로나 가능한 셈이다.43)

이러한 맥락에서 볼 때, 억지이론의 전개에서 중요한 역할을 하는 게임이론은 현실을 단순화시키고 이상적인 상황을 가정하기 때문에, 그리고 억지이론의 합리성은 이론적 측면에서 약점을 가지고 있기 때문에 국가들의 실제 행동을 적절하게 설명하지 못하는 한계를 지니고 있다. 더욱이 사례연구에 의하면 억지이론은 이론적인 약점 외에도 현실적인 한계성을 내포하고 있다.44)

42) 억지의 합리성과 관련한 정책결정자의 심리적 요인은 대해서는 John D. Steinbruner, *The Cybernetic Theory of Decision* (Princeton, N.J.: Princeton University Press, 1974), pp. 65-71; 관료적 요인에 대해서는 Graham T. Allison, *Essence of Decision: Explaining the Cuban Missile Crisis* (Boston, Mass: Little, Brown and Company, 1971), pp. 5-7 참조.

43) Allan, *op. cit.*, pp. 219-220.

44) Alexander L. George and Richard Smoke, *Deterrence in American Foreign Policy: Theory and*

일반적으로 정책결정자들은 억지이론이 예측하는 것보다 더 위험을 회피하거나 위험을 추구하는 경향을 보이고 있다.45) 다시 말하면, 그들은 국제적 위기의 상황에서 상대방이 물러설 것이라는 기대감에서 전쟁 결정을 감행하는 경우가 있다는 것이다. 그들은 국내외 문제를 해결하기 위하여 상대방에게 도전을 감행할 필요가 있을 때 그 목적이 달성 가능한 것으로 쉽게 판단하는 경향이 있으며, 상대방이 물러나서 자신들의 요구를 수용할 것으로 생각하고 전쟁상태로 돌입하지 않고도 성공적으로 그 상황을 종식시킬 수 있다는 확신을 가질 때도 있다.46) 그들은 심지어 위기가 걷잡을 수 없게 된 나머지 전쟁으로 치닫을지라도 최소한의 비용으로 승리할 것이라는 환상에 사로잡힐 때도 있다.

1973년에 발발한 이집트의 라마단 전쟁 당시 이집트가 이스라엘에 대한 침공을 고려했을 때 사다트는 군사적 조치로 시나이반도를 회복함으로써 1967년의 6일전쟁에서 당했던 치욕을 씻으려는 압박감에 사로잡혔다. 미국의 핵우산을 중심으로 한 이스라엘의 안보망은 이집트에는 제2차적 고려 대상이었기 때문에 이스라엘의 억지능력과는 무관하게 전쟁은 발발하였다. 이러한 점은 군사력에 의한 억지가 전쟁의 발발을 방지하는 요인들 가운데 단지 하나에 불과하다는 것을 시사하고 있다.47)

1950년에 이루어진 중공의 한국전 참전과 1982년에 감행된 아르헨티나의 포클랜드 침공은 국내정치적 필요성이 핵억지라는 외부적 요인을 평가절하한 사례라고 할 수 있다.48) 이처럼 도전자는 자신의 관점에 너무 집중한 나머지 상대방의 필요성, 이해관계 그리고 능력을 심각하게 고려하지 않거나 심지어 종종 왜곡하는 경향을 보인다.

Practice (New York: Columbia University Press, 1974), pp. 534-549.

45) Bruce Bueno de Mesquita, *The War Trap* (New Heaven, N.J.: Yale University Press, 1981), pp. 33-36.

46) Richard N. Lebow, *Between Peace and War: The Nature of International Crisis* (Baltimore, Maryland: The Johns Hopkins University Press, 1981), pp. 57-58.

47) 이집트의 사다트는 국내외의 정치적 압력, 평화적 수단에 의한 목적 달성의 희박성, 그리고 군사균형의 추세에 대한 미래의 불안감 등으로 라마단전쟁을 시도했다. Mohamed Heikal, *The Road to Ramadan* (London, U.K.: William Collins Sons & Co. Ltd., 1975), pp. 204-206.

48) 특히 중공의 경우, '미국이 북한(입술)을 성공적으로 공격하면 중국(치아)은 무방비상태가 된다'는 중국의 고사가 중공이 한국전 참전 결정을 할 때 중요한 변수로 고려되었다는 점이 인용된다. Hao Yufan and Zhai Zhihai, "China's Decision to Enter the Korean War: History Revisited," *The China Quarterly*, Vol. 121 (March 1990), p. 62.

핵전쟁의 위협은 관련된 국가들의 행동을 조심스럽게 만들기 때문에 전쟁의 방지에 결정적인 효과가 있다는 주장이 핵억지이론의 핵심적인 사항임은 잘 알려져 있다. 그러나 이러한 합리성에 기반을 둔 두려움은 핵보유국들 모두에 적용되기 때문에 핵위협을 당하는 국가의 행동을 자제시키는 역할을 하는 것은 당연한 반면, 핵위협을 시도하는 국가도 핵무기 적대국이 핵위협에 굴복하지 않고 저항을 할 경우 쉽게 핵보복에 나서기 어렵게 만드는 기능도 하고 있는 실정이다. 왜냐하면 핵전쟁은 자신들에게도 치명적인 결과를 초래할 것은 명백하기 때문이다. 따라서 만일 핵무기 보유국들 간에 각자 자신들만의 독특한 정치과정이나 문화적 차이를 가지고 있다고 하면 핵억지이론도 그 논리적 타당성을 상실하게 될 수밖에 없다.

핵억지이론이 갖는 이러한 한계점은 핵우산의 경우에도 그대로 적용되며, 이러한 시각은 핵우산의 신뢰성을 약화시키고 비핵국가들에 핵확산의 동기를 부여하게 된다. 이러한 맥락에서 핵우산의 대안으로 재래식 무기의 증강을 통한 억지책 등 핵우산을 제공받는 국가들이 느끼는 재래식 전쟁의 발발 가능성을 감소시키는 방안이 모색될 필요가 있다. 재래식 무기의 증강은 오히려 해당 지역의 군비경쟁을 초래할 가능성을 높일 수 있다는 지적이 있지만, 현실주의적 시각에서 보면 안보의 극대화를 위한 핵무기 보유 의욕을 상쇄하기 위한 방안으로써 재래식 무기의 증강 논의는 다시 대두될 수 있다.

탈냉전의 국제체제 변모와 재래식 무기 능력의 엄청난 증가는 냉전시대의 군비경쟁과는 전혀 다른 성격을 갖게 된다. 따라서 냉전시대에도 이론적으로 약점을 가지고 있었던 핵우산을 탈냉전시대에도 그대로 적용한다는 것은 핵확산의 방지와 재래식 전쟁의 발발 가능성을 줄인다는 본래의 의도와는 상반된 결과를 가져올 수 있다.

제5장 핵비확산체제의 지속 가능성: 구조적 한계와 극복방안을 중심으로*

Ⅰ. 서 론

핵무기 확산의 방지를 주요한 목적으로 하는 핵비확산체제가 심각한 어려움에 직면하고 있다. 북한과 이란의 핵무기 계획은 핵비확산체제가 가지고 있는 약점을 심각하게 노출시켰다. 만약 그 약점이 적절하게 치료되지 않을 경우 핵비확산체제는 그 설립목적을 달성하기 힘든 상황에 놓이게 될 수 있다.[1]

핵비확산조약(NPT: Nuclear Nonproliferation Treaty)으로부터 탈퇴하여 핵무기 실험을 감행한 첫 번째 국가는 북한으로, 이러한 상황은 핵비확산체제의 명백한 실패를 보여준 사례였다. 비록 이란은 핵비확산체제의 회원국 신분을 유지하고 있지만 핵무기 야망을 추구하면서 비확산 의무 조항을 위반하고 있다. 북한과 이란의 사례들은 핵비확산체제의 취약성과 이행능력 부족을 적절하게 보여주고 있다. 그렇지만 이보다 더 중요하게 고려해야 할 것은 이들 국가의 주변 적대국들은 그러한 핵무기 능력을 상쇄시키기 위하여 같은 수준과 종류의 능력을 추구해야 할 압력에 직면하고 있다는 점이다. 더욱이 이들 국가도 핵무기 보유가 제공하는 지위와 협상능력의 가치를 높게 인식하고 있다는 점은 국제사회의 우려를 증폭시키고 있다. 이러한 요인들이 확산될 경우, 핵무기 국가의 새로운 등장을 막기 위한 효율적인 장벽으로써 고려되는 핵비확산체제는 그 종식을 앞당기게 될 것임은 부인하기 어렵다.

핵무기나 잠재적인 핵무기 능력을 보유하는 국가들의 수가 늘어나는 상황

* 이 논문은 2010년도 국방대학교 안보문제연구소 안보학술진흥사업 과제비 지원에 의한 것임.
1) Simpson, et. al. (2010), pp. 5-6.

은 국제적 안보에 바람직하지 않을 뿐만 아니라 치명적인 결과를 낳을 수가 있다. 핵무기 테러의 위험성이 증가할 수 있으며, 중동지역과 동북아시아는 최악의 비극적인 상황을 맞이할 수도 있다. 북한과 이란의 핵무기 계획을 포기시키기 위한 국제사회의 노력은 핵비확산체제의 성공적인 순항을 위해서뿐만 아니라, 파국으로 나아갈 수 있는 핵무기 경쟁을 막기 위한 중요한 계기가 될 수 있다.

이 논문은 핵비확산체제의 약화를 초래한 원인을 구조적 관점에서 파악하고, 그 해결방안을 모색함에 그 목적이 있다. 구체적으로 말하면, 그 원인으로서 핵비확산체제의 모호성과 한계, 그리고 핵비확산체제 규정의 이행과 관련한 허약성이 지적될 수 있다. 그리고 그 해결방안으로서 미국의 리더십 강화, 국제원자력기구의 능력 강화 및 비핵국가들의 좌절감 해소 등의 방안이 제시될 수 있다.

Ⅱ. 핵비확산체제의 기원과 역할

핵비확산체제는 다음과 같은 요소들로서 구성되어 있다. 핵비확산조약, 국제원자력기구(IAEA: International Atomic Energy Agency) 안전체계, 핵공급국 그룹(Nuclear Suppliers Group)과 같은 수출통제기구, 유엔 안보리 결의안, 확산방지구상(PSI: Proliferation Security Initiative)과 같은 다자 및 양자조약들, 그리고 공급국들과 구매국들 간의 양자적인 핵협력조약이 그것이며, 더욱이 그 체제는 각종의 동맹 및 안보조약에 의해 지지를 받고 있다.[2)]

이러한 요소들 가운데 핵비확산조약은 그 체제의 주춧돌 역할을 하고 있다. 이 조약은 1950년대와 60년대를 거치면서 핵무기 확산의 위험성에 대한 우려감에 그 기원을 두고 있고, 1968년에 체결되어 1970년에 발효되었으며, 그리고 핵국가들과 비핵국가들의 안보적 이해를 동시해 반영했다.[3)]

이 조약의 제1조는 핵무기 국가들은 어떠한 국가에도 핵무기 이전을 할 수 없으며, 직접적이거나 간접적으로라도 다른 국가의 핵무기 개발을 지원할 수 없도록 규정하고 있다. 제2조에 의하면 비핵국가들은 핵무기를 획득하거나 제조를 추구해서는 안된다는 것을 동의하고 있다. 게다가 제3조는 각각의 비핵국가들이 국제원자력기구와의 개별 협정을 통하여 비확산 의무 준수를 검증받도록

2) Wing (2007), pp. 4-5.
3) 이수석 (2009), 83-85면.

요구하고 있다. 그 대신 제4조는 평화적인 핵에너지에 관한 규정을 담고 있으며, 평화적인 핵에너지 이용권은 조약 당사국의 양도할 수 없는 권리로서 인정하고 있다. 그리고 제6조에 의하면 조약의 당사국들은 빠른 시간 내에 핵무기 군비경쟁을 종식하고 나아가 국제적인 엄격한 통제 하에 핵무기를 철폐하기 위한 효과적인 수단과 관련하여 성실하게 협상에 임하도록 요구하고 있다. 제10조는 탈퇴조항으로서 조약 당사국은 3개월간의 사전 통고기간을 거치면 탈퇴가 가능하도록 규정하고 있다.[4)]

핵비확산조약이 체결되기 이전에 핵무기를 보유했던 5개국, 즉 미국, 소련(러시아), 영국, 프랑스 그리고 중국은 핵무기 개발과 획득 및 보유권을 인정받았고, 3개국, 즉 인도, 파키스탄, 그리고 이스라엘은 조약 당사국이 된 적이 없으면서 핵국가가 된 사례들이며, 북한은 비핵국가로서 그 조약에 가담하여 2003년에 탈퇴하고 2006년과 2009년에 핵무기 실험을 한 유일한 국가이다.

핵비확산체제는 핵무기 확산의 속도를 지연시킴으로써 국제적 안보를 증진시키는 데 큰 기여를 했다.[5)] 미국의 원자탄이 1945년에 탄생한 이후 20년만에 소련, 영국, 프랑스, 그리고 중국 등 핵무기 보유국의 수가 5개로 늘어났다. 그러한 추세가 지속될 경우 핵국가의 수는 급증할 것으로 예상되었다. 1960년대 초반 당시에 미국의 케네디 대통령은 10여년 후, 즉 1970년대 초반에는 핵무기 보유국의 수가 15 내지 20개에 달할 것이라고 예견했다. 그러나 그 당시에는 핵국가의 수가 더 이상 증가하지 않았으며, 현 시점에서도 9개국에 불과하며, 케네디 대통령의 1970년대 초반 상황 예견과도 비교해 볼 때, 그 수는 절반에도 못 미치고 있다.

핵비확산조약이 등장한 이후 몇 가지 중요한 비확산 성공사례가 있었다.[6)] 제1차 걸프전과 그 이후에 이루어진 유엔 안보리의 조사 및 제재조치는 사담 후세인의 이라크가 비밀리에 추진 중이었던 핵무기 개발 계획을 효과적으로 막았다. 소련의 붕괴 이후에 자연스럽게 핵무기 승계국이 되었던 벨라루스, 카자흐스탄 그리고 우크라이나는 핵무기 파괴에 동의하고 핵비확산조약에 가담한 사례들이다. 그리고 남아프리카공화국은 인종차별정책의 말기에 핵무기의 비밀계

4) 이정희 (2008), 174-178면.
5) 조동준 (2011), 68-70면.
6) Katz (2008), pp. 427-428.

획을 포기하고 핵비확산조약에 가입했다. 한편 2003년에는 미국의 이라크전쟁 개전 직후에 이루어진 수천 기의 원심분리기가 선적된 선박의 나포 이후 리비아는 대량살상무기 개발 계획을 포기했다. 이러한 사례들 외에도 많은 국가들이 핵무기 개발 능력을 보유했음에도 불구하고 그 개발을 자제했으며, 특히 이들 국가 가운데에는 핵무기 개발 계획을 심각하게 고려했거나 심지어 행동을 개시한 국가들도 있었다.

핵무기를 추구하지 않겠다는 결정을 내리거나 혹은 핵무기를 폐기하거나 아니면 그 개발 계획을 포기한 결정을 내린 국가들은 어떠한 이유를 가지고 있을까? 다양한 관점에서 논의가 전개될 수 있을 것이다. 냉전기간 중에는 미국과 소련이 강요한 핵 자제, 직접적 개입 및 개입의 위협, 국내정치적 변화, 그리고 미국의 핵무기가 제공한 핵억지 등이 그것이다.

그렇지만 핵비확산체제도 중요한 역할을 했다고 할 수 있다. 그 체제는 핵무기 확산의 심화는 모든 국가의 안보에 위해가 된다는 규범을 공유시킴으로써 법적인 규제의 필요성을 높이는 데 기여했다. 국제원자력기구, 유엔 안보리 그리고 수출통제체제 등은 이러한 믿음을 확신시키는 수단으로서 작용했다. 한편 각 국가들이 그 체제의 모호성과 약점을 이용하거나 자신의 비밀 핵무기 계획을 은폐하려는 시도는 충분하게 예측할 수 있기 때문에 이를 방지하기 위한 방안의 모색이 그 체제의 효율성 증진에 더없이 중요하게 부각된다고 할 수 있다. 나아가 그 체제는 내재적이며 구조적인 한계점을 보유하고 있으며, 규정 미준수국에 대한 응징능력의 미비와 결여는 반드시 극복되어야 할 사안으로 보인다.

Ⅲ. 핵비확산체제의 약점과 도전

핵비확산조약이 발효된 지 40여년이 지난 현 시점에서 볼 때, 핵비확산체제는 많은 변화를 겪었다. 핵 관련 물질을 수출하는 국가들이 거래의 제한을 조정하기 위하여 1974년에 결성한 비공식적인 단체인 핵공급국 그룹과 미국의 주도하에 대량살상무기와 관련된 물질과 기술의 이전과 통행을 차단하고 방지할 목적으로 2003년에 결성된 것으로서 조약에 의존하지 않은 자발적 집단인 확산방지구상이 그 대표적인 사례들이다. 그럼에도 불구하고 그 체제는 핵무기 보유국들과 비보유국들 간의 격차, 내적인 약점, 그리고 규정 준수의 강행에 대한 많은 국가들의 의지력 결핍 등의 어려움에 직면하고 있다.

첫째, 농축과 재처리 확산이 그것이다. 미국이 원자탄을 개발한 1940년대 이후 농축과 재처리 확산에 대한 우려는 제기되었다. 그렇지만 핵분열 물질의 생산은 고비용을 요구할 뿐만 아니라 핵무기 제조가 어렵고 복잡한 과정을 거쳐야 한다는 점은 그 때나 지금이나 여전히 유효한 것으로 이해되고 있다. 농축과 재처리는 탐지하기 어렵기 때문에 비밀 계획으로 진행될 가능성이 크다. 게다가 핵비확산조약 제4조를 광의로 해석할 경우 농축과 재처리는 허용된다고 주장하는 국가들도 있다.

이러한 위험성은 핵비확산체제의 생존 가능성에 대한 주요한 위협으로서 등장했다. 파키스탄의 칸(A.Q. Kahn) 박사의 도움으로 비밀리에 농축 및 재처리 계획을 추진한 국가들도 있으며, 이들 국가 가운데는 이란, 리비아, 북한 등이 있다.[7)]

북한은 사용후 핵연료 재처리 계획을 개발한 이후 2003년에 핵비확산조약을 탈퇴하고 핵실험을 감행했다. 재처리 계획은 핵무기용 핵분열 물질의 생산을 가능하게 하기에 충분했다. 한편 이란도 우라늄 농축에 돌입했다. 농축기술도 재처리 계획과 함께 핵무기용 핵분열 물질을 생산하는 또 다른 방법이다. 이란도 초기에는 비밀리에 그 개발에 착수하다가 현 시점에는 비확산 의무조항과 유엔 안보리 결의안을 무시하고 공개적으로 진행하고 있다. 2009년 9월에는 이란의 비밀 농축 지점이 추가적으로 드러나기도 했는데, 이러한 사실은 이란의 의도와 능력을 보여 주기에 충분했다. 그 시설은 이란 혁명수비대 부대의 지하에 위치한 것으로 이란은 핵발전소의 연료 생산을 위한 것이라고 주장하지만 그 규모를 볼 때 핵무기용 핵분열 물질의 생산을 위한 것임에 틀림이 없었다. 이러한 맥락에서 볼 때, 이란은 1년 내에 짧게는 심지어 6개월 내에도 핵무기 생산이 가능한 것으로 보였다. 북한과 이란은 자신의 영토 내에서 재처리와 농축 기술을 통한 핵무기 개발을 도모했다는 점은 주목을 받을 만하다.[8)]

7) 칸 박사는 1970년대 유럽의 농축회사에서 근무하면서 원심분리기 농축 디자인을 훔쳐서 파키스탄의 핵무기 개발에 공헌했을 뿐만 아니라 국제적인 암시장 네트워크를 형성하여 이란, 리비아, 그리고 북한에 핵무기 개발과 관련한 계획과 장비를 판매한 사람으로 잘 알려져 있다. Albright and Hinderstein (2005), pp. 111-112.

8) 북한과 이란의 핵무기 개발 계획과 관련한 역사적 전개과정은 Carrel-Billard and Wing (2010), pp. 28-39 참조.

북한과 이란의 핵무기 개발 계획은 재처리와 농축의 위험성을 강조하기에 충분하다. 특히 중동지역의 몇몇 국가들이 핵에너지 계획을 추진하고 있다는 점에서 그 계획이 핵무기 개발 계획으로 변질될 가능성이 항상 존재한다는 점은 매우 우려할 만하다. 많은 국가들이 평화적 핵 계획을 선언하면서 핵원자로 연료 생산의 명분으로 농축 및 재처리 개발을 공개적으로 시도할 가능성이 매우 높은 것이 사실이다. 국제원자력기구의 규정 내에서 이들 국가는 잠재적 핵국가가 되는 셈이다.

이와 관련하여 제기되는 또 다른 우려는 다른 나라 혹은 비국가행위자들의 지원 하에 비밀리에 농축 및 재처리 능력을 확보하려는 국가들이 나타날 수 있다는 점이다. 핵비확산조약 제4조는 평화적인 핵 계획을 허용하는데, 비핵국가들이 이러한 허점을 이용할 경우 핵비확산체제는 큰 위험에 직면하게 된다.

새로운 농축 계획에 관심을 가지고 있거나 아니면 그러한 방향으로 나아가고 있는 국가들이 있다. 예를 들면, 남아프리카공화국은 천연우라늄 공급국가로서 농축에 관심이 많으며, 적어도 그 여지를 남겨 놓았다. 그러나 그 가운데 대부분의 국가들은 핵무기 개발로 나아갈 것 같지 않다. 그렇지만 농축과 재처리 기술의 확산에 대한 위험성은 항상 고려될 필요가 있는 것도 사실이다. 따라서 의심스럽고 불투명한 의도를 가진 국가들에 이러한 기술이 확산되는 것을 방지하는 국제적 노력도 이루어질 필요가 있다. 이를 위해 연료의 안정적 공급 보장이나 농축 및 재처리의 국제적인 시설 확보 방안이 제시될 수 있지만 강제하는 수단이 결핍된 경우 그 실효성은 크게 줄어들 것이다.

둘째, 비확산규정의 준수 거부와 처벌과 관련된 것이다. 북한과 이란의 사례가 보여 주듯이 비확산 규정의 의무 위반을 탐지하거나 강요하는 수단과 의지가 결여되어 있는 점이 큰 문제로서 제기되고 있다. 예를 들면, 이란의 경우 2002년 이란의 반체제단체가 비밀 농축 계획을 폭로한 이후 유엔 안보리가 행동하기까지 약 4년이 소요되었다는 점은 핵비확산체제에 큰 허점이 있다는 것을 여실히 보여 주었다. 이 기간 동안 이란은 그 사실을 은폐하고 유엔 안보리의 강행 의지를 지연시키거나 방해하기도 했다. 2006년 이후에 유엔 안보리가 이란에 대하여 5번의 결의안을 채택했는데, 이란에 대한 제재조치는 단 3번에 불과할 정도로 어려움에 직면했다. 더욱이 이란은 그 결의안을 무시하고 농축 계획을 확장하여 20%까지 상향 조정했으며, 이는 저농축 우라늄의 수준을 훨씬 초과한 것이었다. 이란은 특정한 지점에 대한 정보 제공을 거부하기도 했다. 게다가 더욱 개탄스러운 것은 이란의 이러한 행동은 제재를 받고 있지 않다는 점이다. 핵비확산체제가 생존하기 위해서는 조약 당사국이 그 의무조항을 위반했을 경우 신속하고 분명한 응징이 있어야 하는데, 중국과 러시아가 친이란 노선을 걷고 있는 관계로 유엔 안보리의 단결된 행동도 어려울 뿐만 아니라 이란도 석유 생산국으로서 국제사회가 무시하기 어려운 관계로 이란에 대한 제재에 동참하는 국가들은 많지 않으며, 심지어 이에 동조하는 국가들마저도 적극성이 결여되어 있는 실정이다.

셋째, 지역적 확산 우려가 그것이다. 핵무기 확산은 지역적 및 국제적 안보를 위태롭게 한다는 점에서 핵국가들의 수가 늘어나면 그로 인하여 안보위협을 받는 국가들이 늘어나고 이들 국가는 그 능력을 상쇄시킬 능력 개발을 강요받게 마련이다. 이 점은 북한과 이란의 핵무기 개발을 저지하고자 하는 국제사회의 논리적 근거로 작용하고 있다. 이른바 '핵 도미노' 현상이 그것이다.[9]

그럼에도 불구하고 북한의 핵무기 개발은 미국과의 강력한 동맹관계로 인하여 일본과 남한의 핵무기 개발로는 아직까지는 이어지지 않고 있다. 특히 일본의 경우, 북한의 핵무기 개발이 자신들의 핵무기 보유와 관련하여 공론의 장을 제공한 것은 사실이지만, 그것이 실행되는 것은 별개의 문제라고 할 수 있다. 일본의 핵무기 보유가 자신의 안보 강화에 도움이 되는 이득보다는 지불해야 할 국내적 및 국제적 비용이 훨씬 더 커다는 점이 지적되고 있다.[10] 그렇지만 북한의 핵무기 보유량이 증가하거나 아니면 점점 호전성을 띨 경우 그 상황은 바뀔 수 있다.

그러나 중동지역은 다소 상이하다. 이란의 핵무기 개발이나 잠재적 핵국가로서의 능력 확보는 중동지역의 세력균형에 근본적인 변화를 가져올 것이며 그 능력에 대항할 수 있는 상쇄 능력을 추구하게 될 것으로 보인다. 터키, 아랍에미리트, 바레인, 사우디아라비아, 무바라크의 이집트 그리고 카다피의 리비아 등은 핵발전소 시설에 대한 큰 관심을 보였으며, 이들 가운데 대부분의 국가는 석유 및 가스 자원이 충분하다. 이러한 점은 이들 국가가 단지 핵에너지 확보 차원에서 발전소 시설에 관심을 표명하고 있지 않다는 것을 암시하고 있다. 이

9) Wolfsthal (2003), pp. 173-175.
10) Tamamoto (2009), pp. 69-70.

란의 행동이 이들 국가의 핵에너지 관심을 증폭시켰다고 볼 때, 중동지역의 핵무기 군비 경쟁에 대한 우려는 충분하게 관심을 가질 만하다. 이란이 농축에 있어 큰 진전을 보일 경우, 이들 국가도 그 뒤를 따를 가능성이 크다고 할 수 있다. 그 노선은 먼저 핵발전소를 건립하여 농축과 재처리의 가능성을 열어 놓은 다음에 핵무기 개발 가능성을 열어 놓은 상태로 농축과 재처리에 진입한다는 것이다. 이렇게 되면 중동지역은 냉전시대의 미국과 소련이 보여 주었던 핵무기를 통한 억지에 의한 안정보다는 오산과 갈등에 의한 불안정이 더 크게 부각되는 지역으로 변모할 가능성이 커다.

넷째, 핵에너지를 둘러싼 갈등이 그것이다. 핵에너지는 현재 전 세계 전력량의 약 15%를 담당하고 있다. 핵에너지 옹호론자들은 다양한 에너지 원료에 대한 욕구와 무탄소 에너지 원료로서 원자력이 갖는 이점으로 인하여 2050년에는 핵에너지에 대한 수요가 현재보다 약 2배가 늘어날 것이라고 보고 있다.[11] 이러한 연장선에서 농축과 재처리를 제한하는 핵비확산체제에 대하여 소극적이거나 심지어 적대감을 보이는 국가들도 있다. 이러한 주장은 더 나아가서 농축과 재처리는 자유스럽게 아무런 견제를 받지 않고 이루어져야 한다는 점에서 이른바 '핵 르네상스'의 논리를 대변하고 있다.

그러나 경제적인 관점에서 볼 때, 이러한 논리는 그 실현 가능성이 매우 낮다고 할 수 있다. 핵원자로의 건설은 고비용이고 완공시까지 약 10여년의 기간이 필요하며, 특수한 물질, 기술 그리고 고도로 숙련된 전문가들이 요구되기 때문이다. 게다가 안전과 확산의 우려도 해결되어야 할 과제로 남는다. 이렇게 보면 핵원자로 연료를 위한 농축의 경제적 정당성은 확보하기 힘든 실정이다. 따라서 현 시점에서 국내적 농축 능력의 필요성은 10기 정도의 핵원자로를 가동하고 있는 국가에만 경제적으로 의미가 있는 것으로 판단하는 것이 적절한 표현일 수 있다. 이러한 맥락에서 볼 때, 이란은 현재 1기 원자로를 갖고 있고, 그마저도 충분하게 가동되고 있지도 않으며, 그리고 그 원료 공급은 러시아가 보장하고 있는 상황에서[12] 농축 계획을 추진한다는 것은 경제적인 측면에서 설명

11) Squasson (2009), p. 1.

12) 사실상 핵연료 공급을 위한 국제적 시장은 6개국, 즉 프랑스, 독일, 네덜란드, 러시아, 영국 그리고 미국이 사실상 주도하고 있다. 이들 외의 국가로서 벨기에, 이탈리아, 그리고 스페인은 프랑스와 공동으로 참여하고 있으며 브라질, 중국, 그리고 일본은 자신들의 국내시장용으로 농축시설을 운영하고 있다. Ferguson (2007), p. 16

하기 어렵다.

그럼에도 불구하고 농축과 재처리를 통한 핵연료 확보를 주장하는 국가들의 행동이 이루어지고 있다는 점은 어떻게 볼 수 있는가? 이러한 의문점은 농축과 재처리에 관한 논의가 경제적 영역을 벗어나 정치적 측면까지 고려될 필요성이 있다는 점을 시사하고 있다. 이들 국가에 핵연료의 향후 공급에 대한 정치적 확신을 제공하는 것이 급선무일 것이며, 그럼에도 불구하고 농축과 재처리에 관심을 보인다면 적절한 응징의 수단을 밟는 것이 국제사회의 정당성을 확보하는 수순일 것으로 보인다.

마지막으로 다섯째, 비확산과 핵무기 철폐가 그것이다. 5년마다 개최되는 핵비확산조약 검토회의와 같은 공식적인 국제회의에서 드러나는 비핵국가들의 주장은 다음과 같다. 이들 비핵국가들은 핵국가들이 자신들의 군비축소와 핵무기 철폐에 대한 진전을 이루지 않고 오히려 비핵국가들의 비확산 의무 조항을 강요하고 있다는 점을 강조하고 있다. 핵비확산조약은 핵국가들과 비핵국가들 간에 이루어진 협상의 산물이었다는 점에서 핵국가들, 특히 미국이 핵무기 철폐를 위한 구체적 단계를 제시하고 이를 추진할 경우 국제적인 비확산 추세는 크게 줄어들 것이라는 점이 그것이다. 특히 농축과 재처리 기술의 확산을 방지하고자 하는 핵국가들의 주장은 핵연료 확보을 위한 비핵국가들의 권리를 제한하려는 시도라고 비핵국가들은 반박하고 있으며, 이란은 이러한 측면을 강조하고 있다.[13)]

핵비확산체제를 둘러싼 갈등은 크게 논쟁적일 필요가 없을 지도 모른다. 핵비확산조약의 등장 배경을 살펴보면, 핵무기 확산의 방지에 그 체제의 존속이유가 있기 때문이다. 이 조약의 제4조는 핵에너지에 대한 비핵국가들의 평화적 이용권을 이 조약의 비확산 규정과 취지의 하위개념으로 규정하고 있다. 더욱이 국제원자력기구의 안전조치들이 갖는 취지는 핵 에너지가 평화적 이용으로부터 군사무기화되는 것을 방지하기 위하여 의무를 충족시키고 있는 지를 검증하는 데 그 목적이 있기 때문에 그 안전조치들이 그 의무에 대한 특정 국가의 준수 여부를 확증할 수 없을 경우에는 그 안전조치들이 더욱 개선되든지 아니면 의심스러운 활동이 중지되는 것이 자연스러운 논리적 귀결로서 보인다.

---

13) Ford (2009), pp. 2-3.

핵비확산체제의 강화는 핵국가들뿐만 아니라 비핵국가들의 국가이익에도 장기적인 관점에서 볼 때 바람직하다는 주장도 큰 무리가 없어 보인다. 핵무기의 확산은 비핵국가들의 안보를 더욱 위태롭게 할 수 있기 때문이다. 비핵국가들은 자신들만으로는 핵억지력을 갖출 수 없으며, 단지 핵국가들이 제공하는 핵우산에 의해서만 그러한 억지력은 가능하다고 할 수 있다. 그리고 현 시점에서 볼 때, 의미 있는 핵우산 제공국은 미국만이 될 것으로 보인다. 게다가 지역적인 핵무기 경쟁을 막을 수 있는 방안은 어디에서 찾을 수 있을 것인가? 비핵국가들도 핵비확산체제의 강화에 더 많은 관심을 가져야 하는 이유가 여기에 있다고 할 수 있다.

핵비확산조약 제6조는 그 조약의 모든 가담국들은 핵무기 경쟁의 종식과 핵무기 철폐를 위한 조치들을 마련하기 위한 협상에 성실하게 나설 것을 요구하고 있다. 미국과 러시아는 핵무기 경쟁을 중지했으며, 그 감축 정도는 핵비확산조약의 최초 설립자들도 놀라게 할 정도로 크다고 할 수 있다. 미국의 레이건 대통령과 소련의 고르바초프 대통령이 1987년에 핵무기 감축조약에 서명한 이후 미·러 간의 핵무기 보유량은 현격하게 줄어들고 있으며, 미국의 오바마 행정부도 2010년 4월에 러시아와 새로운 조약을 체결함으로써 그 감축의 폭과 속도는 무척 빠르고 거대하게 진행되고 있다.[14)]

그렇지만 미·러 양국 간에 이루어지고 있는 이러한 핵무기 감축 추세와는 달리 핵비확산조약 가담국인 중국과 비가담국인 인도와 파키스탄은 자신들의 핵무기의 능력을 늘리고 있는 실정이다. 더욱 우려할 만한 점은 이들 국가의 행동은 핵무기 능력 개발에 대한 주변국가들, 특히 동아시아의 국가들이 지금까지 보여 주었던 자제력에 변화를 줄 여지가 많다는 것이다.

그렇다면 핵국가들, 특히 미국의 핵무기 능력 감축은 세계적인 핵확산의 방지에 어떠한 연관성이 있는가? 긍정적인가, 부정적인가, 아니면 아무런 관련성이 없는가? 북한과 이란의 핵무기 개발 계획은 미국과 러시아의 핵무기 감축이 획기적으로 진행되고 있는 시점에서 나왔다는 점에서 볼 때, 미국의 핵무기 능력 수준과 잠재적인 핵무기 보유국들 간의 관계는 긍정적이지 않다는 주장

---

14) 전세계 핵탄두는 1986년에 74,452개로 정점을 찍은 이후 2010년에는 22,395개로 점점 감축되는 추세를 보이고 있다. 그 가운데 95% 이상은 미국과 러시아가 보유하고 있는 실정이다. Norris and Kristensen (2010), pp. 81-82.

이 더 현실감이 있게 들린다. 더구나 미국의 핵무기 감축은 중국, 인도 그리고 파키스탄의 핵무기 능력 감축과는 무관하며, 오히려 부정적인 영향을 미친 셈이다.15)

미국의 핵무기 능력을 다른 국가들과 질적인 면에서 비교한다는 것은 사실상 무리이며, 차원이 다른 문제일 수 있다. 미국의 우월한 핵무기 능력은 핵무기 개발로 나아갈 수 있는 국가들에 명시적이거나 묵시적인 핵우산을 제공함으로써 이들 국가의 핵확산 대열 동참을 막았다는 점은 다소 역설적이다. 이러한 상황은 미국의 핵무기 능력의 독자적 감축이나 핵전략의 변화 시점에는 핵무기 개발에 대한 이들 국가의 태도 변화는 항상 있을 수 있다는 점을 함축하고 있다.

그렇다면 핵무기 확산으로 인하여 새로운 핵국가들이 등장할 경우, 이러한 상황은 기존의 핵국가들이 보유하고 있는 핵무기 능력에 어떠한 영향을 미칠 것인가? 이 경우에도 핵국가들 간의 핵무기 철폐 등 획기적인 정책의 변화는 그 실현 가능성이 미약하다고 할 수 있다. 핵국가들 간의 핵무기 철폐 문제는 지역적이고 국제적인 안보 문제에 대한 포괄적인 해결책 제시와 검증 문제의 해결이라는 난제들이 해결되고 난 이후에야 비로소 가능하기 때문이다. 오히려 북한과 이란과 같은 국가들이 핵국가로 등장할 경우에는 이들 국가는 지역적인 안보를 불안정하게 하고 미국의 핵우산 신뢰성을 약화시키며, 그리고 핵비확산체제의 실패를 상징적으로 보여주기 때문에 핵무기 철폐와 같은 문제는 더욱 풀기 어려운 과제로 남게 된다.

Ⅳ. 핵비확산체제의 강화 방안

핵비확산체제의 약화를 초래하는 요인들에 대한 분석은 그 체제의 생존 가능성에 대한 부정적 시각을 보여주는 측면이 있는 동시에 그 체제의 강화 방안도 동시에 함축하고 있는 긍정적인 측면도 함께 보여주는 양면성을 가지고 있다.

첫째, 핵비확산체제 강화를 위한 미국의 역할을 들 수 있다. 오바마 대통령은 2009년 4월의 프라하 연설과 2009년 9월의 유엔 연설에서 미국의 비확산정책과 핵무기 철폐에 대한 단초를 제공했다. 그것은 핵무기가 없는 세계의 추구이고, 그 핵심은 다른 국가들이 핵무기를 보유하는 한 미국도 보유할 것이며, 그

15) Clarke (2010), pp. 103-104.

리고 핵무기 철폐는 자신의 생전에는 실현되기 어려울 것이라는 내용이었다. 그 후속 조치들로서 미국은 2010년 4월 러시아와 전략무기감축협정에 서명하고 포괄적 핵실험금지조약(CTBT: Comprehensive Test Ban Treaty)의 상원 인준을 얻기 위한 노력에 착수했으며, 그리고 핵물질감축조약(FMCT: Fissile Material Cutoff Treaty)을 위한 국제적 협상에 돌입했다. 게다가 미국은 국제사찰의 강화, 비확산 의무 규정의 이행, 그리고 연료은행과 같은 민간의 국제협력에 대한 의견을 제시했다. 핵테러를 방지하기 위한 조치로써 4년 내에 모든 취약한 핵물질을 안전하게 보관할 것이라고 선언하고, 2010년 4월에 제1차 핵안보정상회의를 미국에서 개최한 것도 이러한 맥락에서 이해될 수 있다.[16)]

오바마 대통령의 주도 하에 유엔 안보리는 2009년 9월에 결의안 제1887호를 통과시켰는데, 그것은 군비통제, 핵무기 철폐 그리고 비확산에 관한 것이었다. 특히 비확산과 관련하여 그 결의안은 국제원자력기구의 사찰 능력과 권위의 확대를 강조했고, 핵비확산조약의 탈퇴 규정에 대한 언급도 했지만 구체성이 부족한 한계점을 보여 주었다.

핵비확산체제의 강화를 위한 국제적 노력이 성공을 거두기 위해서는 적어도 미국의 강력한 리더십과 영향력은 필수적이라는 점은 부인하기 어렵다. 현 시점에서 볼 때, 핵비확산체제와 관련된 미국의 외교적 전략은 간접적이며 완곡한 성격을 보이고 있으며, 향후 구체적이고 보다 구속력이 있는 비확산 조치들이 필요한 시점이라는 주장도 나오고 있다. 특히 이란의 경우, 경제제재만으로는 불충분하며 군사적 개입의 필요성을 주장하는 강경파의 논리도 점점 위력을 더하고 있다.[17)] 핵무기 확산의 추세가 지속될 경우, 그 해당 국가들은 안보적 및 경제적인 측면에서 야기되는 부정적인 여파를 감당할 필요가 있다는 점을 강조할 필요성이 있기 때문이다.

둘째, 북한과 이란의 핵 개발 영향이 최소화되도록 노력해야 한다는 점이 지적될 수 있다. 북한과 이란의 사례들이 핵비확산체제에 미치는 부정적 영향을 최소화하기 위한 미국의 정책은 다음과 같은 두 가지 원칙에 입각할 필요가 있다. 먼저, 핵무기 개발이 완료된 이후에 그 무기를 포기하게 하기 위한 협상을 하는 것보다는 그 이전에 핵무기 획득을 방지하는 것이 더 쉬우며 안전하다

16) 김영호 (2010), 64-65면.
17) Lindsay and Takeyh (2010), pp. 45-47.

는 점이다. 그에 앞서 핵비확산체제의 규정과 처벌에 대한 조항을 강화할 필요가 있으며, 이는 향후 발생할 수 있는 비확산 위기 상황에 대처하기 위한 방안일 수 있다. 다음으로, 북한과 이란의 사례들이 비핵국가들에게 현재 자신들이 행하고 있는 핵무기 개발 자제보다 덜 매력적으로 보이도록 해야 한다는 점이다. 대량살상무기 개발의 포기 대가로 국제사회로의 재진입의 모범 사례로 여겨지는 리비아 모델은 중요한 전례로서 작용될 수 있다.[18] 북한과 이란, 그리고 다른 나라들이 리비아 모델을 받아들일 가능성을 높이기 위해서는 이들 국가가 자신들의 핵무기 개발 계획에 대하여 지불해야 될 비용을 대폭 상승시킬 필요가 있다. 따라서 단지 경제적 제재에 의존한 전략보다는 보다 군사적 위협까지도 내재된 처벌조항을 담고 있는 구체화된 외교적 억지력의 행사가 요구되고 있다.[19]

셋째, 농축과 재처리 기술 전파의 제한과 관련된 것이다. 농축과 재처리 기술의 유포를 막는 데 어려움을 겪을 수밖에 없다면 이는 핵비확산체제의 약화와 직접적으로 연관된다는 것을 의미한다. 미국은 농축과 재처리 능력이 없는 국가들에게 그 장비나 기술을 구입하는 대신에 핵연료에 대한 경제적이고 신뢰성이 있는 접근을 보장하는 방향으로 정책을 추구해 왔다. 그러나 미국의 이러한 정책은 2008년에 천연 우라늄 매장량을 보유하면서 우라늄 생산뿐만 아니라 농축의 권리도 보유하고자 하는 비핵국가들로부터 비판을 받았다. 캐나다가 그러한 국가였다.

따라서 미국은 어떠한 국가가 농축 및 재처리 관련 시설, 장비 그리고 기술을 공급국들로부터 받을 수 있는지를 결정할 필요성을 절감했다. 농축과 재처리 기술의 전파를 제한하는 최선의 방안은 군사적이거나 아니면 불확실한 의도를 가진 국가들에게 그 이전을 방지하는 것이다. 그러나 문제는 그 기준선을 어떻게 획정하는가에 있다.[20]

미국의 부시 행정부는 2008년에 핵공급국그룹에 그 기준을 제안했으며, 그 안의 핵심은 농축과 재처리 시설, 장비, 그리고 기술을 이전받기 위해서는 해당

18) Bahgat (2005), pp. 3-5. 그렇지만 리비아가 핵무기를 보유했었더라면 카다피의 사망을 초래한 리비아의 정권 붕괴를 위한 서방의 공격이 가능했겠는가에 대한 의문의 제기는 비확산의 성공 모델로서 리비아의 사례가 새롭게 평가될 필요도 있다는 점을 시사하고 있다.

19) Chaitkin (2010), p. 17.

20) Squassoni (2009), pp. 37-38.

국가는 다음과 같은 조건을 갖추어야 한다는 것이었다. 국제원자력기구와 특별의정서 체결, 국제원자력기구로부터 비확산 건강증서 획득, 핵공급국그룹의 규정 준수와 유엔 안보리 결의안 제1540호가 요구한 효과적인 수출 통제 실행, 그리고 안전 규정의 영속성과 재이전 규정과 관련하여 공급국가와의 협정 체결이 그것이다.

이 안은 농축과 재처리 기술을 이전받는 국가는 저농축 우라늄을 넘어서는 농축을 금지하는 국내법을 제정해야 한다는 것을 요구하고 있으며, 공급국가도 해당 국가가 농축과 재처리와 관련하여 믿을 만하고 일관성이 있는 논리적 근거를 갖고 있는지를 고려하도록 요구하고 있다.

넷째, 국제원자력기구 능력 강화는 필수적인 요소이다. 국제원자력기구는 비확산 의무 규정의 위반을 탐지하고 사찰하며 그리고 보고함에 있어 필요한 자금, 권위, 기술, 능력 그리고 의지를 갖출 필요가 있으며, 국제사회는 이를 위하여 노력할 필요가 있다. 이러한 노력은 핵비확산체제의 생존 가능성에 중요한 역할을 하게 될 것이다. 국제원자력기구는 현재의 권위를 충분하게 이용할 경우에도 비선언 지역에 대한 특별사찰과 새로운 핵시설에 대한 정보를 요청할 수는 있다. 만일 이러한 요청을 거부할 경우 해당 국가의 의무 규정 준수 여부는 신뢰성을 잃을 수 있기 때문이다.

그렇지만 검증과 관련하여 중요하게 고려되어야 할 점은 국제원자력기구의 탐지능력이 약점을 보이고 있다는 것이다. 그 최종 목적지는 사찰단의 접근이 어떤 자료든지, 장소든지 아니면 사람이든지 간에 시간과 장소에 구애받지 말고 접근이 보장되어야 한다는 점이다. 현재의 규정으로는 사찰단은 시설의 위치와 관련하여 사전 정보가 없다면 비공개 활동을 탐지할 수 없는 약점을 보이고 있다. 그리고 국제원자력기구의 사찰 권위는 확대될 필요가 있다. 국제원자력기구는 잠재적인 위험 활동과 물질에 대해서는 송출장치를 갖춘 카메라와 감지장치를 이용하여 실시간 감시를 할 필요가 있으며, 이는 그러한 물질의 전용을 막는데 큰 기여를 할 수 있다. 그렇지만 이 같은 포괄적 감시장치는 기술적인 완벽성을 확보하기 어려운 측면이 있기 때문에 사찰에 대한 기술적 의존력은 제한적임을 인식할 필요가 있다.

다섯째, 비확산 규정의 집행능력 강화와 연관된 것이다. 핵비확산체제의 약화를 초래하는 도전 중의 하나는 규정의 집행과 관련된 것이다. 강력한 집행조치들이 사전에 명시되고 만약 규정 위반이 있을 경우 자동적으로 집행될 필요가 있다. 이러한 조치들은 억지적 차원에서 필요한 것이다. 예를 들면, 국제원자력기구와의 안전협정과 관련하여 위반행위가 발생할 경우 국제원자력기구의 모든 기술적 지원의 중단과 같은 자동적인 처벌 조항이 작동한다고 하면 그 규정 위반은 일어나기 힘들 수 있다. 중국과 러시아의 유엔 안보리 거부권에 대한 우려를 감안해 볼 때, 국제원자력기구가 구체적이고 심각한 위반 사례가 발생할 경우 그 해당 국가의 성향과 무관하게 자동적인 유엔 안보리 결의안 채택을 가능하게 하는 것이 중요하다고 할 수 있다.

여섯째, 핵비확산조약의 탈퇴조항 개정이 그것이다. 북한의 사례가 보여 주듯이 3개월의 사전 통고 기간의 설정만으로 조약의 탈퇴를 가능하게 한 것은 핵비확산체제의 지속성에 심각한 위협이 될 수 있다. 유엔 안보리 결의안 제1887호는 탈퇴 조항의 신속한 개정 필요성을 지적했지만 구체적인 내용은 제시하지 못했다. 특정한 국가가 핵비확산체제를 이용하여 핵무기 개발에 필요한 기술을 획득한 이후에 탈퇴 조항을 이용할 경우 그에 따른 대응책이 마련될 필요성은 충분하게 검토될 수 있다. 그렇지만 핵비확산조약의 제10조를 수정하기 위하여 그 조약을 개정한다는 것은 무척 어려운 일이라는 점을 고려해 볼 때, 핵비확산조약의 규정 위반을 의심받는 국가가 조약을 탈퇴할 경우 그 국가의 성향과 무관하게 그에 상응하는 처벌 조치를 받게 된다는 점을 명시하는 포괄적인 유엔 안보리 결의안을 통과시키는 것이 필요하다.[21] 그 처벌 조항은 탈퇴 직후에 강압적인 사찰의 실시와 함께 그 조약의 체결 이후에 획득된 모든 핵장비, 기술 그리고 물질 등의 강제적인 폐기가 포함될 수 있으며, 이와 더불어 탈퇴 유예기간인 3개월의 연장을 추구할 필요도 있다.

마지막으로 일곱째, 핵비확산체제 내부의 본질적인 문제점이 지적될 수 있다. 핵비확산조약 제2조는 비핵국가는 핵무기 획득이 허용되지 않는다는 점을 규정하고 있다. 대부분의 회원국들은 그 조항을 준수하고 있지만 몇몇의 소위 '불량국가'는 비밀 핵무기 개발을 시도했거나 현 시점에도 시도하고 있다. 이른바, 후세인의 이라크, 카다피의 리비아, 북한 그리고 이란이 그 범주에 포함되었다. 이라크와 리비아 사례는 군사적 및 경제적 수단에 의해 해결되었지만 북한은 핵실험에 성공한 것으로 보이며, 그리고 이란도 북한의 길을 답습하려는 모

21) Goldschmidt (2009), pp. 12-16.

습을 보이고 있다. 게다가 이들 국가 외에 핵무기 개발을 비밀리에 감행하는 국가들이나 테러집단과 같은 비국가 행위자도 있을 수 있다. 이러한 부류에는 사우디아라비아, 이집트, 알제리, 브라질, 아르헨티나 등이 포함되며, 알카에다도 핵무기 획득에 관심을 표명한 것은 무척 우려할 만한 일임에 틀림이 없다.

그렇다면 핵비확산체제에 대한 규정 위반은 새로운 현상인가에 대한 의문을 갖는 것은 당연하다. 비록 핵무기 확산은 핵시대의 시작과 함께 우려된 사항이었지만 냉전 이후에 그것은 위협 단계로 상향 조정되었다는 점을 지적할 필요가 있다. 1989년 이전에는 핵비확산체제의 회원국으로서 그 규정 위반의 비난을 받은 국가는 1980년대 초반의 이라크가 유일했다. 냉전의 종식 시점인 1990년 전반부는 이라크와 북한이 관심의 초점이 되었으며, 그 이후에는 인도와 파키스탄이 1998년에 핵실험에 가담했다. 그렇지만 인도와 파키스탄은 핵비확산조약의 회원국이 아닌 관계로 핵비확산체제의 규정 위반으로부터 면제가 된 사례들이다. 한편 21세기 들어서면서 일어난 9·11테러 이후에는 이라크의 대량살상무기의 보유 여부가 2003년의 이라크전쟁을 촉발시킨 계기가 되었다는 점은 잘 알려져 있다.

그로부터 약 10여년이 지난 현 시점까지 북한과 이란이 국제사회의 관심을 이끌고 있다. 북한은 2003년에 핵비확산조약을 탈퇴하여 2006년과 2009년에 핵실험을 감행했으며, 이란은 핵비확산조약의 회원국을 유지하면서 핵국가가 되기 위한 노력을 지속하고 있다. 북한의 핵비확산조약의 탈퇴가 이루어진 2003년에는 파키스탄의 칸 박사가 핵물질과 기술을 북한, 리비아, 그리고 이란에 수출한 것이 국제사회에 알려졌다. 사실상 핵무기 확산의 강도는 지난 20년간에 걸쳐 점점 증가되었다고 할 수 있다.

이들 '불량국가'에 대한 국제사회의 반응도 가혹하게 바뀌었다. 부시 행정부가 작성한 2002년과 2006년의 미국 국가안보전략은 핵무기 확산을 미국의 안보에 가장 중대한 위협으로 간주했다. 핵무기 계획을 비밀리에 추진하는 국가나 집단에 대한 선제공격이 그것이다. 게다가 미국의 주도하에 2003년에 이루어진 확산방지구상은 불법 물질을 선적하고 있는 것으로 의심되는 선박과 항공기를 나포하여 조사할 수 있는 여지도 남겼으며, 현 시점에도 90여개국의 지원 하에 그 역할을 하고 있다. 비록 2010년의 미국 국가안보전략에서 오바마 행정부는 미국의 독자적인 군사력 사용보다는 국제적 공조를 강조하고 '테러와의 전쟁'이나 '회교 근본주의자'와 같은 포괄적 개념보다는 '알카에다와 그 동조자들'을 패퇴시키기로 하는 등 미국의 적들에 대한 개념 규정을 축소하는 경향을 보이는 등 부시 행정부와 큰 차이를 보이고 있으나, 핵확산 방지라는 큰 맥락에서 부시 행정부와 근본적 인식의 간격은 크지 않다고 고 할 수 있다.22)

핵비확산조약의 제6조는 핵국가들은 핵무장 해제(Nuclear Disarmament)에 동의한 것으로 규정했지만, 핵국가들이 이러한 의무를 충족시키고 있다는 징조는 없다. 비록 오바마 행정부도 '핵무기가 없는 세상'을 구상하고 있지만 미국이 향후 어떤 시점까지 그 약속을 지킬 것인가에 대한 구체적인 약속은 없는 실정임을 인식할 필요가 있다.23)

한편 비핵국가들은 이러한 추세에 큰 실망감을 보이고 있다. 게다가 이들 국가는 핵국가들의 핵무장해제 약속에 대한 진정성에 의문마저도 품고 있다. 냉전기간 동안 비핵국가들은 핵국가들과 동맹을 맺었으며, 핵국가들에 대한 직접적인 비난은 이루어지지 않았다. 그러나 냉전의 종식 이후에는 그 상황이 달라졌다. 비핵국가들은 유엔 총회에서 반핵 결의안을 발의하고, 1996년에는 캔버러위원회(Canberra Commission)라는 민간단체를 결성했으며, 그리고 1998년에는 뉴어젠다연맹(New Agenda Coalition)을 결성하여 핵무기 철폐를 적극적으로 추진하기도 했다.

반면 핵국가들은 다른 논리를 내세웠다는 점은 주목을 받을 만하다. 첫 번째는 핵무장 해제(Nuclear Disarmament)는 핵무기 철폐(Nuclear Elimination)를 의미하지 않는다는 것이며, 두 번째는 핵무장 해제는 재래식 무장 해제(Conventional Disarmament)와 연계되어 있다는 것이 그것이다.

그러나 1995년과 2000년의 핵비확산조약 검토회의에서 재래식 무장 해제의 여부와 무관하게 '핵무기 철폐'로서 그 논의가 정리되었다. 그리고 핵비확산조약이 발효된 지 25년이 지난 시점인 1995년의 핵비확산조약 검토회의에서 '원칙과 목적 문서'의 승인하에 핵비확산조약의 무기한 연장이 결정되었다. 그 문서의 제4항은 다음과 같다. "제6조의 충분한 실현과 효과적인 시행을 위해서는 다음과 같은 조치들의 이루어져야 한다.… (c) 핵국가들은 궁극적인 핵무기 철폐를 목적으로 한 핵무기의 세계적인 감축에 체계적이고 진일보한 노력을 보여야

22) Lieverman (2010), A. 17.
23) Goodby (2011), pp. 24-25.

하며, 그리고 모든 국가들은 엄격하고 효과적인 국제적 통제하에 일반적이고 완전한 무장 해제를 추구함에 결단을 보여야 한다."

비록 위에서 언급한 무장 해제는 핵무장 해제와 재래식 무장 해제를 연결시키는 것으로 해석할 여지가 많지만 2000년 핵비확산조약 검토회의에서 승인된 '행동계획'의 경우를 보면 그 점은 명확히 정리된다고 할 수 있다. 행동계획의 6항은 "핵국가들의 명백한 임무는 핵무기의 완전한 철폐를 통한 핵무장 해제이며, 이는 모든 국가들이 제6조에서 동의하고 있다"고 규정하고 있다. 다시 말해서, 핵국가들을 포함한 모든 회원국들이 2000년에 핵무기가 재래식 무장해제의 수준과 관계없이 철폐되어야 한다는 점을 명시적으로 인정했던 것이다.

핵무장 해제의 정확한 목표를 둘러싼 모호성이 사라짐에 따라 핵국가들이 핵무기협정과 관련한 협상이 시작될 것으로 기대되었다. 그것은 생물무기협정(1972)과 화학무기협정(1993)의 논리적 연장이기도 했다.[24] 그렇지만 핵무기 없는 세계에 대한 기대는 외교정책의 영역에서는 여전히 금기시되었다. 심지어 핵국가들은 1995년과 2000년의 협정을 역행하기 시작했다. 2005년의 핵비확산조약의 검토회의를 앞두고 열린 2004년의 준비회의에서 미국의 대표였던 볼튼(John Bolton)은 2000년에 합의된 13개의 핵무장 해제 단계를 무시했으며, 2005년의 검토회의에서 프랑스 대표단 일원이었던 테트레(Bruno Tertrais)는 2000년의 합의문을 비판하기도 했다.

이러한 상황에 직면하여, 비핵국가들은 핵비확산조약의 의무 규정은 자신들만이 준수하고 있다는 것을 느꼈으며, 이러한 좌절감 나아가 차별의식은 2005년의 핵비확산조약 검토회의에서 더욱 명료해졌다. 그 회의에서는 핵무장해제 등 본질적인 사안들에 대한 토론은 전혀 이루어지지 않았고 '최종문서'마저도 채택되지 못한 결과를 낳았다. 2005년의 회의는 180여개의 회원국들이 참여했지만 핵국가들과 비핵국가들의 입장 차이가 너무 큰 나머지 안건 상정에도 합의를 못하고 4주간의 회의 일정 가운데 3주를 소비하기도 했다. 그 당시에는 핵무기 확산의 위험성이 점증되는 시점인데도 불구하고 대부분의 일정이 그냥 흘러갔다는 점은 의외였으며, 이러한 상황은 그만큼 핵확산과 핵무장 해제 간의 관계가 접점을 찾기 어려웠다는 점을 함축했다.

24) Subrahmanyam (2008), pp. 9-10.

비핵국가들이 느끼는 이러한 좌절감과 차별의식은 자신들의 핵무기 포기 정책을 파기하려는 분위기로 연결되었다. 이란의 핵무기 개발 계획 옹호자들은 핵국가들의 핵비확산조약 제6조의 충족을 요구하기도 했다. 이러한 차별의식이 핵무기 개발 계획을 추구하는 핵확산국들에 대한 엄격한 조치를 취하는 데 있어 핵국가들이 비핵국가들의 지지를 받기 어려운 상황을 만들게 된 셈이다. 많은 국가들은 핵국가들은 핵비확산조약의 의무를 준수하고 있지 않은 상황에서 그 조약의 제4조에 따른 우라늄 농축의 권리를 이란에는 부여하지 못하게 하는 것이 합법적인가에 대한 의문을 품게 된 상황마저 발생했다.[25)]

핵비확산조약 제4조는 비핵국가들을 포함한 모든 국가들이 국제원자력기구에 신고하고 사찰을 받는다는 조건 하에 농축과 재처리를 포함한 민간용 핵 프로그램을 개발할 권리를 가지고 있다고 규정하고 있다. 핵국가들은 국제원자력기구의 통제로부터 면제되어 있지만 민간용 시설에 대한 제한적 사찰을 받아들이는 데 동의했다.

핵비확산조약 제4조에 대한 이같은 정당성은 오랫동안 유지되어 왔다. 그러나 1990년대 이라크 핵위기의 결과 국제원자력기구의 특별의정서 계획이 세워졌으며, 국제원자력기구와 사찰단원들은 힘을 얻게 되었다. 북한과 이란의 핵위기가 조성된 이후 부시 행정부는 더 엄격한 규정을 추진했으며, 비핵국가들이 농축과 재처리 기술을 획득하는 것을 금지했다. 반면 비핵국가들은 민간용 핵 프로그램 개발에 필요한 모든 지원을 받는 것을 고유의 권리라고 인식하고 있다. 농축과 재처리와 관련하여 핵국가들과 비핵국가들 간의 불협화음은 핵비확산체제의 생존 가능성에 심각한 영향을 미치는 사안임은 틀림이 없다.

일견 핵국가들의 주장이 일리가 있는 측면도 있다. 왜냐하면, 대규모의 민간용 핵시설을 보유한 국가들은 민간용 핵 프로그램을 군사용으로 쉽게 전환시킬 수 있다는 점을 고려해 보면, 핵비확산조약 제4조는 그 존재의 논리적 근거가 다소 미약하기 때문이다. 그러나 제4조가 없었다면 핵비확산조약이 탄생하는 것은 불가능했을 것이라는 점을 고려해 보면 핵비확산조약은 태생적으로 정

---

25) 이러한 시각은 2009년 9월에 유엔 안보리가 결의안 제1887호를 채택했을 때 인도가 보인 부정적인 태도에서도 명확하게 드러났다. 그 결의안은 핵비확산조약 미가입국들에 대하여 가입을 촉구하는 것이었는데, 이에 대하여 인도의 유엔 대표는 그 조약이 차별적이고, 세계적인 핵무장 해제 조약이 체결될 경우 인도의 핵무기 포기는 가능하다는 주장을 하기도 했다. Ruzicka and Wheeler (2010), pp. 73-74.

치적 타협의 산물임을 재인식하게 하며, 이 점이 향후 비확산체제의 방향을 설정하는 시금석으로서의 역할을 할 것이라는 의견은 부인하기 어렵다.

핵물질 수출과 핵 안전규정과 관련하여 미국이 보여준 비일관성 태도도 주목을 받고 있다. 미국은 2006년 인도와의 양자 핵협정 체결을 통하여 인도에 상당한 정도의 핵 지원을 제공했다. 그런데 인도는 핵비확산조약에 가입하지 않은 몇 개의 국가들 중 하나이며, 동시에 민간용 핵 프로그램을 군사용으로 전환한 경험을 갖고 있다. 따라서 이 협정은 핵비확산 개념에 관한 논리적인 혼란을 가져온 주요한 사례 중 하나임은 분명하다. 미국의 국내법뿐만 아니라 핵공급국그룹의 근본적인 규정에도 저촉되었다는 지적이 그것이다. 그것은 판도라의 상자를 여는 계기가 될 수도 있다. 그 이유는 만약 미국이 인도에 그러한 예외를 인정한다면, 중국이 파키스탄에 똑같은 행동을 하더라도 어떠한 비난을 하기 어려울 것이며, 그 결과 그것은 세계적인 핵확산 분위기에 촉매역할을 하기에 충분한 잠재력을 가지고 있기 때문이다.

V. 결 론

핵비확산체제가 이러한 결함들을 어떻게 극복할 것인가? 핵비확산체제의 취약성은 쉽게 치유되기에는 힘들 정도로 구조적인 허점의 심각성을 보이고 있다. 이러한 점은 그 극복방안도 그 심각한 정도만큼 마련되기 어렵다는 것을 함축하고 있다. 만일 핵비확산체제에 대한 적절한 처방이 없다면 그 상황은 어떻게 진행이 될까? 몇 가지 특징적인 요소들을 고려할 필요가 있다. 먼저, 핵물질의 수출에 관심을 가지고 있는 핵국가들과 비핵국가들 간의 틈새가 더 작아질 것이라고 믿을 만한 이유는 발견하기 어렵다는 가정이 그것이다. 미국과 인도의 협정 체결과 같은 상황들이 많이 등장할 가능성이 높다는 관점에서 중국과 파키스탄, 프랑스와 인도, 그리고 러시아와 인도 간의 협정 체결 가능성도 무척 클 것으로 보인다. 만일 이란에 대한 경제제재가 심각하게 진행되고 미국과 이스라엘이 이란의 핵시설에 대한 선제공격에 시도하며, 그리고 이란이 핵비확산조약을 탈퇴하여 북한과 같은 핵국가로의 행보에 나선다면, 핵비확산체제는 그 영향력 크게 상실할 가능성이 있다. 북한의 제3차 핵실험도 그 상황을 악화시키기에 충분하다. 그리고 만약 사우디아라비아, 이집트, 시리아, 브라질, 아르헨티나, 남한 및 일본 등이 핵국가 새롭게 등장할 가능성을 고려한다면 핵비확산체제는 그 존재의의가 무색해질 가능성이 크다. 이러한 시나리오들은 비확산에 대한 적절하고 신속한 처방의 필요성과 중요성을 다시금 부각시키는 역할을 하고 있다.

핵비확산체제의 강화를 위한 방안들 가운데 가장 본질적인 것은 비핵국가들은 핵국가들이 핵비확산조약 제6조가 규정하듯이 핵무기 철폐를 위한 다자협상에 나선다는 조건 하에 조약 제4조를 강화하는 데 동의할 필요가 있다는 점이다. 비확산과 핵무장해제는 동전의 양면과 같다. 만약 핵국가들이 핵무기에 정당성을 부여하지 않는다면 핵비확산체제의 규정 준수 위반으로 인한 비핵국가들의 처벌은 더욱 쉽게 될 것이다. 비록 핵무기가 없는 세계가 상당한 위험성을 갖는다고 하더라도 그것은 핵확산의 세계가 초래하는 위험성에 비교해 볼 때 상대적으로 적다고 할 수 있다. 핵무기가 없다면 확산의 공포는 두려워할 필요가 없다. 핵무기 없는 세계에 대한 오바마 대통령의 주장이 관심을 불러일으키는 주된 이유는 그것이 핵비확산체제의 생존 가능성에 직접적으로 연계되어 있다는 인식과 맥락을 같이하기 때문이다.

참고문헌

김관욱·김옥준. 2008. "부시정부의 선택적 핵 비확산정책연구: 미국의 인도핵정책 분석을 중심으로." 『국제정치연구』. 11:1, 5-32.

김경수. 2004. 『비확산과 국제정치』. 법문사.

김영호. 2010. "오바마행정부의 핵군축정책과 한국 안보." 『국방연구』. 53:1, 47-70.

박영준. 2009. "국제핵질서와 일본의 군축 및 비확산정책." 『국방연구』. 52:3, 23-43.

신성호. 2009. "부시와 오바마: '핵 테러'에 대한 두 가지 접근." 『국가전략』. 15:1, 5-32.

이수석. 2010. "핵비확산체제와 중견국가의 역할: 한·미 원자력협정 개정에 대한 함의". 『동서연구』. 21:2, 81-108.

이장희. 2008. "핵무기 핵비확산조약(NPT)체제 분석과 국제법적 평가." 『고려법학』. 50, 169-201

전성훈. 2009. "핵비확산체제의 쟁점과 개선방안." 『국제정치논총』. 49:4, 273-281.

조동준. 2011. "핵확산의 추세 vs. 비확산의 방책." 『한국과 국제정치』. 27:1, 47-81.

Albright, David and Corey Hinderstein. 2005. "Unravelling the A.Q. Khan and Future Proliferation Networks." *The Washington Quarterly* 28:2, 111-128.

Bahgat, Gawdat. 2005. "Nonproliferation Success: The Libyan Model." *World Affairs* 168:1, 3-12.

Carrel-Billard, Francois and Christine Wing. 2010. *Nuclear Energy, Nonproliferation, and Disarmament: Briefing Notes for the 2010 NPT Review Conference*. New York: International Peace Institute.

Chaitkin, Michael. 2010. *Negotiation and Strategy: Understanding Sanctions Effectiveness*. New York: NYU Center on International Cooperation.

Chouley, Deepti. 2010. "Future Prospects for the NPT." *Arms Control Today* 40:1, 1-10.

Clarke, Michael. 2010. "Nuclear Disarmament and the 2010 NPT Review Conference." *Global Policy* 1:1, 97-110.

Ferguson, Charles D. 2007. *Nuclear Energy: Balancing Benefits and Risks*. Washington, DC: Council on Foreign Relations.

Fields, Jeffrey and Jason S. Enia. 2009. "The Health of the Nuclear Nonproliferation Regime: Returning to a Multimensional Evaluation." *The Nonproliferation Review* 16:2, 173-196.

Ford, Christopher A. 2009. *Nuclear Disarmament, Nonproliferation, and the 'Credibility Thesis'*. Washington, D.C.: Hudson Institute.

Goldschmidt, Pierre. 2009. *Concrete Steps to Improve the Nonproliferation Regime*. Washington,

D.C.: Carnegie Endowment for International Peace.

Goodby, James. 2011 "A World without Nuclear Weapons is a Joint Enterprise." *Arms Control Today* 41:4, 21-28.

Johnson, Rebecca. 2010. "Assessing the 2010 NPT Review Conference." *Bulletin of the Atomic Scientists.* 66:4, 1-10.

Katz, J.I. 2008. "Lessons Learned from Nonproliferation Successes and Failures." *Comparative Strategy* 27:5, 426-430.

Lieverman, Joseph I. 2010. "Who's the enemy in the War on Terror?" *Wall Street Journal* June 15, A. 17.

Lyndsay, James M. and Ray Takeyh. 2010. "After Iran Gets the Bomb." *Foreign Affairs* 89:2, 33-49.

Norris, Robert S. & Hans M. Kristensen. 2010. "Global Nuclear Weapons Inventories, 1945-2010." *Bulletin of Atomic Scientists* 66:4, 77-83.

Ruzicka, Jan and Nicholas J. Wheeler. 2010. "The Puzzle of Trusting Relationships in the Nuclear Non-Proliferation Treaty." *International Affairs* 86:1, 69-85.

Simpson, Fiona, et. al. 2010. *Preparing for a "Second Nuclear Age".* New York: NYU Center on International Cooperation.

Squasson, Sharon. 2009. *Nuclear Energy: Rebirth or Resuscitation?* Washington, D.C.: Carnegie Endowment for International Peace.

Subrahmanyam, K. 2008. "Elimination or Irrelevance". *Arms Control Today* 38:5, 9-10.

Tamamoto, Masaru. 2009. "The Emperor's New Clothes: Can Japan Live without the Bomb?" *World Policy Journal* 63-70.

Wing, Christine. 2007. *Nuclear Weapons: The Challenges Ahead.* Washington, D.C.: International Peace Academy.

Wolfsthal, Jon B. 2003. "Asia's Nuclear Dominoes." *Current History* 102:663, 170-175.

제 6 장 핵무기금지조약의 성공적 정착을 위한 하나의 제안: 핵비확산조약과의 관계를 중심으로

Ⅰ. 서 론

2020년 10월 24일 온두라스가 핵무기금지조약(TPNW: Treaty on the Prohibition of Nuclear Weapons)의 50번째 비준국으로 탄생함으로써 TPNW는 법적인 구속력을 갖게 되었으며, 2021년 1월 22일부터 효력을 발휘하게 되었다. 조약의 규정에 따르면 유엔 사무총장은 1년 내로 첫 번째 회원국 회의를 주재하기로 되어 있다. 게다가 2020년은 핵비확산조약(NPT: Nuclear Non-proliferation Treaty)의 10번째 평가회의(Review Conference)가 열리게 된 해이기도 했다. 비록 감염병의 세계 유행으로 모두 2022년으로 연기되었지만, 핵무기를 둘러싼 국제적 회의가 동시에 열리게 됨으로써 국제적 관심도는 고조되고 있다. 이 두 조약은 모두 핵 군비축소와 군비통제와 관련된 위기상황을 다루고 있지만, 그 시각은 큰 차이를 보인다. TPNW는 수십 년간 지속되어 온 기존의 핵무기 담론에 도전하는 모습을 보이며, NPT에서 우월적 지위를 누리고 있는 핵무기 보유국가(이하, 핵국가)들의 지위에도 의문을 제기하고 있다. 과연 NPT의 반응은 어떨 것인가? TPNW는 국제사회의 NPT 질서를 뒤흔드는 그야말로 '핵폭풍'이 될 것인가, 아니면 '찻잔 속의 태풍'이 될 것인가?

이 글은 TPNW 등장의 정치적 의미를 NPT와의 관계 맥락에서 분석하는 데 그 목적이 있다. 그 주된 의문점은 TPNW와 NPT, 양 조약이 보완적 수렴을 통하여 국제사회의 비핵화 노선에 긍정적으로 기여할 것인가, 아니면 상호 갈등적 측면을 드러내어 부정적 결과를 만들어 낼 것인가이다. 구체적으로 말하면, 이 글의 제2장은 TPNW의 등장과 그 특징에 대한 설명에 집중할 것이다. 제3장은 NPT의 지난 50년간에 걸친 업적에 대한 평가를 다룰 것이며, 이러한 평가는 TPNW의 미래에도 큰 영향을 미칠 것이다. 제4장에서는 TPNW와 NPT의 관련성에 대한 긍정적 및 부정적 분석이 이루어질 것이다. 그리고 마지막으로, TPNW의 미래에 대한 제약요인과 향후 과제, 그리고 NPT의 미래에 관한 전망이 제시될 것이다.

Ⅱ. TPNW의 등장과 배경

TPNW는 단순히 핵무기금지조약(Nuclear Weapon Ban Treaty)이라는 용어로도 사용되고 있는데, 이 조약은 핵무기 금지를 포괄적으로 추구하는 법적인 효력이 있는 첫 번째 국제적 조약으로서 궁극적인 목표는 핵무기의 완전한 제거이다. 이 조약의 핵심적인 내용은 모든 회원국들로 하여금 핵무기의 개발, 실험, 생산, 저장, 배치, 이전, 사용 및 사용 위협을 금지하며, 그리고 금지된 활동에 대한 지원과 권장도 하지 못한다고 규정함으로써 핵무기 금지와 관련한 포괄적인 선언을 하고 있다는 데 큰 의미를 둔다. 핵국가로서 회원국들인 경우, 이 조약은 핵무기의 검증 가능하고 불가역적인 제거를 위한 협상의 장을 제공한다는 규정도 마련하고 있다. 이 조약은 2017년 7월 7일 유엔 총회에서 채택되었는데, 그 표결 결과는 122개국의 찬성과 1개국의 반대(네덜란드), 그리고 1개국의 기권(싱가포르)이었다. 69개국은 투표에 참석하지 않았으며, 그 불참국 가운데에는 모든 핵국가들과 네덜란드를 제외한 북대서양조약기구(NATO) 회원국들이 자리했다. 핵국가들, 그리고 핵우산을 제공받는 국가들은 참여하기 어려운 자리였다는 것을 알 수 있다.

이 조약은 핵무기 없는 세계를 달성하고 유지하기 위하여 이루어진 명백한 정치적 선언이었지만, 핵무기 제거의 지점에 도달하는 데 필수적으로 요구되는 모든 법적 및 정치적 조치들을 망라하지는 않았다. 그 이유는 이 조약이 논란의 여지가 많은 그러한 규정들을 후속 협상의 주제로서 남겨 둠으로써 초기의 협정이 상대적으로 신속하게, 그리고 필요하다면 핵국가들의 관여가 없더라도 타결되기를 기대했기 때문이다. 이 조약의 지지자들은 TPNW가 핵무기에 오명을 씌우고 핵무기 제거의 촉매제로서 작용하기를 희망했다. 핵무기 없는 세계를 희망하는 이상주의자들의 소망을 반영한 것이었다. 2009년에 오바마 미국 대통령이 발표한 프라하 선언, 즉 '핵무기 없는 세상'을 실현하는 중요한 시금석이 된 셈이다. 이 조약의 타결이 갖는 의미는 전 세계의 2/3 국가들이 함께 모여 기존의 핵무기 질서에 법적인 간격을 메우는 데 공감했다는 것이다. 생화학무기, 대인지뢰와는 달리 핵무기는 포괄적이고 보편적인 방식으로 금지되고 있지 않다는 점을 유의할 필요가 있다. 1968년에 타결된 NPT는 핵무기 보유의 부분적인 금지만을 주장하고 있으며, 비핵지역도 단지 특정한 지리적인 지역에만 한정하여 금지하고 있다는 한계점을 가지고 있다.

TPNW의 서문에는 이 조약의 출발 배경을 구체적으로 명시하고 있다. 핵무기가 사용될 경우에 예측할 수 있는 대재앙의 참극, 핵무기 존재 그 자체가 주는 위험성, 1945년 일본 원폭 투하로 인한 생존 희생자들과 핵실험 희생자들의 고통, 그리고 핵무기 군비축소의 더딘 속도, 억제 개념과 같이 군사 및 안보 분야에서 여전히 지속되고 있는 핵무기에의 의존 등이 그것이다. 구체적으로 말하면, 핵무기 금지를 주장하는 TPNW 등장 배경은 다음과 같은 세 가지 관점이 지적될 수 있다.

첫 번째는 핵전쟁의 위기는 매우 심각한 상황에 도달했다는 우려이다. 그야말로 그동안의 핵무기 역사를 살펴보면, 우리 인류는 아슬아슬한 상황에서 다행스럽게 벗어났으며, 또다시 위험스러운 줄타기를 하고 있다는 것이다(Onderco 2017, 391-392).

두 번째는 핵폭발이 인류 사회에 미치는 대재앙적인 충격에 관한 것이다. 핵폭발은 열, 폭발, 방사능의 형태로 에너지를 방출하는데 그 엄청난 파괴력은 즉각적이며, 장기적이기도 하다. 만일 히로시마에 투하된 핵폭탄의 100개가 사용된 지역전쟁을 상상해 보면 수백만 명의 사상자들뿐만 아니라 지구 기후 및 농업생산에도 영향을 미침으로써 지구가 더이상 인류의 거주지로서 적합하지 않다는 주장도 나오고 있다(Onderco 2017, 393).

세 번째는 핵무기의 합법성과 관련한 것이다. 국제사법재판소(ICJ)는 핵무기 위협이나 사용과 관련한 법적 정당성과 관련하여 1996년에 권고의견을 발표했다(Onderco 2017, 393). 그 의견은 유감스럽게도 핵무기의 정당성에 대한 부정적 인식은 제시하지만 완전한 금지를 주장하는 사람들을 만족시키지는 못했다. ICJ는 핵무기 사용은 매우 엄격한 상황에서만 허용될 수 있다는 주장을 했다. 그 상황은 외딴 지역에 저위력의 핵무기를 사용하는 경우, 그리고 국가의 생존이 걸린 자위권 차원의 사용이 그것이다. ICJ 권고의견이 주는 정치적 파장은 적지 않았다. 핵무기 사용은 원칙적으로 불법적 사안인데, 예외적 상황에서의 사용은 허가된다는 것을 의미하며, 게다가 핵무기 보유는 인정을 받는다는 것을 의미했다. 핵무기 사용의 완전한 금지를 촉구하는 조약의 등장은 이러한 맥락에서 설명될 수 있다.

이 조약의 구체적인 내용은 다음과 같다.[1] 제1조는 회원국들이 핵무기의 개발, 실험, 생산, 저장, 배치, 이전, 사용 및 사용 위협하는 것을 금지하며, 그리고 금지된 활동에 대한 지원과 권장도 하지 못하며, 그리고 핵무기와 다른 핵폭발 장치에 대한 직접적이거나 간접적으로 통제하는 것을 금지한다. 제2조는 회원국들이 과거에 자국의 핵무기 보유 여부, 혹은 자국 영토에 배치된 핵무기 보유 여부, 그리고 핵무기 관련 시설들의 제거와 전환 여부를 선언할 것을 요구한다. 제3조는 핵무기 비보유국(이하, 비핵국가)인 회원국들이 국제원자력기구(IAEA: International Atomic Energy Agency)와 맺은 기존의 안전협정을 준수하며, 만약 IAEA와의 안전협정을 체결하지 않았다면 NPT 비핵국가의 모델에 근거하여 안전협정을 준수할 것을 요구한다. 제4장은 회원국이 되고자 하는 개별적인 핵국가들과의 협상에 관한 일반적인 절차를 기술하고 있다. 만약 그 국가가 회원국이 되기 전에 핵무기를 제거한다면 권한이 있는 국제적인 권위체가 그 제거를 검증할 것이며, 그 국가는 IAEA와의 안전협정을 체결하여 핵물질 전용이나 신고가 되지 않은 핵물질이나 활동이 없다는 믿을 만한 확신을 제공해야 한다. 만약 그 국가가 핵무기를 제거하지 않았다면 핵무기에 대한 검증되고 불가역적인 제거를 위하여 권한이 있는 국제적인 권위체와 협상을 해야 한다. 제5조는 국가의 이행에 관한 것이다. 제6조는 핵무기 사용과 실험과 관련한 환경적인 복원과 희생자들을 위한 지원에 관한 것이다. 제7조는 이러한 목적에 맞게 회원국들 – 특히 핵국가들의 특별한 책임과 함께 – 의 지원을 요구하고 있다. 제8조는 회원국들의 회의 시기에 관한 것이고, 제9조는 회원국들의 분담금에 관한 것이다. 제10~12조는 조약 개정, 분쟁 해결, 그리고 회원국들의 조약에 대한 보편적인

1) TPNW의 각 조문에 관한 개략적인 설명은 Wikipedia의 핵무기금지조약 설명에 자세히 서술되어 있다. https//en.wikipedia.org/wiki/Treaty_on_the_Prohibition-of-Nuclear_Weapons(검색일, 2021년 11월 1일).

규칙 고수에 관한 것이다. 제13~15조는 이 조약이 50번째 국가의 비준이 이루어지고 난 90일 이후에 효력이 발휘된다는 점을 규정하고 있다. 제17~20조는 탈퇴, 다른 협정과의 관계 등을 규정하고 있다.

이 조약의 탄생 배경을 살펴보면, 2010년부터 2016년까지 협상을 위한 준비기간으로 설정될 수 있으며, 2017년 3월 첫 번째 협상과 초안이 마련되었으며, 2017년 6~7월 두 번째 협상이 이루어졌다. 그리고 마침내 2017년 7월 7일 최종안에 대한 투표가 성사되었다.

먼저, 이 조약의 출발점은 2010년의 NPT 평가회의를 들 수 있다. 그 회의에서 안보리 상임이사국인 5개의 핵국가들(미국, 러시아, 영국, 프랑스, 중국)은 포괄적인 핵무기협정을 위한 협상의 시작 요구를 거부했다. TPNW의 등장 필요성이 제기되는 시점이었다. 핵무기의 인도주의적 영향에 관한 세 개의 국제회의가 2013년과 2014년에 개최되었는데, 이 회의들은 핵무기의 불법화를 주장하기 위한 국제적 결의를 강화시켰다.

2014년 비핵국가들의 모임인 '새로운 어젠다 연합'(NAC: New Agenda Coalition)이 핵무기금지조약의 생각을 NPT 회원국들에 제시했는데, NPT 제6조의 핵군축조항을 실현하기 위한 효과적이며 가능한 조치라는 점을 강조했다. NAC는 TPNW가 NPT를 지지하며, 또 보조적으로 작용할 것이라는 점을 강조했다. 2015년 유엔 총회가 핵무기 없는 세계를 달성하기 위한 구체적이고 효과적인 법적 수단을 연구하는 실무기구를 설립했으며, 2016년 8월에는 유엔 총회가 핵무기를 금지하여 완전한 제거로 향하게 하는 법적 수단에 관한 협상을 2017년에 하도록 권고하는 보고서를 채택했다.

2016년 10월 유엔 총회 제1위원회인 군축위원회는 이 보고서에 따라 2017년에 핵무기금지조약 협상을 시작하는 결의안을 채택했다. 북한은 핵국가로서 이 결의안에 찬성표를 던졌지만, 협상에는 참여하지 않았다. 2017년 3월에 첫 번째 협상이 시작되고 초안이 마련되었다. 2017년 3월 27부터 31일까지 핵무기금지조약의 첫 번째 협상이 132개국이 참가한 가운데 시작되었으며, 7월 7일을 목표날짜로 설정했다. 그 해 6월 15일부터 7월 7일까지 두 번째 협상이 이루어졌다. 2017년 7월 7일 최종안에 대한 표결이 이루어졌으며, 122개국 찬성, 1개국 반대, 1개국 기권으로 통과되었다. 남아프리카공화국과 카자흐스탄은 이전에 핵무기 보유국이었지만 자발적으로 포기한 국가로서 그 조약에 찬성표를 던졌으며, 이란과 사우디아라비아도 찬성을 했다. 2021년 1월 시점으로 TPNW 가입국은 86개국이며, 비준국은 56개국이다.

Ⅲ. NPT에 대한 평가

NPT에 대한 평가는 TPNW의 등장과 향후 전망에도 밀접한 영향을 준다는 것은 명확하다. NPT에 대한 긍정적 평가는 TPNW의 기반을 약화시키는 반면, NPT에 대한 부정적 평가는 TPNW의 성장동력으로써 작용할 것이다. 양 조약의 접근방법은 다소 차이가 있더라도 최종 목표는 동일한 목표, 즉 핵무기 없는 세상으로 향하고 있기 때문이다.

NPT는 1968년 체결된 이후 거의 50여 년 이상이 지난 이 시점에도 비확산 체제의 핵심적인 축으로서 자리하고 있다. NPT는 회원국의 수만으로도 191개국에 달할 정도로 전 세계에 걸쳐 뿌리를 내리고 있다. 그렇지만 NPT의 성과에 대해서는 논란이 많다. 1990년대까지 핵무기 보유국의 수가 20~30개에 달할 것이라는 비관론자들의 우려를 불식시키고 현재는 NPT 체결 당시에 인정을 받았던 안보리 상임이사국 5개국을 제외할 경우, 4개국(이스라엘, 인도, 파키스탄, 북한) 정도에서 그 증가 국가의 수를 막았다는 낙관론자들의 주장이 있다. 게다가 그 4개국마저도 NPT 회원국이 아니라는 점(북한의 2003년 탈퇴를 제외하면)을 강조하고 있다. 그러나 비관론자들의 주장은 보다 더 본질적인 측면을 지적하고 있다. 이들은 NPT가 협상에 의해 핵국가들과 비핵국가들 간에 이루어진 조약이라는 점을 강조한다. 비핵국가들의 핵무기 포기는 핵국가들의 군축 의무와 연계된다는 것이다. ICJ도 핵무기 사용의 정당성에 관한 권고의견에서 이 점을 명확히 했다 (Carlson 2019, 97-98).

NPT는 핵무기 확산 방지와 군비축소, 나아가 핵무기 폐기를 밀접하게 연계시키고 있다. 후자의 의무를 충족시키지 못한다면 전자의 의무를 강요할 수 없는 구조이다. 핵무기에 대한 군비축소는 핵무기 보유 의지를 꺾는 정치적 환경을 조성하는 셈이다. 극단적으로 보면, 핵무기가 완전하게 사라진 세계에서 핵무기 보유 시도는 정당성을 부여받지 못할 정도로 핵무기 군비축소의 의미는 매우 크다고 할 수 있다. 이러한 연계성은 NPT의 성공적 정착을 위해서는 핵무기 확산 방지를 원하는 국가들이 핵무기 군축에 적극적으로 나서야 한다는 점을 역설적으로 보여주고 있다.

NPT의 성공적 측면을 강조하는 주장의 이면에는 세 가지 성과를 제시하고 있다(Abe 2020, 227-228). 첫 번째는 잠재적인 핵확산 선호 국가들을 적극적인 비확산 지지 국가들로 전환했다는 점이다. 냉전의 종식이 이루어진 1989년에는 NPT 회원국의 수가 138개국에 달했다. NPT 출발 이후 20년만에 괄목할 만한 성과를 거두었다. 이러한 사실은 NPT 체제에 대한 우호적인 층이 두터워졌다는 것을 의미한다. 호주, 캐나다, 서독, 일본, 스웨덴 그리고 스위스 등 핵무기 보유에 첨예한 관심을 보였던 국가들의 방향 전환은 NPT 체제의 성공적인 정착에 큰 기여를 했다. 특히 일본의 경우에는 핵무기 보유에 대한 우호적인 목소리는 공적인 정치적 영역에서 자리를 잡기 힘든 상황이 되었다.

두 번째는 NPT는 핵비확산에 대한 국제적 규범이 정착되는 계기를 만들었다는 점이다. 냉전의 종식 이후 NPT 회원국의 비준은 큰 증가를 보였다. 그동안 비준을 미루어 왔던 프랑스, 중국을 포함하여 남아공, 아르헨티나, 브라질 등도 참가하고 21세기에 들어서면서 총 회원국의 수는 187개국에 이르렀다. 사실상 전 세계의 거의 모든 국가가 NPT에 가입했으며, 핵비확산 추세는 이제 보편적인 국제적 규범으로 인식되게 되었다. 유엔 안보리도 핵무기와 그 외 다른 대량살상무기의 확산은 국제적 평화와 안보에 위협이 된다는 점을 확인했다. 유엔 안보리는 1991년 이라크의 핵무기 계획의 포기, 1998년 인도와 파키스탄의 핵실험 및 핵무기 계획, 그리고 2006년 북한의 핵무기 계획을 비난하고 포기를 주장했다.

세 번째는 지역적인 비핵지대의 설립에 관한 것이다. 지역적인 비핵지대는 NPT가 출발 초기에 제시했던 필수요건은 아니었지만, 틀라텔롤코조약(Tlatelolco Treaty)은 NPT 등장 이전에 이미 있었다. 이 조약은 1967년에 체결된 남미와 카리브해 지역의 핵무기금지조약으로서 최초의 비핵지대 조약이었다.[2] 이 조약은 회원국들은 핵무기 실험, 사용, 제조, 생산이나 획득을 금지하고 접수, 설치, 배치, 보관 등 어떠한 형태의 보유를 금한다고 규정하고 있다. 비핵지대의 모범적인 특징을 보여 주었다. 이후 NPT 제7조가 “이 조약의 어떤 것들도 일련의 국가들이 각자의 영토에서 핵무기 포기를 보장하기 위하여 지역조약을 체결하는 권

2) https://en.wikipedia.org/wiki/Treaty_of_Tlateloco(검색일: 2021. 11. 1).

리에 영향을 미치지 않는다"고 선언한 것은 틀라텔롤코조약의 상황을 반영한 것이었다. 그 이후로 동남아, 태평양, 아프리카 그리고 중미의 비핵지대가 만들어졌다. 핵무기 보유 금지에 대한 기본적인 의무는 NPT와 중첩되는 면이 있지만 이러한 비핵지대의 등장은 그 지역에 핵무기 도입이나 배치를 금지하는 것과 같은 부가적인 제한 규정을 둔다는 점에서 NPT 제2조를 강화시키는 데 기여를 하고 있다는 점에서 큰 정치적 의미를 둘 수 있다.

그렇지만 NPT 성과에 대한 부정적인 측면도 있다는 점을 직시할 필요가 있다. 사실상 TPNW의 등장은 NPT가 보여준 부정적 측면과 직접적으로 연관되어 있다고 할 수 있다. NPT의 실패는 크게 네 가지 관점에서 지적될 수 있다(Abe 2020, 228-232).

첫 번째는 지구상에서 핵군축의 가능성은 여전히 불투명하다는 점이다. 이 관점의 핵심 논리는 NPT가 핵군축의 목표를 달성할 능력을 보여 주지 못하며, 더욱이 미래의 전망도 어둡다는 것이다. 1996년에 국제사법재판소의 권고의견이 제시된 이래로 NPT 제6조의 목표를 달성하려는 협상은 이루어지고 있지 않다. 미국과 러시아의 군축 협상도 순조롭게 이루어지지 않고 있으며,[3] 그 외 중국, 영국, 프랑스의 핵무기 보유 의지는 여전히 강하다. 일률적인 감축 비율을 제시가 실질적인 방안으로 보이지만, 그것마저도 실행에 옮기는 것은 쉽지 않다. 만일 이러한 방안이 일률적으로 적용된다면 미국과 러시아는 원래 보유하고 있는 핵무기의 수가 많기 때문에 대량으로 감축해야 하지만, 적은 수의 핵무기를 보유한 국가는 상대적으로 감축해야 하는 수가 적기 때문이다. 그렇다고 해서 국가마다 가중치를 다르게 부과하는 것은 정치적 비난을 감수해야 한다. 이런 맥락에서 볼 때, 군축 협상의 진행은 실제적으로는 어려운 실정이다. 하물며 지구상에서 핵무기의 제거를 목표로 한 장기적 핵군축의 이상이 실현된다는 것은 더욱 난망한 일이다.

또 다른 문제는 NPT가 허용한 다섯 국가 외에 등장한 인도, 파키스탄, 이스라엘, 그리고 북한의 문제이다. 단지 4개국만 추가되었다고 자화자찬할 일은 아니다. 이들의 군축 문제도 마찬가지로 중요하게 다루어져야 하며, 이들 네 나라

3) 미국과 러시아의 군축 협상은 양국의 핵무기 근대화 계획으로 오히려 후퇴하고 있으며, 새로운 군비경쟁의 가능성도 보인다는 점에서 매우 우려스럽다는 분석이 있다(Neuneck 2019, 439-444).

는 그 특색들이 각각 다른 관계로 일률적인 방식보다는 좀 더 다른 접근이 필요하다. 북한의 비핵화는 북미협상, 혹은 한반도 주변국들의 참여를 통한 한반도 비핵화의 맥락에서 그 해결책이 모색되어야 한다. 동북아 비핵지대의 구상 논의가 있으나, 그 실현 가능성은 극히 낮은 상황이다.[4] 이스라엘의 경우는 중동 비핵지대의 설립이 하나의 방편이 될 수 있다. 인도와 파키스탄의 경우는 중국과의 연계성을 고려해 보면 인도-파키스탄 비핵지대의 설정이 하나의 대안이 될 수 있다. 이렇게 보면 비핵지대의 개념을 전 세계로 확산하는 방안이 핵군축, 나아가 지구상에서 핵무기를 제거하는 목표를 위한 단초를 제공할 수 있다. 이러한 논리는 일차적으로 핵국가가 핵무기를 포기할 의도를 갖고 있어야 가능한 일이기 때문에 그러한 정치적 환경을 만드는 것이 무엇보다도 중요하다고 할 수 있다. 비록 이러한 시도는 단기간에 실현 가능한 일이 아니지만, 교착상태에 있는 핵군축에 동력을 불어넣는 역할은 큰 의미가 있다고 할 수 있다.

두 번째는 NPT가 핵무기 확산 방지의 능력을 보여 주지 못한다는 점이다. NPT는 새로운 핵국가의 등장을 막기 위해서 등장한 조약임을 고려하면, 세계적인 확산 분위기를 막는 데 있어 그 능력의 한계를 보여 주고 있다는 점이다. NPT 회원국이 아니면서 핵무기를 보유한 국가는 인도, 파키스탄, 그리고 이스라엘이다. 그리고 북한은 NPT 회원국이었지만 2003년에 탈퇴했다. 미국은 인도와 파키스탄의 핵무기 보유를 막기 위한 시도를 했지만 실패했으며, 북한에 대해서는 여전히 비핵화를 위한 노력을 경주하고 있다. 이스라엘은 사실상 미국의 동맹국이지만 1960년대, NPT 탄생 이전에 이미 핵무기를 보유한 것으로 보인다. 인도의 경우 핵무기 보유 이전에 미국의 보호를 요구했지만 미국이 거부했으며 이스라엘, 파키스탄, 그리고 북한은 각각 아랍국가들, 인도, 미국을 핵무기 보유의 이유로 들고 있다. NPT는 이들 국가가 현 시점에서 회원국이 아니기 때문에 NPT와는 무관하다고 주장할 수 있는데, 지구상의 핵군축, 나아가 핵무기 제거를 목표로 한 NPT의 대응논리치고는 다소 궁색한 면이 있다.

북한과 이라크는 NPT 회원국이 명백하게 핵무기 개발을 추진한 사례이다. 북한은 IAEA 검증과 관련한 의견 차이로 NPT를 탈퇴했으며, 이라크의 경우, 쿠

4) 동북아 비핵지대는 남·북한, 일본, 그리고 몽골이 참여하는 방식이 제시되고 있지만, 본질적인 검증의 어려움과 더불어 당사국들 및 미국, 중국, 러시아 등 주변국들의 정치적 결단이 요구되는 상황이기 때문에 남미, 동남아 등 다른 지역에서 성공한 비핵지대의 구상을 그대로 적용하기는 어렵다 (Hamel-Green 2021, 224-226).

웨이트 침공 시점에 핵무기 개발 의혹이 제기되었으며, 안보리의 신속한 개입으로 그 개발은 중지되었다. 이러한 사건들을 볼 때, 은닉된 핵무기 계획의 탐지와 관련된 IAEA 안전체계가 관심의 대상이 되었다. 그 결과, IAEA 안전체계에 부가적인 의정서를 추가함으로써 사찰관들의 탐지능력의 강화를 추구했다. 그렇지만 부가적인 의정서는 현 시점에서 비준을 받지 못하고 있는 실정이다. 이란, 이집트, 사우디, 브라질, 아르헨티나 등 관심 대상국들의 비준을 받지 못했다. 이들 국가는 비준의 거부를 이유를 핵국가들의 군축 의지와 연계시키고 있다. IAEA 부가의정서 관련 조항은 NPT 제3조에 속한 것으로 자발적이며 법적인 것은 아니라는 점을 지적하고 있다. NPT 제6조의 핵군축 의무를 다하지 않고 있는 핵국가들에 대한 일종의 정치적 공세의 성격이다. NPT 제6조와 제3조 간, 다시 말해서 핵국가들과 비핵국가들 간 논쟁인 셈이다.

이러한 상황에서 이란의 사례는 새로운 문제를 제기했다. 이란의 주장에 따르면 일본은 우라늄 농축이나 플루토늄 분리, 그리고 위성발사 로켓 등의 능력을 갖고 있는데, 이란에는 이러한 활동이 허용되지 않는 이유는 무엇인가? 이러한 의문점에 대하여 일본은 핵무기 보유 의도가 없고, IAEA 안전협정과 부가의정서의 요건을 충족했으며, 그리고 핵탄두를 운송할 대륙간 탄도미사일이 없다고 주장하고 있다. 반면, 이란은 IAEA 안전협정의 요건을 충족하지 못했고, 핵무기 개발계획을 갖고 있으며, 그리고 탄도 미사일을 시험발사했다고 대응할 수 있다. 그렇지만 핵무기 보유의 의도가 없이 이론적 잠재력만 갖는 국가와 그 의도를 숨기면서 그 잠재력을 보유한 국가간에 명확한 구별이 가능할 것인가의 의문점은 제기될 수 있다. 이것은 NPT의 정당성에 대한 심각한 도전이 될 수 있다. 이란과 북한의 사례는 또 다른 의문점을 제기한다. 북한은 NPT로부터 탈퇴함으로써 자유롭게 핵무기 개발에 나섰다. 만약 이것이 현실이라면 NPT 정당성은 훼손될 것이다. NPT 탈퇴가 대유행으로 진행된다면, 핵무기 확산을 막는 방안은 사실상 없는 셈이다. 이란의 경우, IAEA는 NPT에 대한 준수의무를 이란에 강요하기 어렵다. 단지 안보리에 보고할 뿐이다. 안보리가 조약 이행 여부에 대한 궁극적인 책임 부서이다. 그렇지만 실제로는 안보리는 정치적 성향을 띠고 있기 때문에 안보리 상임이사국이 선호하는 국가가 있을 수 있으며, 이렇게 되면 IAEA의 보고서는 그 효과가 반감되기 마련이다. 세 번째는 비핵지대이다. 중동의 비핵지대는 현 시점에도 관심의 대상이 되고 있다(Abe 2020, 231). 1995년의

NPT 평가 및 연장회의에서 채택된 결의안은 중동지역에 효과적이고 검증 가능한 비핵지대를 설치할 것을 요구하고 있다. 그 내용은 핵무기뿐만 아니라 생화학무기, 그리고 운송수단도 포함하고 있다. 이 결의안은 아랍국가들의 NPT의 무기한 연장 반대를 무마하기 위하여 협상 카드로서 등장했다. 그렇기 때문에 아랍국가들의 기대는 컸지만 현실적으로는 실행되기가 무척 어려운 상황이었다. 이스라엘은 NPT 회원국이 아니었다. 그렇지만 이스라엘은 그 결의안을 지지했다. 단지 중동의 평화와 안보가 우선적으로 보장되는 것이 필수적이라는 것을 강조했다. 중동 비핵지대는 그 결과라는 것을 강조했다. 반면, 아랍국가들은 이스라엘이 핵무기 포기를 먼저 선언하고 IAEA 안전협정을 체결하기를 원했다. 비핵지대가 선결조건인지 결과물인지에 대한 논쟁은 현 시점에도 지속되고 있다.

네 번째는 핵에너지의 평화적 이용에 관한 것이다. 핵에너지의 평화적 이용권은 비핵국가들의 핵 포기에 대한 대가로써 등장한 협상의 결과물로서 NPT 초기에는 상당한 성과를 거두었다. 그러나 중요한 핵발전소 사고가 나오면서 핵발전소에 대한 관심은 다소 식었다. 1979년의 TMI(Three Mile Islands), 1986년의 체르노빌, 그리고 2011년 후쿠시마 원전 사고가 그것이다. 원전 사고가 일어날 때마다 전세계는 두려움에 떨었으며, 안전조치에 대한 강화를 요구했다. 그렇지만 핵발전소는 플루토늄의 생산에 필수적인 요소로서 핵무기 개발과는 직접적인 관계가 있다. 탄소 배출이 줄어든 친환경 전기를 요구하는 세계인의 요구에 따라 핵발전소에 관심은 더 늘어날 수밖에 없고, 그 결과 핵무기 개발의 위험성은 더 커지게 될 가능성이 있다.

Ⅳ. TPNW와 NPT의 관계

TPNW는 NPT의 부정적 측면에 대한 직접적인 대안으로써 제시되었다. TPNW는 다소 급진적인 요소를 갖추고 있기 때문에 그 실현 가능성에 대한 의문점은 있을 수 있지만, 세계 여론에 호소하는 능력을 배양할 경우, 향후 상당 기간 동안 NPT와의 보완성과 상충성을 반복하면서 자신의 위치를 확보할 것으로 보인다.

TPNW 옹호론자들은 핵무기가 지구상에 존재하는 한 핵무기 사용의 위협

가능성은 상존한다고 주장하면서 만일 핵무기가 사용된다면 지구 전체가 재앙적 상황에 빠질 것이라고 우려한다. 그 우려는 인류 생존의 종식과 환경적 재앙, 즉 인류 문명의 소멸과 연결되어 있다. 그들의 논리에 따르면, 아직까지 불법화되지 않은 유일한 대량살상무기인 핵무기는 반인륜적이며, 무차별적인 특성을 갖고 있는 반면, 군사적 효용성은 이제 사라졌다는 것이다. 그들은 핵무기 존재의 의미를 완전히 부정하고 있다.

게다가 그들은 지난 수십년간에 걸쳐 일어난 핵무기 관련 사건들을 보더라도 인식의 오류와 사고에 의해 항상 재발 가능성이 농후하며, 핵무기의 생산, 유지, 그리고 근대화를 위한 경제적 비용도 엄청나다는 점을 지적한다. TPNW는 핵무기가 갖는 부정적 측면을 강조하면서 이 문제를 다루는 유일한 해결책으로 핵무기의 완전한 제거와 국제법적인 금지를 추구하고 있다.

이제 핵무기의 TPNW를 반대하는 NPT 옹호론자들의 주장을 살펴볼 필요가 있다. 먼저, 그들은 TPNW가 검증과 핵무기 폐기에 대한 이상적인 접근에 치중한 나머지 구체적인 검증과 폐기에 대한 정교한 규정을 현실적으로 고려하지 않고 있다는 점을 지적한다. 검증은 매우 민감한 사안이며, 검증이 완벽하게 이루어지지 않을 경우 핵무기 없는 세상은 핵무기로 인한 혼돈 속으로 빠질 가능성이 있다고 주장한다(Onderco 2017, 393-394).

다음으로, TPNW 옹호론자들은 핵무기 금지가 세상을 안전하게 할 것이라는 믿음을 갖고 있으며, 그 논리적 근거는 핵무기 그 자체가 세상을 위험하게 만들며, 핵무기가 안보 딜레마의 결과물이라는 것을 받아들이지 않고 있다. 그렇지만 여기서 지적되어야 할 점은 핵무기 보유는 안보적 우려에서 기인했다는 사실이다. 안보가 안전한 상태이면 핵무기를 보유할 의도를 갖지 않는다는 것이다. 이 논리는 핵무기만 없어지면 국가간의 정치적 갈등도 사라진다는 주장은 그 가정에서 문제가 있다는 점을 지적하고 있다. 물론 무기의 존재는 갈등이 있을 경우, 그 폭발성을 강화시킬 수는 있어도 갈등 자체를 없애는 것과는 다른 문제임은 분명하다. TPNW 반대론자들은 국제안보 환경과는 별개로 핵무기 제거를 논의한다는 것은 불가능하고 역작용을 낳는다고 주장한다. 나아가 핵무기는 억제이론의 논리에 따라 핵전쟁의 발발 가능성을 줄이는 데 기여하고 있다는 주장을 편다. 물론 이러한 주장은 냉전시대의 사고방식에 기인한 측면도 있지만, 그 전쟁 억제 기능을 완전히 무시하기도 쉬운 일이 아니다(Morgan 2012,

91-22).

TPNW 옹호론자들은 단기적으로 핵군축의 추세가 바뀌지 않겠지만 핵무기에 반대하는 규범의 강화에 도움이 될 것이라고 믿고 있다. 더 나아가, 이들은 만약 핵국가들이 TPNW 가입을 거부할 경우 세계 여론을 중심으로 한 도덕성의 힘이 핵국가들의 핵무기 포기를 강요할 수도 있다는 것이라는 믿음을 갖고 있다. 이들이 기대하는 것은 핵국가들의 내부에서 핵무기 포기에 대한 정치적 및 사회적 논의가 격렬하게 전개되는 것이다(Onderco 2017, 396-399). 그렇지만 만약 이러한 상황이 도래한다고 할지라도 핵국가들은 NPT의 강화를 통한 핵군축을 시도함으로써 그 상황을 타개할 것으로 보이며, 핵무기 포기는 다른 문제이다.

핵국가들과 그들의 동맹국들은 핵무기와 관련하여 또 다른 조약 필요성에 이의를 제기하고, TPNW가 NPT 회원국들의 분열을 일으킨다는 논리를 제기한다. 2017년 122개국이 TPNW를 채택했으며, 2021년 1월 현재 51개국이 비준했고 86개국이 그 조약에 서명한 상태이다. 러시아와 미국, 미국의 동맹국들, 그리고 다른 핵국가들은 TPNW에 강력한 반대를 표명하고 있다.

유럽은 첨예하게 분리되어 있다. 유럽의 4개국(오스트리아, 아일랜드, 말타, 그리고 산마리노)는 비준을 완료했다. 반면, 북대서양조약기구(NATO) 회원국인 프랑스와 영국은 핵무기 보유국이고, 유럽연합(EU) 회원국인 4개국(벨기에, 독일, 이탈리아, 네덜란드)는 자국의 영토에 미국의 핵무기를 배치하는 NATO 핵공유조약을 체결하고 있다. 이들 국가는 TPNW에 반대하고 있다. 러시아는 TPNW가 핵무기 제한과 축소에 특별한 기여를 하지 못할 것이라는 전망을 하면서 NPT와 핵비확산체제에 심각한 피해를 줄 것이라고 주장했다. TPNW의 50번째 비준일에 도달하기 며칠 전에, 미국의 트럼프 행정부는 TPNW 회원국들에 서한을 발송하여 적극적인 비준 반대 운동을 펼쳤다. 미국은 비준이 주권과 연관되어 있다는 것을 인정하면서도 회원국들이 TPNW에서 철회하기를 요구했다. 안보리 상임이사국인 핵국가 5개국은 공동성명에서 그들은 이 조약의 지지, 체결, 비준에 대한 반대의견을 명확하게 밝혔다. 핵국가들과 비핵국가들 간의 갈등은 그 폭이 점점 커질 수밖에 없는 상황으로 나아가고 있다. 핵국가들의 군축 의지가 명확하게 드러나지 않으면 이러한 추세는 계속될 것으로 보인다.

TPNW는 회원국들이 어떤 상황에서도 결코 핵무기나 다른 핵폭발물의 개발, 실험, 생산, 제조, 획득, 보유 혹은 저장을 하지 않을 것을 요구하고 있으며,

나아가 그 무기들의 사용이나 사용의 위협을 하지 않으며, 핵무기 개발의 지원도 허락하지 않는다는 점을 강조한다. 완벽한 핵무기 금지의 원칙을 천명하고 있다. TPNW 비판자들은 핵국가들이 그러한 방안에 대한 반대 의사를 명확히 표명하는데, 과연 핵무기의 불법화가 효력이 있는가에 대한 의문을 제기한다. 현실주의자들의 주장은 실현 가능성에 초점을 맞추고 있는 반면, 이상주의자들은 더 나은 세계를 위한 인류의 미래를 위한 원칙을 강조하고 있다.

첨예한 논쟁점 가운데 하나는 NPT와 TPNW의 법적 관계에 관한 것이다. TPNW 제18조는 이 조약의 이행은 현존하는 국제적인 조약의 의무에 악영향을 미치지 않는다 — 그 의무가 이 조약과 일관성을 가진다면 — 고 규정하고 있다. 따라서 만약 회원국들의 의무가 양 조약에서 일관성을 유지하지 못한다면 NPT가 TPNW에 종속되어 있는가의 의문점이 들 수밖에 없다.

TPNW의 비판에 대해 옹호론자들은 또 다른 의문점으로써 대응하고 있다. 그 의문점은 TPNW가 세계적인 비확산과 군축체제를 위태롭게 한다는 주장의 근거는 무엇인가이다. 그 비판은 TPNW가 IAEA 안전조치 체제의 약화를 초래할 우려가 있는가의 여부에 초점을 맞추고 있는데, TPNW 옹호론자들은 비핵국가들은 비준의 시점에 최소한으로 IAEA와의 안전조치협정을 체결해야 한다는 규정을 들고 있다. 그렇지만 부가의정서 채택은 강요되지 않는다는 점, 그래서 검증의 효율성 약화가 TPNW 비판자들의 우려 대상이다. 검증 절차의 비효율성은 핵군축, 나아가 핵 제거의 충분하고 불가역적인 감시를 어렵게 한다는 점이 비판자들의 논지이다.

TPNW와 NPT는 갈등적 측면만이 있는 것은 아니다. 공통점도 어느 정도 공유하고 있다는 점이 지적될 필요가 있다. 이 두 조약이 추구하는 목적지는 다르지 않다는 점이 그것이다. 동일한 규범, 동일한 원칙이 그것이다. 핵비확산과 군축을 통한 핵 군비경쟁의 종식이 그것이다. 그 결과 이루어지는 핵무기 없는 세계에 대한 기대감은 이 두 조약의 회원국들이 추구하는 미래에 대한 그림이다. 그렇지만 NPT는 현실적인 방법에 치중하여 점진적인 접근에 의존하는 반면, TPNW는 이상주의가 추구하는 가치에 더 집중하고 그 방안에 대해서는 다소 모호성을 갖는 접근을 선호한다는 차이가 있을 뿐이다. NPT는 핵군축과 비확산체제의 주춧돌이며, TPNW에서도 재확인되고 있다. NPT는 세 개의 기둥에 의존하고 있다. 핵비확산, 핵군축, 핵에너지의 평화적 이용이 그것이다. NPT의 군축의무는 다양한 조약들로써 강화되어 왔다. 미국과 러시아의 다양한 양자조약은 NPT 제6조와 긴밀하게 연계되어 있다. TPNW도 법적으로 구속하는 조약으로서 핵무기 없는 세계의 달성과 유지를 위한 중요한 공헌을 하고 있다. 이렇게 보면, NPT는 목표에 이르는 과정에 치중하고 그 목표에의 도달에는 적극성을 띠지 않고 있는 반면, TPNW는 과정을 생략하고 급진적인 목표만을 위한 매진에 집중하고 있다. 큰 갈등은 충분히 예상되지만 상호 보완점을 찾는 노력도 경주될 필요가 있다.

V. 결론: 향후 과제

현 시점에서 NPT는 핵군축과 비확산체제의 주춧돌로서 중요한 역할을 하고 있다는 점을 부인하기 어렵다. 향후 개최될 10차 NPT 평가회의에서 핵군축의 동반자적인 역할을 강조하는, 즉 TPNW의 가치를 인정하는지 여부가 NPT의 첫 번째 과제가 될 것이다. 양 조약이 극단적인 대립의 상황으로 갈 경우, TPNW 성장동력은 상실될 가능성이 크다. 그 반대라면 TPNW 세력은 크게 성장할 것이다. 그러기 위해서는 TPNW가 NPT의 기득권을 인정하고 출발해야 하는데, 그것이 말처럼 쉽지 않을 것이다. 자기 존재를 부정하는 측면도 있기 때문이다. TPNW로서는 '2보 전진을 위한 1보 후퇴'의 전략이 필요한 시점일지도 모른다. NPT 회원국들 가운데 비핵국가들이 NPT를 한꺼번에 탈퇴하고 TPNW로 가입하는 시점이 오면 TPNW가 제 목소리를 내는 시점이 될 것이다. 그러한 시점은 NPT 비핵국가들이 핵국가들의 전횡에 불만을 품거나 핵국가들 간의 심각한 충돌이 있을 경우에만 가능한 일이다. 상당한 기간이 필요할지도 모른다. 그 기간 동안 TPNW는 내부적으로는 단결력을 키우면서 대외적으로는 목소리를 낮추고 적절하게 타협하는 자세로 세력을 키우는 전략이 현명할 것이다. 그렇지만 무한정 기다릴 수는 없다. 특정한 이슈 선점이 목표에 이르는 시점을 당길 수 있을지도 모른다. 핵군축 이슈는 현재의 기득권 측에 분노를 일으킬 여지가 많기 때문에 우회전략의 모색이 필요하다. TPNW는 세계 여론의 도움을 받아야 하며, 도덕적 및 규범적 잣대에서 우위를 점할 수 있는 이슈를 선점할 필요가 있다. 희생자 지원과 환경복원이 그것이다. 핵무기 관련 활동 희생자와 환경복원에 대한 지원을 제공하는 것은 핵국가로서는 부담스러운 일이다. 영국은 해외에서, 미국과 프랑스는 자신의 영토와 해외에서, 그리고 중국과 러시아는 자신의 영토에서 각각 핵무기 실험을 진행했다. 이 실험에 대한 희생자들은 어떤 보상을 받았는가? 몇몇 국가들은 자발적으로 보상을 했지만 어떤 식으로 진행되었는지는 확실하지 않다. 피해와 보상 범위에 대한 구체적 데이터는 세계적인 충격을 줄 수 있다. 이스라엘, 인도, 파키스탄, 그리고 북한의 경우도 여기에 해당된다. 데이터 구하기는 무척 어려울 것이지만 그 결실은 더 크게 보답을 받을 것이다. TPNW가 현재 진행하고 있겠지만, 신속하고 집중적인 노력이 이루어질 경우, 핵실험의 파멸적인 모습에 경종을 울릴 수 있는 계기가 될 수도 있으며, 핵무기금지조약의 취지에도 맞을 수 있다. TPNW 第6조는 희생자 지원과 환경복원의 의무를 구체적으로 서술하고 있지 않는가? 인권적 및 환경적 이슈는 21세기 이후 인류의 미래가 당면할 가장 중요한 영역이다.

참고문헌

이용호, 2019. "핵무기금지조약(TPNW)의 주요내용과 그 한계." 『영남법학』 49, 203-233.

이장희. 2008. "핵무기 핵비확산조약(NPT)체제의 분석과 국제법적 평가." 『고려법학』 50, 169-201.

전성훈. 2009. "핵비확산체제의 쟁점과 개선방안." 『국제정치논총』 49:4, 273-281.

조동준. 2011. "핵확산의 추세 vs. 비확산의 방책." 『한국과 국제정치』 27:1, 47-81.

Abe, Nobuyasu. 2020. "The NPT at Fifty: Successes and Failures." *Journal for Peace and Nuclear Disarmament* 3:2, 224-233.

Bidgood, Sarah and James Martin. 2019. "The 2020 NPT Review Conference and Article VI: Yes, We Care." James Martin Center for Nonproliferation Studies(CNS), 1-5.

Borrie, John. 2021. "An Introduction to Implementing the Treaty on the Prohibition of Nuclear Weapons." *Journal for Peace and Nuclear Disarmament* 4:1, 1-12.

Carlson, John. 2019. "Is the NPT still Relevant?-How to Progress the NPT's Disarmament Provisions." *Journal for Peace and Nuclear Disarmament* 2:1, 97-113.

Doyle, T. 2017. "A Moral Argument for the Mass Defection of Non-nuclear weapon States from the Nuclear Nonproliferation Treaty Regime." *Global Governance: A Review of Multilateralism and International Organizations* 23:1, 15-26.

Fihn, B. 2017. "The Logic of Banning Nuclear Weapons." Survival 59:1, 43-50.

Graham, Thomas. 2021. "The Nuclear Non-proliferation Treaty: Delayed Review-Issues Old and New." *Journal for Peace and Nuclear Disarmament* 4:1, 186-195

Hajnoczi, Thomas. 2020. "The Relationship beteeen the NPT and the TPNW." *Journal for Peace and Nuclear Disarmament* 3:1, 87-91.

Hamel-Green, Michael. 2021. "Duclear Deadlocks, Stalled Diplomacy: The Northeast Asia Nuclear Weapon Free Zone Alternative-Proposals, Pathways, Prospectives." *Journal for Peace and Nuclear Disarmament* 4:1, 201-233.

Hilgert, Lina-Marieke, angela kane and Anastasia Malygina. 2021. "The TPNW and the NPT." *Deep Cuts Issue Brief* #15, 1-11.

Horovitz, L. 2015. "Beyond Pessimism: Why the Treaty on the Non-proliferation of Nuclear Weapons will not collapse." *Journal of Strategic Studies* 38:1-2, 126-158.

Meyer, Paul. 2020. "The Permanence and Accountability: An Elusive Goal of the NPT." *Journal for Peace and Nuclear Disarmament* 3:2, 215-223.

Morgan, Patrick M. 2012. "The State of Deterrence in International Politics Today." *Contemporary Security Policy* 33:1, 85-107.

Neuneck, Gotz. 2019. "The Deep Crisis of Nuclear Arms Control and Disarmament: The State of Play and the Challenges." *Journal of Peace and Nuclear Disarmament* 2:2, 431-451.

Onderco, Michal. 2017. "Why Nuclear Weapon Ban Treaty is unlikely to fulfil its promise." *Global Affairs* 3:4-5, 391-404.

제 7 장 미국의 중동정책과 테러의 상관성에 대한 재검토*

I. 서 론

2001년 뉴욕의 세계무역센터와 워싱턴의 국방성을 목표로 감행된 9·11테러가 국제정세, 특히 미국의 대외관계에 미친 영향은 아무리 강조해도 지나치지 않다. 9·11테러 이후 약 1년 6개월이 지난 현 시점의 국제정세도 전쟁의 분위기가 곳곳에서 감지될 정도로 그 테러 여파가 여전히 위력을 더하고 있는 실정이다. 구체적으로 말하면, 9·11테러의 충격을 받은 직후 미국은 대외적으로 테러와의 전면전을 선언하여 비록 9·11테러의 배후인물로 지목을 받았던 알 카에다의 지도자였던 빈 라덴을 지원했던 아프간의 탈레반 정권을 붕괴시킴으로써 아프간전쟁을 지난해에 이미 완수했으며, 테러전의 정점에 이를 것으로 보이는 이라크와의 전쟁도 조만간에 불사할 태세를 보이고 있다. 한편 미국은 대내적으로도 이라크전쟁을 반대하는 여론이 있음에도 불구하고 이라크전쟁에 대한 의회의 동의를 이미 확보했으며, 국토안보법(Home Security Act)을 통과시키는 등 테러와의 전쟁을 총체적으로 수행할 역량을 갖춤으로써 9·11테러의 충격으로부터 단지 벗어나려는 수동적인 자세가 아니라 향후 테러의 발생 가능성을 사전에 적극적으로 없애는 데 초점을 맞추고 있는 조치를 강구하고 있는 실정이다. 더욱이 이라크가 보유한 대량살상무기의 사찰과 관련한 유엔의 결의안마저 확보하고 이미 사찰에 들어감으로써 테러전의 일환으로 수행되는 이라크전쟁의 명분을 찾기 위한 수순에 들어갔다는 점에서 이라크전쟁을 막을 수 있는 방안

* 『성곡논총』, 제34집(2003. 8), 193-233면.

은 현 시점에서 찾기 어려운 상황에 돌입했으며, 단지 공격의 시점이 문제가 되는 것 같다.

그러나 이처럼 테러와의 전쟁을 수행하고 있는 미국의 강경한 태도는 테러 방지 대책으로써 사용되는 군사적 수단의 정당성을 제고시키지 않는다는 점, 나아가 테러와의 전쟁에 임하는 미국의 입장을 공고화시켜 주지 않는다는 점을 주목할 필요가 있다. 사실상 9·11테러 이후 간행된 저서 및 연구보고서들은 대부분 두 가지 관점에서 크게 분류될 수 있다. 그 하나는 테러의 원인을 미국의 중동정책에서 찾기보다는 테러의 방지 대책에 대한 분석 및 대안의 제시에 더 많은 초점을 맞추고 있으며, 이러한 분석들은 미국의 입장을 대변하고 있다.[1] 다른 하나는 이슬람권의 관점에서 미국의 중동정책을 다소 감정적으로 평가하려는 경향을 보이며, 테러의 정당성을 옹호하는 데 초점을 맞추고 있다. 그럼에도 불구하고 대부분의 연구 업적들은 9·11테러의 원인에 대한 보다 포괄적이며 심층적인 분석은 다소 미약하다는 점은 아쉬운 점이다. 합당한 처방은 적절한 진단을 필요조건으로 하기 때문이다.

이 논문은 테러의 원인을 미국의 중동정책과 연계시키는 데 있어 다소 소극성을 보이는 전자의 시도, 그리고 그 연계성에 감정적인 측면을 다소 과도하게 부여하는 후자의 시도와는 달리, 양자의 연계성을 체계적이며 객관적인 관점에서 재평가함에, 그리하여 테러는 미국의 중동정책이 낳을 수밖에 없는 부산물이라는 점을 밝히는 데 그 목적이 있다. 이를 위해 이 논문에서는 다음과 같은 몇 가지 의문점들을 구체적으로 다루고자 한다. 그 의문점들의 핵심 요소는 먼저, 미국의 중동지역 개입에 있어 본질적인 동기는 무엇인가, 다음으로 냉전시대와 탈냉전시대를 거치는 동안 미국의 중동정책은 어떠한 방식으로 전개되었으며, 그 특징은 무엇인가, 다음으로, 9·11테러는 미국의 중동정책의 연관성 맥락에서 어떻게 평가될 수 있으며, 향후 미국의 과제는 무엇인가, 마지막으로 미국의 중동정책과 테러의 연관성을 둘러싼 논쟁은 어떻게 전개될 것인가 하는 점이다.

1) 대표적인 시각으로서 테러의 자금 지원을 차단하는 방안 등과 같은 기술적인 측면에 주안점을 두고 있다. 그 대표적인 논문으로서 Sidney Weintraub, "Disrupting the Financing of Terrorism," *The Washington Quarterly* 25, 1 (Winter 2002); James W. Harris, "Building Leverage in the Long War: Ensuring Intelligence Community Creativity in the Fight against Terrorism," *Policy Analysis*, No. 439 (Washington, D.C.: Cato Institute, May 16, 2002)을 들 수 있다.

Ⅱ. 미국의 중동지역 개입 배경

중동지역이 미국으로부터 지리적으로 멀리 떨어져 있음에도 불구하고 미국이 지속적으로 중동지역에 개입하는 이유는 무엇인가? 이러한 물음은 미국이 중동지역에서 갖고 있는 국가이익에 대한 분석과 직접적으로 연관되어 있음은 두말할 필요가 없다. 중동지역에 대한 미국의 국익은 석유와 이스라엘의 안보에 초점을 맞추고 있으며, 미국의 중동정책은 이 지역에 내재적인 미국의 국익에 위협이 되는 요인을 제거하기 위한 노력의 관점에서 이해해야 한다는 점이 전통적인 분석틀로서 알려져 왔다.[2] 냉전시대에 있어 미국은 이 지역에 대한 중대한 위협적 요인으로서 소련을 간주했으며, 그 결과 미국의 중동정책은 세 가지의 주요한 전략적인 목표, 즉 소련에 대한 봉쇄, 석유 및 이스라엘의 안보 확보라는 맥락에서 파악될 수 있다.[3]

먼저, 미국의 중동지역 개입은 중동지역이 소련의 영향권에 들어갈 경우 초래될 수 있는 경제적 및 정치적 위기를 방지함에 그 초점을 두었다는 점을 지적할 수 있다. 소련이 중동지역을 장악한다는 것은 이 지역에서 생산되는 석유에 대한 통제력을 소련이 갖는다는 것을 함축하기 때문에 석유의 가격과 공급량 등에 대한 결정이 소련의 수중에 들어간다는 것을 의미하게 된다. 이렇게 되면 석유에 대한 의존도가 높은 미국 등 서방국들의 경제는 소련에 종속될 수밖에 없으며, 그 결과 중동지역뿐만 아니라 유럽 등에서도 소련의 영향력은 그만큼 증대될 수밖에 없는 상황으로 나아가게 되기 때문에 이러한 점은 미국이 우려하는 최악의 시나리오라고 할 수 있다.

한편 중동지역 내부의 국가들이 석유에 대한 통제력을 행사할 수 있는 경우도 여전히 미국의 관심 대상이 될 수 있지만, 소련과는 달리 이러한 지역국가들은 냉전시대에는 미국에 대항하기에는 그 세력이 미약했다는 점에서 큰 위협요인으로 작용하기는 어려운 실정이었다. 더욱이 이러한 국가들은 석유의 수입에 의존하여 낙후된 경제를 발전시켜야 하고 군사무기도 구입해야 하는 등 서

---

2) Richard Hermann, "A Political Strategy for U.S. Middle East Policy," in Eugene R. Wittkopf, ed., *The Future of American Foreign Policy* (New York: St. Martin's Press, 1994), pp. 219-220.

3) 이러한 목표들은 상호 보완적이라기보다는 본질적으로 상충적인 측면을 가지고 있으며, 그 결과 미국의 중동정책에 일관성의 결여를 초래했다는 점에서 테러와 미국의 중동정책의 연관성을 밝히는 데 유용한 분석틀로서 사용될 수 있다. Herrmann (1994), p. 221.

방국들로부터 금융 및 통상의 의존도가 높기 때문에 석유가격의 상승을 무기로 미국 등 서방국들에 대항하기에는 한계가—적어도 이론적으로는—있다고 할 수 있다.4) 그렇지만 중동지역 내에서 석유를 무기화하는 상황이 현실화될 경우 이스라엘과 친미적인 아랍국가들은 직접적인 타격을 받을 수 있기 때문에 중동지역이 소련이나 친소 아랍국들의 영향력에 들어가는 것은 미국의 입장에서는 반드시 회피되어야 할 상황임에는 분명하다고 할 수 있다.

이와 더불어 미국의 중동지역 개입은 소련의 봉쇄라는 세계적인 전략의 일환으로서 해석될 수 있다. 유럽에서 구성된 북대서양조약기구(NATO)와 같이 미국은 중동지역에서도 유사한 기구를 창설하여 소련의 팽창에 대항할 필요성을 느끼고 있었다. 그러나 아랍국가들은 중동지역 안보의 주요한 위협 요인을 소련으로 보기보다는 이스라엘이라고 간주하고 있다는 점에서 볼 때 '50년대에 미국이 주도한 중동방위기구와 같은 조직은 중동지역 내에 있는 가맹국들로부터 전폭적인 지지를 받기가 곤란한 입장이었으며, 오히려 소련이 중동지역에 만연한 이러한 반이스라엘 분위기에 편승하여 영향력을 확장시켰다고 할 수 있다.5)

중동지역의 국가들은 유럽의 식민지 시절을 겪었기 때문에 프랑스와 영국 등 서방국들에 대하여 강한 반감을 가지고 있었다. 따라서 이러한 민족주의 의식이 이스라엘을 지원하는 미국에 대하여도 유사하게 적용된 것은 두말할 필요가 없다. 그 결과 이집트, 시리아, 이라크 등 아랍 국가들은 소련과의 관계를 공고히 하게 되었으며, 소련은 그 국가들에 무기를 제공하고 시오니즘을 비난하며 그리고 중동지역의 평화 분위기보다 적절한 긴장상태를 유지함으로써 자신의 영향력을 높일 수 있는 기회를 갖게 되었다.6) 이러한 관점에서 볼 때 이스라엘의 안보와 아랍국들의 민족주의 경향을 동시에 충족시키려는 미국의 시도는 본질적으로 이율배반적인 태도임이 명백했다.

그렇지만 중동지역에서 반미 민족주의 경향의 증폭이 반드시 소련의 영향력 강화로 이어지지 않는다는 점을 염두에 둘 필요가 있다. 아랍 민족주의와 공

4) Herrmann (1994), p. 220.

5) Steven L. Spiegel, *The Other Arab-Israeli Conflict: Making America's Middle East Policy, from Truman to Reagan* (Chicago, IL.: The University of Chicago Press, 1985), pp. 61-66.

6) Bard E. O'Neill, "The United States and the Middle East: Continuity and Change," in Howard J. Wiarda, ed., *U.S. Foreign and Strategic Policy in the Post-Cold War Era: A Geopolitical Perspective* (Westport, Conn.: Greenwood Press, 1996), pp. 118-120.

산주의가 상호 융화되지 않는다는 점을 고려해 볼 때 소련과 아랍국들의 친밀성에도 한계가 있었음이 분명하다. 이러한 시각은 중동지역에서 전개된 미국과 소련 간의 갈등은 양국의 영향력 확보라는 지정학적인 요인뿐만 아니라 중동지역 내부의 국가들 간에 드러난 정치적 요인에 의해서도 이해될 필요가 있다는 것을 보여준다고 할 수 있다.[7]

다음으로, 석유의 안정적인 확보를 위하여 미국은 중동지역에 개입하지 않을 수 없었으며, 이러한 요인은 소련에 대한 봉쇄정책을 추진한 하나의 계기가 되었다는 점을 지적할 필요가 있다. 영국은 20세기에 들어서면서 중동의 석유가 가지는 군사적 및 경제적 가치를 인정한 반면, 미국은 제2차 세계대전이 발발해서야 비로소 석유의 전략적이며 안보적인 중요성을 인정하게 되었다. 미국은 제2차 세계대전을 치르기 위해서 그리고 전후의 경제발전을 위해서 석유에 대한 필요성을 인식하였지만 석유가격이 상대적으로 저렴했기 때문에 석유는 미국의 안보정책에 있어 그 중요도가 높지 않았다고 할 수 있다.

그러나 미국은 1970년대에 들어서면서 석유의 총사용량 중에서 반 이상을 수입에 의존하고 있으며, 더욱이 그 수입의 반 이상이 중동지역으로부터 제공된다는 사실을 인식하고 중동지역에 대한 관심의 수준을 증대시켰다. 사실상 1970년대 초반까지 중동지역의 석유가격이 1배럴에 2달러 정도의 수준을 유지했기 때문에 미국의 중동정책은 이 정도 수준의 석유를 안정적으로 공급받는 데 초점을 맞추게 되었다. 이러한 맥락에서 1970년대 이후에 진행되었던 미국의 중동정책은 석유의 가격과 공급량에 부정적인 영향을 주는 요소들을 제거하기 위한 시도, 즉 소련의 패권이나 산유국들의 국유화 정책 등을 방지하기 위한 노력에 그 핵심적인 관심을 두었으며, 그 결과 이러한 미국의 시도는 중동지역에 테러의 씨앗을 뿌리는 결과를 낳게 되었다고 할 수 있다.

1970년대 들어서면서 석유에 대한 수요가 증가하고 몇몇 산유국들의 국내적 요인으로 인하여 석유가격은 1970년대 후반에 1배럴당 35달러 정도로 폭등하게 되었다. 이러한 현상은 1973년에 발발한 아랍-이스라엘 전쟁이 아랍국들을 단합시키는 계기를 제공함으로써 아랍국들이 미국 등 서방국에 대항하기 위한 수단으로써 석유를 무기화했던 결과였던 것이며, 1979년에 발생한 이란의 혁명

7) Michael C. Hudson, "To Play the Hegemon: Fifty Years of US Policy toward the Middle East," *Middle East Journal* 50, 3 (Summer 1996), pp. 330-332.

은 석유가격을 다시금 상승시키는 역할을 했다.

1980년대 중반에 들어서면서 석유가격이 폭락함에 따라 미국은 중동지역의 석유가격의 무기화에 큰 영향을 미치는 외부적 요인인 소련 및 내부적 요인인 이란이 중동지역의 패권국가로 재등장하는 것을 막기 위해 중동지역의 안정을 모색하였다. 미국이 1980년대 들어 8년간 진행되었던 이란-이라크 전쟁에서 이라크를 지원한 이유는 이러한 배경에서 찾을 수 있으며, 결국 1980년대 후반에 들어서면서 이라크가 이 지역의 패권국가로 등장하는 결과를 낳게 되었다.

1990년대 초반에 이라크에 의해 야기된 걸프전의 발발은 석유의 안정적인 공급을 바라는 미국의 중동정책도 부분적인 책임이 있다는 시각은 중동지역의 세력균형과 관련하여 이러한 역설적인 측면을 반영하고 있다고 할 수 있다.

마지막으로, 미국의 중동지역 개입은 이스라엘에 대한 미국의 지지라는 측면에서 그 핵심적인 특징을 발견할 수 있다. 미국은 1940년대 후반에 이스라엘의 승인을 앞두고 심각한 논란에 빠졌다. 미국 내의 유태인들은 이스라엘의 지지를 주장한 반면 국무성과 국방성 등 관료들은 이스라엘을 지지할 경우 미국의 국익에 초래될 수 있는 부정적 영향을 우려했다.[8] 다시 말해서, 이스라엘에 대한 미국의 지지는 아랍국들의 반발을 불러일으킴으로써 중동지역의 긴장을 초래하게 되며 그 결과 초래될 것이 명백한 미국과 아랍국들 간의 관계 악화는 소련에 의해 이용될 소지가 많다는 것이다. 그러나 당시에는 중동지역의 석유가 갖는 중요성은 미약했으며 소련이 중동지역을 완전히 장악할 수 없을 것이라는 관점에서 트루먼 대통령은 이스라엘을 지지하는 방향으로 결정을 내렸다.[9] 사실상 이러한 논쟁은 1917년에 선포된 발포어선언[10]에 대하여 상·하 양원이 공동결의문으로써 지지를 표명했던 당시에 국무성이 그 결의문의 구속력을 거부했을 때 이미 시작되었다고 해도 과언이 아니라고 할 수 있다.

---

8) Spiegel (1985), pp. 30-35.

9) 미국의 이스라엘 승인은 외교정책의 결정에 있어 국내적 요인의 중요성을 강조한 사례로 설명될 수 있다. 한편 외교정책, 특히 전쟁의 결정요인으로서 세력균형의 중요성을 강조하는 현실주의 학파와 국내적 요인의 중요성에 비중을 두는 자유주의 학파 간의 갈등은 탈냉전시대에도 지속되고 있다. Joseph S. Nye, Jr. "Conflicts after the Cold War," *The Washington Quarterly* 19, 1 (Winter 1996), pp. 6-7.

10) 발포어선언(Balfour Declaration)은 당시 영국의 외상이었던 발포어가 팔레스타인 지역에 유태인의 국가 건설을 인정한다는 점을 핵심 요소로 하고 있으며, 이 점은 중동분쟁의 주요한 원인으로서 분석되고 있다. 홍순남, 『중동정치 질서의 이해』(한국외국어대학교 출판부, 1997), 15-16면.

그러나 전세계적인 냉전이 심화되면서 중동지역이 동·서 간의 영향력 확보를 위한 중심적인 지역으로 등장함에 따라 중동지역에서 이스라엘의 전략적인 중요성은 새롭게 인식되었다. 특히 1955년 이집트에 무기를 공급하는 협정을 체결함으로써 이 지역에서 영향력을 확보하려는 소련의 의도는 명백히 드러났으며, 더욱이 이 당시에 이집트의 나세르 대통령이 사회주의자로 의심을 받고 있던 상황이었기 때문에 미국의 우려는 더욱 심각하게 되었다. 그럼에도 불구하고 미국은 중동지역에서 소련의 팽창주의적인 시도에 대하여 비군사적인 수단, 특히 외교에 의지할 수밖에 없었다. 왜냐하면 그 당시 중동지역의 주요한 세력은 프랑스와 영국이었으며, 전자는 이스라엘에 대한 무기의 주요한 공급국이었던 반면 후자는 페르시아만의 안보를 책임지고 있었기 때문이다.

중동지역에서 프랑스와 영국의 영향력은 1956년의 수에즈 위기를 겪으면서 점차 약화의 길을 걷게 되었으며, 마침내 1967년 아랍과 이스라엘 간의 6일전쟁은 미국, 영국 그리고 프랑스 간에 이루어졌던 역학관계를 역전시키는 계기를 마련했다.[11] 프랑스의 드골 대통령은 이스라엘의 기습적인 공격에 대하여 불만을 표시하고 군사원조를 중단하는 조치를 취했으며 대신 미국이 그 틈새를 파고들면서 이스라엘의 주요한 무기공급국으로 자리를 차지하게 되었다. 6일전쟁 이후에 미국의 존슨 대통령은 이집트가 주도하는 친소 아랍동맹국들에 대항하여 이스라엘과 전략적인 동맹관계를 맺었다. 반면 소련은 이스라엘의 시오니즘을 비난하면서 아랍국들에 무기를 공급함으로써 영향력을 더욱 확고히 굳히게 되었다. 결국 1967년의 6일전쟁은 중동지역의 세력균형을 이스라엘을 지원하는 미국, 그리고 이집트, 시리아, 이라크를 지원하는 소련으로 양극화시켰던 역할을 한 셈이다.

이러한 점에서 볼 때 이스라엘에 대한 미국의 굳건한 지지는 사실상 1967년 아랍-이스라엘의 6일전쟁이 발발되기 전까지는 이루어지지 않았다는 것을 알 수 있다. 6일전쟁에서 아랍국들에 비해 이스라엘이 보유한 군사력의 강력함을 확인한 이후 미국의 국무성과 국방성 등의 관료들은 이스라엘이 중동지역에서 미국의 국익에 부담이 되지 않을 것이라는 확신을 가지게 되었다. 이로써 이스라엘에 대한 지지는 미국 내의 유태인들뿐만 아니라 일반 여론으로부터도 인정을 받게 되었으며 미국의 중동정책에 있어 굳건한 기반을 형성하게 되었다.

11) Spiegel (1985), pp. 153-158.

한편 1960년대 후반에 영국이 페르시아만으로부터 대부분의 군사력을 철수시킴에 따라 이 지역의 세력은 진공상태에 놓이게 되었다. 석유의 안정적인 확보에 초미의 관심을 보였던 미국은 이러한 전략적인 공백을 메우기 위하여 그리고 소련의 팽창을 저지하기 위하여 사우디아라비아와 이란에 의존하는 이른바, '양 기둥'정책을 추진하게 되었다. 냉전시대에 석유를 확보하기 위한 미국의 관심과 그 영향을 구체적으로 분석하기 위해서는 이른바 '양 기둥'(Twin pillars) 정책이라고 불리는 미국의 중동지역 개입방식을 검토할 필요가 있다. 왜냐하면 이 정책은 1970년대의 미국 중동정책을 특징지우고 있음에도 불구하고 1990년대의 탈냉전시대를 거쳐 지난 해 발생한 9·11테러에 이르기까지 그 영향력을 크게 미치고 있기 때문이다. '양 기둥' 정책은 1970년 닉슨 행정부에 의해 고안된 방안으로서 미국이 사우디아라비아와 이란을 중동의 친미 핵심세력으로 적극 지원하여 이들로 하여금 이집트, 시리아, 이라크 등 중동지역의 반미, 반서방 세력에 대항하게 함으로써 미국의 국익을 유지하려는 시도로써 일종의 세력균형 정책이라고 할 수 있다.[12)]

이러한 접근방안은 특히 이란에 대한 막대한 군사무기의 공급을 필요로 했으며, 그 효과는 1970년대 후반에 이란의 '샤' 정권이 회교 근본주의자들에 의해 축출되기 전까지 성공적으로 달성되었다. 새롭게 탄생한 이란의 정권은 미국뿐만 아니라 소련, 이스라엘 그리고 이라크의 세속주의까지 비판했다. 이라크의 전복을 공공연히 요구했던 이란은 결국 이라크와의 8년전쟁으로 치닫게 되었으며, 이 과정에서 미국은 이라크를 지원하게 되었고 그 전쟁은 어느 측에도 큰 이득을 주지 못하고 종결되었다. 미국의 이라크 지원은 중동지역에 이란의 지원을 받는 회교 근본주의가 전파되는 것을 방지하고 소련의 팽창을 막고자 하는 이중적인 동기에 의해 이루어졌다.

그러나 1970년대에 이루어진 미국의 이란 지원은 결과적으로 중동지역에서 이란이 군사적 강국으로 등장하는 데 기여했을 뿐만 아니라 회교 근본주의가 뿌리를 내릴 수 있는 기반을 조성했으며, 그리고 1980년대에 시도된 미국의 이라크 지원은 결과적으로 이라크의 군사력을 강화시킴으로써 1990년대 초반에 이루어진 이라크의 쿠웨이트 침공으로 이어지게 했다. 이러한 맥락에서 볼 때,

12) Steven L. Speigel, *The Other Arab-Israeli Conflict: Making America's Middle East Policy from Truman to Reagan* (Chicago, Il.: University of Chicago Press, 1985), pp. 171-173.

중동지역에서 추구했던 소련의 봉쇄와 석유의 안정적 확보라는 미국의 국가이익은 세계적인 관점에서 어느 정도 성공을 거두었을지는 몰라도 지역적으로는 막대한 부작용을 발생시켰다. 중동지역의 석유 통제권을 확보하려는 미국의 시도는 중동지역에서 테러의 씨앗을 뿌리는 결과를 낳은 셈이다.

한편 1967년의 6일전쟁의 결과 이스라엘이 획득한 영토의 반환과 관련한 문제는 미국 내에서 다시금 논쟁의 쟁점으로 부각되었다. 6일전쟁에서 획득한 영토는 이스라엘의 안보에 필수적이기 때문에 반환될 수 없다는 주장을 이스라엘이 견지했기 때문에, 아랍국들은 상실한 영토의 회복을 위하여 또 다른 전쟁을 감행할 가능성이 있다는 관점에서 그 영토는 중동지역의 불안정성을 가속화시킬 수 있는 요인으로서 등장했다. 따라서 중동지역의 평화와 영토를 상호 교환해야 된다는 주장이 미국측으로부터 제기되었으며, 이러한 주장은 이스라엘의 불만을 야기시킴으로써 미국·이스라엘의 관계를 악화시키는 요인으로서 작용했다.[13] 사실상 1973년에 발발한 아랍-이스라엘의 10월전쟁은 1967년의 6일전쟁에서 잃어버린 영토를 회복할 목적으로 이집트의 기습공격에 의해 발발한 것으로, 당시 군사력이 상대적으로 열세였던 이집트가 이스라엘을 상대로 전쟁의 승리에 대한 확신이 없는 상황임에도 불구하고 아랍국들의 자존심 회복을 위하여 전쟁을 감행할 정도로 잃어버린 영토의 회복에 대한 아랍국들의 관심이 지대했다는 점을 상징적으로 보여 주었다.[14]

한편 이스라엘의 안보가 강화되면 될수록 아랍·이스라엘의 관계는 더 악화되는 악순환의 상태가 지속되었기 때문에 미국은 이러한 딜레마를 벗어나기 위해 아랍·이스라엘의 관계 개선을 주선함으로써 이스라엘의 안보를 달성함과 아울러 중동지역의 긴장도 완화시키는 방향으로 중동정책을 수정하게 되었다. 아랍·이스라엘의 10월전쟁 이후에 닉슨 대통령은 미국·이집트 관계를 재정립함으로써 이집트·이스라엘 간의 화해를 위한 기반을 조성했다. 1970년대 후반에 카터 대통령의 주선으로 이집트·이스라엘 간에 체결된 캠프데이비드 협정은 이러한 맥락에서 파악할 수 있다. 이 협정을 통해서 이집트는 미국의 경제적 원조뿐만 아니라 1967년의 6일전쟁에서 잃었던 영토인 시나이 반도를 돌려받는

13) 이러한 영토의 반환과 관련한 미묘한 문제는 탈냉전시대에도 여전히 미국·이스라엘의 관계를 긴장 속으로 몰고가는 역할을 하고 있다. Herrmann (1994), p. 220.

14) Trevor N. Dupuy, *Elusive Victory: The Arab-Israeli Wars, 1947-1974* (New York, N.Y.: Harper & Row, 1978), pp. 388-390.

이득을 얻은 반면, 반미 아랍국들로부터 변절자라는 비판을 받음으로써 아랍권의 지도자 위치를 상실하는 손실을 입게 되었고, 이스라엘은 이집트와 관계를 개선함으로써 안보에 대한 위협을 감소시키는 효과를 얻는 외에 중동지역의 패권국으로 등장할 수 있는 기반을 마련했으며, 미국은 이스라엘의 안보를 보장받은 외에 아랍권의 단결을 부분적으로 와해시켰을 뿐만 아니라 중동지역에서 소련의 역할을 주변부화시키는 효과도 보게 되었다.[15]

그러나 캠프데이비드 협정의 체결에도 불구하고 아랍·이스라엘의 갈등은 부분적인 해결에 그쳤으며, 더욱이 팔레스타인 문제는 여전히 해결되지 않은 채로 남아 있게 됨으로써 중동지역의 불안정성은 냉전의 종식 이후에도 지속되었다. 여기서 주목을 받을 만한 점은 미국의 정책결정자들은 아랍·이스라엘의 전쟁과 냉전의 구별에 소홀한 나머지 이스라엘과 서방국들에 대한 아랍국들의 증오심을 중동지역에 내재하는 요인들의 산물로서 이해하지 않고 소련이 사주한 것으로 간주하는 오류를 범했다는 사실이다.[16] 이러한 왜곡은 아랍·이스라엘의 전쟁에 대한 해결책을 어디서부터 찾아야 하는지를 묵시적으로 보여 준다고 할 수 있다.

마지막으로, 1990년대 초반에 미국이 걸프전에 개입한 이유로서 국제법과 인권의 중요성을 제시했다는 점은 관심 있게 분석될 필요가 있다. 왜냐하면 이러한 원칙들은 미국의 외교정책이 일관성 있게 적용되지 않았다는 비판을 받기에 충분했기 때문이다. 걸프전에서 이라크는 미국이 보여준 이중적인 기준(미국은 이라크와 관련한 유엔 결의문을 이행하기 위하여 무력을 사용하는 반면, 이스라엘과 그 점령지구와 관련한 결의문에 대해서는 전혀 이행의 의지가 없거나 심지어 그 결의문을 이행하는 유엔의 활동을 방해하기까지 한다는 점)을 비난했다. 한편 1970년대 후반에 이란의 '샤' 정권이 행한 인권의 남용에 대하여 미국의 보여준 소극적 태도는 이러한 원칙들이 미국의 중동정책에 있어 결정적인 요인이 되지 못한다는 선례를 남겼다. 국제법과 인권에 대한 미국의 일관성 없는 태도는 석유의 확보와 이스라엘의 안보에 대한 미국의 이해관계가 국제법과 인권에 대한 원칙보다 우선한다는 인식을 아랍국들에 제공했다. 다시 말해서 미국의 중동정책이 아랍 민족

15) Hudson (1996), pp. 335-336.

16) Bard E. O'Neill, "The United States and the Middle East: Continuity and Change," in Howard J. Wiarda, ed., *U.S. Foreign and Strategic Policy in the Post-Cold War Era: A Geopolitical Perspective* (Westport, Conn.: Greenwood Press, 1996), pp. 118-119.

주의자들과 회교 근본주의자들의 입지를 약화시키기보다는 오히려 강화시켜 주는 역할을 함으로써 탈냉전시대의 중동지역에서 미국의 국익에 대한 새로운 위협 요인이 부상하는 계기를 마련해 주었다.

결국 국제법 및 인권과 관련하여 드러난 일관성 없는 미국의 중동정책은 미국이 중동지역에 관여한 목표들 간의 상충성, 즉 석유와 이스라엘의 안보는 양립되기 어렵다는 점에 기인하는 것이라고 볼 수 있다.[17] 석유의 가격과 공급량을 안정적으로 확보할 목적으로 산유국인 아랍국들에 대하여 제공되는 미국의 군사적 지원은 이스라엘의 안보에 위협을 줄 뿐만 아니라 이스라엘의 안보를 확보하기 위하여 미국이 이스라엘에 대하여 제공하는 경제적 및 군사적 지원은 아랍국들의 비난을 면할 수 없다는 점에서 미국의 중동정책은 본질적으로 이중적인 특징을 갖고 있을 수밖에 없다.

이러한 시각은 중동지역에서 미국이 추구하는 목표가 상호 배타적이 아니라 연관성을 내포하고 있기 때문에 동시에 추진되기에는 한계점이 있다는 점을 반영하고 있다. 이처럼 미국의 중동정책이 상호 상충되는 목표들을 추구하는 한 중동지역의 항구적인 평화를 달성하는 문제, 즉 아랍·이스라엘의 분쟁과 팔레스타인 문제의 본질적인 해결은 탈냉전시대에도 여전히 달성하기 어려운 과제로 남을 수밖에 없다.

Ⅲ. 테러의 원인으로서 미국의 중동정책

서로 상충된 측면을 가진 목표들을 추구하는 미국의 중동정책으로 인한 부작용은 탈냉전시대에 들어서면서 구체화되었다. 아랍권의 불만은 테러의 형태로 곳곳에서 분출되었으며, 그 가운데 대부분은 중동지역 내에서 이루어진 반이스라엘의 테러였음에도 불구하고 미국의 중동정책에 대한 실망과 불신이 큰 영향을 미쳤음은 부인하기 어렵다. 더욱이 냉전의 종식 이후 미국의 중동정책은 그 이전과는 달리 중동지역에 대한 관심을 정도와 폭을 상대적으로 감소시켰으며, 그 방식마저도 군사적인 측면에만 의지함으로써 중동지역 내에서 잉태되고 있었던 회교 근본주의 세력을 더욱 강화시키는 결과를 낳았다.[18] 이러한

17) O'Neill (1996), pp. 122-123.
18) Rachel Bronson, "Beyond Containment in the Persian Gulf," *Orbis* 45, 2 (Spring 2001), pp.

관점은 탈냉전시대에 들어서면서 중동지역에 대한 미국의 정책 변화 배경에 대한 분석을 우선적으로 필요로 한다.

냉전의 종식으로 인하여 미국의 중동정책에 있어 큰 변수였던 소련이 사라짐에 따라 미국은 중동지역의 유일한 강대국으로 부상하게 된 반면, 반미 아랍국들은 구심점을 잃게 되었다. 중동지역에서 미국의 정책에 대한 유일한 도전세력이었던 이라크의 경우 무기 구입의 원천이었던 소련을 잃게 되었으며, 걸프전의 패배로 군사력이 현저히 약화되었다. 더욱이 이라크는 석유의 수출량을 제한적으로 인정받고 있으며 미국에 의해 설정된 남부 및 북부의 비행 금지선은 여전히 존속되고 있고, 핵무기 및 생화학 무기의 개발과 관련하여 유엔의 사찰을 받고 있다는 점에서 이라크는 상당 기간 동안 중동지역의 정치에서 제한적인 역할을 할 수밖에 없다. 한편 이란은 걸프전에서 중동지역의 경쟁국이었던 이라크가 패배함으로써 다시 한번 중동지역에서 지도적 위치를 회복할 수 있는 기회를 갖게 되었지만, 미국의 세력에 대항하기 위한 군사력 및 경제력은 여전히 열세를 유지하고 있다.

냉전 이후 중동지역에서 진행되고 있는 이 같은 질서의 재편으로 말미암아 미국의 관심은 핵무기 및 생화학 무기 등과 같은 대량파괴무기(WMD)의 개발과 이 지역에로 그 기술의 반입을 금지할 수 있다면 중동지역에서 미국의 국익은 보장될 것이라는 방향으로 옮겨지게 되었다. 그러나 핵무기를 보유하고 있는 것으로 의심을 받고 있는 이스라엘이 핵확산금지조약(NPT)에 서명을 하지 않고 있으며 아랍국들은 이 조약에 이미 가담했다는 점에서 미국의 정책은 현실성을 잃은 것으로 지적되었다. 이스라엘은 핵확산금지조약에 가입하지 않음으로써 핵무기 개발의 가능성을 항상 보유하게 되고, 이러한 사실은 앞으로 있을 분쟁의 발발과 관련하여 아랍국들에 대한 억지의 효과가 있다는 점을 강조하고 있다.

그러나 미국의 딜레마는 아랍국들의 핵무기 보유 금지를 위한 사전 조치로써 핵무기를 포기하도록 이스라엘을 설득해야 한다는 점에 있다.[19] 아랍국들은 이스라엘이 핵무기를 보유를 포기하지 않는 한 대량파괴무기의 보유를 금지하는 조약에는 가담할 수 없다고 주장하고 있기 때문이다. 이러한 점에서 볼 때, 이스라엘의 핵무기 보유를 사실상 인정하는 것과 맞먹을 정도로 아랍국들에 상

196-198.

19) Herrmann (1994), p. 224.

당한 정도의 정치적 및 경제적 대가를 제공하지 않고서는 상당 기간 동안 중동지역에서 대량파괴무기의 금지를 추구하는 미국의 의도는 실현되기 어려운 실정인 셈이다.

탈냉전시대에 접어들면서 중동지역의 군사력에 의한 충돌 가능성은 줄어들었음에도 불구하고 이 지역 내의 국가들 간에 안보 딜레마는 본질적으로 해결되지 않았다는 점에서 군비경쟁의 유혹이 다시 등장할 가능성을 배제할 수 없다. 동·서 간의 이념적인 갈등이 사라지면서 중동지역은 외부세력에 의존하지 않고 군비축소의 방안보다는 독자적으로 억지력을 확보하려는 경향을 보이고 있다. 따라서 중동지역에서 대량파괴무기를 제거하려는 미국의 정책은 이스라엘의 독자적인 핵무기 보유 인정 문제와 팔레스타인 문제 등 아랍·이스라엘 간의 본질적인 이슈에서 이스라엘의 정치적 양보를 이끌어 냄으로써 아랍국들에 신뢰를 주어야 한다는 점에서 심각한 곤란을 겪고 있다고 할 수 있다.

탈냉전시대에 있어 미국의 중동정책은 냉전시대의 그것과 비교해 볼 때 중동지역의 중요성이 상대적으로 미약해졌다는 것을 특징으로 지적할 수 있다. 미국은 자국의 군사력에 기반을 두고 국제적으로는 외교적 및 경제적 제재를 통해 이라크와 이란을 약화시키는 동시에 이스라엘 및 중동지역의 평화 정착의 과정에서 전략적 동반자로서 역할을 한다는 내용으로 요약될 수 있다.[20] 이러한 '이중적인 봉쇄' 원칙은 과거와는 달리 미국의 일방적인 행동으로 중동지역의 위협 세력에 대항하는 것이 아니라, 미국의 주도적인 역할은 인정하지만 지역적인 군사적 및 외교적 연합으로 접근하겠다는 것을 보여주고 있다. 냉전기간 중에는 중동지역과 관련한 원칙의 선언은 대부분 미 의회의 연설에서 공식적으로 이루어진 반면, 클린턴 행정부의 중동정책은 비공식적으로 선언되었다는 점은 중동지역의 문제는 더 이상 미국의 일차적인 관심의 대상에서 벗어났다는 것을 함축했다.[21]

냉전의 종식 이후에 중동지역에서 소련의 영향력이 소멸되었고 아랍권 내

20) Leon T. Hadar, "America's Moment in the Middle East," *Current History* 95 (January 1996), p. 2.

21) 클린턴 대통령은 1993년 후반에 일본을 방문한 자리에서 신태평양공동체의 구상을 밝힘으로써 중동지역의 군사적 개입에 따른 비용을 최소화하면서 태평양지역에 대한 경제적 이득의 극대화에 관심을 표명했다. 이러한 사례는 미국의 외교정책이 그 초점을 중동지역 대신 태평양지역으로, 그리고 그 수단을 군사력 대신 경제력으로 전환했다는 것을 상징적으로 보여주었다. Hadar (1996), pp. 2-3.

부가 분열되었으며 세계적인 관점에서 이스라엘과 아랍권이 가졌던 전략적인 중요성이 약화되었다. 이로써 아랍·이스라엘의 분쟁이 재연되더라도 강대국간의 확전으로 비화될 가능성이 희박해졌고, 석유의 무기화 조치가 재연될 가능성도 약화되었으며, 그리고 이스라엘의 안보에 심각한 위협으로 부각될 가능성도 줄어들었기 때문에 미국은 아랍·이스라엘의 분쟁을 이스라엘과 팔레스타인 간의 영토를 둘러싼 갈등의 차원에서 이해하고 있을 뿐이다. 이와 더불어 중동지역의 문제에 대한 미국의 소극적 태도는 아랍·이스라엘의 분쟁이 갖는 지역적 성격을 강조함으로써 오히려 중동지역의 평화 정착에 기여할 것이라는 판단도 가능하다고 할 수 있다.[22)]

이러한 '이중적인 봉쇄' 원칙은 미국의 외교적 및 군사적 자원을 최소한으로 투자하면서 중동지역에서 유일한 패권국가로서 이스라엘 및 친미 아랍국들의 안보를 굳건히 보호할 수 있는 '저비용' 전략에 기반을 두고 있다는 점에서 관심의 대상이 된다고 할 수 있다. 최소한의 투자로 최대한의 효과를 얻고자 하는 경제학적 원리가 국제정치에도 그대로 적용된다는 것은 흥미로운 일임에 틀림없다. 이라크에 대하여 이따금씩 군사적 및 외교적 시위를 시도하고 경제적 봉쇄를 통한 압력을 지속적으로 가함으로써, 그리고 이란에 대하여 통상 금지를 통한 고립화를 강요함으로써 미국은 탈냉전시대에 들어서면서 이미 그 세력이 위축된 양국에 그 회복의 속도를 더디게 하는 효과를 보고 있다.

그러나 탈냉전시대에 들어서면서 미국이 보여 주었던 중동지역에 대한 상대적 무관심과 군사력에 의한 중동지역 통제력은 중동지역의 본질적인 문제를 해결하는 데 기여하지 못하고 중동지역 내의 갈등을 더욱 악화시키는 부작용을 낳았으며, 그 결과 1990년대 후반에 들어서면서 이스라엘에 대한 자살폭탄의 테러가 만연하고 특히 1998년 8월 케냐 주재 미국 대사관 및 2000년 11월 미군 함정 콜(Cole)호가 직접적인 테러의 공격 대상이 되는 상황으로 이어졌다. 이처럼 테러는 그 파괴력의 면에서 이전과는 다른 성격을 가진 '새로운 테러리즘'이 이미 싹트고 있었다는 점을 보여 주었다. '전통적인 테러리즘'은 민족적 및 이념적

22) 1970년대 후반에 체결된 캠프데이비드 협정과 마찬가지로, 이스라엘·시리아의 평화조약이 체결될 수 있도록 미국의 대통령이 직접 주선할 것을 이스라엘과 아랍국들이 1990년대 초반에 요청했을 때 클린턴 행정부가 거절하고, 대신 크리스토퍼 국무장관이 나서도록 한 것은 이러한 맥락에서 이해될 수 있다. Hadar (1996), pp. 3-4.

인 측면이 강하고 조직의 체계가 잘 갖추어져 있으며 특정 국가와의 연계성이 부각되는 반면, 새롭게 등장한 테러는 조직의 규율은 다소 느슨하지만 종교적인 성격이 강하며 파괴력이 훨씬 강력한 특성을 보이고 있다.[23)]

1990년대 들어서면서 중동지역에서 새로운 테러 행위가 등장했다는 점은 테러와 미국의 중동정책의 연관성의 맥락에서 심도 있게 분석될 필요가 있다. 봉쇄정책이 성공을 거두기 위한 조건은 동맹국들의 적극적인 지원임은 이미 냉전시대의 대소련 봉쇄정책을 통하여 이미 입증되었다. 냉전시대의 미국은 비록 군사적인 수단에 의해 봉쇄정책을 추진했음에도 불구하고 주변국들에 정치적 및 경제적 지원을 제공한 대가로 대소련 봉쇄정책을 성공적으로 수행할 수 있었다. 그러나 중동의 봉쇄정책은 주변국들에 대한 정치적 및 경제적 지원이 미미한 실정에서 수행되었으며, 그 결과 성공적인 성과는 애초부터 기대하기 어려운 실정이었다. 미군 함정 콜호의 사례가 보여 주듯이 주변국들의 지원이 있었더라면 미국의 군사력에 대한 성공적인 테러는 달성하기 어려웠을 것이다.[24)] 미군은 10여년간 중동지역에 주둔하고 있었음에도 불구하고 주변국들로부터 공식적인 지원을 받지 못하고 있다.

그 이유를 어떻게 분석할 수 있을까? 먼저, 미국은 주변국들이 처한 당면과제인 사회적 및 경제적 국내문제를 적절히 다루지 못했다는 점을 지적할 필요가 있다. 중동지역 국가들은 대부분 인구증가에 따른 실업, 불안정한 유가로 인한 낮은 경제성장률, 외채 등의 문제에 직면해 있다. 그 가운데 젊은층의 실업문제는 심각한 실정이다. 사우디의 경우 15세 전후의 젊은층이 인구의 약 반을 차지하고 있으며, 2000년 기준의 실업률은 약 27%에 달한다는 연구보고서도 있다.[25)] 헌팅턴(Samuel Huntington)도 향후 문명들 간의 충돌을 예측하면서 가장 중요한 변수로서 회교 문명권에서 발생하는 젊은층의 대규모 실업으로 인한 이슬람권의 공격성을 지적했다.[26)] 그리고 석유가격의 불안정성도 실업문제 못지않게 크게 부각되고 있다. 낮은 석유가는 이 지역의 경제성장을 더디게 하는 효과

23) 새로운 테러리즘은 '종교적 테러리즘'이라 불리고 있으며, 자발적인 희생이 성전의 관점에서 미화되고 있기 때문에 1990년대 들어서면서 테러행위의 수적 증가는 감소함에도 불구하고 질적으로 엄청난 파괴력을 지니고 있다. Bruce Hoffman, "Lessons of 9/11," CT-201 (Santa Monica, CA.: RAND, October 2002), pp. 1-5.

24) Bronson (2001), p. 194.

25) Bronson (2001), p. 197.

26) 새뮤얼 헌팅턴, 이희재 옮김, 『문명의 충돌』 (김영사, 1997), 352-355면.

를 가져왔다.[27] 높은 석유가는 서유럽 등 중동지역 이외의 국가들에 부담을 가져오는 반면 낮은 석유가는 중동지역 내의 국가들에는 경제적 어려움을 가중시키는 역할을 하고 있는 셈이다. 석유가를 둘러싼 제로섬 게임이 진행되는 듯하다. 이런 상황에서 1970년대 두 번에 걸쳐 보여 주었던 석유무기화와 같은 방안이 마련되지 않으면 중동지역의 국가들은 손해를 감수할 수밖에 없을 것이다.

이러한 국내적 어려움을 극복하지 못할 경우 중동지역의 국가들이 미국의 봉쇄정책에 적극적으로 참여하기는 어려운 실정임은 분명하며, 더욱이 회교 근본주의 세력에 의해 정권이 전복되는 경우도 실현 가능성은 미약하지만 고려의 대상이 될 수 있다. 만약 새로운 급진정권은 미군의 철수를 요구하거나 그 지역에 있는 미국의 인적 및 물적 재산을 침해할 수 있다. 혹은 그렇게까지 가지 않더라도 현재의 친미정권이 반미노선을 추구하는 세력들의 영향을 받아 미국의 봉쇄정책에 소극적으로 대응하여 그 효과를 감소시킬 가능성은 충분히 있다.

그럼에도 불구하고 미국이 군사력에만 의존하는 봉쇄정책을 추진한 이유는 무엇인가? 여기서 미국이 중동지역에 개입한 이유로 되돌아갈 필요가 있다. 1990년대 들어서면서 소련의 봉쇄 문제는 이미 냉전의 종식과 더불어 해결되었기 때문에 러시아의 영향력은 크게 우려할 사안이 되지 못했고, 이스라엘의 안보 문제도 팔레스타인과의 오슬로협정 등으로 상당 부분 해소된 상태였으며, 그리고 석유의 안정적 확보 문제는 석유수출국기구(OPEC)가 석유량의 감산에 동의할 정도로 회원국들의 경제사정이 좋지 않을 뿐만 아니라 만장일치로 석유량과 가격을 결정하기 어려운 상황에 직면해 있다고 볼 때,[28] 미국의 중동정책은 이라크와 이란을 군사적으로 봉쇄하고 대량파괴무기의 개발 및 유입만을 방지한다면 중동지역에서 미국의 중동정책은 성공적으로 진행되고 있다는 판단을 하는 것은 큰 무리가 없다고 할 수 있다.

Ⅳ. 9·11테러와 미국의 향후 과제

지난 9월 11일의 테러는 미국의 중동정책과 관련하여 새로운 도전과 과제

27) 특히 사우디아라비아의 경우 GDP가 15,000달러(1980년 기준, 미국은 13,000달러)에서 6,600달러(1998년 기준, 미국은 31,600달러)로 하락했다. Bronson (2001), p. 197.

28) Mamdouh G. Salameh, "A Third Oil Crisis,"" *Survival* 43, 3 (Autumn 2001), pp. 129-131.

를 던져 주고 있다. 소련의 소멸과 걸프전의 종식이 미국으로 하여금 중동지역에 대한 관심을 상대적으로 줄이는 데 기여했다는 점은 부인하기 어려우며, 그리고 석유의 안정적인 확보와 이스라엘의 안보에 대항하는 세력이 상대적으로 그 위력을 잃었다는 현실은 이러한 최소한의 개입을 추구하는 미국의 중동정책을 정당화시키기에 충분하다고 할 수 있다.

그러나 미국의 중동정책은 냉전과 탈냉전 시대를 거쳐 오면서 이 지역에서 점차 그 세력을 증강시켜 오고 있었던 회교 근본주의의 반미노선을 아우르는 노력을 상대적으로 경시했으며, 오히려 미국의 의도와는 달리 미국의 중동정책은 이 지역에서의 회교 근본주의 세력을 강화시키는 한편 국제적으로 테러주의를 전파시키는 결과를 초래하게 되는 부작용을 낳았다. 특히 소련의 봉쇄를 위하여 1980년대에 아프간 반군을 미국이 지원한 점은 이러한 분석에 논리적 기반을 제공하기에 충분한 사례라고 할 수 있다.[29]

9·11테러는 미국의 중동정책을 근본적으로 변화시키는 계기를 마련했다. 중동지역이 미국의 안보에 가장 위협적인 지역으로서, 그리고 테러가 미국의 안보에 가장 위협적인 요소로서 등장한 셈이다. 테러와의 전쟁이 상징적으로 제시하듯이 미국은 중동지역의 테러주의자들뿐만 아니라 테러를 지원하는 세력에 대해서도 적극적인 응징에 나서고 있다. 냉전의 종식 이후 지난 10여년간에 걸쳐 미국의 중동정책이 보여 주었던 상대적인 무관심은 극적인 전환점을 맞게 되었다.[30]

미국은 9·11테러의 원인을 빈라덴과 알카에다 조직, 그리고 이들을 지원하는 세력으로 한정하고 군사적으로 테러의 근원을 제거하는 데 초점을 맞추고 있다. 그 결과 미국은 이미 아프간전쟁을 통하여 미국은 9·11테러 이전에 보였던 상대적 무관심과는 판이하게 적극적으로, 그것도 직접적인 군사적 수단에 의해 테러와의 전쟁을 수행했으며, 향후 이라크전쟁은 미국의 테러전이 그 정점에 도달할 것으로 보인다.

그러나 이러한 문제 해결 방식은 미국이 생각하는 대로 쉽게 진행될 것 같

---

29) Eric Watkins, "The Unfolding US Policy in the Middle East," *International Affairs* 73, 1 (1997), pp. 11-12.

30) Raphael F. Perl, "Terrorism, the Future, and the U.S. Foreign Policy," CRS Issue Brief for Congress (Washington, D.C.: Congressional Research Service, The Library of Congress, September 19, 2001), pp. 1-3.

지는 않다. 첫째, 이미 기존의 테러조직에 속하지 않은 개인들이 향후 테러행위를 하는 '21세기형 테러리즘'의 경우에는 테러 지원 단체나 국가에 책임을 묻는 기존의 정책이 어떻게 수정되어야 하는가 문제, 그리고 더욱 심각한 것은 회교도 전체를 비난하지 않고 회교 극단주의자들만의 처벌이 가능한지의 여부이다. 이러한 점들은 테러전을 수행하는 미국이 처한 가장 큰 딜레마이다.[31] 특히 후자와 관련하여 미국이 극단주의자들과 온건주의자들의 분리를 시도할 경우 온건주의자들도 극단주의자들로 바뀔 가능성이 크기 때문이다. 이러한 시각은 회교라는 이념을 상대로 테러전을 수행하기란 그만큼 어렵다는 것을 시사하고 있다.

둘째, 반테러 노선을 걷는 미국의 적극적인 개입은 세계여론, 심지어 아랍국들로부터도 지지를 받는 특징을 보이고 있다. 물론 이러한 지지의 배경에는 미국의 강경한 입장, 즉 테러 지지국 혹은 반테러 지지국 가운데 하나를 선택해야 한다는 미국의 요구가 자리하고 있지만, 그 이면에는 각국들, 특히 주변 열강들의 이해관계가 깔려 있는 점도 눈여겨볼 필요가 있다. 이들 국가는 미국의 강경한 공세가 자신의 이해관계와 부합되지 않을 경우 미국의 노선에 저항하는 세력으로 부상할 가능성이 항상 있기 때문이다. 그 가운데 러시아와 중국의 태도는 관심을 끌고 있다. 러시아는 체첸 문제의 해결에 있어, 그리고 중국은 신장의 위구르 문제에서 보다 외부의 간섭을 받지 않고 자신의 방식으로 해결하고자 하며, 그리고 이러한 사안들에 대해 미국으로부터 양보를 받고자 하는 의도를 가지고 있는 것으로 보인다.[32]

이러한 시각에서 볼 때, 미국이 이라크전쟁 이후에 이라크 문제를 다룸에 있어 주변국들의 개입을 최소화하고 주도적인 역할을 견지할 경우, 러시아와 중국이 미국에 대한 견제세력으로 다시금 등장할 것이라는 전망은 큰 어려움이 없이 예견될 수 있다. 나아가 이러한 점은 테러와의 전쟁이 테러주의자들의 근절에 머물지 않고 새로운 세계질서의 창출에 이르게 될 경우 그 전쟁의 동기가 주변국들로부터 의심을 받을 수도 있다는 점을 시사하고 있다.

---

31) Rensselaer Lee and Raphael Perl, "Terrorism, the Future, and U.S. Foreign Policy," CRS Issue Brief for Congress (Washington, D.C.: Congressional Research Service, The. Library of Congress, Updated October 18, 2002), pp. 5-6.

32) Jessica T. Mathews, "September 11, One Year Later: A World of Change," Policy Brief 18 (Washington, D.C.: Carnegie Endowment, August 2002), pp. 3-5.

결국 9·11테러 이후에 진행되고 있는 미국의 중동지역에 대한 적극적인 군사개입은 석유와 이스라엘 안보의 확보라는 제한된 정치적 목적을 달성하기 위한 수단의 맥락에서 고려될 필요가 있다. 정치적 토양에서 싹튼 테러의 씨앗을 군사적 수단에 의해 근절하려는 시도는 그 목적의 달성 여부를 떠나 논란의 여지가 많기 때문이다.

미국이 테러와의 전쟁을 수행함에 있어 군사력에 과도하게 의존하는 것은 테러의 발생원인을 너무 단순화시키는 오류를 범할 가능성이 있다.[33] 아프간전쟁과 이라크전쟁은 군사적 수단으로 테러를 응징할 수 있지만 본질적인 근원을 제거하기는 너무나 많은 시간과 비용이 든다는 것을 보여주고 있다.[34] 아프간전쟁 이전에는 아프간전쟁 이후의 아프간 모습에 대하여 낙관적인 시각이 상당히 조성되었던 것은 사실이다. 아프간의 민주적 재건과 탈레반 정권 이후의 친미 성향 등이 그것이다. 그러나 전쟁이 끝난 이후 오늘날의 아프간은 정치적으로 혼미하고 불확실하다는 점에서 미국이 언제까지 아프간 문제에 매달려 있어야 할지 의심스러울 지경이다.

아프간과 마찬가지로 이라크도 이념적, 인종적 그리고 종교적으로 분열된 국가라는 점에서 현재의 후세인 정권이 무너진다고 해도 차기 정권이 민주적인 색채를 띠게 될지의 여부는 확신하기 어렵다. 따라서 이라크의 민주적 재건 문제는 제2차 세계대전 이후에 일본과 독일에 지원했던 정도에 버금갈 정도의 엄청난 정치적 및 경제적 지원이 있어야 할 뿐만 아니라, 그 기간이 얼마나 소요될지 알 수 없다는 점에서 이라크전쟁은 신중하게 시도되어야 할 사안으로 보인다. 이러한 관점은 정치적 요인으로 장기간에 걸쳐 발생한 현상을 군사적으로 단기간에 해결하고자 하는 시도는 본질적인 효과를 보기 어렵다는 것을 함축하고 있다.

향후 미국의 중동정책이 테러의 뿌리를 자라나지 못하게 하는 보다 정치적인 노력으로 나아가야 한다는 점은 군사적인 수단은 정치적인 목적을 위하여 존속할 수밖에 없다는 클라우제비츠의 금언을 반영하고 있다.[35] 정치적 목적이

33) 헌팅턴은 '단층성전쟁'(Fault Line Wars)은 전통적인 전쟁과는 달리 상이한 문명에 기반을 두고 있기 때문에 그 전쟁의 종식은 쉽지 않을 뿐만 아니라 다른 지역으로 쉽게 전파될 가능성이 있다고 주장한다. 새뮤얼 헌팅턴, 앞의 책, 342-345면.

34) Marina Ottaway, et. al., "Democratic Mirage in the Middle East," Policy Brief 20 (Washington, D.C.: Carnegie Endowment, October 2002), pp. 1-2.

뚜렷하지 않은 군사적 수단은 무자비한 파괴로 이어질 것이며, 결국 테러의 씨앗을 잉태시키는 결과를 낳기 때문이다. 이러한 관점에서 볼 때, 미국이 직면한 정치적인 과제로서 다음과 같은 네 가지, 즉 경제적 불평등 해소, 민주주의의 전파, 대량파괴무기의 확산 방지, 그리고 팔레스타인 문제의 해결을 제시할 수 있다. 이러한 과제들의 중요성은 미국의 중동지역 개입이 갖는 정치적 정당성을 제공할 것이며, 군사력의 사용도 이러한 맥락에서 그 효용성을 찾을 수 있다.

먼저, 중동지역의 국가들이 겪고 있는 경제적 빈곤과 불평등은 이 지역의 불안정, 폭력 그리고 테러의 주요한 원천이 될 뿐만 아니라 회교 근본주의자들의 무장 봉기에 근거를 제공하고 있다는 점은 잘 알려져 있다.[36] 경제적 문제의 해결이 중동지역의 안정에 본질적 공헌을 할 것이라는 분석은 이러한 관점에서이다. 미국 등 서방국들, 그리고 주변의 부유한 국가들로부터 이들 가난한 국가에 대한 대규모의 원조가 우선적인 해결책으로 등장할 수 있다. 그러나 테러를 옹호하는 집단에 원조를 제공하는 부담감, 그리고 원조를 받는 국가들의 심리적이고 구조적인 변화가 없이는 그 원조의 효용성은 줄어들 것이라는 믿음 등으로 인하여 이러한 원조는 실현되기 어려운 실정이다.

그렇다면 이 지역의 빈곤국들이 경제적 부를 증가시키는 방안은 무엇일까? 국가통제의 경제로부터 자유경제로의 이동이 필수적으로 요구되지만 이러한 방안도 현실화되기에는 어려운 시도이며, 만약 실현된다고 하더라도 적어도 중·단기적으로는 경제적 불평등을 더욱 악화시킴으로써 이들 국가 내의 사회·경제적 불만을 증폭시킬 가능성이 높다는 점을 주목할 필요가 있다. 결국 이러한 시각은 중동지역의 문제를 경제적 요인으로 접근할 경우 그 해결방안의 모색은 쉽지 않다는 점을 보여주고 있다.

다음으로 제기되는 민주주의의 확산 문제도 경제적 접근 못지않게 난관을 제공한다. 미국은 그동안 이 지역에서 자행되어 온 정치적 억압 등 비민주적 요소들을 묵인한 배경에는 석유와 정치적 안정이 자리하고 있었으나, 이러한 미국의 태도는 회교 극단주의 세력들을 양산하는 역효과를 가져왔다. 이처럼 이 지역의 비민주적 정권과 테러의 밀접한 연계성이 드러난 이상 미국은 이 지역의

35) Carl Von Clausewitz, *On War*, ed. and trans. by Michael Howard and Peter Paret (Princeton, N.J.: Princeton University Press, 1976), p. 87.
36) O'Neill (1996), pp. 10-11.

민주화를 위한 시도를 감행할 수밖에 없다.[37] 향후 미국의 중동정책은 아랍국들로부터 신뢰성을 회복하는 데 초점을 맞추어야 하기 때문이다. 미국은 냉전기간 중에 아랍국들로부터 억압적인 통치에 의지하는 권위주의 체제를 보호하는 국가로서 인식되었기 때문에 이러한 제국주의적인 이미지로부터 벗어나는 것이 중동지역의 평화를 회복하는 바탕이 됨은 분명하다. 그러나 민주화를 위한 필요조건으로서 이 지역 국가들의 민주적 개혁이 제시될 수는 있지만 이 점은 미국에 딜레마를 제공한다. 이 지역의 미국 동맹국들은 대부분(이스라엘을 제외하고) 비민주적인 정권을 유지하고 있기 때문이다.[38] 더욱이 수 세기 동안 지속되어 온 중동지역의 권위주의적인 정치문화가 서구식 다원주의와 부합될지의 여부, 사회적 및 경제적 열악한 환경 그리고 민주적 개혁의 과정에서 그 위력을 발휘할 것으로 보이는 회교 근본주의자들의 역할 등을 고려해 볼 때, 이 지역에서의 민주주의 확산은 적어도 중·단기적으로는 지역적 불안정을 가속화시키는 요인으로서 작용할 수 있다는 점을 충분히 염두에 둘 필요가 있다.

다음으로, 대량파괴무기의 확산 방지를 들 수 있다. 1990년대 초반 걸프전 당시에 이라크, 그리고 아프간이 핵무기를 보유했으면 상황이 어떻게 진행되었을 것인가에 대한 의문은 이 지역에서 군비통제의 필요성과 시급성에 강력한 동기를 부여하고 있다. 그리고 대량파괴무기는 이 지역의 세력균형을 한순간에 바꾸어 놓을 수 있을 정도로 위력적임은 분명하다. 그러나 군비통제의 실현은 쉽지 않은 실정이다. 안보의 위협을 받는 국가들은 첨단무기의 구입을 원할 것이며, 미국이 사우디아라비아와 이스라엘에 무기를 제공하는 것은 이러한 안보적인 이유에서이다. 더욱이 이스라엘은 핵무기까지 보유하고 있는 것으로 추정되고 있다.

그렇다면 미국이 중동지역에서 군비통제의 실현을 위하여 전통적인 우방국들에 첨단무기의 판매를 중지할 수 있는가, 그리고 이스라엘에 대하여 핵무기 보유의 포기를 강요할 수 있는가? 특히 지리적으로 많은 적대국으로 둘러싸인 이스라엘에 핵무기를 포기를 요구하는 것은 비현실적인 물음이 될 수 있다는

37) Mathews (2002), p. 7.

38) 미국은 중동문제 해결을 위하여 중동지역의 아랍국가들 가운데 유일하게 선거로 당선된 팔레스타인의 국가수반인 아라파트(Yassir Arafat)가 권좌에서 물러날 것을 요구하고 있는 반면, 테러전의 효율적 수행을 위하여 비민주적 국가들인 시리아, 예멘, 알제리 등과의 협력을 증가시키고 있는 등 혼란스럽고 일관성이 없는 모습을 보이고 있다. Mathews (2002), p. 7.

점을 고려하면 이러한 물음이 긍정적인 대답을 이끌어 내기 어려울 것으로 보인다. 그렇다면 이 지역의 반미국가들이 안보적 이유로 첨단무기, 특히 대량파괴무기를 구입하려는 시도를 막을 수 있는 명분은 어디에서 찾을 수 있을 것인가? 이 점은 이라크 전쟁을 앞두고 있는 미국이 풀어야 할 과제 중의 하나이다. 결국 관심의 초점은 무기에 두는 것이 아니라 이러한 무기의 구입을 조장하는 안보의 불확실성을 감소시키는 정치적 환경의 마련, 즉 이스라엘과 아랍국가들의 긴장 완화, 그 가운데 첨예하게 대립하고 있는 팔레스타인 문제의 해결에 두어질 수밖에 없을 것으로 보인다.

마지막으로 그리고 가장 중요하며 해결하기 어려운 과제로서 팔레스타인 문제를 살펴볼 필요가 있다. 냉전시대에 첨예한 대립을 보였던 아랍·이스라엘의 관계는 탈냉전시대에 들어서면서 이스라엘·팔레스타인 문제로 다소 그 심각성이 완화되었으며, 오슬로협정이 보여주듯이 이스라엘과 팔레스타인 간의 갈등은 타협점을 찾아가는 기미를 보였다. 그러나 양측의 극단적 거부주의자들은 양보에 의한 포괄적 타협에 대하여 적극적인 반대를 표명했다. 이들은 구체적인 사안들, 즉 이스라엘 난민촌의 지위, 수로 통제권, 팔레스타인 난민, 팔레스타인 독립국가의 창설, 그리고 예루살렘 문제 등에 대하여 논의마저도 사실상 거부하고 있는 실정이다. 미국이 지난 10여년간 보였던 소극적인 방관자의 태도를 버리고 적극적인 문제 해결사로서의 역할을 할 필요가 있다는 주장은 이러한 관점에서이다.

반 이스라엘의 분위기가 반미노선으로 직접적으로 연결되고 있는 중동지역에서 이스라엘·팔레스타인 문제를 양측에 맡기는 것은 더 큰 테러의 불씨를 양산하는 것과 다름없다.[39] 그렇다고 해서 미국이 적극적으로 나서서 탈냉전시대의 중동문제를 해결해야 할 정치적 의지와 능력도 충분하지 않은 실정임을 감안해 볼 때, 미국의 역할은 한계에 봉착할 수밖에 없다.[40] 더욱이 미국이 테러

39) 9·11테러 이후에 전개될 미국의 역할에 대한 이스라엘과 팔레스타인의 상반된 시각은 미국의 중동정책이 직면하고 있는 어려움을 상징적으로 보여주고 있다. 이스라엘은 미국이 테러의 희생물인 자신들에 대해 동정심을 가질 것이라는 점에서, 그리고 팔레스타인은 테러전의 성공적 수행은 아랍국가들의 지원을 필요조건으로 하며 이를 위하여 미국이 중동평화회담에 적극적으로 나설 것이라는 점에서 미국에 대한 기대감을 표명했다. Shlomo Avineri, "A Realistic U.S. Role in the Arab-Israeli Conflict," Policy Brief 9 (Washington, D.C.: Carnegie Endowment, December 2001), pp. 1-2.

40) 미국의 역할은 이스라엘과 팔레스타인 양측이 대폭적인 양보를 한 후에 마무리를 담당할 경

문제만을 해결하는 데 주안점을 두고 중동지역의 본질적인 문제를 부차적인 해결 사안으로 고려한다면 미국에 대한 불신감은 더욱 커질 수 있다. 후자가 전자의 핵심적인 사안이기 때문이다. 따라서 미국이 중동정책을 추진함에 있어 기본적인 원칙은 이스라엘의 양보를 받아내어 팔레스타인 국가의 수립을 이루고 1967년의 6일전쟁에서 이스라엘이 획득한 아랍의 영토를 돌려주는 대신 아랍국들로부터 이스라엘의 안보를 보장받는 데 두어질 필요가 있다. 이러한 상황의 반전이 없이는 테러와의 전쟁은 종식될 수 없으며 대량살상무기의 확산을 고려해 볼 때, 그 전쟁은 미국, 서방국 나아가 전세계에 대재앙을 초래함으로써 모두가 패자가 될 가능성이 높기 때문이다.[41]

V. 결 론

9·11테러 이후 테러와의 전쟁이 초미의 관심사안으로 대두되고 있다. 아프간전쟁에서 보여준 미국의 결의에 찬 모습은 테러전이 수사적 문구가 아니라 상당히 오랫동안 지속될 것이라는 인상을 갖게 했다. 그리고 아프간에서 사용되었던 새로운 무기들은 모든 국가들에 위협을 줄 정도로 엄청난 파괴력과 전율을 느끼게 하기에 충분했다. 그러나 이라크전쟁을 준비하는 미국의 태도는 사뭇 다른 인상을 보여주고 있다. 미국 내의 반전 분위기, 이라크와 알카에다 테러조직의 직접적인 연계성 결여, 중동지역의 패권을 둘러싼 강대국들 간의 알력, 그리고 무엇보다도 군사적 수단에 의한 테러행위의 근절 가능성에 대한 회의적 시각 등이 미국의 이라크 전쟁을 탐탁치 않게 보는 이유로 보인다. 게다가 21세기형의 새로운 테러리즘은 그 실체를 드러내지 않은 상태에서 미국은 보이지 않는 테러리즘과의 전쟁을 준비해야 하는 상황에 처해 있기 때문에 전통적인 테러리즘에 대응하는 조직으로서는 적절하게 대처하지 못하는 경향을 보이고 있다.

새로운 테러리즘이 종교적 색채를 강하게 띤다는 점은 테러의 근절은 군사

우, 그리고 양측의 갈등이 증폭되어 전쟁으로 치닫을 때 가장 효율적이 되며, 그 외의 경우에 미국의 개입은 상황을 더욱 악화시킬 수 있으며, 가장 바람직한 시나리오는 사우디아라비아가 기금을 조성하여 팔레스타인을 지원하는 방안이라는 분석도 있다. Avineri (2001), 4-7.

41) Anatol Lieven, "Fighting Terrorism: Lessons from the Cold War," Policy Brief 8 (Washington, D.C.: Carnegie Endowment, October 2001), p. 7.

적으로 불가능하다는 반증이 될 수도 있다. 테러리스트가 순교자의 입장에서 성전을 치르는 듯이 행하는 테러행위를 막을 수 있는 수단은 거의 없다. 테러전의 양상이 군사적 수단보다는 정치적 수단에 초점을 맞추어야 하는 이유가 여기에 있는 것이다. 그러나 정치적 해결책을 모색한다는 것이 테러행위에 대한 굴복을 의미하는 것은 아니다. 테러행위에 대한 보다 본질적인 처방의 모색을 통하여 테러행위가 회교권의 반미세력으로부터 정치적 지지를 받지 못하게 하는 데 목적이 있는 것이다. 정치적 목적이 배제된 전쟁은 단순한 파괴행위일 뿐인 것과 마찬가지로 정치적 목적이 없는 테러행위는 단지 파괴행위에 불과하며, 그러한 테러에 대하여 정치적 지지를 제공하는 세력은 거의 없을 것이기 때문이다.

이러한 시각은 미국의 중동정책 그 자체의 근본적인 전환을 요구하고 있다. 그러나 미국의 중동정책이 이스라엘의 안보 및 석유의 안정적 공급 확보를 추구하는 한 그 목표들 간의 상충성으로 인하여 테러라는 파생물은 본질적으로 등장할 수밖에 없다는 사실을 염두에 둘 필요가 있다. 이론적으로 고찰하면, 미국이 이스라엘의 안보만을 추구할 경우 아랍권의 반미노선을 회피할 수 없으며, 석유의 원활한 공급은 어려운 실정에 직면하게 된다. 반면 석유의 확보를 위하여 반 이스라엘 정책을 취한다는 것은 미국으로서는 생각하기 어려운 시나리오임에 틀림없다. 이 같은 이론적 분석에 의하면 미국의 딜레마는 상당히 심각한 것으로 보이지만 낙관적인 시각도 없는 것은 아니다. 그 전제조건으로서 첫째, 미국과 이스라엘 간의 관계가 이전의 밀접한 관계에서 통상적인 국가관계의 수준으로 친밀도가 상대적으로 낮아지는 경우, 둘째, 아랍권의 단결이 석유를 무기화할 수 없을 정도로 약화될 경우, 셋째, 중동지역에서 유지되어 온 미국의 패권이 지속될 경우를 들 수 있다. 특히 미국의 패권의 존속 여부가 큰 관심을 끄는 이유는 중동지역의 갈등이 전쟁으로 화할 경우 그 전쟁을 막을 수 있는 세력이 없기 때문이다.

그러면 중동지역에서 미국이 누리고 있는 패권적 위치가 얼마 동안 지속될 것인가, 그리고 어떠한 상황에서 미국의 이러한 지위가 변화될 수 있는가의 물음이 제기될 수 있다. 중동지역의 외부로부터 미국의 패권에 도전하는 세력은 당분간 등장할 것 같지 않다. 러시아와 중국은 아프간전쟁에서 적극적인 반대를 하지 않았으며, 그리고 지난 11월 이라크전쟁의 명분을 얻고자 미국이 제출한 유엔 안보리의 결의안에도 찬성을 했다는 사실은 미국에 대한 도전 세력은 상당 기간 잠복할 것이라는 주장에 신빙성을 부여한다.[42] 그러나 미국의 일방적 독주가 무리하게 추진될 경우 미국에 대한 저항세력이 등장할 개연성은 항상 있지만, 중동지역의 석유 통제권이 미국의 수중으로 들어가지 않는 한 중동지역의 외부로부터 오는 도전 세력은 그 단결력이 미약할 것으로 보인다. 그러나 미국이 테러와의 전쟁을 종식하고 중동지역의 안정이 회복될 경우 중동지역에서 군사력에 의해 이 지역의 패권을 추구하고 있는 미국의 영향력은 줄어들 것이라는 예측은 상당히 역설적이다. 이 점은 미국이 중동지역에서 패권을 장기적으로 유지하기 위해서는 테러전을 장기간에 걸쳐 그것도 군사적 수단에 의해 수행해야만 될 필요성을 있다는 것을 제기하고 있다. 군사력이 국제정치의 주요한 수단으로 부각될 때에만 미국의 영향력은 그만큼 증대될 것이기 때문이다.

이처럼 중동지역에서 미국이 누리는 패권은 이 지역의 외부로부터 도전을 받을 가능성이 낮다는 점은 부인할 수 없지만, 그것이 미국의 패권에 대한 도전세력이 전혀 없을 것이라는 주장으로 연결되는 것은 다소 무리가 있다. 그 도전세력은 중동지역의 국가들, 나아가 미국 자신일 수도 있다는 점이다. 다시 말하면, 중동지역의 국가들이 반미 성향으로 나아갈 경우 미국이 패권의 유지를 위하여 더 많이 지불해야 하는 비용을 미국의 국민들이 감내할 수 있을지의 여부가 미국의 패권과 관련한 전망에 큰 변수로서 작용할 수 있다. 만일 미국이 테러와의 전쟁을 수행하는 과정에서 중동지역에서 핵심적인 친미 성향의 국가들인 사우디아라비아와 이집트가 회교 근본주의자들에 의해 붕괴될 경우 미국의 패권은 심대한 타격을 받을 것이라는 점은 충분히 예측될 수 있다. 더욱이 미국이 중동지역의 현상이 파괴되는 것을 막기 위해 사전에 반미 아랍국들에 대하여 강경한 정책을 취할 경우 미국 국민들이 부수적으로 감당해야 하는 정치적 및 군사적 비용을 기꺼이 지불할 용의가 있는지에 대한 의문도 주목을 받을 만

42) 2002년 11월 8일에 통과된 이라크 무기사찰과 관련한 유엔 안보리 결의안은 겉으로는 만장일치의 형식을 취했지만, 이라크의 중대한 위반행위를 발견했을 경우에 취하는 조치와 관련하여 미국은 자동적인 군사개입을 강조한 반면 프랑스, 러시아, 중국 등은 유보적인 태도를 보였다. Ivo H. Daadler, "The Use of Force in a Changing World-U.S. and European Perspectives," a Paper Presented at the UNA-USA Conference, "What Common Security Policy? Managing 21st Century Threats to Peace and Security," Paris, November 15-16, 2002, pp. 3-4.

하다. 이러한 분석은 중동지역에서 영국이 20세기 전반부 약 50여년간 누렸던 독점적인 지위가 무너질 것을 수에즈 위기가 도래하기 전인 1956년 이전에 누가 예측할 수 있었겠는가에 대한 물음과 논리적 맥락을 같이하고 있다.

이러한 맥락에서 볼 때, 아프간전쟁과 이라크전쟁으로 특징지워지는 9·11 테러 이후에 미국이 중동지역에서 보여주고 있는 군사적 수단의 사용은 중동지역에 이해관계가 있는 국가들의 불신을 받을 가능성이 높다는 점에서 단기간의 효용성만 가질 가능성이 많다고 할 수 있으며, 향후 미국의 중동정책은 군사적인 강압노선으로부터 비군사적이며 다소 온화한 정치적인 해결책을 모색하는 방향으로 회귀할 것으로 보인다. 그리고 장기적으로는 미국의 중동정책도 테러의 발생에 기여했다는 점에서 미국의 중동정책 전반에 걸친 재평가도 자연스럽게 이루어질 것으로 보인다. 이러한 전망의 배경에는 미국이 추구하고 있는 석유의 확보와 이스라엘의 안보라는 고전적인 목표가 21세기에 들어서면서 상호 갈등적인 측면이 다소 완화될 것이라는 분석에 기초하고 있다. 따라서 21세기의 미국의 중동지역 개입은 그 이전의 정책과는 달리 회교 근본주의가 뿌리를 내릴 수 있는 토양을 배양하는 노선을 추진하지 않는다는 점에 최우선적인 원칙을 둘 것으로 보인다. 그러나 미국의 중동지역 개입에 있어 이러한 노선의 변화는 미국민의 인내와 비용의 지불을 요구할 것이며 그 목적의 달성은 상당한 시간을 요구할 것이라는 점을 지적할 필요가 있다.

참고문헌

새뮤얼 헌팅턴. 1997. 『문명의 충돌』. 이희재 옮김. 김영사.

조성권. 2001. "21세기 새로운 전쟁 : 테러리즘," 21세기정치학회 연례학술회의, 「21세기의 새로운 전쟁과 평화」(2001. 12).

홍순남. 1997. 『중동정치질서의 이해』. 한국외국어대학교 출판부.

Avineri, Shlomo. 2001. "A Realistic U.S. Role in the Arab-Israeli Conflict". *Policy Brief* 9. Washington, D.C.: Carnegie Endowment.

Blank, Stephen J. 1996. "Russia's Return to Mideast Diplomacy". *Orbis* 40, 4.

Bronson, Rachel. 2001. "Beyond Containment in the Persian Gulf". *Orbis* 45, 2.

Brooks, Risa A. "Liberalization and Militancy in the Arab World". *Orbis* 46, 4.

Clausewitz, Carl Von. 1976. *On War.* ed. and trans. by Michael Howard and Peter Paret. Princeton, N.J.: Princeton University Press.

Daalder, Ivo H. 2002. "The Use of Force in a Changing World-U.S. and European Perspectives". A Paper Presented at the UNA-USA Conference, "What Common Security Policy? Managing 21st Century Threats to Peace and Security", Paris, Nov. 15-16.

Dupuy, Trevor N. 1978. *Elusive Victory: The Arab-Israeli Wars, 1947-1974.* New York, N.Y.: Harper & Row.

Garfinkle, Adam. 1996. "U.S.-Israeli Relations after the Cold War". *Orbis* 40, 4.

_______. 1997. "The U.S. Imperial Postulate in the Mideast". *Orbis* 41, 1

Goldschmidt, Arthur, Jr. 1991. *A Concise History of the Middle East.* Boulder, Colo.: Westview Press.

Hadar, Leon T. 1996. "America's Moment in the Middle East". *Current History* 95.

Hashim, Ahmed. 1995. "The State, Society, and the Evolution of Warfare in the Middle East: The Rise of Strategic Deterrence?" *The Washington Quarterly* 18, 4.

Herrmann, Richard. 1994. "A Political Strategy for U.S. Middle East Policy". In Eugene R. Wittkopf, ed. *The Future of American Foreign Policy.* New York, N.Y.: St. Martin's Press, 1994.

Hoffman, Bruce. 2002. "Lessons of 9/11". CT-201. Santa Monica, CA.: RAND.

_______. 2001. "Combatting Terrorism: In Search of a National Strategy". CT-175. Santa Monica, CA.: RAND.

Hudson, Michael C. 1994. "The Clinton Administration and the Middle East: Squandering the Inheritance?" *Current History* 93.

______. 1996. "To Play the hegemon: Fifty Years of US Policy toward the Middle East". *Middle East Journal* 50, 3.

Karp, Aaron. 1995. "The Demise of the Middle East Arms Race". *The Washington Quarterly* 18, 4.

Karsh, Efraim. 1994. "Peace Not Love: Toward a Comprehensive Arab-Israeli Settlement". *The Washington Quarterly* 17, 2.

Khalilzad, Zalmay. 1995. "Losing the Moment? The United States and after the Cold War," The Washing Quarterly 18, 2.

Lee, Rensselaer and Raphael Perl. 2002. "Terrorism, the Future, and U.S. Foreign Policy". CRS Issue Brief for Congress. Washington D.C.: Congressional Research Service, The Library of Congress.

Lieber, Robert J. 1998. "Domestic Politics and Foreign Policy". *World Affairs* 161. 1.

Lieven, Anatol, 2001. "Fighting Terrorism: Lessons from the Cold War". *Policy Brief* 8. Wasington, D.C.: Carnegie Endowment.

______. 2001. "The Roots of Terrorism, and a Strategy Against It". *Prospect* 68.

Mathews, Jessica T. 2002. "September 11, One Year Later: A World of Change". *Policy Brief* 18. Wasington, D.C.: Carnegie Endowment.

Nye, Jr., Joseph S. 1996. "Conflicts After the Cold War". *The Washington Quarterly* 19, 1.

O'Neill, Bard E. 1996. "The United States and the Middle East: Continuity and Change". In Howard J. Wiarda, ed. *U.S. Foreign and Strategic Policy in the Post-Cold War Era: A Geopolitical Perspective*. Westport, Conn.: Greenwood Press.

______ and Ilana Kass. 1993. "The Persian Gulf War: A Political-Military Assessment". In Robert O. Freedman, ed. *The Middle East after Iraq's Invasion of Kuwait*. Gainsville, FL.: University Press of Florida.

Ottaway, Marina, et. al. 2002. "Democratic Mirage in the Middle East". *Policy Brief* 20. Washington, D.C.: Carnegie Endowment.

Perl, Raphael F. 2001. "Terrorism, the Future, and U.S. Foreign Policy". *CRS Issue Brief for Congress*. Washington, D.C.: Congressional Research Service, The Library of Congress.

Quandt, William B. 1996. "The Middle East on the Brink: Prospects for Change in the 21st Century". *Middle East Journal* 50, 1.

Radu, Michael. 2002. "Terrorism After the Cold War: Trends and Challenges". *Orbis* 46, 2.

Sacks Jonathan. 2002. "The Dignity of Difference: How to Avoid the Clash of Civilizations". *Orbis* 46, 4.

Salameh, Mamdouh G. 2001. "A Third Oil Crisis". *Survival* 43, 3.

Singer, P. W. 2002. "Time for the Hard Choice: The Dilemmas Facing U.S. Policy Towards the Islamic World". Working Paper #1. Washington, D.C.: Brookings

Smith, Charles D. 1992. *Palestine and the Arab-Israeli Conflict*. New York, N.Y.: St. Martin's Press.

Spiegel, Steven. 1985. *The Other Arab-Israeli Conflict: Making America's Middle east Policy, from Truman to Reagan*. Chicago, IL.: The University of Chicago Press.

Wanandi, Jusuf. 2002. "A Global Coalition against International Terrorism". *International Security* 26, 4.

Watkins, Eric. 1997. "The Unfolding US Policy in the Middle East". *International Affairs* 73, 1.

제 3 부

동북아 국제정세, 그리고 한반도

제 8 장 센카쿠 위기의 본질과 중·일 분쟁: 외교적 해결의 가능성과 한계*

Ⅰ. 서 론

센카쿠 열도 수역에 대한 중국 트롤어선의 도발로 인하여 촉발된 2010년 9월의 중국과 일본의 대결은 소규모의 사건이 대규모의 외교전으로 얼마나 쉽게 비화될 수 있는지를 여실하게 보여 준 사례라고 할 수 있다. 중·일 양국은 과거에도 영토 분쟁을 둘러싸고 유사한 긴장상태를 경험한 바 있지만, 그 어느 사건도 이번처럼 긴장상황으로 치닫지는 않았다는 데 관심을 기울일 필요가 있다.

중국 어선 선장의 체포와 구금상태의 연장은 중국으로부터 즉각적이며 강력한 반발을 불러왔다. 중국은 군사시설과 연관된 불법행동을 했다는 명목으로 자국 거주의 일본인들을 체포했으며, 희토류에 대한 일본 수출을 금지하는 조치 등을 취했다. 그 이후에도 중·일 양국 간의 관광객 감소, 중국 내의 반일 시위 격화 등 일련의 연쇄반응은 지속되었으며, 중·일 양국의 긴장관계 해소는 예측하기 어려운 실정이 되었다. 게다가 더욱 우려할 만한 것은 미국의 클린턴 외무장관이 센카쿠 열도가 미일안보조약의 보호 하에 있다는 선언을 했다는 점이다. 센카쿠 열도를 둘러싼 분쟁이 중·일 양국 간의 분쟁을 넘어서 이제는 미국까지도 관여하는 중요한 안보적 사안으로 부각된 셈이다(김용민, 2011: 182).

한편 2010년의 센카쿠 사건은 중·일 양국의 분쟁 해결 능력을 시험대에 오르게 하는 역할을 하고 있다는 점이 지적될 필요가 있다. 중·일 양국은 동중국해의 상충된 주권 주장과 관련한 충돌을 방지하기 위하여 그동안 외교적 해법

* 이 논문은 2004년도 인제연구장학재단 교수연구년 지원에 의한 연구결과임.

을 모색해 온 것은 사실이다. 이른바 '조용한 외교'가 그것이다. 그렇지만 그 효과는 다르게 나타났다. 양국의 외교관과 정치가들이 그동안 추구해 온 조용한 대화는 일본의 여론을 잠재우기에 충분했지만, 중국의 경우는 조금 달랐다. 중국의 여론은 쉽게 진정되지 않았으며, 2004년과 2005년에 발생한 일본인에 대한 중국 내의 폭력 행사는 중국에 대한 일본인의 인식에 큰 영향을 미쳤다. 중·일 양국 간에 존속해 온 역사에 대한 인식의 차이도 센카쿠 열도의 분쟁에 대한 민감성을 증폭시켰다(Pan, 2007: 77-80).

그러나 이 분쟁은 단지 과거사에 대한 것은 아니다. 왜냐하면 그것은 세계 G2의 강대국으로 부상하고 있는 중국의 미래와도 직결되어 있기 때문이다. 에너지 자원의 확보에 대한 중국의 요구는 증가하고 있으며, 동중국해의 대륙붕은 이러한 중국의 욕구를 충족시키는 미래의 공급처 기능을 하고 있다. 중·일 양국이 범죄예방, 식량안보, 무역 및 투자관계 등 다양한 영역에서 충돌의 위험에 노출되어 있다는 점에서 볼 때, 센카쿠 열도에 대한 영토권 주장은 중·일 양국 간 이해 충돌의 역동성을 보여주는 단면일 뿐이라고 할 수 있다.

Ⅱ. 센카쿠 위기와 중·일 외교의 변화

중·일 양국관계는 1972년의 국교정상화 이후 지난 40년간 긴장과 화해의 연속이었다. 그러나 그 긴장의 기간도 영토 분쟁으로 촉발되지는 않았다(김홍규, 2010: 20-21). 역사적 기억과 해석의 차이, 그리고 중국 시장개방에 대한 일본의 경제지원 조건이 더 큰 촉매제 역할을 했던 것이다. 2001년의 일본 교과서 문제는 양국을 초긴장상태로 몰아간 원인으로서 작용했다. 일본의 고이즈미 총리 집권기(2001-2006년) 동안 사태는 급격하게 악화되었으며, 2004년과 2005년에 발생한 중국인들의 반일감정이 폭력적으로 분출된 원인은 양국관계의 악화가 그 원인이었다. 이 시기의 양국관계는 깊은 동면상태에 빠져들었으며, 2006년 일본의 고이즈미 총리가 물러난 이후 양국의 외교관들은 새로운 관계의 설정에 착수했다.

중·일 양국은 전략적 공동이익에 기반을 둔 상호 이익관계를 표출하기 위하여 일련의 고위급 회담을 가졌다. 일본의 고이즈미 총리의 후계자인 아베 총리의 2006년 베이징 방문, 중국 원자바오 총리의 도쿄 방문, 일본의 후쿠다 총리의 2007년 중국 방문, 그리고 중국 후진타오 주석과 일본 후쿠다 총리 간의 2008년 정상회담 개최가 그것이다. 중·일 양국관계의 새로운 이정표는 후진타오-후쿠다 정상회담의 공동선언에서 구체화되었다.

그러나 이러한 외교적 노력에도 불구하고 2년 후인 2010년에는 센카쿠 열도를 둘러싼 중국의 트롤어선 사건이 중·일관계의 근본을 다시 흔들어 놓았던 것이다. 이러한 사건에 직면하게 되자 중·일 양국의 정치 지도자들은 양국관계의 기틀을 다시 잡고자 했던 2006-2008년의 외교적 노력과는 달리, 대화의 의지만을 표명했다. 정치적 관계의 복원은 요원한 실정이었다. 일본 총리와 중국 수상은 2010년 10월 5일에 브뤼셀에서 개최된 아시아유럽정상회의(ASEM)에서 우연히 만났으며, 여기서 외교적 대화의 재개를 계기를 마련했을 뿐이었다.

센카쿠 위기가 중·일 외교에 미친 영향을 파악하기 위하여 센카쿠 위기의 등장 과정이 논의의 출발점이 될 필요가 있다. 센카쿠 위기는 중국의 트롤어선이 2010년 9월 7일에 센카쿠 열도의 분쟁수역에서 일본의 해양경비선과 충돌한 시점부터 시작되었다. 세 척의 일본 경비선은 센카쿠 열도 북서쪽 12km 떨어진 수역에서 중국 어선과 조우하고 검색을 위해 정선을 명령했다. 그렇지만 중국 어선은 그것을 거부하고 40분간 도주하다가 그 경비선과 충돌했다. 일본 경비선은 그 어선에 승선하여 선장과 선원을 구금하고 어선을 몰수했다. 일본 정부는 이 사건을 국내법으로 처리하기로 결정하고 그 선장을 업무방해죄로 기소했다.

이러한 상황에서 중국의 반응은 즉각적이었다. 선장과 선원이 구금된 직후 중국 외교부는 주중 일본대사를 불러들여 선장, 선원 및 어선의 즉각적 석방을 요구했다. 그러는 동안에 일본 해양경비대는 9월 10일에 선장을 검찰로 넘겼다. 중국 외교부의 첫 반응은 동중국해 협상 중지라는 강경책이었던 반면, 일본 정부의 반응은 다소 유화적이었다(MacLead, 2010: 16). 일본 정부는 3일 후에 선장을 제외한 14명의 선원과 어선을 중국 정부에 인계했다. 일본의 마에하라 국토교통성 장관은 9월 16일에 일본 경비선의 피해를 조사하기 위하여 해양경비대를 방문했다.

일본 정부의 조사가 진행되는 가운데, 일본 오키나와현의 이시카키 지방법원은 선장의 구금기간을 9월 20일에서 9월 29일로 연장했으며, 중국의 반응은 더욱 격렬해졌다. 중국은 9월 20일 중국 허베이성에서 군사시설에 무단 침입했다는 이유로 일본인 4명을 구금했다. 그 일본인들은 후지타회사의 고용인들로서 제2차 세계대전 중에 일본군이 사용하고 남은 화학무기를 폐기하기 위한 프로젝트 일환으로 중국에 파견되었던 사람들이었다. 게다가 중국은 외교적으로도 그 강도를 높였다. 유엔 총회에 참석한 원자바오 총리는 일본의 간 총리와의 회담도 거부했으며, 원자바오 총리는 중국 선장의 석방을 공개적으로 촉구했으며, 일본이 그 선장을 계속 구금한다면 추가적인 행동도 취할 것이라는 점을 암시했다.

중·일 간의 외교적 갈등이 고조되는 시점에 미국의 역할은 그 위력을 발휘했다. 미국의 클린턴 국무장관은 9월 23일에 만일 일본이 방위 지원을 요청할 경우 센카쿠 열도와 주변 수역이 미·일동맹의 차원에서 보호될 것이라는 점을 일본 정부에 확약했다. 더욱이 미국의 게이트 국방장관과 뮬렌 합참의장도 9월 23일 미국이 안보적 책임을 다할 것이라는 점을 강조함으로써 일본에 대한 안보적 지원을 명확하게 했다.

중국은 자국 선장의 석방을 위한 노력을 외교적 수단에만 의지하지 않고 경제적 수단도 동원하였다. 미국 정부가 미일안보조약에 따라 일본을 지원할 것이라는 언급을 한 그 시점에 중국은 일본에 대한 희토류 수출 금지로서 대응했다. 반도체, 배터리 및 친환경 에너지로 이용이 가능한 미래 산업의 원동력인 희토류와 관련하여 일본이 그 수입량의 80% 이상을 중국에 의존하고 있는 실정임을 고려해 볼 때, 중국의 의도는 명백했다.

중·일 양국의 외교적 갈등이 심화되고 있는 상황에서 일본의 이시카키 지방법정의 검사가 9월 24일 중국 선장의 석방을 발표했으며, 센카쿠 위기는 그 탈출의 실마리를 보이게 되었다. 이 사건의 외교적 충격이 법적인 절차의 중지를 가져온 것으로 해석될 수밖에 없었다. 그 결과, 일본 외교관들은 9월 25일 베이징에 구금된 후지타회사의 일본인들을 면담할 수 있었던 것이다. 중국 정부의 대변인은 이 사건에 대한 일본 정부의 사과와 보상을 요구했지만, 일본의 간 수상은 거부했으며, 오히려 9월 26일에 일본 순시선에 대한 피해 보상을 중국에 요구하는 제의를 했다. 그 후 중국도 구금된 일본인 4명 가운데 3명을 석방했으며, 희토류 수출 금지에 대한 완화조치가 이루어졌다.

중국 여론은 중국 선장의 귀환을 영웅적으로 지지했다. 중국도 구금된 나머지 일본인 1명을 석방했지만 센카쿠 사건과 관련한 반일시위가 중국 전역으로 퍼졌다. 일본 정부는 중국에 있는 일본인들과 사업체 보호를 중국에 요청했으며, 중국의 반일시위는 그 강도를 더하고 있었다.

2010년의 센카쿠 위기가 중국 선박과 관련된 기술적 문제를 벗어나 영토문제라는 본질적 측면으로 나아갔다는 점은 무척 우려스러운 일임에 틀림이 없다. 왜냐하면 센카쿠 위기가 영토문제로 귀결될 경우에는 외교적 해결책만으로는 충분하지 않으며, 그리고 여기에 중·일 양국의 민족주의의 감정이 첨가될 경우 군사적 대결 양상은 그 다음 단계일 수밖에 없기 때문이다.

센카쿠 열도를 둘러싼 영토문제에 대한 양국 간의 해석상 차이는 어떠한가? 중국은 일본이 이러한 유형의 사건을 다루는 원칙을 바꾸었다고 주장하고 있으며, 중국의 항의의 근거를 이 점에서 찾고 있는 반면, 일본 외무성은 영토문제의 처리에 대한 중국의 해석에 의문을 표명하고 있다(Pan, 2007: 85-87). 더욱이 일본 해양경비대는 센카쿠 열도의 권위에 도전한 과거의 경우에도 유사한 대응을 했다고 주장했으며, 단지 이번 사례와의 차이점으로서 과거의 도전이 대만이나 홍콩의 활동가에 의해 이루어졌다는 것을 지적하고 있다. 일본 외무성은 10월 21일에 1972년의 중·일 국교정상화가 이루어졌을 때 중·일 양국이 주권논쟁을 보류하기로 합의했다는 중국의 주장을 공개적으로 거부했으며, 중국의 반일시위가 다시 촉발되는 계기를 맞았다.

2011년 3월 11일 발생한 일본의 대지진으로 인하여 일본의 대화 추구 능력은 중지되었으며, 2011년 12월에야 일본의 노다 총리가 베이징을 방문했다. 일본의 대지진이 중국 정치 지도자들과 일본 여론 간의 정치적 간격을 줄이는 긍정적인 역할을 했던 셈이다. 중국은 구호물자를 보냈으며, 원자바오 총리는 2012년 5월에 대지진의 피해를 본 일본의 후쿠시마를 방문하여 중·일관계의 복원을 시사했다.

그렇지만 양국관계 정상화의 40주년에 해당되는 2012년에도 센카쿠 열도를 둘러싼 중·일 양국의 갈등은 그 강도를 높이고 있다. 일본 수역에 대한 중국의 해양순시선의 진입은 여전히 지속되고 있고, 특히 일본의 배타적 경제수역에 대한 중국의 조사활동은 더욱 빈번하게 이루어지고 있다. 중국은 센카쿠 열도에 대한 자국의 영유권을 여전히 주장하고 있으며, 중국 해양순시선의 활동은 중국 영해에 대한 감시활동의 일환이라는 점을 일본 정부에 전달하고자 했다.

이러한 중국의 행동에 대하여 일본도 민감한 반응을 보이고 있다. 2012년 여름 일본 정부는 중국 어업순시선의 일본 영해 침입에 대하여 공식적인 항의를 하기도 했다. 더욱이 2012년 12월에는 중국의 전투기가 센카쿠 영공을 침입하여 일본의 전투기가 출격했다는 보도가 나오기도 했다. 이러한 사태의 전개는 중·일 양국 가운데 어느 측도 동중국해를 둘러싼 해양주권에 대한 자국의 기존 해석으로부터 조금도 양보할 생각이 없다는 점을 잘 보여주고 있다.

한편 중국의 군사력 증강은 동북아 군사적 균형을 강조하고 있는 미국에도 도전세력으로 간주되고 있다. 센카쿠 열도를 미·일동맹의 위기관리 시나리오 차원에서 파악하겠다는 미국의 방위공약 재확인은 이러한 맥락에서 이해될 수 있다. 동중국해가 중·일 간의 각축을 넘어서 미국까지도 포함하는 격전장이 될 가능성이 높다는 주장은 그 신빙성을 높이고 있다(Manicom and O'Neil, 2009: 217-218). 일본은 미국과의 동맹관계를 통하여 중국의 해상 군사력 증강에 대비해야 하는 반면, 중국은 동중국해를 공해로 바꿈으로써 자국의 해양권의 팽창을 모색하고 있다. 이러한 상황에서 동중국해에서 해양강국들 간의 충돌은 불가피할 것으로 보인다.

Ⅲ. 센카쿠 위기와 일본의 국내적 갈등

일본 내부에서는 중국의 군사력 증강이 필연적인 상황에서 중·일 양국관계의 화해 노력만으로는 동중국해를 둘러싼 분쟁의 재발을 막기에 불충분하다는 인식이 커지고 있다. 더욱이 중국의 공세적인 행동에 대한 일본 정부의 대처 능력에도 회의적인 시각이 커지고 있다.

2010년의 센카쿠 사건이 중·일 양국의 군사적 개입을 초래하지 않았지만, 일본의 여론은 자국의 안보에 대한 심각한 도전이라는 측면에서 그 사건을 인식하기 시작했다. 동북아에서 이루어지고 있는 중국의 군사력 증강에 대한 일본의 우려는 지난 10년 이상 지속되어 왔다. 1996년의 대만해협 위기는 그러한 시각을 잘 보여 주었다. 그 당시에 중국과 대만 간의 양안관계가 더욱 악화되었더라면 미국과 중국은 군사적 충돌의 상황에까지 도달했을 수도 있었을 것이라는 분석이 그것이다.

동북아에서의 중국의 의도에 대한 일본의 안보적 우려는 여기서부터 출발했다. 대만을 넘어서 과연 어디까지 중국은 진출할 것인가에 대한 의문이 일본 내부로부터 구체화되기 시작했다. 일본은 자국의 배타적 경제수역과 심지어 영해에 대한 중국의 해상활동에 대하여 심각한 우려를 표명하고 있다.

이러한 맥락에서 볼 때, 2010년의 센카쿠 사건은 영토분쟁의 상황을 본질적으로 변화시켰으며, 향후 일련의 사건들이 갖고 있는 잠재적 폭발성을 예견할 수 있게 했다는 점에서 그 의미를 부여할 수 있다. 대만을 넘어선 중국의 해양 군사력 증강 시도는 일본의 안보에 심각한 결과를 초래할 수 있다.

2010년 9월에 이루어진 중·일 간의 외교적 대립은 중국의 외교 행태와 관련하여 일본 내부로부터 비판의 목소리를 높이는 계기가 되었지만, 이 사건은 중국의 군사력 증강 상황에서 일본의 국익 확보와 관련한 자국 정부의 능력에도 큰 의문점을 던졌다. 이 사건은 영토분쟁의 역사적 민감성을 대변함과 아울러 중국의 군사력 부상이 일본의 안보에 미치는 영향과 관련하여 일본 정치지도자들에게 정치적 두려움을 제공했다.

중·일 양국의 외교관들은 그동안 센카쿠 열도를 둘러싼 영토분쟁을 유보함으로써 그 해결책을 찾고자 했으며, 이러한 태도는 중·일 양국으로부터 광범위한 경제적 및 지역적 사안들에 대한 어느 정도의 합의를 이끌어 내는 데 기여했다(최은봉·석주희, 2012: 50-51). 중·일 양국은 이러한 영토분쟁이 양국관계에서 중심적 위치를 차지하지 못하게 하려는 외교적 노력을 경주했으며, 이 사건이 발생하기 전까지는 어느 정도 성공적으로 진행되었다.

그렇지만 중·일 양국의 국내정치 상황이 이 문제를 수면 하에 두는 것을 더 이상 어렵게 만들었다는 점은 주목할 만하다. 2010년의 센카쿠 사건 처리와 관련하여 조성된 일본 외교의 위기에 대한 분석은 외교적 미숙함의 탓이 아니라 국내적 요인으로 접근하는 것이 더욱 적절하다는 주장은 이러한 맥락에서이다.

2010년의 센카쿠 위기는 일본 정부를 국내적으로 곤란한 위치로 몰아넣었다. 왜냐하면 중국 선장이 석방된 이후 그 사건의 전반적인 상황에 대한 국내적 조사가 진행되었기 때문이다. 더욱이 일본 정부는 2010년의 사건에 대한 비디오 처리 과정에 대한 비판에도 직면했다. 그 비디오는 법적인 처리 과정에서 중국 선박의 도발성을 입증할 수 있는 가장 중요한 증거로 제출될 수 있는 것인데, 그 공개를 일본 정부가 주저했다는 점이다.

그 비디오 공개에 대한 일본 여론의 요구는 점점 강도를 더했으며, 마침내 일본 참의원의 예산위원회는 10월 13일에 그 사건의 비디오 공개 요구를 만장일치로 통과시켰다. 일본의 간 내각은 심각한 논란을 거친 후에 10월 27일에 일부 삭제되고 편집된 비디오를 참의원에 제출했으며, 참의원 예산위원회는 비공개로 그 비디오를 관람했다.

그렇지만 이러한 언론 보도는 그 테이프 내용에 대한 국민들의 관심을 고조시키는 기능을 하기에 충분했다. 그 자료에 대한 완전한 공개 요구가 증폭된 것이 그것이다. 그런데 11월 4일에 그 충돌에 관한 비디오 영상 자료가 유투브에 공개됨으로써 세계적인 주목을 받았다. 유출된 영상자료는 총 44분 분량으로서 당시 중국의 트롤어선에 부딪친 일본 선박에서 촬영된 것이었다. 일본 정부는 그 자료의 삭제를 요청했으며, 하루 만에 유투브에서 사라졌다.

그렇지만 그 유출된 자료는 중국의 압력에 대한 일본 외교의 연약성과 관련하여 일본의회에 심각한 토론거리를 제공했다. Sengoku38의 아이디를 사용한 자료 유출자는 이시키로서 그는 해양경비대 소속 요원이었다. 그 자료의 입수 경위와 유투브에 올린 이유에 관한 조사가 약 한 달 동안 진행되었으며, 그의 체포는 일본 의회를 분노하게 했다. 특히 일본 해양경비선에 충돌한 중국의 선장은 석방된 반면, 일본 해양경비대 요원이 이미 애초부터 일본 정부가 공개했어야 했던 것을 공개했다는 이유로 체포되었다는 인식은 일본 내부의 보수적 비판자들을 더욱 격분시켰다(Curtis, 2011: 1-3). 일본 의회 내부의 비판자들은 법치주의를 강조하는 일본 간 내각의 허약함을 지적했다. 열띤 토론의 와중에서 일본의 센고쿠 관방장관은 일본의 군대는 폭력의 수단이라는 발언을 무의식적으로 했는데, 이 발언은 일본의 전후 헌법과 군대에 관하여 국내적으로 심각한 분열을 가져오기에 충분했다.

중국의 압력에 일본 정부가 버틸 수 있는가의 여부와 관련하여 일본 여론의 우려가 커지고 있음에 따라 아이디 Sengoku38의 행동의 정당성에 관한 여론의 논쟁도 첨예하게 전개되었다. 일본 국민들의 대다수는 비디오 공개의 필요성에 공감을 하고 있었다. 요미우리신문의 2010년 10월 여론조사에 의하면 72%의 일본 국민들이 센카쿠 사건에 대한 일본 간 내각의 부적절한 대처를 지적했으며, 그리고 대부분의 국민들은 일본 정부가 중국의 압력에 물러설 것이라는 잘못된 신호를 보내고 있다는 우려를 했다. 게다가 비디오 공개는 정부가 해야만 한다는 입장에 대하여 거의 대부분의 국민들은 공감했다. 그리고 아사이신문의 2010년 11월 20일 여론조사에서 79%의 국민들은 일본 간 내각의 비디오 공개 거부가 부당한 것임을 지적했다.

한편 해양경비대 요원과 중국 선장에 대한 조치는 법이 아니라 정치가 결정적인 작용을 했다는 점은 사실상 부인하기 어렵다. 이 점은 도쿄 검찰청은 2011년 1월 21일 테이프 유출로 일본법 위반 혐의를 받았던 이시키 요원에 대한 기소를 중지했으며, 이와 동시에 나라 지방법원은 중국 선장에 대한 무혐의 처분을 내렸다는 사실에서 명확하게 드러났다. 그렇지만 이 사건과 관련한 일본 정부의 대처에 대한 보수주의자들의 분노는 계속되었다. 이시키 요원은 자신의 행동 동기에 대한 책을 집필했으며, 2월 14일의 외국특파원클럽에서 자신의 행동에 대한 정당성을 주장하기도 했다.

더욱이 그 사건은 보수주의자이며 센카쿠 열도를 둘러싼 일본의 영토방위에서 보수적 입장을 피력해 온 이시하라 도쿄 주지사의 강경한 발언으로 이어졌다. 이시하라는 2012년 봄에 센카쿠 열도의 일본 통치를 확고히 하기 위하여 그리고 일본 정부의 영토 보호 능력에 대한 불신감에 기반을 두고 그 열도를 사적으로 구입할 것이라는 선언을 했다(Wang, 2012: 1-2).

일본의 보수 민족주의자들은 그동안 센카쿠 열도에 대한 강력한 일본 지배를 적극적으로 주장했다. 대부분의 경우 이러한 목소리는 소수의 견해에 불과했지만 그 강도는 강력했다. 야스쿠니 신사참배의 문제와 마찬가지로 센카쿠 열도에 대한 주권 문제도 일본 주류층으로부터 점점 주목을 받고 있는 점은 우려할 만하다. 센카쿠 열도에 대한 방위가 일본의 민족주의 감정에 어느 정도 호소할 것인지는 불명확하지만, 일본의 센카쿠 영유권 주장은 그동안 일본 정치의 변방에 속하는 문제였다. 그렇지만 중국의 군사력 증강이 진척됨에 따라 일본의 민족주의적 정서가 센카쿠 열도와 같은 사안에 더 큰 관심을 기울이게 될 것임은 자연스러운 현상으로 자리할 것이다(Weitz, 2012: 3). 향후 일본 내부로부터 보수적 민족주의자들이 영토문제를 정치적 목적으로 이용하거나 중국에 대한 강경정책을 시도하지 않으려는 정부의 연약함을 비판하는 데 집중할 가능성이 있다는 주장은 큰 이견을 보이지 않고 있다.

이러한 맥락에서 볼 때, 중국의 세계적 영향력 확대와 함께 민족적 자존심의 상승을 고려해 볼 때, 센카쿠 열도를 둘러싼 분쟁과 같은 사안은 중·일 양국의 성공적 위기관리를 더욱 힘들게 할 가능성이 커질 수밖에 없다는 점을 주목할 필요가 있다.

Ⅳ. 센카쿠 위기와 중·일 경제적 대립

이번에 드러난 센카쿠 위기의 진행과정을 통하여 일본은 세계적 강대국으로 부상하고 있는 중국과의 관계가 그 이전과는 달리 민감성의 관점에서 더욱 커지고 있다는 점을 인식하고 있다. 해양영토의 공유는 어느 나라의 정치인들에게 있어서도 항상 어려운 과제이지만 자원에 대한 중국의 필요성이 증대되는 상황에서는 더욱 그렇게 될 수밖에 없다는 점이 그것이다.

제2차 세계대전 이후 초기에는 동중국해가 일본 트롤어선의 주요한 무대였으며, 중국 본토와 근접할 경우에 중국이 일본 어선을 나포하는 게 일반적인 추세였다. 1972년의 국교정상화 이전에는 일본의 어업대표단이 베이징을 방문하여 이러한 문제를 논의하기도 했다.

그러나 양국의 정상화조약이 체결된 이후에는 어업협정의 체결을 통하여 이 문제를 공식화했다. 중국은 자국의 동중국해 어장 보호권뿐만 아니라 안보적 필요성에 대한 우려를 제기하는 반면, 일본은 자국의 방대한 트롤어선단의 접근 보장책에 대한 관심을 표명했다. 그렇지만 근래에 들어서 동중국해와 관련하여 제기되는 양국의 첨예한 사안은 에너지 자원의 잠재성과 관련되어 있다(Manicom and O'Neil, 2009: 218-222). 상당한 양의 석유와 천연가스가 중국 해안까지 이어지는 대륙붕에 저장되어 있다는 주장이 그것이다. 더욱이 유엔해양법회의에서 제기되는 배타적 경제수역은 영해가 끝나는 지점에서 200해리까지 해당된다는 점을 고려해 보면, 동중국해의 도서지역을 누가 소유하고 있는가 하는 문제는 더욱 첨예한 대립을 보일 수밖에 없다(Paal, 2012: 1-2).

이러한 점에서 볼 때, 센카쿠 열도를 둘러싼 중·일 분쟁은 양국의 소유권을 둘러싸고 벌어지는 중·일 간의 역사적 분쟁 이상의 것이 되는 셈이다(Chang, 2010: 1-2). 그 영토적 분쟁은 일본의 류큐제도에 대한 미국의 점령이 종식되고 중국에 대한 미·일의 관계가 개선되는 시점인 1970년대에 태동된 것으로 동중국 해저에 존재하는 잠재적인 해저자원에 대한 소유권 분쟁과 그 궤적을 같이하고 있다. 센카쿠 열도는 1952년 샌프란시스코조약에서 미국의 행정편의상 류큐제도의 일부분으로서 간주되었으나, 중국과 대만은 이러한 주장에 반대하고 있는 실정이다(김용민, 2011: 179-181).

1970년대의 중·일 국교정상화 협상기간 중에도 이러한 영토분쟁은 해결될 기미를 보이지 않았다. 중국 어선들의 일본 해역으로의 진입 사례가 그것이었다. 그 결과 중·일 양국 정부는 이 문제를 일단 제쳐두고 평화조약으로 나아가기를 결정했다. 그럼에도 불구하고 중국의 어선단은 계속하여 센카쿠 열도 수역으로 등장했으며, 이러한 상황은 중국의 협상단이 국민적 합의를 받지 못했다는 것을 암시했다. 그렇지만 1980년대 이후에는 센카쿠 열도에 대한 일본 정부의 주장에 반기를 든 것은 대만과 홍콩의 활동가들이었다.

유엔해양법회의는 동중국해 영토문제를 새로운 단계로 끌어 올렸다(Weitz, 2012: 2-3). 해저의 지질학적 특성에 기반을 둔 영해 경계선의 획정에 관한 논란이 그것이다. 이렇게 되면 동아시아의 모든 국가들이 이 논쟁에 참여할 여지가 있는 셈이다. 일본의 주장은 200해리의 배타적 경제수역을 기준으로 중·일 양국의 영해 중간선에 기반을 두고 있으며, 동중국해의 넓이는 360해리에 불과하기 때문에 중간선에 대한 조정의 필요성에 공감을 하고 있다. 그렇지만 중국의 견해는 다르다. 중국은 오키나와 주상해분까지 연결되는 대륙붕의 자연적인 연장에 대한 고려가 중·일 양국이 동중국해 배타적 경제수역을 결정함에 있어 주요한 요소가 되어야 한다는 점을 강조하고 있다. 그렇게 되면 중국의 해양경계선은 오키나와의 영해 부근까지 이를 수 있다.

중국이 2000년대 초반에 동중국해의 석유와 가스에 대한 탐사를 강화하고 자국의 연구용 선박을 이용하여 지질학적 탐사를 수행함에 따라 중·일 간의 갈등은 다시 표면화되었다. 중국의 연구용 선박이 일본의 배타적 경제수역, 그리고 심지어 영해에까지 진입하게 되자 일본의 항의는 구체화되었으나, 중국은 무대응으로 일관했다.

이러한 중국의 태도는 보수적인 자민당으로부터 일본 정부의 무능력에 대한 비판을 초래했으며, 일본 해양정책의 큰 변화를 가져오는 계기를 만드는 데 큰 기여를 했다(최은봉·석주희, 2012: 53-54). 2007년의 일본 신해양법은 자국의 해양정책을 구체화했을 뿐만 아니라 해양 국익을 저해하는 행위에 대한 책임성을 부과했다는 점에서 이전과는 차별성을 보였다. 게다가 새로운 부처가 총리실 산하에 신설되었으며, 이 부처는 해양 국익과 관련하여 자원개발, 해양정책, 그리고 국가방위를 총괄적으로 담당하는 역할을 맡게 되었다.

이처럼 중·일 양국은 해양경계선에 관한 의견의 차이가 있음에도 불구하고 2006년 동중국해와 관련한 협상을 성공적으로 타결했다. 그 핵심은 동중국해의 양국 지역이 공동개발의 영역으로 규정되었다는 점이다. 중국의 자원 필요성이 기하급수적으로 증가하고 있는 상황에서 동중국해의 가스 매장량은 매력적인 공급원일 수밖에 없었다. 첫 번째 공동지역은 일본이 설정한 중간선 하부에 있는 가스 매장량 지역이었다. 일본명 시라카바 및 중국명 춘시아오로 불리는 2만 2천㎢의 가스지대는 중간선으로부터 단지 5㎞ 정도 떨어져 있을 뿐이다. 두 번째 공동지역은 아직 개발은 되지 않았지만 엄청난 석유 매장량을 갖고 있을 것으로 추정되는 지역으로서 굴착하기에는 기술적으로 어려운 심해에 위치해 있다.

V. 센카쿠 위기와 중·일 군사적 충돌 시나리오

중·일 양국의 어업 종사자들은 동중국해를 지난 약 1세기 동안 공유했지만, 최근에 전개되는 중국 해군력의 급성장은 중·일 관계에 새로운 군사적 과제를 안겨주고 있다. 일본의 방위계획 가운데 가장 우선시되는 사안은 해양방위이다. 더욱이 대만해협을 둘러싸고 일어날 수 있는 돌발적 상황에 대한 적절한 대처 여부는 일본의 안보에 중요하게 대두되고 있는 실정이다. 그렇지만 미일동맹과 일본 영토 내에서 이루어지는 미군의 전진배치는 대만해협의 위기상황을 고려해 보면 중국에 안보상 매우 민감한 사안이 될 수밖에 없다. 최근의 중국과 대만의 양안관계 개선이 이러한 중국의 민감성을 감소시키는 역할을 하고 있지만, 대만 문제가 일본의 향후 전략과도 밀접한 연관성을 갖고 있는 것은 분명하다.

일본의 방위계획은 일본 영토의 주변에서 일어나고 있는 중국의 군사력 증강에 안보적 우려의 눈길을 보내고 있다. 일본의 2004년도 장기방위계획에 따르면 중국의 해군 및 공군력 외에 핵 및 미사일 능력도 우려의 대상이었다. 2011년의 국가방위계획대강 개정판에 따르면 이전과 비교해 볼 때, 유사한 표현을 하고 있지만, 그 차이점은 중국의 활동을 감시하기 위한 일본의 정보 및 감시 능력의 개선에 관심을 두고 있다는 것이다. 일본 자위대의 최우선 과제가 자국 안보에 대한 위협세력으로서의 중국이 갖고 있는 잠재적 위협에 대응하는 것이라고 볼 때, 자위대의 주요한 관심은 중국과의 분쟁 가능성이 큰 일본의 남서 방향에 있으며, 류큐제도의 도서 보호에 우선권을 두고 있다고 할 수 있다.

그렇지만 중국의 군사력도 동중국해에 집중하고 있다는 점은 일본의 우려 대상임이 틀림없다. 중국의 선박들은 동중국해를 벗어나 남중국해로 나아가며 오키나와 해로를 통하여 태평양에 도달하고 있기 때문에 이 지역에서의 중·일 간 해군력 충돌 가능성은 매우 높은 실정이다. 게다가 중국은 일본 해군의 대응력을 시험하기도 하고 있다. 예를 들면, 2004년에는 중국의 잠수함이 오키나와 해협을 통과하여 일본의 해양 방위수준을 최고도로 높인 적도 있었다.

중국의 해군 훈련은 일본 영해의 남쪽에 있는 공해상에서 대부분 이루어지고 있기 때문에 일본의 해상자위대와 공군은 중국의 훈련을 감시하기 위하여 최고 수준의 탐지활동을 수행하고 있다. 그렇기 때문에 이러한 과정에서 발생할 수 있는 사고 및 오해로 인한 중·일 간의 군사적 충돌 가능성은 그 어느 때보다도 높다고 할 수 있다. 이전과는 달리 중국의 해군력도 일본의 대응력에 더 많은 관심을 가지고 있는 것도 이러한 우려를 증폭시키는 기능을 하고 있다.

중·일 군사력의 근접성은 매우 높기 때문에 그 접촉의 빈도수는 높을 수밖에 없다. 2010년의 센카쿠 위기는 조그만 사건이 대규모의 외교전 대립으로 쉽게 비화될 수 있다는 점을 잘 보여 주었다. 더욱이 동중국해에 있는 자원 개발의 공유를 위한 협상은 중지된 상태이며, 중국은 자체적으로 그 지역에서 천연가스를 추출하려는 노력을 하고 있다는 보도가 있다. 중·일 양국이 2010년의 위기와 같은 사태의 재발을 잠재적으로 방지할 수 있는 분쟁 해결 장치를 만들기 위한 쌍무적인 노력을 하고 있음에도 불구하고, 영토분쟁의 외교적 해결이 성공적 효과를 보기는 무척 어려운 것은 사실이다. 이러한 맥락에서 볼 때, 양국 정부는 영토문제가 중·일 양국관계의 다양한 사안들에 미치는 영향을 줄이려는 노력을 시도하는 것에 외교적 목표를 둘 수밖에 없다.

그렇지만 일본의 방위계획자들이 우려하는 것은 센카쿠 열도 주변의 조그만 사건들이 더욱 심각한 정치적 및 외교적 위기로 비화될 수 있는 잠재적 폭발성뿐만 아니라 중국의 해군력 증강이 일본 해역에 미치는 비의도적인 영향력 증가이다. 동중국해, 특히 일본 영해의 근접지역에서 벌어지는 중·일 해군력 간의 접촉 가능성이 증가한다는 인식은 중·일 간 군사적 충돌 가능성에 대한 우려와 그 대응방안의 모색을 촉진시키는 역할을 하고 있다. 군사적 충돌 실현 가능성과 파괴력의 관점에서 다음과 같은 분석이 가능하다.

중·일 간 군사적 충돌 가능성과 관련하여 다음과 같은 네 가지 시나리오를 고려해 볼 수 있다. 첫 번째 시나리오는 센카쿠 열도 주변에서 일어날 수 있는 중국 어선과의 연관된 사건이 중·일 간 군사적 대치상태로 비화될 수 있다는 것으로서 그 실현 가능성이 매우 높다고 할 수 있다. 2010년 9월 일본의 해상자위대와 중국의 인민해방군은 이 지점에서 멀리 떨어져 있었기 때문에 양국 간의 군사적 대치상태를 회피할 수 있었다. 센카쿠 열도의 방위는 일본의 해양경비대의 주요한 임무가 되겠지만 만일 중국의 해군력이 유사한 사건에서 동원된다면 일본 해상자위대의 개입도 배제하기 어렵다. 특히 일본 해양경비대의 선박이 중국 해군력에 의하여 위험에 빠지거나 더 나아가 격침된다고 가정할 경우, 일본의 해상자위대의 파견과 그로 인한 중·일 간의 해군력 충돌은 충분히 예상될 수 있다.

2010년 9월의 사건 결과로 일본의 해양경비대는 일본의 남서수역에 수척의 순시선을 추가적으로 파견할 것을 선언했으며, 중무장 경비선단의 파견도 논의의 대상이 되고 있다. 그렇지만 일본의 실질적 과제는 센카쿠 열도 경비 강화에 대한 외교적 보완책을 마련하여 중·일 양국의 분쟁 심화를 회피하고 나아가 미래의 유사한 사건을 관리하기 위한 일련의 장치를 중국과 공동으로 개발하는 데 있다.

두 번째 시나리오는 상대적으로 중·일 양국 해군력의 접촉 가능성 증가는 더욱 심각한 충돌 잠재력을 높일 수 있다는 인식에 기반을 두고 있다. 이 시나리오는 첫 번째보다 그 실현 가능성은 다소 낮지만 그 파괴력은 상당히 크다고 할 수 있다. 이 시나리오는 동중국해 인근의 중·일 해군이나 공군의 접촉 가능성이 더욱 빈번한 상황에서 지역 군사령관들이 상대방의 의도를 오인할 수 있는 여지가 많다는 점을 인식의 출발점으로 삼고 있다. 더욱이 이러한 접촉이 줄어들 가능성은 사실상 거의 없는 것이 현실이다.

중국 해군은 동중국해를 통해서만 태평양, 남중국해로 나아가거나, 심지어 아프리카 해안의 해적소탕작전도 감행할 수 있다(Nehru, 2012: 3). 일본도 남서 방면의 수역에 해군력을 확장하여 일본의 방위를 공고화할 뿐만 아니라 중국의 활동을 감시하고 있다. 2010년의 국가방위계획대강에 따른 중기방위계획에 따르면 일본 남부지역의 공중방위를 강화하기 위하여 F-15기 편대를 오키나와로 재배치하기로 했다.

그러나 중·일 간의 해양경계선과 무관하게 동중국해는 북한을 목표로 한 미사일 방어능력의 일환으로 일본 구축함이 이미 상당히 배치되어 있다는 점을 인식할 필요가 있다(Weitz, 2011: 2-3). 2012년 4월 북한 위성의 시험발사는 비록 실패했지만 그 궤적은 황해와 동중국해의 상공을 비행하기로 되어 있었으며, 그리고 2012년 12월에 이루어진 북한의 '은하3호' 위성 발사의 경우 일본은 이지스함을 동중국해로 급파하여 그 경로를 추적했다. 따라서 만일 북한의 시험발사가 지속될 것으로 가정하면 이 지역에 대한 일본 해군의 관심은 더욱 커질 수밖에 없다. 이처럼 중·일 간 군사적 배치가 증강된다면 기술적 착오나 지역 군사령관들의 오인에 따른 군사적 충돌 가능성은 더 이상 이론적 가설에만 머물지 않을 가능성이 농후하다고 할 수 있다.

세 번째 시나리오는 중·일 양국관계의 심각한 악화 가능성을 넘어선 상황을 고려한 것으로서 실현 가능성은 낮지만 그 파괴력은 매우 크다고 할 수 있다. 대만을 둘러싼 돌발사태가 그것이다. 대만 문제는 중·일 양국 군사력의 직접적인 충돌을 일으킬 수 있는 도화선이 될 가능성이 매우 크다. 1996년 대만해협 위기는 미·일 양국으로 하여금 동북아의 안보환경에 대처하기 위하여 쌍무적인 군사적 협력관계를 한 차원 상승시키는 촉발요인으로 작용한 반면, 1998년에 이루어진 북한의 대포동 미사일 발사 사태는 그 필요성을 대폭 증가시키는 결과를 낳았다. 일본은 미국과의 긴밀한 협력을 통하여 쌍무적인 방위협력의 새로운 지침을 개발하여 '일본을 둘러싼 지역'에 대한 분쟁으로 그 범위를 확장했다(Curtis, 2011: 8-10). 이러한 지침은 한반도에서 발생할 수 있는 돌발적인 상황에 대처할 목적으로 작성된 것이지만, 대만의 돌발사태에도 양국의 협력 기반을 제공하는 것으로 해석될 수도 있었다.

그렇지만 일본 정부는 이러한 돌발 사태에 대하여 미국과의 공식적인 계획을 수립할 의향이 없었다. 왜냐하면 오키나와의 주일 미군은 대만과 지리적으로 근접해 있으며, 동중국해 주변에 일본의 자위대 증강 배치는 그러한 돌발 사태가 도래할 경우 일본이 미군의 보조적인 역할을 할 것이라는 점을 보여주기에 충분했기 때문이다.

네 번째 시나리오는 일어날 가능성이 매우 낮지만 만일 발생한다면 일본의 관점에서 볼 때 치명적일 수 있는 것이다. 중국이 류큐제도를 침공할 경우이다. 그 제도는 인구가 희박하고 수백 개의 소규모 섬들로 구성되어 있으며, 센카쿠 열도도 그 일부분이다. 통상적인 상황에서 볼 때, 중·일 간 전면전을 의미하는 중국의 류큐제도 침공은 상상하기 어렵지만, 중국이 대만을 점령하는 전시상황을 가정하면 류큐제도의 조그마한 도서들에 대한 중국의 이해관계는 커질 수밖에 없다는 점을 주목할 필요가 있다.

이러한 점을 우려한 일본은 제2차 세계대전 이후 처음으로 오키나와에서 가장 멀리 떨어진 섬으로서 대만하고 가장 가까운 요나구니에 육상자위대를 파견했다. 비록 그 자위대의 규모는 100명 정도의 소규모이지만 동중국해를 둘러싼 중국의 해군력 증강에 대한 경고의 정치적 의미로 해석될 수 있다. 이러한 일본의 행동은 중국에 의한 류큐제도의 일부분 침공 가능성이 일본 국민들에게 엄청난 심리적 충격을 줄 것이라는 우려가 그 근저에 작용하고 있다. 만일 센카쿠 열도나 일본의 다른 도서들이 중국에 점령당한다면 그것을 회복하기는 사실상 매우 어려운 일이다. 2010년의 센카쿠 위기의 여파로 일본의 도서방위를 위한 미·일 간 공동작전이 시작되었으며, 서태평양에서의 미·일 간의 군사적 협력 중요성은 더욱 크게 부각되고 있다.

일본의 관점에서 볼 때, 중국 군사력과의 충돌 경로에 대한 예측은 불확실하다. 그렇지만 일본 영토를 둘러싼 중국 해군력의 증강은 그 속도를 줄이지 않을 것이라는 가정에 기반을 둘 경우 외교를 통한 중·일 간의 갈등 해결 전망은 밝지 않다. 일본 외무성은 미래의 사건 발발을 방지하기 위한 방안을 마련하기 위하여 중국의 정치지도자들과 협의를 기대하고 있는 반면, 일본 방위청은 자국의 군사력 배치가 미약한 남서지역의 도서 방위력 증강에 매진하고 있다.

Ⅵ. 결론: 중·일 분쟁의 해결 가능성

중·일 양국은 그동안 쌍무적인 외교에 의해서 동중국해의 문제를 다루어 왔으며 대부분의 경우 양국의 이해를 비폭력적인 방법으로 관리해 왔다. 제2차 세계대전 이후의 30년간 정부간의 대화는 없었지만 문제가 발생했을 때마다 일본의 국회의원들이 중국을 방문하여 비공식적으로 그 문제를 해결하는 방식을 추구했다. 그 문제의 대부분은 일본 어선과 관련된 것이었다. 센카쿠 열도와 관련하여 1970년대 초반에 이루어진 중국의 영유권 주장은 어업 외에 석유와 천연가스 개발과 관련된 것으로서 양국 간의 대화를 복잡하게 했다. 대만도 1970년대부터 센카쿠 영유권을 주장했으며 그 이후로 대만과 홍콩의 활동가들이 센카쿠에 상륙하여 중국의 영유권을 주장하기도 했다.

중국과 대만은 양안관계가 긴장된 시점에도 센카쿠 열도에 대한 영유권 주장에는 통일된 목소리를 보였다. 중·일 어선 간의 해양 갈등은 1972년의 중·일 국교정상화 이후에도 여전히 지속되었다. 그렇지만 이러한 중·일 간의 갈등은 일본의 인접국인 한국과 러시아와의 해양 갈등에 비해 그 빈도수도 적고 그 비용도 크게 들지 않았다(김용민, 2011: 184-186). 일본은 한국과의 해양 문제를 양국 간의 외교적 방안으로 해결하기에 충분했지만, 러시아와의 관계는 쉽지 않았다. 일본은 러시아와 평화협정도 체결하지 않았고 양국 간의 신뢰도 성공적인 정착을 하지 않은 상황이었기 때문에 그 분쟁의 해결을 위하여 다자적인 접근에 의존해야만 했다. 유엔해양법이 1994년에 발효된 이후 일본은 러시아와의 문제를 국제사법재판소로 이관했다.

이와는 대조적으로 일본은 중국과의 동중국해 자원 분쟁뿐만 아니라 영토 분쟁을 양국 간의 외교적 협상의 틀 내에서 해결을 시도했다. 그렇지만 2010년의 센카쿠 위기는 중·일 양국이 전통적으로 이용했던 해결방안과는 맥락을 달리했다. 중국의 트롤어선을 둘러싼 외교적 대결이 있은 후에 중·일 외교의 재개 노력은 시도되었지만 고위급 외교 접촉은 지연되었다. 2011년 3월의 동일본 대지진은 중국의 호의적인 태도를 이끌어 내는 기회를 제공했으며, 이 점은 2008년의 중국의 쓰촨 대지진 여파로 일본이 취했던 행동과 유사한 측면도 있었다.

중·일 양국 정부는 2011년 여름에야 비로소 본격적인 논의의 시점을 마련했다. 일본 외무상이 중국을 방문하여 시진핑 부주석을 예방하고 일본 대지진에 보여준 중국의 지원에 대하여 감사의 뜻을 표명한 시점이었다. 그 방문을 계기로 양국 정부는 해양문제를 논의하기 시작했으며, 해양조난구조협정의 체결 및 위기관리를 위한 양국의 의사소통 문제에 대한 개선 노력에 동의했다. 일본의 노다 수상은 2011년 12월 중국을 방문하여 동중국해의 위기관리와 신뢰 회복을 위한 방안을 재차 강조하기도 했다. 중·일 양국은 조난 및 구조 노력에 협력할 것을 원칙적으로 동의했으며, 그리고 일본은 고위급 해양회담을 통하여 동중국해의 위기관리뿐만 아니라 자원개발 문제에 대한 논의가 전개되기를 희망했다.

그렇지만 중국의 반응은 적극적이지 않았다. 동중국해의 문제는 남중국해를 둘러싼 영토 및 자원 문제의 해결과 별개로 다룰 수 없는 실정임을 지적할 필요가 있다(Nehru, 2012: 2-3). 이 점은 아태지역의 국가들이 어떻게 해양안보의 공통적인 규범을 수립할 수 있는가, 그리고 중국이 이를 수용할 수 있는가의 문제와 크게 연계되어 있다고 할 수 있다. 중국은 동남아국가연합(ASEAN)의 행동규범을 이론적으로는 수용하고 있지만, 그 규범의 구체적 내용 및 다자조약으로 공식화로 나아가기에는 상당한 시간이 요구된다. 2011년의 동아시아 정상회담도 아태지역의 해양안보에 관한 논의의 장을 열었다. 미국과 러시아 정상들도 옵서버로 참석했으며, 그리고 영토분쟁은 논의의 의제가 아니었지만 해상통행의 권리는 논의가 되었다.

동아시아정상회담의 18개국 공동성명은 아시아 해양에 관한 국제적인 규범의 설정이 이 지역의 평화와 안정에 중요한 기능을 한다는 점을 지적했다. 중·일 양국이 군사적으로 대치할 경우 미·일동맹은 주요한 분쟁 해결의 수단이 될 수 밖에 없다(Klingner, 2011: 1-2). 일본의 군사력과 주일미군은 그동안 일본에 대한 중국의 군사적 압력에 대처하는 효과적인 억지수단이었다. 미국의 클린턴 국무장관은 센카쿠 열도 방위에 대한 미국의 강력한 의지를 천명한 것은 이러한 맥락에서 이해될 수 있다.

그렇지만 중국의 군사력이 의도적으로 사용될 가능성은 크지 않다. 그렇지만 지역군사령관의 오해로 인한 비의도적인 사건의 발생은 충분히 가능하다고 할 수 있다. 중·일 양국의 여론이 갖는 민감성은 그러한 사건의 해결을 무척 어렵게 할 것이다. 동중국해를 둘러싸고 중·일 양국의 군사적 충돌 가능성은 그것이 갖는 의도성이나 비의도성과는 무관하게 미국에 심각한 도전이 될 것이며, 미·중 간의 대결로 비화될 위험성이 매우 높다는 점은 매우 우려할 만하다.

참고문헌

김용민. 2011. "조어군도와 센카쿠열도: 중국과 일본의 전략적 충돌이 가진 함의." 『국제지역연구』 15(3).

김홍규. 2010. "중·일간 센카쿠 열도 분쟁과 중국의 대외정책." 『동아시아 브리프』 5(4).

손기섭. 2007. "일본과 중국 간의 동중국해 해양영토 분쟁." 『21세기 정치학회보』 17(3).

유철종. 2006. 『동아시아 국제관계와 영토분쟁』. 삼우사.

이기완. 2009. "중일관계 갈등 이슈와 원인: 일본측 정치동학을 중심으로." 『국제지역연구』 13(1).

최은봉·석주희. 2012. "중일 간 센카쿠열도 분쟁과 일본의 해양정책." 『담론 201』 15(1).

Cheng, Dean. 2010 "East China Sea Flare-Up: Learning the Wrong Lessons in Beijing." *WebMemo*, No. 3027 (The Heritage Foundation, Sept. 27).

Curtis, Gerald. 2011. "Charting a Future Course for US-Japan Relations." *Asia-Pacific Review*, Vol. 18, No. 1.

Fackler, Martin. 2012. *New York Times* (Nov. 10).

Ferguson, Niall. 2012. "All the Asian Rage." *Newsweek* (Oct. 1).

Klingner, Bruce. 2011. "Top 10 Reasons Why the U.S. Marines on Okinawa Are Essential to Peace and Security in the Pacific." *Backgrounder*, No. 2571 (The Heritage Foundation, June 14).

Koo, Min Gyo. 2009. "The Senkaku/Diaoyu Dispute and Sino-Japanese Political Economic Relations: Cold Politics and Hot Economics?" *Pacific Review*, Vol. 22, No. 2.

MacLeod, Calum. 2010. "China's Aggressive Posture Stuns Japan." *USA Today* (Sept. 28).

Manicom, James and Andrew O'Neil. 2009. "Sini-Japanese Strategic Rekations: will rivarly lead to confrontation?" *Australian Journal of International Relations*, Vol. 6, No. 2.

Nehru, Vikram. 2012. "Collision Course in the South China Sea." *National Interest* (Aug. 23).

Paal, Douglas H. 2012. "Asia's Maritime Disputes: How to Lower the Heat." *Commentary* (Sept. 6).

Pan, Zhongqi. 2007. "Sino-Japanese Dispute over the Diaoyu/Senkaku Islands: The Pending Controversy from the Chinese Perspective." *Journal of Chinese Political Science*, Vol. 12, No. 1.

Tanaka, Sakai. 2010. "The China-Japan Conflict: The Senkaku/Diaoyutai Islands Clash." *Global Research* (Oct. 6).

Wang, Yaping. "Tensions in the East Sea China: Here to Stay." *Diplomat* (Oct. 23).

Weitz, Richard. 2012. "Senkaku Dispute Reflects China-Japan Struggle for Regional Primacy." *World Politics Review* (Sept. 18).

Zakria, Fareed. 2012. "The China Syndrome." *Time* (Nov. 26).

제 9 장 미사일방어와 동북아 안보: 비핵화에 주는 함의*

Ⅰ. 서 론

부시 행정부가 지난 5월에 미사일방어(MD) 체제의 구축을 공식적으로 표명한 이후 미사일방어는 미국 내부에서뿐만 아니라 전 세계적으로 열띤 논쟁을 불러일으키는 이슈로서 주목을 받고 있다. 미사일방어는 적대국으로부터 발사되는 핵탄두를 실은 미사일 공격을 그 미사일이 목표지점에 도달하기 전에 공중에서 요격함으로써 미국의 본토와 동맹국들을 보호함에 목적을 두고 있다. 따라서 만일 미사일방어가 성공적으로 이루어진다면 핵무기의 공격이 원천적으로 무력화된다는 점에서, 그리고 핵무기 보유의 필요성에 대한 동맹국들의 욕구를 원천적으로 저지할 수 있다는 점에서 미사일방어의 논리는 상당한 지지를 받는 셈이 된다. 그러나 이러한 방어체제의 구축은 기술적인 완벽성을 보장하기 어려울 뿐만 아니라 엄청난 비용을 요구한다는 점에서 비현실적이라는 비판에 직면하고 있다. 더욱이 미사일방어의 비판자들은 미사일방어가 기술적 및 비용적 측면을 극복한다고 하더라도 — 사실상 기술적 완벽성에 도달한다는 것은 불가능해 보이지만 — 전통적으로 억지(Deterrence)에 기반을 두고 유지되어 온 비확산체제를 본질적으로 훼손시킨다는 점을 강조하고 있다.

이 연구는 미사일방어를 둘러싼 찬반논리가 동북아의 안보에 어떠한 영향을 미치는가에 초점을 맞추고 있다. 미사일방어가 북한의 미사일 개발에 의해 촉진되었다고 할 때, 현재 논의되고 있는 미사일방어에 대한 분석이 북한을 포

---

* 『동북아연구』, 제9권(2004), 35-63면.

함한 동북아의 안보에 미치는 영향을 심층적으로 논의해야만 함에도 불구하고 미사일방어에 관한 학술적 및 정책적 분석이 탄도탄요격미사일협정 등 미국과 러시아와의 관련성 맥락에서만 초점을 맞추고 있다는 점은 다소 역설적이라고 할 수 있다.

미사일방어가 동북아에 미치는 영향에 대해서는 상반된 평가가 이루어지고 있다. 미사일방어의 옹호자들은 한국, 일본, 대만 등 미국의 동맹국들에 핵우산의 신빙성을 부각시킴으로써 동북아에서 비확산체제를 강화시킬 것이라는 긍정적인 분석을 하는 반면, 미사일방어의 비판자들은 중국과 북한의 핵무장을 가속화시킴으로써 동북아의 군비경쟁을 강화시킬 것이라는 부정적인 측면을 강조하고 있다. 이 연구는 이렇게 상반된 주장들을 어떻게 평가할 것인가, 그리고 그러한 평가의 논리적 근거는 무엇인가에 대한 의문점을 논리적 및 실증적 검토를 통하여 해결하고자 한다. 이와 더불어 이 연구는 미사일방어가 한반도 문제에 어떠한 영향을 미칠 것인가에 대한 분석, 즉 미사일방어가 주는 부정적 영향의 극소화와 긍정적 영향의 극대화를 위한 구체적 대안의 모색에 초점을 맞추고자 한다.

Ⅱ. 미사일방어의 등장 배경

1. 논 점

만약 미국의 미사일방어(MD)가 불량국가에 의해 배치된 탄도미사일만을 대상으로 한다면 문제의 심각성은 상대적으로 크지 않다. '제한적인' 미사일방어의 배치면 충분하기 때문이다. 그렇게 되면 미사일방어와 관련하여 주목을 받는 점은 단지 두 가지 관점인 셈이다. 하나는 기술적인 사안으로서 이 문제는 미사일방어의 실현 가능성과 연관되어 있다. 즉 미국의 미사일방어는 몇몇 국가가 결국 배치하게 될 소규모 미사일 공격에 대하여 잘 작동할 것인가의 여부이다. 다른 하나는 정치적인 사안으로서 이러한 불량국가가 미국에 제공하는 안보의 취약성과 불안감 및 이러한 위험성을 벗어나기 위하여 미국이 지불해야 될 보험금 성격의 비용과 관련되어 있다.

그러나 미사일방어와 관련하여 현 시점에서 제기되는 논점은 이 같은 단순성을 배격하고 있다. 구체적으로, 미사일방어는 미국의 핵무기 전략과 러시아 및 중국에 대한 미국의 정치적 연관성과 밀접하게 관련되어 있다. 양 국가는 미국의 미사일방어를 자신들의 전략핵무기능력 및 미국과의 관계에 대한 위협요인으로 간주하고 있다. 이러한 논리는 미사일방어가 비록 기술적인 성공을 보이더라도 러시아의 핵무기능력을 훼손할 수 있다는 점을 의미한다. 러시아는 미국의 미사일방어를 우려의 눈길로 볼 것이며, 그리고 비록 초창기에는 제한적일지라도 결국 그 규모는 커질 것이라는 인식을 갖고 있다. 더욱이 미국의 미사일방어는 중국의 핵무기능력에 더 심각하며 즉각적인 영향을 미칠 것이라는 주장은 미사일방어의 추진을 더욱 어렵게 하는 요인이 되고 있다. 러시아와는 달리 중국은 약 20여개만의 대륙간탄도미사일을 보유하고 있는 것으로 알려지고 있다.

부시 행정부는 클린턴 행정부가 추구했던 제한적인 미사일방어보다 더욱 강력하고 야심찬 미사일방어를 요구하고 있다. 그 내용의 핵심은 지상발사 요격미사일 숫자의 증가뿐만 아니라 해상 및 공중요격미사일을 추가하는 데 있다. 그렇게 되면 러시아와 중국이 받는 위협의 강도는 더욱 커지게 되는 셈이다. 더구나 미사일방어의 목표물이 불량국가들의 미사일이 아니라 러시아 및 중국의 미사일을 겨냥해야 한다는 주장도 나오고 있다는 점은 문제의 심각성을 더욱 크게 하고 있다. 특히 미 상원의원 존 카일은 "미사일방어가 표면상으로는 북한, 이라크 등 불량국가를 겨냥하고 있는 것처럼 보이지만 궁극적으로는 중국의 위협에 대처해야 한다"는 주장을 하기도 한다.

그러나 미사일방어 옹호자들 가운데 대다수는 미사일방어가 러시아 및 중국에 미치는 영향을 상대적으로 간과하고 있다. 부시 대통령은 탄도미사일방어(ABM) 협정의 구속을 받지 않고 가능하면 빠른 시간 내에 미사일방어를 배치하겠다고 주장한 것은 미사일방어의 구축이 주는 이익이 러시아와의 협력이 제공하는 이익보다 훨씬 크다는 판단에서 초래된 것으로 보인다. 럼스펠드 미 국방장관이 1972년에 체결된 탄도미사일방어협정을 구시대의 산물로 규정한 것도 미 행정부 내에 자리하고 있는 이 같은 분위기를 반영하고 있다.

탄도미사일방어협정은 약 30여년 전 냉전상황의 국제적 분위기를 반영한 것으로 냉전이 종식된 현 시점에서 구시대의 유물일 수는 있지만, 국제관계를 특징짓는 요인들은 여전히 변하지 않았다는 점에서 신중한 접근이 필요할 것으로 보인다. 미국의 안보는 미국 자신만의 노력에 의해서가 아니라 여전히 다른 강대국들이 미국의 행동을 어떻게 이해하는가에 의해 영향을 받기 때문이다. 러시아 및 중국이 자신들의 사활적 국가이익이 미국에 의하여 존중을 받는다는 확신을 가지지 못하는 상황에서, 즉 러시아와 중국이 자신들의 안보를 불안하게 하는 요인들을 제거하지 못하는 상황에서 미국의 미사일방어 구축은 그들의 불안감을 증폭시킬 것이며 궁극적으로 미국의 안보에도 부정적인 영향을 미칠 것이다.

이러한 맥락에서 미사일방어 이슈를 다룸에 있어 가장 중요하게 고려되어야 할 요소는 이러한 강대국들과 미국의 관계이다. 불량국가들의 위협이 아직은 구체화되지 않고 잠재적이며 외교적 수단에 의해 연기되거나 제거될 소지도 있으며, 구체화된다고 하더라도 억제될 수 있다는 관점에서 볼 때, 만약 미사일방어가 미국의 러시아 및 중국과의 관계를 훼손시킬 가능성이 크다면 미국은 미사일방어의 배치를 재검토할 필요가 있다. 이러한 시각은 미국의 미사일방어가 다른 강대국의 안보적 우려를 증폭시킬 경우 그 정당성은 약화될 수밖에 없다는 점을 시사하고 있다.

달리 말하면, 만약 미국의 미사일방어가 불량국가의 위협에 효과적으로 대처할 수 있고 러시아 및 중국에 대한 미국의 정치적 비용이 최소화될 수 있다면 미사일방어 옹호론자들의 주장은 그 정당성을 확보할 수 있다는 논리로 귀결될 수 있다. 사실상 불량국가들이 장거리 미사일로서 미국을 공격할 수 있을지의 여부는 불확실하다. 더구나 2000년도 기준으로 제한적인 미사일방어 구축에 필요한 비용이 약 6백억 달러 정도인데, 이 비용은 미국의 국방예산의 약 2% 정도이며 미사일방어가 배치되는 기간 동안을 고려하면 매년 무기 구입 비용의 약 10%에 해당되는 엄청난 금액임은 분명하다. 그러나 그 비용이 미래의 불확실성에 대한 보험료 성격의 투자임을 고려해 볼 때 미국은 그 비용을 감당할 능력이 있다고 볼 수 있다. 따라서 미사일방어를 논함에 있어 관심의 초점은 미사일방어가 가져오는 국제정치적 비용을 현저하게 줄이는 정책을 고안할 수 있는지의 여부에 모아진다고 하겠다.

2. 역사적 전개

미국의 안보에 영향을 미치는 미사일 위협과 그 위협에 대처하는 미사일방어의 기술적 능력은 냉전 이후 엄청난 변화를 겪어 왔다. 냉전 기간 동안 미사일방어의 옹호론자들은 중·소규모 국가들의 소규모 미사일 위협이 아니라 소련의 대규모 핵무기능력에 관심을 집중했다.

1955년 2월 아이젠하워(Dwight Eisenhower) 행정부는 나이키 미사일(Nike-Zeus missile)에 기반을 둔 미사일방어 체제의 실현 가능성을 연구하기 위하여 당시 벨 전화회사(Bell Telephone)와 계약을 체결했다. 그 연구결과는 상당히 고무적이었으며, 소련의 스푸트니크(Sputnik) 충격이 있었음에도 불구하고 아이젠하워 대통령은 미사일방어체제에 관하여 본질적으로 회의적인 입장을 보였다. 미사일방어체제의 본격적인 구축은 케네디(J.F. Kennedy) 행정부로 넘겨졌다. 1961년 12월 나이키 미사일은 시험발사에서 지대공미사일을 요격하는 데 성공하는 등 그 이후 2년여 간에 걸쳐 대륙간탄도미사일(ICBM)을 성공적으로 요격했다.

1963년 1월 미 국방성은 나이키 엑스(Nike-X)라고 불리는 계획을 추진했으며, 이 계획은 레이더, 요격미사일 그리고 컴퓨터 기술을 동원한 것으로 미사일방어에 있어 획기적인 전환점을 마련했다. 그렇지만 케네디 행정부도 적극적인 태도를 보이지 않았다. 미 상원 군사위원회가 1964년도 국방예산안 가운데 2억 달러의 미사일방어 부분 증액을 제안했음에도 불구하고 케네디 행정부은 전체 상원에서 그것을 저지한 것은 그것을 상징적으로 잘 보여 주었다.

존슨(Lyndon Johnson) 행정부도 미사일방어에 주저하기는 마찬가지였다. 그 당시의 국제정세가 미사일방어의 필요성을 제기하기에 충분했다. 1964년 10월 중국이 최초의 핵무기 개발에 성공하고 1966년 5월에는 수소폭탄의 개발 및 대륙간탄도미사일 배치를 시도했으며, 1966년 11월 소련도 모스크바 주위에 독자적인 미사일방어 구축에 들어갔다. 그럼에도 불구하고 존슨 대통령과 맥나마라(Robert McNamara) 국방장관은 1967년 6월의 정상회담에서 소련의 코시긴(Aleksei Kosygin) 수상을 설득하여 양국 모두가 미사일방어를 포기하도록 시도했다. 그러나 소련이 거부함에 따라 1967년 9월 존슨 행정부는 미국의 본토를 방어하기 위하여 탄도미사일방어망(ABM) 구축을 선언했다. 그렇지만 그 범위는 중국의 소규모 미사일 공격과 그 외의 지역으로부터 오는 비의도적인 공격에 대응하는 제한적인 성격을 갖음으로써 소련의 의도적인 공격에 영향을 주지 않으려는 의도를 충분히 드러내었다.

1969년 3월 닉슨(Richard Nixon) 행정부는 존슨 행정부의 계획을 수정했다. 세

이프가드(Safeguard)라고 불렸던 이 계획은 미국 본토에 있는 대륙간탄도미사일(ICBM)을 보호하기 위한 요격미사일을 설치하는 것이었고, 12개 지역이 선정되었다. 그러나 이 계획은 의회와 국내의 군축옹호론자들로부터 반발을 불러왔다. 1969년 8월 이 계획은 미 상원을 가까스로 통과했지만 그 규모는 훨씬 줄어들었으며, 1972년 소련과 체결된 ABM 조약으로 인하여 한 개의 지역으로 축소되었다. 포드(Gerald Ford) 행정부는 1975년에 노스다코다 주 그랜드포크 공군기지를 ABM 지역으로 선정하였지만 의회의 압력으로 10개월만에 사실상 폐기했다.

레이건(Donald Reagan) 행정부는 1983년 3월 야심찬 미사일방어계획을 선언함으로써 ABM 협정 체결 이후 약 10여년간 잠잠했던 미사일방어 논쟁에 불을 붙였다. "미국의 안보가 소련의 공격을 억제하기 위한 즉각적인 보복의 위협에 기반을 두지 않는다면, 그리고 적국의 탄도미사일이 미국의 본토와 동맹국에 도달하기 전에 파괴할 수 없다면 어떻게 자유롭게 살 수 있을 것인가? 나는 이러한 엄청난 계획이 직면한 기술적 어려움이 20세기 말에도 극복될 수 없을지는 모르지만 현재의 기술 수준은 이러한 과업을 시작할 단계에 있다는 것을 확신한다"는 이른바, '별들의 전쟁'(Star Wars)이 그것이다. 레이건 대통령은 핵무기 공격을 무력화시키기 위하여 대기권 밖에 방어망을 구축할 것을 제안했다. 레이건은 향후 5년간 약 260억 달러가 소요되는 전략방어구상(SDI: Strategic Defensive Initiative)을 제안했으며, 비판자들은 이 계획을 '별들의 전쟁'으로 폄하하면서 ABM 협정과의 우려를 심각하게 제기했다.

미국의 역대 행정부가 그동안에 제시한 미사일방어 가운데 레이건의 SDI는 비록 실현되지는 못했지만 가장 강력한 비판에 직면했다. 레이건의 전략방어구상은 국내적으로 이상적이었지만 현실성이 희박한 것으로 비판을 받았을 뿐만 아니라 소련에 심각한 우려를 자아내게 하였다. SDI는 소련으로 하여금 전략무기의 개발 경쟁에서 미국의 기술적 우위를 인정해야만 하는 상황에 처하게 했을 뿐만 아니라 그 결과 군비경쟁의 경제적 부담을 더욱 져야 했으며, 그리고 미·소 간의 양극관계를 보다 적대적인 관계로 변화시키는 계기를 마련했다. 이러한 상황의 전개는 군사적 우위를 확보하려는 시도가 정치적 비용을 증가시키는 역효과를 낳을 수 있다는 점을 극명하게 보여주고 있다.

부시(George H.W. Bush) 대통령은 레이건 대통령의 SDI 규모를 줄이려는 시도를 했다. 이러한 시도는 SDI가 국내적으로 격렬한 반발을 불러일으켰을 뿐만 아니라 국제적인 안보환경을 급격한 변화를 초래했기 때문이다. 부시 대통령은 냉전의 종식과 함께 이제 미국의 안보위협은 소련이 아니라 불량국가들의 손에 있는 대량살상무기로부터 오는 것으로 판단했기 때문이었다. 1991년 초에 부시 대통령은 GPALS, 이른바 제한된 공격으로부터의 지구방위(Global Protection Against Limited Strikes)로 초점을 바꾸었다. 부시의 계획은 지상 및 우주발사 요격미사일을 사용하여 200개 정도의 탄두를 격파할 수 있는 방어망이다. 1991년 9월 부시 대통령은 소련이 미국의 이러한 계획에 동참하기를 공개적으로 밝혔다. 이러한 구상은 미사일방어에 대한 부시의 개념이 1960년대 존슨-맥나마라의 개념, 즉 불량국가들과 비의도적인 공격에 대한 '엷은' 방어망의 개념으로 복귀했다는 것을 보여준다. 단지 차이점은 이번에는 러시아가 관심을 표했다는 사실이다. 1992년 1월에 러시아의 옐친(Boris Yeltsin) 대통령은 "SDI를 대체하는 지구적 방어망 구축에 동참할 용의가 있다"는 의사를 공개적으로 드러내었다.

1992년 6월 부시와 엘친 대통령은 탄도미사일에 대한 지구보호체제(GPS: Global Protection System)를 공동으로 구축하기로 동의했다. 이러한 시도는 사실상 ABM 협정으로부터 제약을 받지 않는 행동의 자유를 의미했다. 이로써 미·소 양국 간에 20여년간 지속되어 온 ABM 협정의 수정은 불가피하게 되었으며, 억지에 의존하는 핵무기 질서는 본질적인 변화를 맞이하게 되었다.

클린턴(Bill Clinton) 대통령은 이러한 추세를 바꾸어 놓았다. 1992년 대통령선거 유세기간 동안 클린턴은 ABM 협정의 수정에 대하여 분명한 거부의사를 표명했다. 그리고 이후 클린턴 대통령은 GPS 구상 하에 1992년에 시작된 미·러의 기술협력기금을 감축했으며, 그리고 ABM 협정의 수정을 위한 미국의 제안을 철회시켰다. 사실상 클린턴 대통령은 ABM 협정의 유지에 최우선적인 관심을 보였으며, 미사일방어보다는 군비통제 전문가들이 주장하는 억지논리가 본질적인 해결책이라는 믿음을 갖고 있었다.

그러나 1990년대 들어서면서 새롭게 형성된 국제질서는 미사일방어를 둘러싼 논쟁을 다시금 안보문제의 중심으로 재진입하게 만들었다. 그 주요한 내용은 냉전의 종식, 불량국가들에 의한 탄도미사일의 확산, 억지의 효용성에 대한 의구심, 그리고 기술의 획기적 발달이다. 특히 냉전의 종식은 미사일방어에 대한 반대논리를 제공했던 미·소 간의 전략적 경쟁 부분의 와해를 의미했다. 미사일방어가 핵전쟁의 가능성을 높일 것이라는 주장은 더 이상 심각하게 고려할 필요가 없게 되었다. 이 점은 의도적인 취약성을 통한 '공포의 균형'을 유지하려는 시도는 더 이상 미국 내의 여론 지지를 받기가 어렵다는 것을 함축한 셈이다. 게다가 불량국가들의 위협이 증가함에 따라 미사일방어의 필요성을 주장하는 여론이 힘을 받게 되었다.

1993년 5월 북한은 노동미사일(사정거리 1,300km)의 첫 번째 실험을 시도했다. 그리고 1994년 3월에 울시(James Woolsey) 미 CIA 국장은 북한이 2개의 장거리 미사일, 즉 대포동 1호와 2호를 개발하고 있는데, 이 미사일은 동북아 전체, 동남아, 그리고 태평양 지역, 나아가 중동지역으로 수출될 경우 유럽도 위협할 수 있다고 밝혔다. 1990년대는 미국 내의 미사일방어 옹호 주장이 목소리를 내기 시작한 시기로 볼 수 있다. 공화당원들은 '미국과의 계약'이라는 표어 하에 국가미사일방어(NMD: National Missile Defense)를 주장했으며, 1972년 ABM 협정 체결 당시에 주역이었던 닉슨과 키신저(Henry Kissinger)도 ABM 협정의 수정을 요구했다.[1)]

미국의 공화당 의원들은 일련의 법안들을 준비하여 클린턴 대통령이 미사일방어계획을 받아들여 러시아와 새로운 협상을 하도록 강요했다. 클린턴 행정부는 ABM 협정을 전략적 안정성의 주춧돌로서 계속하여 간주했지만 일련의 사건들은 계속하여 발생했다.

1997년 미 의회는 미국에 대한 대륙간탄도미사일 위협을 평가하기 위하여 럼스펠드(Rumsfeld) 전 국방장관을 위원장으로 하는 럼스펠드위원회를 구성했다. 그 위원회는 북한, 이란 그리고 이라크가 미사일 보유 결정을 내리면 그 이후 약 5년 이내(이라크의 경우 10년 이내)에 미국에 심각한 위해를 줄 것이라는 결론에 도달한 보고서를 미 의회에 1998년 7월 15일에 제출했다. 그리고 그 보고서는 미국은 그 기간 동안 그러한 결정이 이루었는지의 여부를 알아채지 못할 것이라고 지적했다. 그 보고서는 향후 15년간 핵무기 보유국들을 제외한 어떠한 국가들도 미국을 위협할 정도의 탄도미사일을 개발할 수 없을 것이라고 예측했던 1995년의 국가정보평가서에 정면으로 배치되는 내용이어서 주목을 받았다.

1998년의 럼스펠드 보고서가 1995년의 국가정보평가서보다 더욱 비관적인 전망을 내놓은 이유는 과거의 행적 중심에서 어떠한 행동이 나올 것 같다는 전

---

1) Peter W. Rodman, *Shield Embattled: Missile Defense As a Foreign Policy Problem* (The Nixon Center: Washington, DC, October 2001), pp. 21-22.

망을 하기보다는 외부의 지원이 있을 경우 어떤 행동을 할 수 있는가에 초점을 맞추었기 때문이었다.

럼스펠드 보고서가 발간된 직후 1998년 8월 31일 북한은 일본열도를 가로지르는 3단계의 대포동1호 미사일을 시험발사했다. 3단계의 존재는 미사일을 미국 본토까지 이동시킬 수 있게 하는 것으로 미국을 당황하게 충분했으며 럼스펠드 보고서의 예측을 뒷받침했다. 1999년에 발간된 국가정보평가서는 향후 15년 내에 러시아, 중국 그리고 북한으로부터 대륙간탄도미사일 위협을 받을 가능성이 높고, 이란으로부터 위협의 가능성도 상당히 있으며, 그리고 이라크로부터 그 가능성도 어느 정도 있다는 결론을 내렸다.

1999년의 국가정보평가서는 불량국가의 미사일 위협이 제한적인 미사일방어 배치에 대한 정당한 근거를 제공할 정도로 급박한가에 대한 그동안의 논쟁에 공식적인 종지부를 찍었으며, 클린턴 대통령은 1999년의 미사일방어법안에 서명을 했다. 클린턴 대통령은 그 법안이 국가미사일방어(NMD) 배치의 결정을 의미하는 것이 아니라 그러한 결정은 위협, 기술적 준비도 및 예상비용, 그리고 그 배치가 미국의 군비통제 및 비확산 목표에 미치는 영향에 대한 지속적인 평가에 기반을 두게 된다는 점을 강조했음에도 불구하고 미사일방어의 필요성을 본질적으로 인정한 것이었다. 클린턴 행정부는 의회의 압력을 받고 2000년 여름을 NMD를 구축할 것인지의 여부를 결정하는 마감일로 설정했다. 그러나 시험발사에서 나타난 실망감과 ABM 협정 수정과 관련한 러시아와의 협상 실패로 인하여 그 배치는 연기되었다.

부시(George W. Bush) 행정부가 등장했을 때, 미사일방어를 위한 국내 여론은 충분히 성숙되어 있었다. 심지어 군비통제를 선호했던 전문가인 가윈(Richard Garwin)은 국제적인 군비통제협정에 최소한의 피해를 입히고 NMD가 작동할 수 있는 제안을 내놓기도 했다. 영토에 기반을 둔 클린턴의 NMD이나 우주에 기반을 둔 레이건의 SDI와는 달리, 가윈은 해양에 기반을 둔 미사일방어를 제안했다. 그 안은 잠재적인 적국으로부터 미사일이 발사되는 도약단계에서 즉시 요격할 수 있는 기술적 이점에 바탕을 두었다.[2] 게다가 가윈의 안은 미국의 요격미사일은 해양에 있는 관계로 인하여 내륙에 있는 러시아와 중국의 ICBM에 위협을 상대적으로 주지 않는다는 점에서 미·러 관계, 미·중 관계, 그리고 국제

2) Richard L. Garwin, "The Wrong Plan," *Bulletin of Atomic Scientists*, March/April 2000.

적 군비통제협정을 불안정하게 하지 않는다는 것이다. 그리고 이 안에 필요한 기술은 이지스 공군방위통제 체계를 장착한 미 해군 함정에 이미 배치되어 있기 때문에, 약간의 기술적 보완을 거치면 적은 비용으로 실전 배치가 가능하다는 것이다.

9·11테러는 미사일방어의 필요성을 더욱 강화시키는 계기가 되었으며, 현 시점에서 중동에서 진행되고 있는 미국의 군사적 개입이 어느 정도 마무리되면 그리고 부시 대통령이 11월 재선에서 성공을 거둘 경우, 북한 핵 문제를 포함한 불량국가에 의해 야기되는 미사일 위협이 미국의 NMD의 배치를 정당화시키는 방향으로 나아갈 것으로 보인다.

Ⅲ. 미사일방어의 전략적 논리

지난 50여년간 미사일방어를 둘러싼 논쟁은 끊임없이 전개되었으며, 냉전의 종식으로 국제적인 안보환경이 바뀌었음에도 불구하고 그것은 계속 이어지고 있다.

미사일방어에 대한 비판적 시각은 다양한 관점에서 제기되고 있다. 기술적 실현 가능성과 비용-손실의 측면은 항상 주요한 기준이었다. 현재의 기술이 갖는 부적절성은 미사일방어의 논리에 부정적인 영향을 주는 주요한 요소였다. 효율적 방어의 구축에 장애가 되는 근본적인 난관은 다음과 같이 세 가지 관점에서 지적될 수 있다.[3] 첫째, 탄도미사일은 소규모(1,000파운드 이내)의 재진입 탄두를 부착하고 있으며, 이 탄두들은 빠른 속도(1시간당 15,000마일)로 이동하기 때문에 사실상 방어하기에는 힘든 시간상의 제약이 있다. 둘째, 재진입탄두들은 미사일방어망의 레이더 추적을 피하기 위한 유인장치(예를 들면, 풍선 등)를 이용할 수 있다. 셋째, 재진입탄두가 하나이고 유인장치가 없다면 방어의 문제는 다소 수월할 수 있다. 즉, '총알로서 총알을 맞힌다'는 것이 가능하게 보이지만 이러한 논리는 사실상 모든 재진입탄두가 유인장치를 동원한다는 점에서 현실성이 떨어진다. 이런 점에서 볼 때, 미사일방어가 현 시점까지 구축되지 않은 것은 의지나 자금의 부족이 아니라는 것을 알 수 있다. 1950년대 이래로 미국은

3) Peter W. Rodman, Shield Embattled: Missile Defense As a Foreign Policy Problem (The Nixon Center: Washington, D.C., October 2001), pp. 15-16.

미사일방어의 연구와 개발에 최우선적 관심을 보였고 거의 1,000억 달러 이상의 자금을 투자해 왔다는 것을 상기해 보면 더욱 그러하다.

1. 억지와 방어

그러나 여기서 더 주목해야 할 것은 미사일방어는 전략적 관점에서 더욱 강력한 비판에 직면한다는 점이다. 미사일방어는 제대로 작용한다고 하더라도 그것이 미국의 안보에 긍정적인 도움이 되지 못하고 오히려 부정적인 영향을 미친다는 것이다. 1950년대 이래로 미·소의 전략 핵무기의 균형은 '공포의 균형'에 의존해 왔다. 효율적인 미사일방어가 현실성이 없는 관계로 보복공격의 위협에 의존하는 공격적인 전략이 그것이다. 그 전략은 '상호보장된 파괴'로서 먼저 선제공격을 당한다고 하더라도 상대방의 산업 및 국민의 대부분을 파괴할 능력을 보유함으로써 선제공격 그 자체를 무력화시키는 고도의 심리적인 성격을 갖고 있었다. 1960년에는 실제로 이 전략은 억지의 기준으로 소련 인구의 1/4 혹은 1/5을 죽이거나 1/2의 산업시설을 들었다.

이러한 조건을 충족시키기 위해서는 방어를 통한 안보의 확보는 '공포의 균형'에 도움이 되지 못하는 것으로 판명되었기 때문에 방어에의 과도한 관심은 군비통제 전문가들에게 있어 금기시되는 요인으로 작용하게 되었다. 이러한 논리를 연장시킬 경우 미사일방어는 군비경쟁을 촉발시키고 군비통제 노력에 찬물을 끼얹는 행위가 되는 셈이다. 게다가 더욱 우려할 것은 미사일방어가 핵전쟁의 발발 가능성을 높일 수 있다는 점이다. 이 점은 미사일방어가 상대방의 보복 능력을 약화시키기 때문에 선제공격의 유혹을 불러일으킬 수 있다는 가정에서 그 논리적 정당성을 찾을 수 있으며, 미사일방어가 전략적 불균형을 초래할 수 있다는 점을 시사하고 있다.

미국의 전략에서 공격적 측면을 강조하는 억지의 논리가 강조된 배경을 어디에서 찾을 수 있을까?[4] 먼저, 20세기를 통하여 미국이 겪었던 많은 전쟁에서 미국은 방어보다는 공격적 행동, 즉 원정부대 파견, 전략적 폭격, 상륙작전, 전방배치군 등에 주력했던 역사적 및 지리적 요인을 들 수 있다. 미국은 본토의 안보를 위하여 방어에 주력하기보다는 다른 지역에 대한 공격적인 행동을 통하

---

4) Rodman, *op. cit.*, p. 17.

여 그 목적을 달성하고자 했던 역사적 경험들을 갖고 있다. 다음으로, 관료적 요인들을 들 수 있다. 미 국방성은 전통적으로 미사일방어와 같은 불확실하거나 색다른 것보다는 부대나 탱크와 같은 것에 예산을 투입하는 경향을 보였다. 그래서 미사일방어는 레이건 대통령이 국방성 내에 특별한 기구를 설립하기 전까지는 사실상 관료적으로 변방에 위치했던 셈이다.

위와 같은 이유로 미사일방어의 반대론자들은 미사일방어가 미국으로 하여금 러시아 및 중국과의 군비경쟁을 초래하고, 탄도미사일방어협정의 개정을 요구함으로써 미·러 간의 군비통제의 근간을 위협하며, 그리고 미국의 정책을 억지로부터 벗어나게 한다고 주장했다. 적어도 이론적으로는 이러한 주장들은 어느 정도 과장된 측면도 있다는 점을 부인할 수 없다.

2. 핵무기 관계의 안정성과 미사일방어

불량국가들의 소규모 미사일에 대한 방어를 강조하는 미국의 미사일방어는 러시아의 대규모 미사일에 대한 위협이 되지 않는다는 점을 제시할 필요가 있다. 비록 러시아의 미사일이 요격된다고 하더라도 미국의 요격미사일 숫자는 제한되어 있기 때문에 러시아의 2차공격능력에 손상을 주지 못하기 때문이다. 따라서 이러한 논리는 미국의 미사일방어는 미사일 숫자가 소규모인 불량국가에는 효율적일지 몰라도 러시아에는 비효율적임을 시사하고 있다. 이런 점에서 미국의 제한된 미사일방어는 러시아의 핵무기 보복 억지력의 근본에 위협이 되지 않을 뿐만 아니라, 그러한 억지력을 보존하고 있는 중국에도 마찬가지라는 지적을 하고 있다.

구체적으로 말하면, 미국이 요구하는 탄도미사일방어협정의 개정, 즉 알래스카에 100개의 요격미사일과 레이더 배치 아니면 두 지점에 최대 250개까지의 요격미사일의 배치 허용을 요구하는 미국의 주장은 미·러 간 군비통제의 근간을 훼손하지 않는다는 점이다. 탄도미사일방어협정의 주요한 목적은 냉전기간 동안 미·소 양국에 어느 국가도 전면적인 핵무기 보복 공격으로부터 보호를 받지 못한다는 믿음성을 제공하는 것이었다. 제3차 전략무기감축협정(STRAT Ⅲ)에서 미국이 제안한 2,500백개의 탄두를 러시아가 보유하든지, 아니면 러시아가 선호하는 1,500개의 탄두이든지 간에 100 내지 250개의 방어용 미국 요격미사일은 보복능력 면에서 러시아의 신뢰성을 약화시키지 않는다는 것이다.

러시아와는 달리 중국의 사정은 다르다. 핵무기의 숫자가 적기 때문이다. 중국은 미국의 미사일방어에 대하여 핵무기의 규모를 증가시킬 필요성을 느끼고 있다. 그럼에도 불구하고 안정적인 균형은 가능하다. 현재의 중국이 갖고 있는 핵무기 규모는 최소한의 기준으로 볼 때에도 적절한 억지력을 갖기에는 불충분하며, 따라서 중국의 핵무기 증강은 미국의 미사일방어와 상관없이 항상 추진될 수 있다. 중국의 막강한 경제력과 기술력을 고려해 볼 때, 중국이 미국의 미사일방어를 압도할 수 있는 핵무기 규모를 증강시킬 전망은 소규모의 대륙간 탄도미사일의 개발에만 몰두하고 있는 몇몇 불량국가들의 경우와는 비교할 수 없을 정도로 매우 밝기 때문이다.

물론 러시아 및 중국은 미국의 미사일방어가 배치되지 않는 상황을 더 선호할 것이다. 그렇다고 해서 미사일방어가 이러한 국가들로 하여금 핵무기의 기본적인 억지능력을 충족시킬 수 없게 한다는 결론을 내릴 수는 없다.

3. 냉전시대 전략적 논쟁과의 비교

미사일방어의 옹호론자들은 냉전시대에 세 가지 관점에서 반대론자들로부터 비판을 받았다. 그러나 현 시점에는 그 목표물이 소규모 불량국가들이기 때문에 소련을 상대로 한 그 논리가 그대로 적용되기에는 어려움을 느끼게 된다. 그럼에도 불구하고 냉전시대의 비판을 재검토하는 것은 현 시점의 논쟁을 종식시킨다는 점에서 유익할 것으로 보기 때문이다.

첫째, 미사일방어에 대한 가장 큰 반발은 미국이 성공적인 미사일방어를 구축한다고 하더라도 소련은 더 적은 비용으로 미국의 미사일방어를 무력화시킬 수 있는 소련의 방어망을 구축할 것이라는 점이었다. 그 결과 군비경쟁은 심화되고 여전히 미국의 취약성은 줄어들지 않는 반면 미·소 양국은 핵무기에 엄청난 비용을 투입해야 한다는 것이다. 이러한 주장은 소련이 미국의 미사일방어 배치에 대응할 수 있는 자원을 가지고 있다는 점을 가정하고 있지만 불량국가들과 미국 간의 관계에서 이러한 논리가 그대로 적용되기 어렵다는 점을 지적할 필요가 있다.

둘째, 미사일방어가 미국의 본토를 보호하기에 충분할 정도로 효율적이라면 핵무기 억지 논리가 적용되지 않을 것이라는 우려가 냉전시대의 보편적인 관심사항이었다. '공포의 균형'은 미·소 양국이 핵무기 공격을 완벽하게 방어할 수 없는 상황에서만 그 유지가 가능한 위기 속의 안정을 의미했기 때문이다. 그러나 이러한 우려는 미국과 불량국가들 간에 적용되기에는 무리가 있다. 미국의 미사일방어가 불량국가들의 핵무기 선제공격 의도를 자극할 수 있는 여지가 없지는 않지만 미국의 엄청난 보복 위협 상황에서 그러한 의도는 실행되기 어려울 것으로 보이기 때문이다.

셋째, 냉전시대에는 미사일방어가 군비경쟁을 불러일으킬 수 있으며, 미·소 간의 관계를 불필요하게 악화시킴으로써 핵전쟁의 위험을 가속화시킨다는 점을 우려한 시각이 많았다. 그러나 미국과 불량국가들 간의 관계에는 이러한 우려가 그대로 적용되기에는 무리가 있다. 불량국가들은 이미 미국에 의해 불안감을 느끼고 있고 미국과 불량국가들 간의 정치적 관계는 이미 악화되어 있으며, 따라서 미사일방어에 의해 그 불안감이나 정치적 관계가 더 가중되지는 않을 것이기 때문이다.

넷째, 미사일방어 논리는 미국의 억지정책의 근본적인 변화를 의미하는 것이 아닌가 하는 우려가 있다. 냉전기간 동안 미사일방어의 반대론자들은 미사일방어가 소련의 공격으로부터 미국의 본토를 완벽하게 보호하지 못할 것이라는 점, 즉 효율적으로 작동하지 않을 것이라는 점에 초점을 맞추었으며, 탄도미사일방어협정도 이러한 시각을 반영했다. 이런 점에서 불량국가에 대한 미국의 미사일방어는 만약 그 방어가 제한적인 성격을 갖는다면 미·소 간의 억지논리에 근본적인 변화를 주는 것은 아니라고 할 수 있다.

Ⅳ. 미사일방어와 비핵화

미사일방어가 미국의 장기적인 전략핵무기 목표(핵무기의 감축과 궁극적인 핵무기 철폐)에 미치는 영향을 어떻게 평가해야 하는가? 미국은 그동안 공식적으로 핵무기의 급격한 감축이나 철폐에 거의 흥미를 보이지 않았다. 미국은 전략 핵탄두를 2천개 내지 2천 5백개까지 줄일 수 있다는 주장도 있지만 사실상 이 정도마저도 완전한 철폐에 상당한 거리가 있는 실정이다. 이와는 대조적으로 미국의 핵탄두를 약 2백개까지 줄이는 협정을 체결해야 한다는 주장을 펴는 전문가들도 있다. 이 경우 군비통제협정은 러시아뿐만 아니라 중국, 프랑스, 영국도 간여하는 다자조약이 될 것이다. 이들은 이 정도가 최종 단계이며 핵무기 철폐는 이상적인 장기 목표가 될 것이라는 주장을 펴고 있다.

그러나 제한적인 미사일방어 구축은 이러한 목표 달성을 더욱 어렵게 할 것으로 보인다. 그 주요한 장애물은 미사일방어의 효율성에 대한 불확실성 및 미사일방어의 확대 가능성이다. 만약 미국이 2백개의 핵탄두와 2백개의 요격미사일을 갖는다면 러시아도 2백개의 핵탄두와 2백개의 요격미사일을 필요로 할 것이다. 이것은 요격미사일의 정확성을 보장 받을 경우에 한한다. 그러나 미국과 러시아는 군비감축협정을 체결할 때 1개의 요격미사일을 1개의 핵탄두로 계산하는 데 주저할 것이다. 양국은 요격미사일의 효율성을 의심한 나머지 최악의 상황을 고려하여 핵탄두의 숫자를 늘리는 데 관심을 보일 것이며, 결국 군비통제협정은 높은 단계의 핵탄두 보유로 나아갈 가능성이 크기 때문이다. 이런 점에서 볼 때, 제한적인 미사일방어는 핵무기의 급격한 감축에 장애물로 작용할 것으로 보인다.

미사일방어의 확대 가능성은 급격한 핵무기 감축에 또 다른 장애물로 등장한다. 러시아의 우려는 미국이 제한적인 미사일방어를 확대하여 러시아의 억지능력을 훼손할 것이라는 데 있다. 이러한 확대 가능성은 높은 단계의 핵무기 보유를 선호하게 만들 가능성을 높일 것은 자명하다.

이와는 달리 미사일방어는 핵무기의 군사적 가치를 줄임으로써 핵무기 철폐의 가능성을 증가시킨다는 주장을 하기도 한다. 그러나 이러한 시각은 다음과 같은 점에서 그 논리적 정당성을 잃는다. 첫째, 핵무기 철폐의 근본적인 조건은 관련된 모든 당사국들이 굳건한 정치적 신뢰를 유지하는 것이라는 점에서 볼 때, 미사일방어는 미국과 다른 강대국들 간의 관계를 긴장시킬 것이며, 그 결과 핵무기 철폐를 더욱 어렵게 만들 것이기 때문이다. 둘째, 핵무기가 없는 환경이라면 탄도미사일은 숨겨진 탄두를 이동하는 수단 가운데 가장 우려할 만한 수단이 되지는 않을 것이기 때문이다. 사실상 장거리 탄도미사일도 핵무기와 같이 폐기되는 반면 다른 운송 수단들(전투기, 잠수함 그리고 선박)이 쉽게 이용될 것이기 때문이다. 이러한 경우에는 미사일방어도 확실한 안전책이 될 수 없다. 셋째, 각 국가들은 자신들의 미사일방어가 다른 나라들의 그것만큼이나 효율적이며, 재무장의 경우에는 빠른 시간 안에 자신들의 미사일방어를 확대할 수 있을 것이라는 확신을 가질 필요가 있다. 그러나 미사일방어는 자신들의 재무장 능력의 적절성에 대한 불안감을 가중시킴으로써 애초부터 핵무기 철폐에 적극적이지 못하게 할 가능성이 있다.

V. 미사일방어와 동북아 질서

미국의 미사일방어 구상이 동북아의 국가들에 어떠한 영향을 미칠 것인가? 유럽 국가들은 상대적으로 불편해 하고 비판적인 태도를 보이고 있다는 것이 전통적인 시각이다. 그러나 동북아 국가들, 특히 이 지역의 미국 동맹국들은 미사일방어에 대한 비판의 목소리를 거의 내지 않고 있다. 이 지역에서 미사일방어가 국제안보질서를 불안정하게 만드는, 아니면 억지를 약화시키는 요인으로 보는 주장은 크게 부각되지 않고 있다. 그 이유는 동북아가 미사일 확산의 가장 위험한 지역 가운데 하나로 간주되고 있기 때문이다. 동북아의 미국 동맹국들은 미사일 위협의 현실을 인식하고 미사일방어의 필요성을 심각하게 고려하고 있다.

1993년 북한은 노동미사일을 동해에 시험발사하고, 1998년 8월에 장거리 대포동 미사일을 일본 본토를 넘어서 태평양으로 발사했다. 중국도 1990년에 대만을 겨냥한 단거리 미사일을 배치했으며, 대만의 정책에 대한 항의 표시로 그 가운데 6기를 1995년 7월과 1996년 3월에 대만의 인근 해역에 발사했다. 현재 그 미사일은 매년 50기 정도 늘어나고 있으며, 몇 년 후에는 650여기에 달할 것으로 보인다.

동북아의 미사일 문제가 대두됨에 따라 이 지역의 미국 동맹국들은 미국의 방위 의지에 큰 관심을 보이고 있으며, 이 점은 향후 이들 국가들과의 동맹관계에도 큰 영향을 미칠 것으로 보인다.

1. 일 본

일본은 미일동맹의 강화를 통하여 중국과 북한의 미사일 위협에 대처하려고 했으며, 이 점은 1997년에 작성된 공동방위 '지침서'에 잘 드러나 있다. 일본은 1990년대 초반 이래로 패트리어트 미사일을 개량하려는 시도를 지속해 왔다. 그리고 1998년 북한의 미사일 발사로 인하여 그러한 노력은 가속화되었다. 일본은 1998년 12월 공동연구기금 조성을 공식적으로 결정했으며, 1999년 8월에 이지스(Aegis)함에 기반을 둔 미사일방어(TMD)의 연구 및 개발을 위하여 미국과 5

년간의 협정을 체결했다. 이는 사실상 일본이 미국 해군의 미사일 방어체제에 편입되는 것을 의미할 정도로 북한의 미사일 위협에 대한 일본의 위기 인식은 강력했다. 심지어 미국 내에서 NMD에 대한 논란이 제기되었음에도 불구하고 일본은 미사일방어에 대한 일관된 입장을 고수했다. 2000년 6월 고이즈미 총리는 미국의 NMD의 추구 이유에 대하여 '이해한다'는 태도를 일본 의회에서 밝히기도 했다.

이러한 일본의 태도는 중국의 반발을 불러왔다. 중국이 보이는 비판적인 시각의 요지는 미·일의 TMD는 중국, 러시아 그리고 북한을 겨냥한 것으로서 이들 국가의 대응은 당연한 것이며, 이로써 동북아의 군비경쟁은 촉발될 수밖에 없고 결과적으로 이 지역의 평화와 안정에 부정적인 영향을 미치게 된다는 것이다. 이러한 중국의 태도는 중국이 일본을 겨냥한 미사일을 다량으로 보유하고 있다는 점을 역설적으로 함축하고 있기 때문에 일본으로서는 미사일방어의 필요성을 더욱 절실하게 하게 하는 효과도 낳았다. 2000년 7월 발간된 일본의 방위백서는 "중국은 동북아의 어느 지역도 공격할 수 있는 70여개의 중거리 탄도미사일을 갖고 있다"고 주장하고, 이러한 점을 미국과 공동으로 TMD를 구축하는 데 대한 정당성의 근거로 들고 있다.

2. 대 만

대만도 TMD 구축에 매우 적극적인 태도를 보이고 있다. 이 점은 대만이 중국으로부터 160-200km 내의 미사일 사정거리 안에 들어있다는 점을 고려하면 더 이상 설명이 필요 없을 것으로 보인다. 중국이 상륙작전을 통하여 대만을 성공적으로 점령할 수 있을지의 여부와 관계없이, 미사일 공격을 통하여 대만의 도시와 군사시설이 피해를 볼 수 있다는 것은 '명백하고 현존하는' 위협이 되기에 충분하다. 대만 안보의 가장 큰 취약점은 중국의 미사일 공격이며, 미 국방성도 이 점을 가장 우려하고 있다. 중국이 대만 부근에 2-3개의 단거리 미사일을 배치했던 1996년 3월의 위기 이후에 미국은 PAC-2(개량된 패트리어트) 체계를 지원했지만 가장 최신형인 PAC-3 체계의 공급은 중국의 집요한 반대로 주저하고 있다.

대만은 중국의 미사일 개발 계획이 신속하고 광범위하게 진행되고 있기 때문에 심지어 TMD로서도 그 공격을 막을 수 없는 상황의 도래를 우려하고 있다.

그러나 대만은 TMD의 군사적 효용성보다는 미국과의 안보 공약에 담보로써 사용되는 정치적 효용성에 더 큰 비중을 두고 있으며, 이 점은 일본의 경우에도 마찬가지로 적용된다고 할 수 있다. 중국은 미국이 대만에 TMD를 제공할 경우, 미과 대만 군사동맹은 강화될 것이고 대만의 독립 요구가 더 강해질 것을 우려하고 있다.

3. 중 국

미국의 미사일방어 — NMD든지 아니면 TMD든지 간에 — 를 동북아로 확장시키는 데 가장 큰 반발을 조이는 국가는 중국임은 분명하다. 미국은 러시아와의 관계보다 중국과의 관계가 더 부담스러울 수밖에 없다. 냉전의 종식 이후 미국의 미사일방어, 즉 NMD는 러시아를 겨냥하고 있지 않을 뿐만 아니라 러시아의 전략적 자산에 위해를 가할 것으로 보이지 않으며, TMD는 러시아와 관련이 없다고 해도 과언이 아니다. 그러나 중국의 경우에는 사정이 다르다. 동북아에 TMD를 배치하는 것은 중국의 단거리 미사일 개발에 어느 정도 제약요인으로 작용하는 반면, NMD에 의한 미국 본토의 방위는 대규모의 러시아 ICBM보다는 소규모의 중국 ICBM에 더욱 효과적일 것으로 보인다.[5)]

부시 대통령은 2000년 5월 선거유세와 2001년 5월의 국방대학교 연설에서 미국 미사일 방어의 주요한 목표로 중국을 언급하지 않고 불량국가를 지목하는 조심스러운 모습을 보인 것은 이러한 중국의 우려를 고려한 것이었다고 할 수 있다. 미사일방어를 둘러싼 미·중 간의 갈등은 겉으로 들어나지 않고 잠재되어 있지만 항상 폭발할 수 있다는 점에서 동북아의 안보질서를 급변시킬 수 있는 뇌관과 같은 성격을 지니고 있다고 할 수 있다.

미국은 TMD가 중국의 보복적인 반응을 유발함으로써 동북아 안보에 미칠 부정적인 영향을 우려하고 있다. 첫째, 중국이 미사일 능력을 확대하고 근대화함으로써, 즉 다탄두 미사일(MIRVs)과 유인장치들을 개발하여 미국의 미사일방어 구상에 대응할 경우이며, 이 같은 우려는 이미 현실화되고 있다. 중국은 이미 그러한 유인장치의 실험에 들어갔으며, 이동이 가능하며 고체연료 충전식 ICBM의 개발에 착수한 것으로 알려지고 있다. 2010년 이전에 배치될 것으로 보

5) 중국은 현재 단지 20여개의 구형 액화충전식 단탄두 ICBM을 보유하고 있는 것으로 알려져 있다. Rodman, *op. cit.*, pp. 47-48.

이는 다탄두 동펭41호(Dong Feng-41) 미사일이 그것이다. 게다가 중국은 미국의 미사일방어에 대응하기 위하여 전략적 수단들, 즉 미사일 기술의 해외 수출, 대만에 대한 군사적 압박, 러시아와의 군사적 교류 확충 등을 강구하고 있다. 중국은 TMD를 중심으로 미-일-대만-남한의 공조를 가장 우려하고 있다.[6)]

둘째, 동북아의 TMD는 지역적 및 세계적 군비통제 노력을 손상시키거나 지연시킬 수 있다. TMD 구축은 포괄적 핵실험금지조약(CTBT: Comprehensive Test Ban Treaty)과 미사일기술통제체제(MTCR: Missile technology Control Regime)에 대한 중국의 지지는 약화될 것은 충분히 예측할 수 있다. 특히 미국과 동북아 국가들 간에 이루어지는 TMD와 관련한 기술 이전은 MTCR을 위반하는 것으로 미국이 취하는 이중적 태도가 비판을 받을 소지가 있다.

셋째, 중국은 일본의 TMD 참여에 큰 우려를 보이고 있다. 일본의 군국주의 재등장은 중국의 초미의 관심사였다. 일본은 북한의 미사일 위협을 TMD 참여의 동기로 지적하고 있는데 반하여, 중국은 일본의 이 같은 주장을 일축하고 일본의 관심은 중국으로 향한다고 보고 있다. 나아가 미국의 TMD에 일본, 대만 그리고 남한이 참여할 경우 중국의 태도는 공격적인 양상을 보일 것이다.

4. 북 한

북한이 동북아, 특히 남한에 TMD를 배치하는 데 강력한 반발을 보일 것이라는 점을 예측하기는 어렵지 않다. 왜냐하면 TMD는 위기의 상황에서 남한, 일본 나아가 미국에 대하여 북한이 사용할 수 있는 미사일 위협 능력을 무력화시킬 수 있기 때문이다. 북한은 남한이 TMD에 가담하면 북한에 대한 침공을 계획하는 것으로 간주하겠다는 주장을 함으로써 남한의 미사일방어망 구축은 북한의 존립과 직결시키고 있는 실정이다.

5. 남 한

미사일방어에 대한 남한의 반응은 다소 복잡한 양상을 나타내었다. 남한은 북한의 공격으로부터 전략적 이익을 지키기 위한 탄도미사일방어 체계의 배치를 원칙적으로 지지하고 있지만, 미국 본토 방위를 위한 NMD와 동북아의 다른

6) Michael D. Swaine and Loren H. Runyon, *Ballistic Missiles and Missile defense in Asia*, NBR Analysis Vol. 13, No. 3 (NBR: Seattle, WA, June 2002), pp. 56-57.

지역에서의 TMD 배치와 관련하여 침묵하고 있는 실정이다. 북한의 1993년 노동 미사일 시험발사 이후 수년간에 걸쳐 남한은 TMD에 관심을 보였다. 그러나 TMD는 한반도에서 그 효용성이 충분히 발휘되지 못할 가능성이 크고, 북한과의 관계 악화에 대한 우려가 증폭되었으며, 그리고 1997년 'IMF 사태'로 인하여 남한은 TMD에 대한 흥미를 잃게 되었다.

남한의 안보는 미사일보다는 오히려 휴전선 인근에 배치된 북한의 야포에 더 큰 위협을 받고 있는 실정임을 고려해 볼 때, 남한은 TMD 구입보다는 북한의 미사일에 대하여 공격적인 미사일 개발로 대응하는 전략으로 나아가게 되었다. 1979년 미국과 맺은 양해각서에 따르면, 남한은 180km 이상의 미사일은 개발하지 못하게 되어 있었는데, 남한은 2000년 1월 미사일기술통제레짐에 가입하고 그 대신 사정거리 300km 및 500kg의 탄두를 가진 미사일 개발을 허용받았다. 이렇게 되면 북한의 탄도미사일보다는 사정거리가 짧지만 한반도 전역을 남한의 재래식 미사일 사정거리 안에 두는 효과를 보게 되었다.

한편, 남한은 1990년대 후반부에 도래한 경제난으로 인하여 TMD 연구, 개발 및 구입에 투자할 여력을 잃게 되었다. 사실상 남한은 미국의 TMD에 가담하지 않겠다는 선언을 1999년 3월에 했다. 물론 한반도 위기시에 미국이 주한미군과 남한의 주요 시설을 보호하기 위하여 TMD를 배치할 것이라는 가정을 염두에 두고 있다.

불량국가의 위협은 현 시점에서 잠재적이기 때문에 크지 않다. 더구나 그것은 외교적 수단에 의해 완전한 제거는 아닐지라도 지연될 수 있다. 제한적 미사일방어의 가치는 새롭게 등장하는 미사일 국가가 다른 수단에 의해 대량살상무기를 사용할 수 있다는 가능성에 의해 훨씬 더 반감이 된다. 그럼에도 불구하고 제한적 미사일방어는 불량국가들이 미사일 외의 다른 운송수단을 사용하지 않거나, 혹은 억지가 실패할 경우 그 중요성이 증폭된다는 점은 주목을 받을 만하다.

기술적으로 완벽한 미사일방어의 구축이 상당한 시일을 요구할 경우 미국이 불량국가들로부터 오는 미사일 위협을 제거하는 단기적인 처방은 외교적 수단에 의하는 것이다. 부시 행정부는 이와는 반대 방향으로 나아가는 듯하지만 북한과의 대화를 지속적으로 추구하고 있다. 완벽한 협정은 체결되지 않을지라도 북한의 장거리 미사일 계획에 대한 검증의 불확실성은 통제되지 않은 북한의 미사일에 대한 미국의 미사일방어 효율성에 대한 불확실성보다 훨씬 적기 때문이다. 만약 북한의 미사일 계획을 중지시킬 수 있다면 미국은 보다 정교한 미사일방어 구축을 위한 시간을 버는 셈이 된다.

미국이 가장 조심스럽게 접근해야 할 국가는 중국임에 틀림없다. 러시아와는 달리 중국은 미국의 미사일방어에 강력한 반발을 보이고 있다. 현재 약 20개의 대륙간탄도미사일을 보유하고 있는 것으로 알려진 중국은 미국의 100개 내지 250개의 요격미사일이 자신의 핵무기를 무력화시킬 것이라는 우려를 하고 있다. 현재의 미·중관계를 고려해 볼 때, 미국의 미사일방어가 불량국가만을 목표로 하고 있다는 미국의 주장은 중국의 지도층을 안심시키기에는 불충분함이 틀림없다. 이런 점에서 미국의 요격미사일 숫자를 적어도 능가하는 중국의 핵무기 증강 시도는 충분히 예측할 수 있다.

그러나 더욱 우려할 만한 것은 중국은 미국의 의도에 대한 불신감을 높일 수 있다는 점이다. 미사일방어가 중국이 아니라 불량국가들을 겨냥한 것이라는 미국의 주장을 입증하기가 어렵기 때문이다. 클린턴 행정부가 계획한 2010년까지 100개 그리고 2015년까지 250개의 요격미사일 배치는 중국에 핵무기 보복능력에 큰 위협으로 작용했으며, 부시 행정부의 보다 야심찬 계획은 중국의 불안감을 더욱 부채질할 것으로 보인다. 특히 불량국가들을 겨냥한 요격미사일의 숫자가 너무 많은 점에 대하여 그 숫자가 늘어난 만큼 미국의 의도에 대한 중국의 불신감은 더욱 증대되고 있다.

중국은 미국의 미사일방어가 효율적으로 작동될 경우 대만문제에 대한 미국의 개입을 억지할 수 여지가 줄어들 것을 우려하고 있다. 미사일방어가 중국의 주요한 안보문제로 부각되는 것은 이러한 맥락에서이다. 게다가 미사일방어는 권역미사일방어(TMD)와도 연계되어 있다는 점에서 중국의 불안감은 더욱 증폭되고 있다. 중국은 권역미사일방어를 대만의 독립을 막을 수 있는 자신의 능력을 위협하는 요소로 간주하고 있으며, 그리고 미·일의 군사관계에서 중요한 역할을 할 것으로 보고 있다.

러시아와는 달리 미국은 중국에 제공할 당근이 부족하다. 그러나 미국은 미사일방어가 불량국가를 목표물로 한 것이지 중국이 그 목표물이 아니라는 점, 그리고 중국의 핵무기 증강은 중국의 안보에 부합된다는 점, 그리고 미국은 미사일방어의 규모를 확대하지 않을 것이며 중국군의 증강과 현대화에 과잉반응을 보이지 않을 것이라는 점을 강조할 필요가 있다. 게다가 미국은 중국의 안보적 우려에 대한 정당성을 인정할 경우 일본 및 남한을 포함하여 핵무기를 둘러싼 동북아의 군비경쟁은 첨예하게 지속될 가능성이 높다. 이러한 점은 미사일방어가 가져온 부산물로서 미국이 지불해야 할 국제정치적 비용으로 보인다.

Ⅵ. 결 론

미국의 미사일방어가 동북아로 확장될 경우 향후 동북아 안보질서, 특히 중국과 대만관계, 남·북한관계, 그리고 북·일관계에 심대한 영향을 미칠 것으로 보인다. 먼저, 중국과 대만관계와 관련하여, TMD의 역할은 양면성을 가지고 있다. 하나는 대만의 안보에 긍정적인 공헌을 하는 측면으로서, 중국이 재래식무기로 탑재된 미사일을 사용하여 대만에 대한 무력공격을 시도할 가능성을 어느 정도 감소시킬 것은 분명하다. 왜냐하면 대만의 TMD가 작동하고 있는 상황에서 중국이 탄도미사일에 의한 대만 공격의 성공에 대한 확신을 가지기 어려울 것이기 때문이다. 다른 하나는 대만 안보에 부정적인 기능을 하는 측면으로서, 대만 지도자들의 독립 욕구를 더 강렬하게 표명할 수 있게 하는 기폭제가 될 수 있다. 왜냐하면 TMD는 중국의 공격은 성공적으로 격퇴될 수 있다는 자신감 및 미국의 즉각적인 반격이 따를 것이라는 기대감을 부여하기에 충분하기 때문이다.

다음으로, 남북관계와 관련하여, 북한의 군사적 위협은 탄도미사일 외에 장거리 대포 등이 있다고 볼 때, TMD만에 의존하는 방위체계는 그 효능을 충분하게 발휘하지 못할 가능성이 높다. 이러한 시각은 한반도에서 TMD의 군사적 역할이 대만, 일본과 비교해 볼 때, 비용-효과의 측면에서 상대적으로 크지 않을 수도 있다는 점을 함축하고 있다.

마지막으로, 북·일관계와 관련하여, 일본의 TMD는 북한의 미사일 공격으로부터 일본의 안보를 확보할 수 있게 하는 긍정적인 효과가 있는 반면, 중국의 우려를 불러일으킴으로써 동북아 전체의 안보를 불안정하게 하는 부정적인 효과도 동시에 주고 있다. 반면, 한반도 전쟁 발발시 미사일 위협을 통하여 북한이 얻고자 하는 주일미군의 한반도 참전 가능성 축소와 미·일 갈등의 폭 확대는 일본의 TMD가 동북아 전체의 안정화에 기여하는 부분이라고 할 수 있다.

참고문헌

이삼성·정욱식 외. 『한반도의 선택, 부시의 MD, 무엇을 노리나』. 삼인, 2001.

크레이그 아이젠드레스, 멜빈 구드만, 제럴드 마시 저, 김기협·천희상 역. 『미사일디펜스, MD, 환상을 좇는 미국의 방위전략』. 들녘, 2002.

Bermudez, Joseph S. "A History of ballistic Missile Development in the DPRK". Occasional Paper No. 2 (Monterey, CA: Center for Nonproliferation Studies, Monterey Institute of International Studies, November 1999).

Glaser, Charles L. and Steve Fetter. "National Missile Defense and the Future of U.S. Nuclear Weapons Policy". *International Security*, Vol. 26, No. 1 (Summer 2001).

Gronlund Lisbeth and George Lewis. "How a Limited National Missile Defense Would Impact the ABM Treaty". *Arms Control Today*, Vol. 29, No. 7 (November 1999).

Ikenberry, G. John. "American Grand Strategy in the Age of Terror". *Survival*, Vol. 43, No. 4 (Winter 2001-02).

Kaplan, Lawrence F. "Why the Best Offense is a Good Missile Defense". *New Republic* (March 12, 2001).

Lewis, George, Lisbeth Gronlund, and david Wright. "National Missile defense: An Indefensible System". *Foreign Policy*, No. 117 (Winter 1999-2000).

Miller, Steven E. "The Flawed Case for Missile Defense". *Survival*, Vol. 43, No. 3 (Autumn 2001).

Nolan, Janne E. *An Elusive Consensus: Nuclear Weapons and American Security after the Cold War*. Washington, D.C.: Brookings, 1999.

Posen, Barry R. "US Security Policy in a Nuclear-Armed World, or What if Iraq Had Nuclear Weapons?" In Victor Utgoff, ed., *The Coming Crisis: Nuclear Proliferation, US Interests, and World Order* (Cambridge, MA: The MIT Press, 2000).

Schlesinger, James R. "Rhetoric and Realities in the Star Wars Debate". *International Security*, Vol. 10, No. 1 (Summer 1985)

Sokolsky, Richard. "Imagining European Missile Defense". *Survival*, Vol. 43, No. 3 (Autumn 2001).

Speier, Richard. "Can the Missile technology Control Regime Be Repaired?". In Joseph Cirincione, ed., *Repairing the Regime: Preventing the Spread of Weapons of Mass Destruction* (New York: Routledge, 2000).

Struck, Doug. "Japan Divided on U.S. Call for Missile Defense". *Washington Post*, Feb. 8, 2001.

Waltz, Kenneth. "Structural Realism after the Cold War". *International Security*, Vol. 25, No. 1 (Summer 2000).

Wilkening, Dean A. "Ballistic-Missile Defense and Strategic Stability". Adelphi Paper 334 (London: International Institute for Strategic Studies, May 2000).

제10장 오바마 정부의 대북정책: 패러다임의 변화 가능성

Ⅰ. 서 론

'변화'를 정치적 모토로 하여 등장한 오바마 정부의 외침이 미국의 대외정책, 특히 대북정책에 어떠한 영향을 미칠 것인가? 이러한 물음에 대한 대답을 구하려는 노력은 오바마 정부가 출범하기도 전인 2008년 하반기부터 국내외의 많은 기관에서 이루어진 학술세미나 등에서 확연하게 드러났다.[1] 그 대부분의 의견은 오바마 정부가 이전의 부시 정부와는 큰 차이를 보일 것이라는 주장이 주류를 이루는 가운데, 그 이전의 클린턴 정부와의 유사성을 강조하면서 그 당시로 회귀할 것이라는 구체적인 시각도 제기되었다.

그렇지만 일각에서는 오바마 정부가 2008년 하반기에 밀어닥친 당면한 금융위기의 해결에 주력을 할 것이기 때문에 안보문제에 대한 관심은 상당 기간 줄어들 것이며, 그 안보문제 가운데에도 중동지역에 대한 관심이 일차적이고 북한은 그 우선순위에서 상당히 밀릴 것이라는 의견도 개진되었다.

오바마 정부가 출범한 지 이제 100일이 지났다.[2] 이전의 부시 정부에 비해 미국의 대외정책 변화의 조짐이 남미와 중동 등 지구촌 곳곳에서 어느 정도 감

1) 주요한 국내 자료로서 통일연구원 세미나(2008. 12)를 들 수 있다. 미국의 경우 오바마 정부의 출범을 앞두고 다수의 연구기관에서 세미나를 개최했으며, 대표적인 것으로 카네기국제평화기금(Carnegie Endowment for International Peace)이 '차기대통령의 외교정책' 제목으로 발간한 시리즈 자료(2009. 1)를 들 수 있다.

2) 오바마 대통령은 출범 100일을 기념하여 4월 29일에 '미국 외교정책의 핵심은 세계적 포용의 확대'라는 관점에서 기자회견을 했다. 오바마 대통령은 쿠바에 있는 관타나모 수용소 폐쇄를 필두로 하여 그 시설에 수용되어 있는 수감자의 방면을 허용하고, 이라크에서 미군의 철수 시한을 명기하는 등 포용정책을 세계적으로 펼치고 있지만 북한문제에 대한 언급은 없었다.

지되고 있지만, 한반도에서는 그러한 훈풍이 아직도 불고 있지 않다. 아니 오히려 삭풍이 불고 있다는 표현이 더 적절할 것이다. 2009년 4월에 북한의 미사일 발사 강행을 둘러싸고 북한과 미국 간에 벌어진 일련의 사태 전개는 오바마 정부의 등장에도 불구하고 한반도의 정치적 변화는 여전히 난관에 부닥칠 것이라는 우려를 조심스럽게 제기하고 있다.

이러한 맥락에서, 본 연구는 오바마 정부의 대북정책이 그 내용과 형식면에서 어떠한 유형을 보일 것인가, 좀 더 좁혀 얘기하면, 이전의 부시 정부와 비교하여 과연 패러다임의 변화를 수반할 정도로 확연하게 다른 모습을 보일 것인가를 살펴봄에 그 목적이 있다. 이를 위해 본 연구는 첫째, 부시 정부의 대북정책을 분석함으로써 부시 정부가 남겨준 유산과 교훈을 살펴보며, 둘째, 오바마 정부의 대북정책이 갖는 특징적 요소와 향후 전개될 방향성을 제시하고자 하고, 셋째, 오바마 정부의 대북정책에 대한 주요한 도전세력으로서 북한 변수를 분석함으로써 향후 전개될 북한의 대미정책의 기조를 파악함과 아울러 오바마 정부가 해결해야 할 과제를 타진하며, 넷째, 이러한 분석을 바탕으로 오바마 정부의 대북정책에 대한 현실적 전망을 시도하고자 한다.

Ⅱ. 형성 배경: 부시 정부의 유산 및 교훈

오바마 정부의 대북정책은 그 밑바탕에 부시 정부에 대한 비판이 자리하고 있다. 부시 정부의 실책은 일반적으로 이라크전쟁에 집중되고 있지만, 사실상 대북정책이 부시 정부의 가장 큰 실책이라고 해도 과언이 아니다.[3] 그 이유는 비록 부시 정부는 북한과 간헐적으로 힘든 대화를 진행했음에도 불구하고 지난 8년간의 기록은 패배와 퇴각의 연속이었기 때문이다.

구체적으로, 부시 정부의 집권기에 북한의 상황이 어떻게 진행이 되었는가를 살펴 보면 부시 정부의 대북정책의 평가가 분명하게 드러날 수 있다. 전반적으로 볼 때, 부시 정부의 종반기에 북한의 핵무기는 양적 및 질적으로 크게 증가했다는 점이 지적되고 있다. 북한은 공개적으로 자신이 핵보유국임을 선언하고 있었을 뿐만 아니라 핵장치의 폭발 실험을 통하여 그것을 증명하고자 했다.

3) John Delury, "North Korea: 20 Years of Solitude," *World Policy Journal*, Vol. 25, No. 4 (Winter 2008/09), pp. 75-76.

부시 정부의 초반기와 비교해 볼 때, 후반기에는 북한의 핵확산을 막을 수 있는 장벽은 거의 없는 실정이었다. 더욱이 부시 정부는 북한의 인권문제를 개선하는 데에도 실패했다는 점이 지적될 수 있다. 부시 정부의 이른바 '악의 축' 선언에도 불구하고 북한체제의 억압성은 여전히 지속되고 있다.

1. 부시 정부의 실책을 둘러싼 논쟁

그렇다면 도대체 무엇이 잘못된 것인가? 부시 정부의 대북정책에 대한 공과 및 그것을 둘러싼 논쟁은 오바마 정부의 대북정책 형성에 밑거름으로서 작용하고 있다.

부시 정부의 실책은 크게 세 가지 관점에서 지적되고 있다. 첫 번째는 부시 정부 초반기에 이루어진 강경 일방주의적 노선은 이전 클린턴 정부의 실용적인 유화정책과 큰 차이를 보였다는 점이다. 두 번째는 부시 정부는 북미고위급 회담이 갖는 잠재성을 간과했다는 점이다. 세 번째는 부시 정부의 후반기는 6자회담에 과도하게 의존하는 경향을 보였다는 점이다.

먼저, 부시 정부의 대북강경노선이 클린턴 정부의 대북유화정책 향수에 젖은 이들의 비판에 직면한 것은 당연하게 보인다. 그렇지만 클린턴 정부의 시기는 겉과는 달리 본질적으로 북미관계의 황금기가 아니었다는 점을 지적할 필요가 있다. 오히려 클린턴 정부는 북한핵 문제와 관련하여 의도적인 자기기만에 빠졌으며, 그 결과 미국의 여론도 일정 부분 같은 영향을 받았다는 분석이 더 적절할지 모른다. 클린턴 정부의 후반부에 미국이 북한의 핵문제 교착상태를 외교적으로 타개했다고 미국이 자화자찬하고 있었을 때, 북한은 우라늄 농축 프로그램을 비밀리에 가동하고 있었으며, 이러한 상황은 북한이 그동안 미국과 국제사회에 한 비확산 약속을 위반한 것이었음은 분명한 사실이었다.

더욱이 이러한 사실마저도 그 정보의 대부분은 미국의 정보당국에 의한 것이 아니라, 이슬람 폭탄의 아버지라고 칭해지는 파키스탄의 칸(Kahn) 박사에 의해 드러난 것이었다는 점은 클린턴 정부가 자신의 대북정책에 큰 약점이 있었다는 비판으로부터 자유로울 수 없다는 것을 잘 입증하고 있다.

오히려 클린턴 정부는 북한의 기만행위에 대한 증거가 커지고 있었음에도 불구하고 그것을 무시하는 태도를 취했으며, 그 대신 자신들이 만든 환상을 믿는 실수를 범했다. 2000년 10월 올브라이트 국무장관이 평양을 방문하여 환대를 받은 장면이 그것이다. 클린턴 정부는 김정일과의 고위급 회담이 북미관계의 새로운 이정표를 열 것이라고 생각했다. 그러나 2002년 10월에 북한핵 문제는 다시금 그 불씨를 살리고 세상 밖으로 나왔다. 이른바 제2차 북핵위기라고 불리는 농축우라늄에 의한 북한핵 문제가 새롭게 제기된 것이다.

한편 클린턴의 1기 정부 동안에는 자기기만의 행동은 두드러지게 드러나지 않지만 그 여파는 예상과 달리 매우 컸음을 인식할 필요가 있다. 그 가운데 두드러진 것은 클린턴 정부가 1994년에 체결한 북·미제네바합의문이다. 그 합의문은 그 당시에 외교적 업적으로서 환영을 받았으며, 북한의 비핵화를 향한 로드맵으로서 칭송을 받았던 것은 사실이다. 그러나 그 합의문의 내용을 살펴보면 미국이 결국 북한에 핵원자로를 공급하는 것이었으며, 사실상 2개의 경수로가 북한에 제공되는 것이었다. 결과적으로 1992-1994년의 제1차 북핵위기를 해결하는 방안으로서 클린턴 정부는 북한에 더 정교한 핵분열물질의 공급을 약속하는 실수를 범한 것과 다름이 없었다.[4)]

그 합의문 옹호자들 가운데 일부는 그 경수로는 비무기급 플루토늄을 생산하기 때문에 안전한 것이라는 점을 주장하지만 플루토늄의 안전성은 보장할 수 없다는 것이 정설이다. 결국 그 합의문은 현재의 북핵위기가 시작된 시점인 2002년에 가서야 마침내 파기되었지만, 북한의 평화적 핵개발 계획에 대한 클린턴 정부의 묵인과 지지는 지금까지 미국을 불안하게 한 요인으로 작용하고 있다고 할 수 있다.

다음으로, 클린턴 정부의 유화정책이 그러한 결과를 낳았다면 북한과의 고위급회담을 통한 외교적 난국 타개의 잠재력은 어떻게 평가할 수 있을까?

오바마 정부 내의 상당수 관리들은 대선과정 내내 북한과의 대화 필요성을 강조하고 부시 정부의 대화 부족을 대북정책의 실패 원인으로 인식하는 경향을 보였다.[5)] 그러나 이러한 인식과는 달리 북한과의 고위급회담은 그동안 사실상

---

4) 1994년 제네바 합의문이 타결될 당시에 미국의 협상대표였던 갈루치는 그 합의문의 타결 시점에 북한이 핵무기를 궁극적으로 포기할 것인지에 대한 확신이 없었으며, 그 합의문 이행 최종 단계에 도달하기 전에는 북한의 의도를 파악하기는 어렵다는 점을 인정했다. 그리고 그 합의문은 핵무기 확산에 대한 미국의 우려를 반영하지 못한 한계점도 드러내었다. Charles L. Pritchard, "North Korea: Are We on the Right Path?", in Jean Du Preez, ed. *Nuclear Challenges and Policy Options for the Next US Administration*, CNS Occasional Paper No. 14 (Monterey, CA: Dec., 2008), pp. 1-2.

5) 백학순, "오바마정부의 대북정책: 현황과 전망," 『정세와 정책』(세종연구소, 2009. 5), 16-17면.

이미 반복적으로 이루어졌다는 점을 주목할 필요가 있다. 지난 10여년간에 걸쳐 김정일은 미국의 국무장관, 일본 총리, 그리고 남한의 대통령들과 고위급회담을 가졌다. 클린턴 정부의 시기에 두 번, 그리고 부시 정부의 시기에 두 번의 정상회담이 이루어졌다. 그렇지만 그 회담들의 외교적 성과는 크게 부각되지 않고 있을 뿐이다.

김정일은 2000년의 올브라이트 미 국무장관과의 회담에서 북한핵과 미사일 문제와 관련하여, 그리고 2002년의 고이즈미 일본 총리와의 회담에서 납치자 문제와 관련하여 거짓 정보를 제공한 의혹을 받았다. 2006년 남한의 노무현 대통령과의 회담에서 결례를 범하기도 했다. 2000년 6월에 개최된 제1차 남북한 정상회담은 세상을 깜짝 놀라게 했지만, 그 성과는 현 시점에서 크게 주목을 받지 못하고 있다. 이러한 맥락에서 볼 때, 북·미 최고위급회담에 대한 기대는 큰 관심을 받기 힘들며, 따라서 오바마 정부의 집권기에도 북·미 간의 최고위급회담에 대한 기대는 크게 부각되기 어려운 실정이다.

김정일과의 고위급회담에 대한 이러한 결과들은 향후 오바마 정부의 고위급 관리나 심지어 대통령 자신의 방북을 주저하게 하는 걸림돌로 작용할 가능성이 크다는 점을 함축하기에 충분하다. 그 이유는 김정일이 김일성과 마찬가지로 이러한 기회를 이용하여 북한체제의 정통성과 기존의 목표를 고수할 가능성이 높으며, 오히려 이렇게 하지 않는다면 그것이 이상하게 보일 정도로 북·미 고위급회담은 그 외교적 성과를 거둘 가능성이 미약하기 때문이다.

만일 북한이 전략적 선택으로써 북한핵의 포기를 전제로 미국과의 고위급회담에 나선다면, 그것은 북한 내부의 심각한 분열현상이 도래하고 있다는 증거이거나, 아니면 그 이상일 수가 있다. 이 점은 북·미 고위급회담의 신중론을 반영하고 있다. 그 배경에는 북한핵의 포기는 북한정권의 존속과도 연관되어 있기 때문에 미국으로부터 받는 정치·경제적 대가가 아무리 많더라도 불충분하거나 그 차원이 다르다는 인식이 자리하고 있다.

마지막으로, 부시 정부의 후반기에 이루어진 6자회담에 대한 과도한 집착을 검토할 시점이다. 부시 정부의 전반기에는 이들 양국의 외교적 접촉은 거의 없었다는 주장은 의문의 여지가 없다. 9·11테러는 미국의 외교적 관심을 중동문제로 집중시켰으며, 그 결과 북·미 간의 외교는 동절기 상태였던 셈이다. 오히려 그 시기는 미국은 대북정책의 면밀한 검토를 위한 시간이 필요했으며, 북한도 부시 정부와의 회담을 명백하게 거부했던 기간이었다고 평가하는 것이 더 적절할지도 모른다.

그렇지만 부시 정부의 마지막 2년은 그 이전의 6년과는 달리 북한핵 문제 해결을 위한 외교적 노력에 거의 모든 것을 다 투입했다고 할 정도로 바쁜 시기였다. 물론 이라크전쟁을 주도했던 이른바 강경세력인 '네오콘'이 물러가고 부시 정부가 외교적 성과를 절실하게 필요로 했던 정치적 상황 때문이기도 하지만 부시 정부가 6자회담에 집중한 관심과 노력은 전례가 없을 정도로 강력했다.

그렇지만 부시 정부의 고민은 북한 비핵화를 향한 전향적인 징조가 좀처럼 보이지 않았다는 점이었다. 게다가 상황은 오히려 정반대로 진행되고 있는 모습을 보였다. 외교적 회담이 지속되면 될수록 북한의 핵보유국 지위는 점차 돈독해지는 반면, 핵무기 보유를 향한 북한의 야심을 견제할 수 있는 국제사회의 능력은 그만큼 신뢰도를 잃어간다는 점이 그것이다.

부시 정부의 마지막 6자회담이 검증의정서 문제를 둘러싸고 2008년 12월 베이징에서 개최되었으나, 6자간 합의에 이르지 못하고 결국 불발로 끝났다. 그 핵심적인 논점은 북한이 자신이 주장하는 핵활동과 관련하여 외부의 검증을 받아들일 수 있는가의 여부에 있었다. 검증의 문제는 북한핵 문제의 해결에 가속도를 내게 할 수 있는 시금석이 될 정도로 중요한 역할을 하며, 이 문제의 해결은 북한에 대한 국제사회의 신뢰도를 더 한층 제고하는 첩경이 될 수 있었다. 그러나 북한은 부시 정부가 초반기부터 꾸준하게 제기되어 온 비확산의 국제적 비난을 극복할 수 있었으며, 더 중요한 것은 북한에 대한 구체적 제재도 없이 이러한 검증 문제가 수면 아래로 내려갔다는 것이다. 일각에서 이 모든 것이 북한의 외교적 성과라고 불리는 이유는 이러한 맥락이 자리하고 있다.

2. 부시 정부의 실책 원인 및 교훈

이제는 부시 정부의 대북정책이 실패한 원인에 대한 본질적 분석을 시도할 시점이다. 그 이유는 어디에서 찾을 수 있을까? 정상회담의 부재나 협상의 부족, 혹은 클린턴 유형의 유화 필요성이나 김정일 체제에 대한 부시 정부의 편협한 이념적 시각에서 찾아서는 곤란할 것이다. 과거를 돌이켜 보건대, 북한의 체제 속성, 의도 및 신뢰성에 대한 부시 정부의 신랄한 비판이 오히려 그 이유로서 더 현실적으로 부각될 수 있으며, 나아가 오히려 부시 정부의 대북정책은 그 현실적 실체가 불투명했다는 데 더 큰 문제가 있었다. 부시 정부의 대북정책은 북한에 대하여 내린 초기의 비판적 평가에 기반을 두고 그 정책 목표가 일관성이 있게 추구되었어야 했는데, 부시 정부의 8년간은 북한을 다루는 전략을 결정할 수 없었다는 것이 불행한 일이었다.

부시 정부는 이라크 등의 문제와 관련하여 자신의 전략에 대하여 너무 과도한 자신감을 가졌다는 점에서 종종 비판을 받았는데, 바로 그 정부에서 그 위험한 정권인 북한을 다루는 전략이 부족했다는 주장은 다소 이상하게 들릴 수 있다. 그렇지만 그것은 엄연한 현실이었다. 부시 정부는 그 집권 초반기에 그 이전의 클린턴 정부가 추구했던 북한정책을 신랄하게 비판했다. 그리고 이러한 비판은 부시 정부는 적어도 그 대안을 가지고 있을 것이라는 점을 시사했다.

그러나 클린턴 정부의 업적에 대한 부시 정부의 비판은 대북전략에 대한 본질적인 의견 불일치에 기반을 둔 것이 아니었다. 부시 정부의 초기 슬로건은 클린턴 정부의 행적에 대한 일반적 비판(ABC: Anything But Clinton)에 집중했던 것이다. 따라서 부시 정권은 북한문제에 대한 비판은 오히려 과도하게 이루어졌지만, 그 해결을 위한 구체적인 행동지침은 거의 나오지 않았던 것이다.

과거를 회고하건대, 부시 정부의 대북정책 부재 징조는 심지어 그 정부의 집권 초기부터 있었던 셈이다. 그 징조 중의 하나는 부시 정부의 초기에 발간된 '북한정책검토'(North Korea Policy Review)였는데, 그것은 이상하게도 시일도 지체되었으며, 정확성마저도 부족했다. 부시 정부가 출범한 지 1년 6개월이 지난 시점인 2002년 6월에야 비로소 리처드 아미티지 당시 국무성 부장관이 "미국의 대북정책이 결정될 경우, 우방국인 남한 및 일본과 상의할 것이다"라는 선언을 함으로써 대북전략의 검토가 여전히 진행 중임을 드러내었다.

그리고 그 후 2년여가 지난 2004년 10월 콜린 파월 당시 국무장관은 CNN과의 인터뷰에서 "부시 정부는 대북정책에 있어 어떠한 한계선이 없다"고 언급했는데, 그것은 대북정책이나 전략이 없다는 말과 다름이 없다는 것을 함축했다. 물론 한계점이 없는 대북정책은 한편으로는 대북 강온정책의 유연성을 반영하는 측면도 있지만, 그것보다는 오히려 대북 입장이 아직도 정리되지 않았다는 의미도 있을 수 있었다. 그리고 그 당시의 상황으로는 오히려 후자의 의미가 더 부각되었다. 만일 전략이나 정책이 없다면 한계선도 없는 게 당연하기 때문이다.

부시 정부는 김정일에 대한 공공연한 적대감을 표명하고 강경한 노선을 취한 것으로 평판을 받았지만, 사실상 북한이 미국이나 그 동맹국에 대하여 드러내었던 위협을 감소시키기 위한 실제적 전략을 갖고 있지 않았다는 점은 무척 역설적임에 틀림없다. 그 결과, 부시 정부는 김정일과 북한정권에 대하여 노골적인 반감을 표명했음에도 불구하고 그 대북정책은 초기부터 구체적인 지침서가 없이 표류했던 것이다. 부시 정부의 대북정책은 실책을 거듭하면서 휘청거릴 수밖에 없었다.

전략이나 정책이 없이 어느 국가가 국제사회에 들어설 경우, 그 국가는 의외의 상황에 직면하게 될 것이고 당황하게 될 가능성이 큰 법이다. 모든 경우의 수를 예측하고 협상에 임하는 평판을 받고 있는 노련한 북한과는 달리 부시 정부의 대북 담당자들은 북한의 외교적 노련함에 무방비로 당했으며, 어떻게 대응해야 할지도 모르는 상황에 처했다는 것이 더 적절한 지적일 수 있다.

예를 들면, 북한이 2002년 하반기에 우라늄 농축 계획을 숨기고 있다는 사실을 예기치 않게 알아 내었을 때, 부시 정부가 북한에 대하여 상당한 전술적 우위를 확보한 것은 명백했다. 그러나 북한이 플루토늄 계획에 대한 IAEA 안전조치를 거부하고 NPT 탈퇴 및 영변 원자로의 재가동을 선언했을 때, 부시 정부는 당황한 모습을 보였다. 미국은 예기치 않게 행운의 대북 전술적 우위를 갖게 되었지만, 북한의 예측하지 못했던 강경한 대응에 의해 그 우위는 순식간에 사라지고 전세가 오히려 역전이 되는 상황을 맞이했던 것이다. 결과적으로, 미국은 2003년에 다자간 비핵화 협상인 6자회담의 소집을 요구했는데, 그것은 명백한 목표나 방향이 결핍한 상태에서 이루어진 임시방편적 성격이 농후했다고 할 수 있다. 그 이후에 이루어진 6자회담 진행상황은 이 점을 여실히 보여 주었다. 미국의 대북정책 목표가 불투명한 상황에서 이루어진 6자회담이 구체적 성과를 기대하기에는 애초부터 무리였던 셈이다.

북한의 위협을 줄이고 미국의 이익을 증진시키는 데 부시 정부의 외교적 실패는 6자회담에만 국한된 것은 아니다. 미국은 대중국 및 대남한과의 관계에 있어 다수의 실기와 실책을 범했다. 부시 정부의 초반기에 북한에 대한 재정적 후원자였던 중국과 남한이 북한에 대한 미국의 정서나 우선순위에 공감하지 않았을지 모르지만, 그러한 사실 그 자체가 이들 국가의 정책을 미국과 조화시키는 것이 외교적으로 불가능한 임무였다는 것을 의미하지는 않았다. 외교가 통상 이러한 간격을 줄이는 과정이라고 볼 때, 미국과 중국의 대북정책 그리고 미국과 남한의 대북정책은 공통분모를 찾을 수 있는 여지도 있었던 셈이다.

먼저, 중국으로서는 향후 북한의 붕괴나 와해가 자신에게 미칠 잠재적인 위험성을 고려해 볼 때, 미국과의 협력이 비록 자신의 구미에 당기지는 않았지만 다른 대안보다 덜 위험하다는 인식을 가질 수 있었다. 다음으로, 햇볕정책을 추구하는 남한의 정부는 자신들을 파괴하려는 북한보다 오히려 자신들을 보호하려는 미국에 대하여 때로는 더 많은 의심을 품었지만, 남한 내의 여론은 일치되지 않은 상황이었다. 이러한 사실은 미국이 남한 내의 친미세력을 형성하여 대북정책을 사안별로 접근할 수 있는 여지를 남기고 있었다는 것을 의미했다. 그럼에도 불구하고 부시 정부는 이러한 조치들을 취하지 않았으며, 그 대신 남한의 정부가 2007년 말의 대선에 의하여 교체될 때까지 남한에 대하여 불만만을 표출한 전략적 실책을 했던 것이다.

전략이 없을 경우 양자외교의 잠재력에 대한 무시가 종종 일어나는 법이다. 이라크전쟁으로 인하여 관심과 자원이 분산되었음에도 불구하고 미국은 북한의 핵 도발에 대응하기 위한 다양한 국제적 수단들을 가졌으며, 지금도 여전히 가지고 있다. 물론 그 수단은 전쟁과는 다른 것을 의미한다. 다르게 표현하면, 전략적 비전을 갖고 있는 지도자에게는 북한과의 회담은 그 위협을 줄이기 위한 수단들 가운데 단지 하나가 될 수 있다는 것이다.

그렇지만 대북정책의 일관성이 없는 상태에서 이루어진 대북 회담의 성공에 대한 요구는 부시 정부를 곤혹스럽게 만들기에 충분했다. 결국, 그 대화가 성공적인 결실을 얻지 못할 경우에 취해야 할 다음 조치인 '플랜 B'라는 대안의 전략이 없었던 셈이다. 결과적으로, 북한의 위협 감소를 위한 전반적인 대북정책에 발맞추어 회담 외교를 계획하지 않고 그 순서가 바뀌어 북한의 위협 감소를 위한 미국의 노력은 회담 외교의 필요성 인식에 따라 가공되었던 것이다.

따라서 북한과 대량살상무기 전파국의 불법적 거래를 막기 위한 국제적 노력인 확산안보구상(PSI: Proliferation Security Initiative)은 그 성공의 조건이 대북회담의 '계속적인 진행'에 위협이 되는 것으로 간주될 경우 그 생명력이 사라지게 되어 있었던 것이다. 그리하여 지난 2년간 PSI에 대한 언급은 거의 이루어지고 있지 않은 것은 이러한 배경에서이다.

그 후에 '방코델타 아시아' 사건이 터졌다. 북한은 빈약한 국가 재정을 보충하기 위하여 위조지폐, 마약 등과 같은 불법적인 자금원에 의존했다는 점은 잘 알려진 사실이었으며, 부시 정부 집권기간 동안 북한의 이러한 불법활동에 대한 확실한 증거를 확보하기 위한 추적이 이루어졌다. 마카오의 방코델타 아시아에 예치된 북한의 불법적인 자금이라고 의심되는 2천만 달러 이상의 자산을 동결했을 때 북한의 불만은 극에 달했으며, 그 돈이 회수되기 전에는 핵협상 회담으로 복귀하지 않을 것이라는 경고를 했다.

만일 전략적인 성향을 가진 사람들이었다면 이 시점에서 북한에 대한 중요한 압력수단이 발견되었다는 것을 알아차렸을 것이며, 북한의 양보를 받아내기 위하여 모든 수단을 강구했을 것이다. 그러나 국무성 관리들은 6자회담의 순조로운 진행을 위하여 재무성의 반대와 미국 내의 법망을 회피하면서까지 북한이 재정적 질식 상태에서 벗어날 수 있게 만들어 주었으며, 그 결과 그 전리품이 북한으로 돌아갈 수 있도록 배려해 주었다.6)

그리고 미국의 대북전략 부재에 대한 실증적인 예는 북한의 인권문제에서도 찾을 수 있다. 북한의 인권 남용은 대량살상무기를 통한 외국인들에게 가하는 위협의 또 다른 측면이며, 북한의 인권문제는 북한의 위협 감소를 위한 전반적 노력의 선봉에 설 필요가 있다는 인식을 할 필요가 있다. 그러나 부시 정부에 있어 북한의 인권은 비록 대통령 자신이 그 원인에 대하여 강도가 높은 언급을 했음에도 불구하고 대북정책과는 관련성이 없는 골칫거리로서 관례대로 처리되었다.

그래서 부시 정부 2기의 대북회담 중심에 서 있었던 국무부 부장관인 크리스토퍼 힐은 2008년 12월 북한에 대한 인권문제의 제기에 반대를 하기도 했다. 그 논리적 근거는 모든 국가는 자신의 인권문제를 개선시킬 필요가 있다는 것이었으며, 인권문제의 국제화에는 반대했던 것이다. 그리고 대북한 인권특사가 2008년 1월 북한과의 협상에서 인권문제가 포함되기를 희망했을 때, 곤돌리자 라이스 미 국무장관은 6자회담의 진행을 위하여 그것에 대한 부정적인 견해를 피력하기도 했다.

이러한 맥락에서 볼 때, 부시 정부의 대북정책은 전략적 나침반이 없이 표류하면서 북한과의 협상 회담의 전망에 집착하는 모습을 보였으며, 그 협상 과정이 순조롭게 진행되도록 하기 위하여 본질을 희생하는 실수를 범했다. 즉, 협

---

6) Arnold Kanter, "U.S. Policy Toward North Korea," FDCH Congressional Testimony (July 20, 2006).

상의 순조로운 진행에 관심을 둔 나머지 부시 정부는 북한의 우라늄 농축 프로그램이 빠져나가기에 충분할 정도의 허점이 있는 모호한 공동협정을 체결했고, 시리아와의 핵확산 의혹에 대한 북한의 설명을 요구하지도 않았으며, 북한의 도발에 대하여 이상할 정도로 유보적인 태도를 보였던 것이다.

미국의 외교관들이 2006년에 북한의 핵실험을 비난하고 경제제재를 요구한 유엔 안보리 결의안 제1718호의 통과를 위한 노력을 꾸준히 한 반면, 부시의 대북정책 담당자들은 북한과의 회담 진전에 필요하다면 북한체제에 대한 비난을 위한 국제적 노력을 무효화시키려는 의도를 충분히 가지고 있었다. 2008년 10월에는 북한을 6자회담의 협상테이블로 다시 복귀시키기 위한 기대감에서 미국이 북한을 테러 지원국에서 해제한 것은 이러한 점을 여실히 보여 주었다.

6자회담의 순조로운 진행을 위하여 취한 미국의 조치들은 그 예측을 더욱 어렵게 함으로써 자신과 동맹국들의 안보에 부정적인 영향을 미쳤다는 점은 다소 역설적이다. 예를 들면, 북한의 불법적인 금융거래를 추적하는 데 미국의 동맹국들이 미국과 협력할 경우, 미국만이 갑자기 노선을 바꾸어 자신의 경제적 제재조치를 취소할 경우에는 그 동맹국들은 예기치 않게 어려움에 처하게 되는 것이다.

그렇지만 그것보다 더 우려할 만한 것은 6자회담에서 미국과의 협력 의사를 표명하는 국가의 경우 6자회담의 지속을 위한 미국의 전략적 이유로 인하여 자국의 안보에 중요한 문제가 무시됨으로써 안보상 위험에 처할 가능성이 크다는 점이다. 예를 들면, 2007년 4월 부시 대통령과 아베 일본 총리 간에 이루어진 캠프 데이비드 정상회담에서 미국이 국내법상 납치자 문제 해결은 북한의 테러지원국 해제에 필요한 '전제조건은 아니다'라는 입장을 표명했으며, 이러한 발언은 납치자 문제 해결 이전에 북한의 테러지원국 해제를 지속적으로 반대해 온 일본의 입장과 크게 달랐기 때문에 일본을 당황하게 하기에 충분했다.

한편 6자회담의 교착상태가 길어지면 질수록 부시 정부의 대북정책은 초기의 목표로부터 점점 더 멀리 분리되어 가는 상황을 맞게 되었다. 따라서 북한이 미사일 발사를 감행하고 또 2차 핵무기 실험을 언급하고 있는 현 시점에서 '북한에 대한 완전하고 검증 가능하며 회복이 불가능한 핵무기 철폐'에 대한 논의는 이미 더 이상 어려우며, 북한의 과거 핵 활동에 관한 북한의 진술에 대한 완전성과 정확성을 논의하기마저도 무리가 있다. 그리고 북한 영토 내에서 신빙성이 있고 포괄적인 검증 시도와 제2차 북핵위기를 가져온 북한의 우라늄 농축 프로그램에 대한 외교적 논의도 쉽지 않은 실정이다.

그렇게 본다면 부시 정부가 달성한 것이라고는 영변의 냉각탑을 해체하고 플루토늄 계획과 관련하여 북한이 제출한 불성실하게 작성된 핵신고서가 전부인 셈이다. 미국의 과학자들은 그 문서 가운데 우라늄 농축의 흔적을 추적했으며, 그것도 북한이 자국 내에 농축 프로그램이 존재하지 않는다는 것을 입증하기 위해 제출된 것에서 드러난 부산물이었다는 점은 매우 역설적이다.

만약 부시 정부의 대북정책 담당자들이 전략적 사고방식을 가지고 있었더라면 6자회담과 같은 대화를 통한 시도는 그것이 미국의 이익이 아니라 북한의 이익을 증진시킨다는 점이 명확해진 시점인 수년 전에 이미 변화를 보였을 것이다.[7] 그러나 더 나은 그리고 보다 거시적인 정책적 고려가 부족한 관계로 인하여 별로 도움이 되지 않은 6자회담이 미국의 대북정책의 핵심이 되었고, 부시 정부의 최종 시점까지 지속되었으며, 그리고 6자회담 외에는 다른 대안이 없는 상태가 조성되었다는 점은 미국으로서 불운한 일임에 틀림이 없다.

Ⅲ. 특징 및 방향

그러면 부시 정부의 대북정책 실패를 거울삼아 새롭게 정립될 오바마 정부의 대북정책은 어떠한 모습을 띠게 될 것인가? 대북정책과 관련하여 오바마 정부가 부시 정부와는 전혀 다른 혁신적인 조치를 취할 것이라고 기대한 사람들에게 큰 실망감을 안겨줄 수 있는 점진적인 변화가 추구될 것으로 보이는 징조가 곳곳에서 감지되고 있다.

먼저, 오바마 정부의 대외정책은 중도적 성향을 띠며, 공화·민주당을 아우르는 초당적 노선을 걸을 것으로 예측된다. 국무장관으로 내정된 힐러리 클린턴은 민주당 내에서 보수적인 노선을 걷고 있고, 국무장관은 부시 정부의 게이츠가 유임되었으며, 그리고 국가안보보좌관으로 공화당과 가까운 존스가 임명되었다는 점은 오바마 정부의 초반부 대북정책의 성향을 예측하기에 충분하다.

다음으로, 오바마 정부는 중동문제에 초미의 관심을 가지기 때문에 북한문

7) 백종천, "북핵 폐기를 위한 6자회담 구조조정을 제안한다", 『세종논평』 No. 127(세종연구소, 2008. 12. 17).

제의 우선순위를 낮게 평가할 가능성이 크다고 할 수 있다. 따라서 오바마 정부의 대북정책도 부시 정부의 초반기와 마찬가지로 상당한 기간 동인 표류할 가능성도 있음을 직시할 필요가 있다. 더욱이 오바마 정부의 대북특사로 임명된 스티븐 보즈워스 전 주한미대사도 구체적인 대북정책의 방향을 제시하지 않고 6자회담을 통한 북핵문제의 해결에 주력한다는 일반적인 의견을 피력하고 있을 뿐이다.

그러나 오바마 정부의 대북정책은 이미 방향이 정해져 있으며, 실행에 옮기는 일만 남아있다는 시각도 있으며, 그러한 점에서 공은 이미 북한에 넘어갔다는 주장도 있다. 그 배경에는 오바마 정부의 탄생에 기여한 민주당 성향의 싱크탱크가 발표했던 대북정책의 원칙이 있다. 조엘 위트, 토니 남궁, 리온 시걸, 그리고 애틀랜틱 카운슬 등 오바마 정부의 탄생을 이끌어 낸 사람들은 이미 학술지, 세미나 발표문, 연구보고서 등을 통한 다양한 방식으로 대북협상의 단계별 지침을 제시했다.[8)]

이들이 제시한 대북정책의 기조는 부시 정부가 취한 점진적인 접근방법과는 달리 오바마 정부가 정치·경제·전략을 망라하는 포괄적인 대북관계를 달성하기 위한 연속적인 행동들을 취할 것을 요구하고 있으며, 그 대신 북한은 행동의 국제적인 규범을 충족시킬 것, 즉 핵기술의 수출을 중지하는 조치들부터 시작하여 기존의 핵무기 계획을 포함하여 완전한 핵무기 폐기에 동의할 것을 요구하고 있다. 게다가 이들은 북한이 고립을 끊고 외부세계로 나올 것을 주장하면서 인적인 교류 확대를 강조하고 있다.

한편 북한은 미국이 적대국으로 남아있는 한 그 위협에 대항하기 위하여 핵무기와 미사일을 보유할 수밖에 없으며, 미국과의 적대감이 종식될 경우 북한은 이러한 무기들을 제거할 것이라는 주장을 펴고 있다. 만약 북한의 주장을 그대로 받아들인다면 북한의 핵무기 제거를 위해서는 일련의 상호적인 조치들을 충실하게 취하면서 북·미 양국 간의 신뢰를 쌓는 것이 유일한 방법인 것으로 보인다.

그렇지만 과거를 회고해 보건대, 단계별 점진적인 조치들은 신뢰를 형성하거나 협상에 있어 양국 어느 편에도 큰 이득을 제공하지 못했으며, 오히려 북한

8) K.A. Namkung and Leon V. Sigal, "Setting a New Course with North Korea," *Policy Forum Online* 08-086A (Nautilus Institute, Nov. 12, 2008), pp. 1-3.

에 핵무기를 협상 지렛대로 자유롭게 사용하게 하는 여지만을 남겼을 뿐이다.[9] 미국이 협상의 약속을 지키지 못할 경우 북한은 신속하게 보복했던 것이다. 1998년에 이루어진 우라늄 농축의 수단 확보와 대포동 미사일 실험이 그것이며, 2003년에 진행된 플루토늄 계획의 재시도와 시리아로의 핵기술 원조가 그것이고, 2006년에 감행된 미사일과 핵장치 실험이 그것이며, 그리고 최근에 시도된 미사일 발사, 영변시설 불능화 중지와 플루토늄 생산 재개의 위협 및 2차 핵무기 실험 위협이 그것이다.

이러한 점에서 보면 북한의 핵무기 진행을 되돌리기가 무척 어려운 일인 듯 보인다. 그렇지만 미국이 북한으로 하여금 약속을 지킬 경우 더 큰 이익을 보장하는 포괄적인 접근방안을 사용한다면 그것이 반드시 불가능하게 보이는 것은 아니다. 미국도 지렛대를 이용하여 북한이 약속을 이행하지 않을 경우 다음 단계의 조치들을 철회할 수 있다는 것을 인식시킬 필요가 있다.

미국이 제시하는 구체적인 보상책인 유인방안은 다음과 같다.[10]

첫 번째 단계는 비핵화 2단계의 마무리이다. 플루토늄 설비의 불능화가 그것이며, 그 대가로 대북 에너지 지원 중에서 미전달 부분에 대한 수송의 완료이다. 그러나 현 시점은 신고서 제출과 검증 단계에서 더 이상 진전이 되지 않고 멈추고 있는 상태이다.

두 번째 단계는 비핵화 3단계, 즉 핵폐기 단계에 관한 기초 정책문서의 작성이다. 그 내용은 북·미 간의 신뢰를 구축하고 비핵화 진행과 관계개선에 관련한 원칙과 내용에 관한 것이다. 이 문서는 북·미 양자나 남한과 중국이 합류한 4자 공동문서도 될 수 있는데, 그 핵심은 미국이 북한에 적대적 의도를 가지고 있지 않다는 것을 재확인하고, 북한이 비핵화하면, 한국전쟁을 종결하는 평화협정에 서명한다는 것으로서 비핵화와 함께 한반도 평화정착의 과정의 시작을 알리는 역할을 한다는 데 큰 의미가 있다. 이 단계에서는 북·미 양국의 연락사무소 개설과 동시에 영공 개방 등 군사적 신뢰 구축을 위한 일련의 조치들이 이루어질 수 있다.

세 번째 단계는 핵 프로그램의 폐기와 핵활동에 대한 검증 완료 그리고 인

9) Edward A. Olsen, "U.S. Policy Towards North orea: Context and Options," *Strategic Insights*, Vol. 5, Issue 7 (September 2006), pp. 4-5.

10) 박형중, "오바마 행정부의 대북정책과 북한의 수용능력 그리고 남-북-미 관계 전망," 통일연구원 세미나 (2008. 12), 28-30면.

권 개선이다. 북한이 재처리시설과 영변 원자로를 폐기하고 농축과 확산 활동에 관한 검증계획서를 채택하며, 종교의 자유 허용과 정치범 시설을 국제적십자에 공개하는 등 인권과 관련하여 유엔과 대화를 재개할 경우, 미국은 궁극적으로 양국의 대사관 설치 등 외교관계의 정상화를 위한 노력을 경주한다.

네 번째 단계는 북한 핵 프로그램 해체와 함께 핵물질 및 무기의 양도이다. 북미정상회담의 성사는 불능화 과정에서 인출된 사용후 핵연료봉과 기타 미사용 연료봉에 대한 북한 외부로의 이전을 전제조건으로 한다. 이 시점에 북한에 대한 국제사회의 경제적 지원이 본격화되며, 재래식 발전소 건설의 시작도 이루어진다.

다섯째 단계는 북한의 핵물질 및 무기의 완전한 포기이다. 이 단계에서 대체 핵원자로를 포함한 발전소 건설이 완료되고 평화협정이 체결될 수 있다.

만일 북한이 포괄적 협상에 동의할 경우, 오바마 정부는 비핵국가인 북한에 구체적인 이득을 제공하는 것이며, 미국은 그 결과에 대하여 최초로 현실적인 지렛대를 사용하는 셈이다.

그러나 이러한 미국의 접근책이 성공적인 결과를 달성하기 위해서는 두 가지 조건이 충족되어야 한다는 점을 인식할 필요가 있다. 그 하나는 북한의 비핵화 과정이 수년의 시간을 필요로 한다는 점에서 그 기간 동안 드러날 수 있는 북한의 변덕스러운 약속 위반의 행동을 미국이 얼마나 감내하고 원래의 시간표대로 나아갈 수 있는가 하는 점이다. 그리고 다른 하나는 김정일의 건강과 관련하여 그 후계자가 비핵화 약속을 지키지 않거나 핵무기와 그 물질을 통제하지 못하는 상황이 초래될 경우이다.

이러한 의문점들에 대한 대답은 미국의 대북정책 담당자들을 곤혹스럽게 만들기에 충분하다고 할 수 있다. 그 이유는 전자는 미국민의 경제적 비용과 인내심을 요구하는 것이며, 후자는 예측하기 어려운 시나리오로서 미국이 통제하기 힘든 영역이기 때문이다.

그렇지만 이 두 가지 조건이 충족된다고 하더라도 보다 본질적인 의문점은 여전히 남는다. 즉, 북한이 우리식 사회주의의 방식을 포기하고 자본주의식 세계사회에 편입하여 다른 국가들과 경쟁하면서 살아가는 것이 북한이 그토록 원했던 생존방식이었던가에 대한 궁극적인 확신이 없다는 관점에서 볼 때, 오바마 정부의 포괄적 제의는 대등한 합리적 거래에 입각한 단순한 서구식 사고의 산물일 수 있다.

오바마 정부의 대북정책은 부시 정부 후반기의 2년 동안에 진행되었던 유화정책을 상당 부분 따를 것으로 보인다. 비록 오바마 정부가 부시 정부보다 고위급회담을 통한 대북문제 해결에 더 적극적인 태도를 보일 것이지만, 그러한 전술적 변화가 검증 가능한 북한의 비핵화 목표를 달성하는 데 더 성공적일 것이라는 확신을 갖기도 어려운 실정이다. 오바마 정부도 부시 정부와 마찬가지로 대북정책에서 구체적인 성과를 거두기는 한계가 있는 셈이다.

부시 정부는 후반기 2년 동안에 북한과의 직접적인 양자외교에 매진했는데, 이는 현재의 오바마 정부가 선호하는 방식임은 분명하다. 그러나 그 당시에 북한의 완고함과 비타협성은 여전했으며, 벼랑 끝 전략 등을 통하여 문제를 해결하고자 하는 경향을 보인 점은 그 이전과 큰 차이가 없었다. 부시 정부의 유화적인 노선도 결국 국제법의 이행 포기 등 중요한 원칙이 변질되는 결과를 낳았으며, 게다가 6자회담은 북한핵의 불능화 단계를 극복하지 못하고 교착상태로 오바마 정부로 이관되었다.

Ⅳ. 도전과 과제: 북한 변수

위에서 언급한 다섯 단계는 오바마 정부가 북한으로 하여금 어려운 결단을 할 것을 요구하고 있는 셈이다. 오바마 정부는 북한이 국제사회에서 정상국가로 대우를 받기 위하여, 그리고 북미관계의 정상화를 위하여 무엇을 해야 하는지를 구체적으로 제시하고 있다. 북한으로서는 핵무기의 포기와 인권 개선과 관련하여 전향적인 조치를 취할 의무를 요구받고 있는 셈이다.[11] 이것은 사실상 북한이 감내하기 어려운 일임에 틀림이 없다. 그 이유는 핵무기 포기와 인권 개선이 이루어진다면 북한체제는 전혀 다른 모습으로 변질될 것이기 때문이다. 과연 이러한 모습이 북한이 바라는 것인가에 대한 본질적인 의문이 제기되지 않을 수 없다.[12]

더욱이 오바마 정부는 당근에 의존한 클린턴 방식의 대북정책과 부시 정부가 시도한 채찍 중심의 강경한 대북정책의 교훈을 받아들여 합리적 차원에서

11) 박형중, 앞의 글, 30면.

12) Robert S. Littwak, "Regime Change 2.0.," *Wilson Quarterly*, Vol. 32, Issue 4 (Autumn 2008), pp. 26-27.

당근과 채찍을 적절하게 혼합한 대북정책으로 북한의 분명한 선택을 요구할 것이다. 한편 부시 정부가 겉으로 보기에는 대북 강경정책을 취했지만, 북한에 분명한 선택을 제시하는 데 실패한 교훈을 바탕으로 오바마 정부는 대북정책의 일관성 유지에 큰 관심을 둘 것으로 보인다. 이렇게 본다면, 오바마 정부의 대북정책은 상당히 구체성을 띠고 있고 게다가 이미 알려져 있기 때문에 북한의 대응이 주목을 받는 시점이다.

북한도 클린턴 정부 및 부시 정부의 대북정책을 통하여 교훈을 받았음은 당연하며, 이러한 학습효과는 향후 대미정책에서 중요한 역할을 할 것으로 판단된다. 2009년 초반기에 북한을 방문하고 미 의회에서 증언한 셀릭 해리슨은 향후 북한의 대북정책 방향을 예측하는 데 주요한 시사점을 제공하고 있다. 해리슨은 2009년 1월 13일부터 1월 17일까지 방북하여 이근, 김용태, 박의춘, 이찬복 등과 면담했으며, 다음은 해리슨의 증언 내용이다.[13)]

"우리는 지금 북미관계의 중요한 전환점에 도달하고 있다. 지난 18년간 미국은 비핵화의 보상으로 북미관계의 정상화를 제안했다. 그런데 현 시점에서 북한은 그 순서를 바꾸길 요구하고 있다. 즉, 정상화를 통한 비핵화의 추구가 그것이다. 북한은 관계정상화와 궁극적인 비핵화의 전환기 동안에 자신이 핵보유국으로서 인정을 받기를 요청하고 있다."

해리슨은 북한의 논지를 다음과 같은 두 가지 측면에서 구체적으로 정리하고 있다. 그 하나는 북한은 미국과의 우호적인 관계를 희망하며, 오바마 정부가 과거에 추진했던 정권교체의 정책을 모두 제거하고 정상적인 관계를 향한 조치를 취하길 바라고 있다는 점이며, 다른 하나는 북한은 이제 핵보유국이며, 관계정상화의 여부를 떠나 핵무기 포기의 시점에 대한 구체적 약속은 하지 않을 것이라는 점이다.

해리슨에 따르면 그가 방북 중에 만난 모든 사람들은 북한이 공식 신고서에 언급된 68파운드의 플루토늄을 이미 핵무기로 만들었으며, 그 무기는 사찰될 수 없다는 점을 강조했다는 것이다. 68파운드는 플루토늄의 등급, 구체적인 무기의 디자인 등에 따라 다르겠지만 4-5개의 핵무기 제조에 충분한 양임은 틀림이 없다. 이근이나 이찬복은 핵무기화를 언급하지 않았지만 이찬복은 미사일탄

13) Selig S. Harrison, "'Smart Power' and North Korea," FDCH Congressional Testimony (Feb. 12, 2009).

두를 제조 중이거나 그럴 의향이 있다는 것을 시사했다는 것이다. 게다가 6자회담이 영변 불능화의 대가로 제공하기로 했던 60만톤의 연료 가운데 일본이 약속한 나머지 20만톤이 제공되지 않으면 불능화를 중지할 것이라는 언급도 있었다고 한다.

따라서 북한은 오바마 정부의 신속하고 과감한 조치를 기대하고 있으며, 나아가 대북정책의 근본적인 발상의 전환을 요구했다. 북한은 미국이 일본을 설득하여 그 연료를 공급하든지 아니면 6자회담의 나머지 국가들이 일본의 부분을 책임지도록 함으로써 10·3선언의 완결을 요구했으며, 그리고 연료 미지급분 공급과 영변 불능화를 연계시키는 전술을 쓰고 있는 셈이다.

영변이 불능화가 된다는 가정하에 10·3선언의 다음 단계는 그것을 폐기하는 것이다. 그러나 북한은 핵 폐기의 대가로 1994년의 제네바 합의문에 명시된 두 개의 경수로를 요구하고 있다. 게다가 그 경수로의 완공시점 이전인 과도기에 에너지 지원도 바라고 있다. 북한의 이러한 요구는 미국 내에서 논란을 불러일으킬 것으로 보인다. 그렇지만 북한의 주장은 일견 논리성이 전혀 결여된 것은 아니라고 할 수 있다. 그 이유는 경수로는 이미 약속된 것이고 거의 30억 달러가 이미 그 사업에 투입되었으며, 그리고 그 약속을 믿고 북한은 1994년부터 2002년까지 핵무기 계획을 중지한 상황에서 찾을 수 있다. 이 점은 경수로 공급을 둘러싼 해묵은 논쟁이 재연될 가능성도 있다는 점을 함축하고 있다.

그러면 2008년 12월의 협상을 와해시킨 검증 문제는 어떠한가? 검증은 폐기과정과 동시에 시작될 수 있다. 6자회담 당사국은 68파운드 외에 숨겨진 플루토늄이 더 있는지 확인하기 위하여 핵폐기물 지역에서 샘플을 채취할 수 있다. 그렇지만 북한의 주장은 새로운 문제를 야기하고 있다. 북한은 샘플 채취를 남한 내의 검증사찰과 연계시키고 있는 것이다. 미국이 그동안 남한 내에 반입하고 반출했던 핵무기 리스트를 구체적으로 신고하고 사찰을 받아야 한다는 것이다. 그렇게 되면 남한 내의 군기지에 대한 사찰도 포함될 수밖에 없는데, 미국이나 남한으로서는 무척 곤혹스러운 요구조건인 것은 사실이다. 이 점은 북한이 자신에 대한 사찰 문제를 희석시키기 위한 방편으로 제기했지만, 그냥 무시하기는 쉽지 않다.

요약해 보면, 오바마 정부가 등장한 이후에 북한의 대응은 이전에 비해 오히려 강경한 자세를 취한다는 점이 특징이며, 북한의 이러한 강경대응은 다음과 같은 몇 가지 관점에서 분석될 수 있다.

북한은 오바마 정부의 등장을 환영하면서도 그 정부가 북한의 기대를 충족시킬 정도로 유화적이지 않을 것이라는 점을 인식한 이후에 벼랑 끝 전술을 구사하고 있다. 최근의 미사일 발사와 2차 핵실험 재개 위협을 통한 대미 압박이 그것이다. 그러한 인식의 배경에는 2009년 초반의 인사청문회에서 미국의 국방성 부장관인 린이 북한을 계속적인 위협세력으로 지칭했으며, 클린턴 국무장관도 완전하고 검증 가능한 북한핵의 비핵화를 요구한 상황이 자리하고 있다. 북한은 오바마 정부의 대북정책 형성에 영향을 미치기 위하여 비핵화의 선결조건으로서 미국에 대하여 북미관계 정상화, 대북 적대정책의 폐기, 남한에 대한 미국의 핵우산 포기를 요구했다. 북한이 주장하는 이러한 요구조건들은 북핵 포기에는 전혀 관심이 없다는 인식이 깔려 있음을 보여 주었다. 사실상 북미관계의 갈등 지속은 오바마 정부의 출범 초기부터 상대방에 대한 힘겨루기 양상으로 진행되고 있는 셈이다.

북한은 이러한 강경노선의 추구를 통하여 얻고자 하는 이득은 무엇인가? 먼저, 미국을 일본과 남한으로부터 고립시키려는 전략적 관점이 지적될 필요가 있다.[14] 북한은 남한 국민들에게 다음과 같은 메시지를 전달하고자 하는 의도를 가지고 있는 것으로 보인다. 주한미군의 존재와 한미합동군사훈련이 한반도의 평화와 통일에 가장 큰 저해요인이라는 점이 그것이다. 게다가 남북한관계의 악화 원인으로서 이명박 정부에 비난의 화살을 돌리고 있다. 대북 강경노선을 추구하고 있는 이명박 정부에 대한 국내 여론 지지를 약화시키기 위한 수단으로써 서해상의 군사 도발 가능성 등 남북한관계의 긴장을 조성하고 있다.

한편 북한은 6자회담에서 일본을 배척하려는 움직임을 보이고 있다. 일본은 북일수교 및 6자회담에 대한 지원의 선결조건으로써 납치자 문제 해결을 요구하고 있다. 그러나 미국이 2008년 10월 북한을 테러 지원국에서 해제함으로써 일본은 협상 지렛대를 상실하게 되었으며, 미국에 대한 상당한 실망감을 나타내었다. 납치자 문제와 테러 지원국 해제 문제의 연계성은 2007년 4월 미 국가안보위원회 아시아 국장인 윌더에 의해 구체적으로 표명되었으며, 부시 대통령도 개인적으로 당시 아베 총리에게 다시금 확약했던 사안이었기 때문에 일본의 실

14) Bruce Klingner, "America's North Korea Policy: Adding Lanes to the Road," *Backgrounder*, No. 2252 (The Heritage Foundation, March 20, 2009), p. 2.

망은 클 수밖에 없었다.

다음으로, 북한은 중국 카드의 효용성을 극대화를 추구하고 있다.15) 북한핵 문제의 중국적 해결은 중국을 통하지 않고는 이루어질 수 없다는 논리는 그동안 당연하게 간주되어 왔다. 부시 정부도 중국의 협조를 얻어 북한의 비핵화를 우회적으로 추구해 왔다. 그러나 2006년에 감행된 북한의 미사일 발사와 핵실험은 이러한 중국의 능력과 의도가 과대평가되었다는 점을 입증했다. 사실상 중국은 북한의 행동을 사전에 충분하게 인지하지도 못했을 뿐만 아니라 그것을 막지도 못했다는 것이 사후에 알려졌기 때문이었다.

북한의 강경노선에도 불구하고 중국의 태도는 명확하지 않다. 중국은 강경한 대미노선을 걷는 북한을 지지할 경우 미국 등 주변국들의 반발을 살 가능성이 큰 반면, 북미관계 개선을 적극적으로 추진할 경우 미국의 대북 영향력을 높이는 결과로 나타나기 때문에 이러지도 저러지도 못하는 어정쩡한 상황에 처해 있다고 하는 것이 더 적절한 표현일 것이다. 중국이 처한 이러한 상황을 최대한으로 활용하여 북한은 중국을 자신에 대한 국제적 압력을 완화시키는 완충지역으로써 이용하고 있다. 중국은 미국에 대하여 좀 더 유연한 대북정책을 요구하기도 하고 더 많은 양보를 요구하기도 하는 역할을 하고 있는 셈이다.

이러한 맥락에서 볼 때, 북한이 오바마 정부의 대북정책에 만족하지 못할 경우 대미 강경정책을 추구할 것이라는 점은 충분히 예측될 수 있다. 대미 유화정책보다 대미 강경정책의 효과가 북한에 더 큰 정치적 이익을 제공하기 때문이다. 게다가 미국의 군사적 대응의 한계점이 노정되어 있다는 점도 간과할 수 없다. 이미 미군은 아프간과 이라크로 전선이 확대되어 있고 이란과의 잠재적인 전쟁 가능성 등이 그것이다.

그렇지만 북한의 대미 강경노선 추구는 장애물이 있다는 점도 지적될 필요가 있다. 김정일의 건강상태가 그것이다. 2008년 하반기에 등장한 김정일의 뇌출혈 발병 의혹은 북한측의 공식적인 부인에도 불구하고 여전히 잠복해 있으며, 북한의 대미정책을 급격하게 변화시킬 수 있는 뇌관으로 작용할 소지가 크다고 할 수 있다. 그 이유는 김정일의 유고시에 대비한 후계자 문제가 공식적으로 정리되지 않았기 때문이다. 특히 핵무기를 보유한 것으로 의심되는 북한에서 혼란이 발생할 경우를 예상하면 더욱 그러하다.

15) Klingner, "America's North Korea Policy: Adding Lanes to the Road," pp. 3-4.

김정일의 후계자에 대한 확실한 것은 아직 없으며, 추측 수준에 불과하다. 김정일의 자식 3형제부터 매제인 장성택, 그리고 집단지도체제 등이 그것이다. 그렇지만 확실한 것은 누가 후계자가 되든지 북한체제의 변화는 거의 없을 것이라는 점이다.[16] 북한의 정치적 및 경제적 개혁이나 외부세계로의 유화적인 개방은 어려울 것이라는 점이 그것이다. 새롭게 등장한 북한의 지도자는 이전의 김일성과 김정일이 누렸던 정통성이 결여될 것이기 때문에 집단지도체제에 상당 부분 의존하게 되고, 그 결과 그들은 현재의 체제를 계속 유지할 가능성이 크기 때문이다. 게다가 북한 내부의 결속을 유지하기 위해서 대외적인 강경노선을 취할 가능성도 그만큼 증대된다고 할 수 있다.

그렇다면 부시 정부의 유산과 교훈을 통하여 오바마 정부가 고려해야 할 대북정책의 과제는 무엇인가?[17] 이제는 오바마 정부의 대북정책 과제를 구체적으로 살펴볼 시점이다. 먼저, 행동 대 행동에 의존한 6자회담의 제한된 전략이 성공을 거두지 못했다는 관점에서 미국이 대폭적인 보상과 양보를 통한 북핵문제의 해결책을 모색해야 한다는 주장이 있다. 그러나 오바마 정부에 대한 북한의 강경노선을 고려해 볼 때, 이러한 논리는 문제의 본질적인 해결과는 다소 큰 괴리가 있다고 할 수 있다.[18] 오히려 냉전시대의 구 소련이 보여 주었던 개방과 개혁에 대한 북한의 신사고 외교가 우선적으로 시행되고, 이에 대한 주변국들의 믿음과 확신이 이루어진 상황이 조성된 이후에 미국을 포함한 주변국들의 과감한 지원이 이루어질 필요가 있다.

다음으로, 북미정상회담만이 북한의 비핵화를 위한 유일하며 효율적인 길임을 강조하는 주장이 제기되고 있다. 이러한 시각은 이전의 클린턴 정부의 기대를 반영한 것으로서 북한의 중요한 의사결정이 김정일에 의해 이루어진다는 관점에서 오바마와 김정일의 정상회담이 갖는 중요성을 강조하고 있다. 그러나 남한과 일본의 정상들은 그동안 김정일과 몇 차례 정상회담을 했음에도 불구하고 그 이후의 대북관계는 단기적인 카타르시스 효과 외에 본질적으로 큰 변화

16) Leonid Petrov, "Neo-Cons in Pyongyang," *Policy Forum Online* 08-088A (Nautilus Institute, Nov. 18, 2008).

17) Klingner, "America's North Korea Policy: Adding Lanes to the Road," pp. 6-7.

18) 폴 케네디도 오바마 정부가 창의적이거나 과감한 대북제안을 새롭게 내놓지 않을 것이라고 예측하면서 라틴어 '페스티나 렌테'(*Festina Lente*: 바쁠수록 돌아가라) 방식을 권유하고 있다. 세계시민포럼 특집 기획, "미국달러가 더 이상 기축통화일 필요가 없다", 〈중앙일보〉(2009년 5월 8일), 16면.

를 보여 주지 못했다는 점을 유의할 필요가 있다.

다음으로, 부시 정부 및 클린턴 정부는 북한의 요구를 수용할 때 모호한 문구를 받아들임으로써 곤란을 자초한 측면이 있기 때문에 오바마 정부는 북한과의 협상에 있어 명확한 조건과 시한을 정함에 더 많은 관심을 가질 필요가 있다. 비록 북한의 비핵화를 위한 본질적 해결책 마련이 어렵다고 하더라도 우회하는 방법으로 그 문제를 다룰 경우 그것은 북한에 허점을 제공할 수가 있으며, 그 결과 비핵화의 달성이라는 목표는 더욱 멀어질 수가 있기 때문이다. 단기적인 정치적 성과보다는 본질적인 해결책에 점진적으로 접근하는 것이 바람직하다는 점은 오바마 정부가 기억해야 할 역사적 교훈임은 분명하다.

다음으로, 오바마 정부는 6자회담의 성공적 진전을 위하여 남한과 일본에 과도한 희생과 비용을 부담시키지 않도록 노력해야 할 필요가 있다. 북한의 대미정책이 남한, 일본 그리고 미국 간의 연대감을 와해시키려는 전략적 관점에서 이루어진다는 점을 고려해 보면, 오바마 정부의 대북정책도 남한과 일본의 안보적 우려를 우선적으로 완화시킬 필요가 있다.

마지막으로, 오바마 정부는 6자회담에만 집착하지 않고 대북정책의 다양한 경로를 확보할 필요가 있다.[19] 이 점은 6자회담이 실패로 끝날 상황을 대비해서라도 그리고 6자회담에서 북한의 적극적 참여를 유도하기 위해서라도 반드시 준비해야 될 시나리오임을 시사하고 있다. 먼저, 미국은 중국 및 남북한과 더불어 한국전쟁을 공식적으로 종식시키기 위한 한반도 평화체제에 관한 본격적인 대화의 시도가 요구된다.[20] 북한은 자신의 안보위협에 대처하기 위하여 핵무기와 미사일을 개발하고 있다고 주장하고 있는데, 한반도 평화체제 논의는 핵무기와 미사일 개발의 논리적 근거를 약화시키기에 충분하다고 할 수 있다.[21]

다음으로, 북한에 대한 인도적 및 경제적 지원은 핵무기 협상과 분리되어 추진될 필요가 있다. 물론 그 지원의 사용에 대한 엄격한 실사가 선행되어야 하겠지만, 이러한 비군사적 대북접촉이 북핵문제 해결이나 나아가 북한의 개방에 긍정적인 기여를 할 것임은 분명하다.

다음으로, 북한의 인권 문제도 제기될 필요가 있다. 물론 그 방식은 유엔

19) Klingner, "America's North Korea Policy: Adding Lanes to the Road," pp. 7-8.
20) Olsen, "U.S. Policy Towards North Korea: Context and Options," pp. 5-6.
21) Delury, "North Korea: 20 Years of Solitude," pp. 76-77.

등을 통한 간접적인 방식에 의존할 것이지만 북한의 인권 문제가 인류보편적 차원에서 제기되는 것은 당연하다. 여기에는 탈북자, 일본인 납치자, 그리고 국군포로 등의 문제가 포괄적으로 포함될 것이다. 북한의 반발, 특히 6자회담에의 참여 거부 등을 두려워하여 이러한 문제를 제기조차 하지 못한다는 것은 북핵 문제의 해결은 더욱 난망할 수밖에 없다는 것을 함축하고 있다.

마지막으로, 오바마 정부의 대북정책은 북한의 개방화라는 장기적 과제를 해결하는 식으로 접근할 필요가 있다. 이를 위해 문화적 교류를 통한 기능주의적 접근방식이 더 효율적으로 보인다.[22] 지난 해 평양에서 이루어진 뉴욕 필하모닉 공연 등은 그 예가 될 수 있으며, 향후 스포츠 등 다양한 교류를 통한 북한과의 관계 개선에 오바마 정부가 더 적극적으로 나설 필요가 있다.

Ⅵ. 결론: 전망

부시 정부는 초반기인 2001년에 클린턴 정부가 국제적인 난제를 무시하고 신중하게 다루지 않고 무책임하게 미룬 데 대하여 비판을 가했지만 이제 부시 정부가 남겨둔 유산은 오바마 정부가 해결해야 하는 과제가 되었다. 그 유산 가운데 가장 심각한 것은 북한에 대한 미국의 전략적 입장이 부시 정부의 초반기보다 훨씬 더 악화되어 있다는 점이다. 오바마 정부는 2001년 초반기보다 훨씬 더 심각한 북한의 핵위협을 물려받았으며, 더욱이 부시 정부가 클린턴 정부의 대북정책을 비난했던 바로 그 모든 외교적 유인책, 즉 회담 참여의 대가로 제공된 일종의 뇌물, 도발과 약속 위반에 대한 벌칙이 없는 대응 등은 부시 정부에 와서는 통상적인 일이 되었다.

이제 오바마 정부가 북한의 판에 박힌 잘못된 행동에 대항하고 그 오류를 지적하는 것은 그만큼 어려운 일이 될 것으로 보인다. 설상가상으로, 북한은 강력한 대북 적대 정부인 부시 정부를 제압했다는 자신감에 충만해 있으며, 외교적으로나 실제적으로 부시 정부가 세계인의 앞에서 자신의 독트린을 행동에 옮기지 못하게 굴욕을 주었다는 것을 잘 인식하고 있다. 지난 부시 정부의 8년간의 경험을 통하여 북한은 새롭게 출범한 오바마 정부에 대한 도전에 있어 더욱 자신감이 있고 과감한 행동을 취할 가능성이 많다는 주장은 이러한 인식을 반

22) Namkung and Sigal, “Setting a New Course with North Korea,” pp. 1-3.

영하고 있다.

북핵문제가 드러난 이후에 취해진 미국의 정책을 살펴보면, 클린턴 정부는 북한과의 약속에 과도한 신뢰감을 부여한 유화정책을 추구했다는 점에서, 부시 정부는 북한문제의 해결을 위한 강경한 태도를 보였지만 장기적인 대북지침이나 계획성이 그 뒷받침을 해주지 못했다는 점에서 미국의 대북정책은 실패한 것으로 비판을 받았다고 할 수 있다. 그렇지만 오바마 정부의 대북정책 전망도 그렇게 밝지 못하다. 이전의 정부로부터 받은 교훈에 입각하여 대북정책의 원칙과 계획성은 탄탄하게 준비되어 있지만, 국제적 지지를 받을 수 있는 현실적 여건이 미비하며, 나아가 북한이 그동안 배운 학습효과로 인하여 그 성공 가능성도 크지 않다고 할 수 있다,

따라서 오바마 정부의 대북정책이 구체적으로 어떠한 모습을 띠게 될지는 향후 일정한 시간이 필요할 것이지만, 분명한 것은 부시 정부와의 대폭적인 차별성을 기대하는 사람들에게는 그만큼 불만족스러울 것이고, 클린턴 정부와의 획기적인 유사성을 예측하는 사람들이 있다면 그들의 실망감도 클 수밖에 없을 것이라는 점이다. 오히려 오바마 정부가 그 이전의 정부들과의 차이가 있다면 미국이 택할 수 있는 정책적 선택들은 이미 이전의 정부에 의하여 상당 부분 소진되었으며, 그리고 북한은 미국이 처한 이러한 상황에 대한 학습과 교훈을 받았기 때문에 더 어려움을 겪을 가능성이 많을 것이라는 주장이 더 적절할지 모른다. 북핵문제를 해결하기 위한 미국의 역할과 영향력이 이전보다 현저하게 줄어들 수도 있다는 점을 염두에 둘 필요가 있다는 시각은 이러한 맥락에서 합리적인 지적임에 틀림이 없다. 이렇게 보면, 북핵문제의 해결책은 표류할 가능성이 크며, 나아가 한반도 주변의 정세는 오바마 정부의 등장에도 불구하고 상당 기간 온기를 느끼기 어렵게 될 여지가 많다.

참고문헌

박형중, "오바마 행정부의 대북정책과 북한의 수용능력 그리고 남-북-미 관계 전망". 통일연구원 세미나. 2008. 12.

백종천, "북핵폐기를 위해 6자회담 구조조정을 제안한다". 『세종논평』 No. 127. 세종연구소, 2008. 12. 17.

백학순, "오바마 정부의 대북정책 : 현황과 전망". 『정세와 정책』. 세종연구소, 2009. 5.

전성훈, "오바마 행정부의 핵전략과 북한 핵문제". 통일연구원 세미나. 2008. 12.

Atlantic Council of the United States. *Korea and Northeast Asia Peace and Security Framework*. April 13, 2007.

Delury, John. "North Korea: 20 Years of Solitude". *World Policy Journal*, Vol. 25, No. 4. Winter 2008/09.

Feffer, John. "The North Korean Conundrum: Change You Can Believe In or Policy Status Quo?". *Policy Forum Online* 08-090A. Nautilus Institute, Nov. 26, 2008.

Harrison, Selig S. "'Smart Power' and North Korea". FDCH Congressional Testimony, Feb. 12, 2009.

Kanter, Arnold. "U.S. Policy Toward North Korea". FDCH Congressional Testimony, July 20, 2006.

Klingner, Bruce. "America's North Korea Policy: Adding Lanes to the Road". *Backgrounder*. No. 2252. The Heritage Foundation, March 20, 2009.

Litwak, Robert S. "Regime Change 2.0." *Wilson Quarterly*, Vol. 32, Issue 4. Autumn 2008.

Namkung, K.A. and Leon V. Sigal. "Setting a New Course with North Korea". *Policy Forum Online*. Nautilus Institute, Nov. 12, 2008.

O'Hanlon, Michael E. "Keeping North Korea in Mind". Brookings, September 26, 2008.

Olsen, Edward A. "U.S. Policy Towards North Korea: Context and Options," *Strategic Insights*, Vol. 5, Issue 7, September 2006.

Petrov, Leonid. "Neo-Cons in Pyongyang". *Policy Forum Online* 08-088A. Nautilus Institute, Nov. 18, 2008.

Pritchard, Charles L. "North Korea: Are We on the Right path?" In Jean Du Preez, ed. *Nuclear Challenges and Policy Options for the Next US Administration*. CNS Occasional Paper No. 14. Monterey, CA: Dec. 2008.

제 4 부

국제정치 이슈, 그리고 지구촌 안보

제11장 민족국가의 종언*

해부학적으로 근대의 인간이 지구상에 그 모습을 최초로 드러낸 이후, 즉 20만년 전부터 지금까지 인류는 3가지의 중요한 정치적 조직 단계를 겪었다. 우리는 그 단계들을 부족, 왕국, 그리고 민족국가로서 칭할 수 있다.

칼 마르크스는 많은 잘못을 저질렀는데, 그 중에서 특히 도덕적 철학에서 더욱 그러했다. 그러나 그가 보여 준 예리한 관찰력 중의 하나는 생산수단이 사회의 구성요건 가운데 가장 중요한 결정 요소라는 점이었다. 그 점에 기반을 둘 경우, 유사 이래로 발생한 두 개의 매우 중요한 것은 농업혁명과 산업혁명이다. 그 외의 모든 것들은 단지 부차적이고 사소한 것들이다.

이러한 것들이 어떻게 연관되어 있는지 살펴보도록 하자.

농업혁명과 부족의 종언

선사시대에 있어서 가장 규모가 큰 정치적 및 경제적 집단은 부족이었다. 인간은 사회적 생명체라는 점에서 부족에 충성하는 것은 자연적 현상이기에 충분했다. 그것은 사리에 맞는 타당한 일이었다. 부족의 거의 모든 구성원들은 유전적으로 연관이 있었으며, 그 집단은 야생에서의 상호 생존을 위해 필수적이었다. 그것이 그들로 하여금 개인의 삶에서 중요했던 집단의 전체성을 추구하게 만들었던 반면, 다른 부족의 "이방인들"은 부족한 자원을 확보하기 위하여 경쟁

* Douglas R. Casey, 2017. 8. 10(이종선 역). 「미제스와이어」(2019. 4. 4). 케이시는 세계적으로 유명한 사색가이고 자유주의적 철학자이며, 그리고 베스트셀러 작가이다. 그는 케이시연구원(Casey Research)의 창립자이며 이사장이다(https://www.caseyresearch.com/). 그 연구원은 무정부 자본주의자의 관점에서 본 금융 뉴스레터인 케이시리포트를 발간하고 있다.
원문은 https://mises.org/wire/end-nation-state.

적인 관계로서 그 과정에서 추가로 자신들을 죽일 수도 있었기 때문에 그 집단으로부터는 제외되었다.

부족들의 사회가 능력주의에 입각한 실력사회가 된 것은 자연스러운 일이었다. 가장 영리하고 강한 자가 최고지도자 위치를 점유했다. 그러나 그들에게서 민주주의 제도가 자리를 잡는 것도 자연스러웠다. 모든 사람들이 중요한 사안에 대하여 목소리를 낼 수 있을 정도로 충분히 적은 규모였다. 그 부족들은 모든 사람들이 서로를 알 수 있을 정도로 소규모였으며, 그들의 강점과 약점을 잘 알았다. 모든 사람들이 한계 우위의 위치를 인식하고 최선을 다했으며, 그것이 생존에 필수적이었다. 불량한 행위자들은 추방되거나 아니면 어느 날 아침에 피범벅 상태로 깨어나지 못했다. 부족들은 사회적으로 억압적이지만, 인간본성의 많은 결점을 고려해 보면 원시적인 기술을 가진 사회에서 자연적이고 유용하게 탄생한 조직의 형태이다.

많은 세대가 지나가면서 사람들이 자본과 기술을 확보함에 따라 인구가 증가했다. 마지막 빙하기가 끝난 시점인 약 1만 2천년 전에는 전 세계에 걸쳐 인구가 급격하게 팽창했다. 사람들은 도시에 살기 시작했으며 사냥과 채집 대신에 농업에 종사하게 되었다. 함께 사는 사람들의 수가 많은 대규모 집단은 위계질서를 형성하였으며, 그 결과 쌓아올린 더미의 정상을 의미하는 왕이 탄생하게 되었다.

새로운 농업기술과 새로운 정치조직을 채택한 사람들은 여전히 생존수준의 생활을 하는 부족과의 전쟁 수행에 필요한 자원을 부가적으로 축적했다. 변화의 속도가 빠른 사회들은 그 속도가 더딘 사회들을 완전히 압도할 수 있는 사람들의 수와 무기를 갖게 되었다. 만약 당신이 부족 상태로 머물고 싶은 사람들이라면 인적이 드문 외딴곳, 즉 다른 사람들이 원하는 자원이 결핍된 어떤 장소에서 거주하는 것이 좋을 것이다. 그렇지 않다면 가까이 있는 왕국이 당신을 노예화하며 재산을 빼앗을 것임은 분명한 일이었다.

산업혁명과 왕국의 종언

기원전 약 1만 2천년 전부터 어림잡아 1천 6백년대 중반에 이르기까지 세계는 강력한 지도자에 의해 조직화되었다. 조그만 영주로부터 왕, 파라오, 혹은 황제가 그들이다.

적어도 나에게 의아스러운 것은 인간이란 동물이 군주제를 얼마나 많이 좋아했는가 하는 점이다. 그것은 특히 중세적 맥락에서는 고귀한 왕들, 아름다운 공주들, 그리고 불의에 대항하고자 언덕 위의 성을 박차고 나오는 말 위의 기사들로써 구성된 체제로서 신화화된다. 나의 친구 릭 메이베리(Rick Maybury)가 지적했듯이, 매우 분명한 것은 그 현실이 신화와는 상당히 다르다는 점이다. 왕은 성공적인 악당 이상은 아니었으며, 기껏해야 토니 소프라노(Tony Soprano), 아니면 아마도 작은 스탈린(Stalin)에 불과하다. 공주는 목욕을 하지 않은 상태로 정조대를 찬 단정하지 않은 여자였고, 기사는 용병 살인자였으며, 그리고 언덕 위의 빛나는 성은 정치범들을 수감한 지하 감옥이 많이 있는 강제수용소의 본부였다.

왕국에서는 충성심이 "국가"—불문명하고 자의적인 개념—가 아니라 지배자에게로 향했다. 당신들은 첫째이자 가장 중요한 사람인 왕의 신하들이었다. 당신들하고 연계된 언어적, 인종적, 종교적, 그리고 그와 다른 관계들은 이차적이었다. 그런데 우리가 역사의 왕조 시대를 생각할 때, 지배 계급이 무엇을 했고 무엇을 가졌는지의 관점에서만 생각한다는 것은 이상한 일이다. 그럼에도 불구하고 만일 당신이 그 시절에 태어났다면 아무것도 소유하지 못하고 당신의 손윗사람들이 지시하는 것 이상을 전혀 알지 못하며, 그리고 당신의 잉여 생산물의 대부분을 지배자들에게 상납하는 평범한 농부가 되었을 가능성은 98%이다. 그렇지만 또 다시 자본과 지식의 점진적인 축적이 다음 단계로의 진행을 가능하게 했다. 산업혁명이 그것이다.

산업혁명과 민족국가의 종언

인간의 근육을 대체하는 기계가 등장함에 따라 생산수단은 변화했으며, 부의 양은 큰 성장세를 보였다. 보통 사람들은 여전히 부의 양을 많이 가지지 못했지만, 그들이 전 일생에 걸쳐서 다른 사람들에게 폭력을 행사하는 것 외의 일을 할 가능성은 열리게 되었고, 그것은 르네상스가 기여한 바가 크다.

그런데 미국과 프랑스에서 일어난 혁명은 상황을 완전히 바꾸어 놓았다. 사람들은 더 이상 자신들이 어떠한 지배자들에 의하여 소유되지 않는다는 것을 인지했으며, 이제는 자신들의 충성심을 새로운 조직으로 향하게 했다, 민족국가가 그것이다. 그것은 선천적인 격세유전으로서 아마도 인간이 침팬지로부터 분기되기 전인 약 3만년 전으로 거슬러 올라가며, 인간으로 하여금 자신의 충성심을 자신들보다 더 큰 어떤 것에 주도록 명령하는 것처럼 보인다. 이러한 유전적 요소는 오늘날의 지배적인 규범인 민족국가 — 언어, 종교 그리고 민족성을 공유한 사람들의 집단 — 에 전달되었다. 민족국가의 개념은 그 국가가 "민주주의"로서 조직화되어 있는 경우에 특히 효과적인데, 그 이유는 민주주의 국가의 보통 사람들은 자신들이 그 국가가 전체주의 국가로 향할 경우에 대한 통제력을 보유하고 있다는 환상을 갖기 때문이다.

긍정적인 측면에서 보면 19세기 말에 이르러서는 산업혁명이 보통 사람들에게 자본과 기술뿐만 아니라 개인적 자유를 부여했으며, 그 결과 상황이 매우 빠른 속도로 개선되었다.

이러한 두드러진 변화를 일으킨 요인들은 무엇인가?

필자가 분석하기로는 인쇄기의 발명이라는 지적인 요인, 그리고 화약의 광범위한 사용이라는 물질적 요인, 이 두 가지가 그 변화에 큰 역할을 했다. 인쇄기는 지배층이 가졌던 지식 독점권을 무너뜨렸으며, 보통 사람들도 이제는 지배층이 자신들보다 더 영리하거나 "우수한" 사람들이 아니라는 것을 알게 되었다. 만약 보통 사람들이 지배층에 대항하여 싸울 경우 (갈등은 결국 정치의 본질이 아니겠는가?) 그것은 지시를 받고 하는 행동이 아니라 그들의 생각에 의하여 드러난 동기 부여로부터 나온 것이었다. 그리고 이제는 화약을 손에 넣은 이상 그들은 지배자의 기사들과 직업적인 용병들과 비교하여 대등한 상황이 되었다.

요즘은 우리가 또 다른 변화로 넘어가는 시점에 있으며, 그 변화는 약 1만 2천년 전과 수백년 전에 발생했던 것만큼 적어도 중요하다고 필자는 믿고 있다. 경제적 구조가 붕괴되고 있고 정부의 독살성이 점점 심해지고 있기 때문에 개인들에게 크게 암울하게 보이기 시작하는 상황이 조성된다고 하더라도 구원의 손길이 역사적 진화로부터 오고 있다고 필자는 생각하고 있다. 농업혁명이 부족에의 종언을 고했고 산업혁명이 왕국을 소멸시킨 것과 마찬가지로 필자의 생각으로는 우리는 민족국가를 시대착오적인 것으로 만드는 또 다른 다면적인 혁명을 향하여 나아가고 있다. 그것은 다음 달이나 혹은 내년에 일어나지 않을 것이지만 이 글을 읽고 있는 독자들이 살아있는 기간 내에 그 유형이 명확해질 것이라는 점은 틀림이 없다.

필자가 이야기하는 유형은 어떠한 모습인가? 다시 한 번 사악하지만 천재성이 있는 칼 마르크스가 제기한 "국가 소멸론"의 개념을 언급해 보자. 이번 세기의 후반부에 도달할 즈음에 미국과 그 외의 민족국가들은 사실상 소멸할 것이라고 필자는 생각하고 있다.

국가의 문제—그리고 당신의 민족국가

물론 필자는 당신들 가운데 많은 사람들이 그러한 정서에 공감한다고 생각하지만 당신들도 그 개념은 너무 지나치며 필자가 희망적 사고의 죄를 범하고 있다고 생각할 것이다. 보통 사람들은 국가가 필수적이며 그리고—일반적으로—선량하다고 생각한다. 그들은 심지어 그 국가의 영속성을 의심하지 않는다.

필자는 국가 자체의 설립이 잘못된 것이라는 견해를 가지고 있다. 문제의 핵심은 올바른 사람들이 그 정부에 들어가는지의 여부가 아니라 정부 그 자체가 희망이 없을 정도로 결점이 있으며, 그리고 그 정부의 통치 대상인 국민들뿐만 아니라 구성원인 공무원들을 필연적으로 부패시킨다는 점이다. 이러한 주장은 정부의 필연성과 영속성을 굳건하게 믿는 사람들에게 항상 충격을 준다.

그렇지만 문제의 본질은 정부는 강압에 기반을 두고 있고 사회 구조를 제도화된 강압에 기반을 두는 것은 적어도 차선책이라는 점이다. 필자는 당신들이 탠너힐(Tannehill)의 역작 『자유를 위한 시장』(The Market for Liberty)을 일독하기를 권유하고 싶다. 무료로 다운로드도 가능하다.[1)]

인쇄기에 의해 도입되고 인터넷에 의해 기하급수적으로 발전한 엄청난 변화 중의 하나는 사람들이 서로 다른 이익들과 관점을 손쉽게 추구할 수 있게 되었다는 점이다. 그 결과, 사람들의 공통점은 점점 줄어들고 있다. 동일한 정치적 경계선 내에서 거주하는 것이 그들을 같은 나라 사람으로 만들기에 더 이상 충분하지 않다. 이것은 농경 시대의 이전의 상황과 비교해 볼 때, 큰 변화이다. 그 시절에는 동일한 부족의 구성원들은 상당히 많은—거의 대부분—공통점을 가졌다. 그러나 이러한 점은 왕국과 민족국가의 시대에는 점차적으로 희석되었다. 만약 당신이 솔직하다면 당신은 당신 국가의 사람들 대부분과 공통점이 매우 없다는 것을 인식하게 될 것이다. 피상적인 것들과 부족적인 특성을 제외하면 말이다.

그 점을 잠시 생각해 보자. 당신들은 당신들 주변의 같은 나라 사람들과 어

1) https://mises.org/library/market-liberty-1.

떤 공통점을 갖고 있는가? 생활 방식, 공통 언어, 아마도 어느 정도의 경험과 신화의 공유가 언급될 수 있지만 실제적 의미나 중요성은 거의 미약하다. 우선 첫째로 이들은 당신에게 당연하게 생각되는 "적"국, 예를 들면 이란 국민들보다 더 적극적인 위해 요인으로 작용할 가능성이 크다. 만약 당신이 상당히 많은 수익을 올린다면, 그렇다면 당신이 사업체를 운영하고 재산을 갖고 있는 것은 당연하겠지만, 당신의 동료 미국인들이 당신에게 사실상 명백하고 현존하는 위험을 주는 사람들이다. 보통의 미국인들(현재 미국인들 중 약 50% 정도)은 소득세를 내지 않는다. 비록 그들이 정부의 직접적이거나 간접적인 피고용인이 사실상 아니라고 할지라도 그들은 사회보장과 다른 복지 프로그램을 통하여 정부의 수혜 대상자가 된다. 사실상 당신의 소득이 그들을 지원하는 것이다.

지난 몇 년간 필자는 디트로이트의 미국인 노동조합원들이나 로스앤젤레스의 스페인어 사용자 거주지역 주민들보다 프랑스, 아르헨티나, 혹은 홍콩에 거주하고 있으면서 필자와 사회적으로나 경제적으로 비슷한 신분이나 직업을 가지고 있는 사람들과 더 많은 공통점이 있다는 점을 발견했다. 당신들 가운데 많은 사람들이 필자의 관찰에 근거한 의견에 동의할 것이라고 생각한다. 관계에 있어서 사실상 중요한 것은 가치들, 원칙들, 이익들, 그리고 철학의 공유이다. 지리적 인접성, 그리고 공통의 민족성은 의미가 없으며 단지 출생에 의한 우연한 사건일 뿐이다. 필자는 고속도로 아래에 있는 트레일러 전용 주차장에 거주하는 미국인들보다 콩고에 있는 친구에게 더 많은 애착을 갖고 있다. 비록 필자와 그의 관계에서 피부색, 문화, 토착 언어, 그리고 생활 경험이 서로 다를지라도 말이다. 필자는 콩고인 친구가 세상을 보는 관점과 똑같은 관점을 가지고 있다. 그는 필자의 생활에 있어 중요한 자산이다. 필자는 "동료 미국인들"과 필연적으로 불화를 겪고 있으며, 그들은 활동적이고 점증하는 부채이다.

어떤 사람들은 이 글을 읽고 국가에 대한 충성심 부족의 혼란을 겪을 수도 있다. 그것은 선동적으로 들린다. 러시 림보(Rush Limbaugh), 션 해너티(Sean Hannity), 빌 오레일리(Bill O'Reilly), 혹은 워싱턴 정계 주변에 있는 대부분의 사람들처럼 전문적인 호전적 애국주의자들이 이러한 이야기를 듣는다면 분노로 얼굴이 하얗게 변할 것이다. 사실상 단지 특정한 지역에서 태어났다는 이유로 국가에 대한 충성심을 요구하는 것은 어리석을 뿐이다.

필자가 아는 한 미국 헌법에 구체적으로 적시된 연방 범죄는 단지 두 가지이다. 위조 범죄와 반역죄가 그것이다. 오늘날의 세계와는 전혀 다르다. 오늘날에는 거의 모든 실제적 및 잠재적 범죄가 연방 범죄에 속한다. 이것은 문서 전체가 의미 없이 사문화되었으며, 단지 역사적인 인공 유물이라는 것을 강조하고 있다. 그럼에도 불구하고 이것도 초창기 형태의 헌법이 불완전하다는 점을 보여 주고 있다. 위조 범죄는 단순한 사기행위이다. 왜 그것이 범죄로서 특별히 선택되어야 하는가? (맞다. 그것은 복잡하고 성가신 새로운 문제에 대하여 논쟁을 시작하는 것이지만.… 여기서는 깊이 들어가지 않을 것이다) 반역죄는 정부의 전복이나 주권국가로부터 충성심 철회를 도모하는 시도로서 일반적으로 규정된다. 헌법의 입안자들이 단지 몇 년 전에 만들었다면 이해할 만한 다소 이상한 조항이라고 생각하는 사람들도 있을 것이다.

필자가 보는 방식은 토마스 페인(Thomas Paine)이 언급한 부분과 정확하게 일치한다. "나의 조국은 자유가 살아있는 곳이다."

그러나 오늘날 자유가 어디에 살아있는가? 사실상 그것은 더 이상 집을 가지고 있지 않다. 그것은 사실상 진짜 난민이 되었다. 그 이유는 미국(America)이 그 이름의 국가에서 기반을 두고 성장한 우수한 이념이었지만 단지 또 다른 민족국가인 미합중국(United States)으로 퇴보했기 때문이다. 그리고 미국은 구렁텅이로 빠지고 있다.

제12장 윌슨의 '민주주의'를 위한 전쟁의 백년사*

1917년에 우드로 윌슨(Woodrow Wilson) 미국 대통령은 의회 연설에서 독일제국에 대한 선전포고를 요구하고 그의 유명한 명언인 "민주주의를 위한 안전한 세계"를 표명했다. 윌슨은 다른 나라를 민주화시키는 것은 — 필요하다면 무력에 의해서라도 — 인류의 정신을 숭고하게 할 것이라는 점을 확신했다.

윌슨의 확신은 빗나갔고, 그의 전략은 실패했으며, 참혹한 결과를 낳았다.

윌슨의 실패에도 불구하고 윌슨의 이상은 오늘날까지 미국 외교정책에 지속적으로 영향을 주고 있다. 독일제국과의 전쟁부터 사담 후세인과의 이라크전쟁에 이르기까지 미국 외교정책에서 윌슨의 영향력은 꾸준히 유지되고 있다. 미국의 정치여론 주류층은 민주주의가 의심의 여지가 없는 보편적 선으로서 다른 나라들에 강제로 전파되는 것이 그 나라들과 미국 모두에 이익이 된다고 생각하고 있다. 국제관계이론에 있어서 다른 나라들을 민주화시키는 전략은 자유주의적 헤게모니로서 알려져 있다. 그렇지만 불행하게도 존 미어사이머(John Mearsheimer)가 그의 저서 『위대한 망상』(The Great Delusion)에서 설명했듯이 민주주의를 모든 민족들에게 전파하려는 욕망은 비록 그것이 친 평화적인 이념으로 포장되어 있지만 영구적인 갈등의 길로 사실상 이끌게 된다.

윌슨의 실패

역사적으로 볼 때, 우드로 윌슨 대통령은 비통하게도 선전포고를 하도록 내몰렸던 평화의 인물로서 종종 묘사되지만, 이것은 미국의 여론을 현혹시켜 전

* Giancarlo Diaz, 2018. 11. 27(이종선 역). 원문은 https://mises.org/wire/100-years-wilsonian-wars-democracy.

쟁을 지지하게 만들었던 윌슨의 이념적 태도와 영국, 프랑스, 러시아의 '삼국협상'의 선전을 간과하고 있다(역사학자 헌트 튤 리가 이 점을 상세하게 언급하고 있다[1]). 미국의 여론은 초기에는 유럽 문제에 개입하기를 원하지 않았지만 언론이 독일의 전쟁 잔혹성과 독일 유보트에 의한 미국인들의 사망 소식을 선정적으로 보도한 이후에 그 여론이 바뀌었다. 독일 군인들이 벨기에 아동을 학살하고 먹는다는 이른바 훈족과 같은 야만적이고 잔인한 만행은 미국의 여론에 영향을 주려는 삼국협상 국가들에 의해 전적으로 꾸며진 것이었다. 유보트에 의해 루시타니아호가 침몰되고 일백여 명의 미국인들이 사망한 악명 높은 사건은 그 배 안에 탄약이 적재되어 있었다는 점이나 그 배가 고의적으로 전쟁 선포 지역으로 항해했다는 점을 언급하지 않았던 언론에 의해 선전되었다. 미국의 여론을 동요하게 한 최후의 결정타는 치머만 전보(Zimmerman Telegraph)였다. 그 전보에서 만약 미국이 독일과 전쟁상태에 돌입한다면 독일은 멕시코에 조건부 동맹을 제시했을 것이다. 미국의 여론은 비록 미국이 이미 독일과의 전쟁을 위협했다는 사실에도 불구하고 그 전보를 비밀작전으로 간주했다.

미국의 여론이 연합국을 지원하는 방향으로 열정적으로 기울게 됨에 따라 윌슨은 마침내 민주주의의 전파를 향한 전쟁을 선언하게 되었다. 미국은 1917년에 공식적으로 전쟁에 참전함으로써 그 전쟁을 민주주의와 중부유럽 국가들 간의 이념적인 전쟁으로 변화시켰다. 물론 주목해야 할 점은 독일제국이 대영제국보다 덜 민주적이지 않았다는 것이다. 그렇지만 영국은 미국과의 '특별한 관계'를 가지는 행운이 있었기 때문에 윌슨의 민주주의에 대한 열의로부터 위해를 받지 않았다.

정치이론가인 에릭 폰 쿠에넬트-레딘(Erik von Kuehnelt-Leddihn)은 그의 저서 『군주제와 전쟁』(Monarchy and War)에서 윌슨의 개입이 가져온 비참한 결과를 설명하고 있다. 미국의 참전은 연합국들과 중부유럽 국가들 간에 심각한 힘의 불균형을 야기함으로써 협상을 통한 평화를 얻을 수 있는 기회를 없앴다. 우세를 확보한 연합국들은 하찮은 휴전을 협의하려는 동기를 상실하고 그 대신 중부유럽 국가들의 완전한 항복을 추구하게 되었다.

독일의 호엔촐레른 왕가와 오스트리아의 합스부르크 왕가는 수천 명의 사람들을 구하기 위하여 휴전을 제안했지만 그것은 윌슨에 의해 거부당했다. 윌

1) http://mises.org/wire/these-deeply-momentous-things-united-states-intervention-world-war-i

슨의 주요한 목적은 평화가 아니라 강요된 유럽의 민주화였다. 그 전쟁의 불필요한 지연은 유럽을 지배했던 왕국들의 붕괴를 초래했다. 독일인들의 '기상'은 민주적인 바이마르공화국의 형성으로 고양되었지만, 결국은 전적으로 기능장애의 정부가 되었다. 군주제에 대한 이론적인 전통과 그 조약이 부여한 냉엄한 경제적 처지에 대한 고려가 없이 이루어진 그 조건들은 극단주의 이념들(민족 사회주의와 공산주의)의 성장에 비옥한 토지로서 작용했다. 오스트리아-헝가리 제국에 있어 군부제의 몰락과 민주주의의 등장은 한때 유럽의 강대국이었던 국가를 인종에 기반을 둔 연약한 다수의 민주주의 국가들로 분열시켰다.

화약고가 된 유럽

제1차 세계대전의 결과는 윌슨이 의도했던 안전한 세계를 만들지 못했으며, 그 대신 유럽을 화약고로 바꾸었다. 일단 나치주의자들과 그 협력자들이 독일의 국회에서 51%의 의석수를 확보한 이상 민주적 절차는 완료되었으며 히틀러는 국민 전체의 위임을 받아서 전체주의 정책을 자유롭게 제정할 수 있게 되었다. 오스트리아-헝가리 제국은 전통적으로 독일의 중부유럽 지배를 억제했는데, 그 제국의 와해로 인한 힘의 진공상태는 이제 나치 독일이 메우게 되었다. 새롭게 형성된 인종적으로 친독일 성향의 오스트리아 공화국은 나치 독일에 의해 병합되었으며, 그 배경에는 합스부르크 왕가의 몰락이 있었다. 윌슨의 십자군 성전은 우연히 히틀러의 정복을 위한 지정학적 기반을 마련하게 되었으며, 쿠에넬트-레딘으로 하여금 "만약 히틀러가 유머 감각이 있었더라면 그는 우드로 윌슨을 위해 거대한 기념비를 세웠을 것이다"라는 글을 쓰게 만들었다.

윌슨의 유령은 오늘날에도 계속하여 미국 외교정책을 괴롭히고 있으며, 그 결과 미국은 자신의 전략적 이익보다 자유주의적 헤게모니라는 잘못된 유토피아를 추구하고 있다. 이라크에서의 사담 후세인 제거는 세계를 안전하게 만들지 못했고, 사실상 더 위험에 처하게 했으며, 그리고 그 지역을 불안정하게 했을 뿐이었다. 중동 지정학에 대하여 비록 전문적 지식이 없는 사람들마저도 이것을 예측할 수 있었을 것이지만 미국의 민주주의적 열정은 현실주의보다 우선하고 있다.

사실상 만약 민주화에의 요구가 국민들로 하여금 전쟁을 지지하도록 설득하지 못한다면 정보기관과 미디어 복합기업들은 곧 강제적으로 깨우치게 될 국가가 대량살상무기를 보유하거나 전쟁범죄를 저지를 것을 비난할 것이다. 결과적으로 사담 후세인의 제거를 초래한 전쟁의 전신인 걸프전 중에 지금은 오류가 입증된 나이라 증언(Nayirah testimony)은 이라크 군인들이 고의적으로 아기들을 인큐베이터로부터 제거하여 죽음에 이르게 하였다고 주장하는 미디어에 의해서 세상에 크게 퍼뜨려졌다.

이런 모든 이야기들은 어떻게 미국이 벨기에 아이들을 먹는 '야만적인' 독일인들을 상대로 전쟁 속으로 빠져들게 되었는지를 상기시킨다.

이런 것들에 대한 반대는 삶에 대한 신호를 보여 주었는데, 트럼프 대통령이 선거기간 중에 "미국 제일주의" 구호를 사용하면서 윌슨식의 정권교체 지지자들이 갖고 있는 열정이 명백하게 결핍된 외교정책을 제시했을 때이다. 그럼에도 불구하고 자유주의적 헤게모니에 대한 이념이 워싱턴의 엘리트들에게 깊게 뿌리박혀 있기 때문에 미디어가 전쟁의 공적인 지지를 이끌어 내기 위하여 지속적으로 이용했던 그 획일적인 유물은 트럼프 대통령 이전에 수차례에 걸쳐 사용되었다. 그렇지만 윌슨 시대 이후로 민주주의를 위한 안전한 세계를 만들려는 시도는 실패를 거듭했다.

제13장 오바마 외교정책의 실패*

머리 로스버드(Murray Rothbard)가 종종 강조했듯이, 자유시장과 평화적 외교정책은 꼭 필요한 동반자들이다. 만약 정부가 호전적인 외교정책을 펼친다면 자유시장은 유지될 수 없다. 전쟁에 지속적으로 관여하는 강력하고 공격적인 국가는 그것을 유지하기 위하여 엄청난 자원들을 필요로 하며, 그리고 '군부 사회주의'는 사실상 곳곳에 존재하고 있다.

이러한 관점에서 볼 때, 오바마(Obama)의 업적과 관련하여 최근에 이루어진 앤드루 바세비치(Andrew Bacevich)와 존 미어사이머(John Mearsheimer)의 최근 대담은 좌절감을 준다. 바세비치와 미어사이머는 둘 다 외교정책을 연구하는 대표적 학자들이다. 바세비치는 퇴역 육군 중령 출신으로서 외교정책의 군사화에 대한 신랄한 비판가이며, 미어사이머는 '현실주의'에 대한 선도적인 이론가이다. 여기서 현실주의는 이념적인 성전을 배격하고 외교정책의 목표를 국가이익에 엄격하게 한정하는 시각을 의미하고 있다.

오바마는 미국 외교정책에 대한 비판적 관점을 가지고 대통령으로서 출발했지만, 그 정책의 본질적인 변화를 기대했던 많은 사람들을 실망시키기에는 오랜 시간이 걸리지 않았다. 미어사이머는 "오바마에 대하여 내가 실망하는 것은 그가 백악관으로 들어갔을 때 그가 이라크 전쟁과 아프가니스탄 전쟁을 단계적으로 축소하고 중동지역에서 미군의 주둔을 대폭적으로 줄일 것이라는 의미에서 미국의 세계적 책임을 끌어 내릴 것이라는 인식을 주었다는 점"이라고 언급

* David Gordon, 2017. 1. 19(이종선 역). 데이비드 고든은 미제스연구소의 수석연구위원이며, 그리고 『미제스리뷰』(The Mises Review)의 편집인이다. 원문은 https://mises.org/wire/failures-obamas-foreign-policy.

했다.

오바마는 사실상 자신이 개입주의자임을 증명했다. 바세비치는 그 증거를 이렇게 요약하고 있다. "내가 생각하기로는 버락 오바마가 공약한 두 개의 약속에서 그 논쟁점을 출발하는 것이 좋다. 첫 번째 약속은 그가 '어리석은 전쟁'이라고 일축했던 이라크 전쟁의 종식이었으며, 그리고 두 번째 약속은 그가 '반드시 필요한' 전쟁이라고 묘사했던 아프간 전쟁을 승리로 이끄는 것이었다." 놀랍게도 10년이 지났으며, 그리고 그는 어느 약속도 지키지 못했다.

바세비치는 오바마의 아프간 정책 실패를 좀 더 자세히 설명하고 있다. "특히 아프간을 살펴보자. 오바마는 나타나서 전쟁 승리를 다짐하고, 그곳 아프간 책임자인 장군을 교체하며, 그리고 스탠리 맥크리스탈(Stanley McChrystal)을 사령관으로 임명한다. 맥크리스탈은 전쟁에서 승리하기 위한 전략, 즉 아프간에 대게릴라전의 기법을 적용하는 것을 계획한다. 그 전략은 데이비드 퍼트레이어스(David Patraeus)가 이라크에 성공적으로 적용한 것으로서 추정되었다. 나는 그 전략이 이라크에서 특별하게 효과적이었다고 생각하지 않지만, 그것이 아프간에서 먹혀들지 않았던 것은 분명했다. 2010년 가을이 되어서야 미군의 지휘부가 아프간에서 전쟁 승리 방법을 몰랐다는 것이 상당히 명백해졌고, 그리고 오바마는 그가 물려받은 전쟁이 정체되어 있으며, 그리고 이제는 아무도 어떻게 전쟁을 종식시킬지 모른다는 것을 알게 되었다. 미어사이머와 나는 전쟁에서 손을 떼는 용기 있는 결정이 필요하다고 이야기했지만, 그는 그렇게 하지 않았으며, 그래서 우리는 지금 종착역이 보이지 않는 전쟁을 16년 동안 지속하고 있는 상태에 있다."

미어사이머가 지적했듯이, 오바마의 실수들이 이라크와 아프가니스탄에만 국한되지 않은 것은 유감스럽다. 그는 중동지역 전체를 불안정하게 하는 데 크게 기여했으며, 그리고 개입주의가 다시 한 번 비난을 받게 되었다. "중동지역에 초점을 맞춘다는 것은, … 내가 생각하기로는 이란과의 핵 협정 타결을 제외하고 오바마 대통령 시대에는 우리가 전 세계에 걸쳐 재난의 지역 형성에 일조를 했다는 것은 상당히 명확하다. 비록 우리가 그곳에서 군사력을 사용하지 않았지만, 우리는 바사르 알 아사드 정권을 전복시키는 노력 — 그 정권은 붕괴 상황에 도달했지만 재앙적인 사태를 만들어 내었다 — 에서 핵심적인 역할을 했다. 우리는 리비아에서 무아마르 가다피(Muammar Qaddafi)를 끌어 내리는 데 주요한 역할을 역시 했지만 그 나라를 옛날 미국 서부 상태로 전환시키는 데에도 기여했다."

유럽의 상황도 더 좋은 것이 아니다. 오바마는 이전 행정부가 취했던 반러시아 정책을 지속하면서 공산주의와 냉전이 오래 전에 끝났다는 사실을 간과했다. 러시아에의 도전은 푸틴으로 하여금 크리미아와 우크라이나에 적대적으로 대처하게 했으며, 그리고 미국의 역할이 러시아를 방어적으로 했음에도 불구하고 푸틴의 행동들은 미국의 개입을 더욱 더 정당화하는 데 사용되었다. 미어사이머는 "나는 오바마 행정부가 우크라이나 사태에 대한 러시아를 고찰하는 데 있어 야기된 난처한 사태에 대하여 주로 책임이 있으며, 오바마 행정부가 북대서양조약기구(NATO)와 유럽연합(EU) 확장 — 그리고 우크라이나와 조지아 같은 곳에서 민주주의를 촉진시키는 것 — 이 러시아에 주는 의미에 관심을 기울이지 않고 방심했다고 생각한다. 우크라이나와 조지아를 서방의 일부분으로 만들기 위한 우리의 확고부동한 정책의 최종 결과는 우리와 러시아의 관계를 엄청난 위기상태로 만들었으며, 이것은 미국의 국가이익과는 거리가 멀다. 우리의 관점에서 볼 때, 우리가 러시아인들과 좋은 관계를 유지하는 것이 더 사리에 맞을 것이지만 물론 그러지 못했다. 그리고 나는 주요한 이유가 서방국가들의 외교정책 때문이며—그리고 거기에 미국이 강력한 추진력을 제공했다."

바세비치는 오바마가 취한 반러시아 외교정책의 과거가 지속되는 점을 강조한다. "문제는 오바마보다 선행하며, 또한 조지 부시(George W. Bush)보다도 앞선다. 만약 우리가 유럽연합과 북대서양조약기구의 확장을 예를 든다면, 그것은 냉전이 끝난 직후에 시작된 계획이다. 나는 오바마 행정부가 서방 기구들의 이러한 동진 확장이 적대적인 러시아 대응을 이끌어 내는 정도를 평가하는 데 완전히 실패했다고 하는 주장은 매우 적절하다고 생각한다. 그렇지만 그 파급력을 잘못 읽은 행정부가 그들만이 아니라는 점은 명백하다."

오바마 외교정책의 가슴 아픈 기록은 근본적인 문제점을 불러일으킨다. 만약 오바마가 개혁가로서 대통령에 취임했다면, 본질적인 변화를 만들어 내지 못한 이유는 무엇인가? 미어사이머는 외교정책 기구를 비난하고 있다. "그러나 그가 직면한 문제는 외교정책 기구가 확장주의적인 외교정책, 다시 말해서 세계 곳곳에서 일어나고 있는 일에 개입하고 이곳, 저곳, 그리고 모든 곳에서 정권교체를 시도하는 일에 너무 깊이 빠져 있어서 오바마는 — 비록 그가 대통령일지라도 — 경로를 바꾸어 본질적으로 상이한 외교정책을 채택하는 것이 매우 어려웠다. 나는 오바마가 대통령 재임의 상당한 초반부에 외교정책과 관련하여 현상유지가 최선의 향후 방안이 아니라는 점을 이해했다고 생각한다. 그렇지만 그가 할 수 있는 일은 거의 없었으며, 그 이유는 그를 둘러싼 행정부 내외의 사람들이 이른바 '자유주의적 제국주의'라고 불리는 외교정책에 전적으로 헌신적이었기 때문이다."

바세비치는 오바마가 미국의 정책 비판에 따라 행동을 하지 못한 것과 아이젠하워 대통령의 유명한 고별연설을 적절하게 비교한다. "아이젠하워는 8년간 대통령직을 수행하고 나서 퇴임 며칠 전에 텔레비전 발표를 통해 미국 국민들에게 '군산복합체'라고 불리는 것이 있으며, 그것은 매우 사악하고 정말로 위험하다고 선언한다. 당신은 아이젠하워에게 이러한 질문을 할 수 있다. '왜 당신은 퇴임할 시점까지 기다려서 우리에게 그 이야기를 하는가?'"

바세비치와 미어사이머는 정곡을 찌르는 비판을 하고 있음에도 불구하고 두 명 중 어느 누구도 완벽한 불간섭주의자로서 자격을 갖추지 못하고 있다는 점은 유감스럽다. 그들은 중동지역과 동유럽에 미국이 과도하게 개입하는 것은 중국 세력의 부상에 대처하는 데 방해가 될 것이라고 생각한다. 미국의 국익에 전혀 도전하지 않는 국가와 그렇게 충돌하는 지의 이유에 대해서 동아시아의 지배세력이 우리의 안보에 있어 어떤 면에서 필수불가결하게 되지 않는 한 그들이 일부러 설명을 하려고 하지 않는다, … 그렇지만 이러한 결점에도 불구하고 바세비치와 미어사이머는 오바마의 외교정책에 대하여 명료하고 설득력이 있는 분석을 제시했다.

제14장 일본 원폭 투하에 대한 재검토*

1945년 여름, 해리 트루먼(Harry Truman) 대통령은 일본제국에 대한 결정적인 일격을 찾고 있었다. 1944년과 1945년에 걸쳐 연합국들은 많은 승리를 거두었음에도 불구하고 트루먼은 히로히토 일왕이 그의 장군들로 하여금 전쟁을 계속하도록 강요하고 있었다고 믿었다. 미국 사상자들이 이오지마와 오키나와에서 7만 6천명에 달한 상황에서 트루먼 행정부는 일본 본토에 대한 공격이 이루어진다면 더 재앙적인 사상자 숫자가 기록될 것으로 예상했다. 그럼에도 불구하고 일본 본토에 대한 공격 계획은 작전명 〈몰락(Downfall)〉으로 준비되었다.

잠재적인 대재앙에 대한 추정치는 정신을 번쩍 들게 했다. 미국의 합동참모본부는 사상자를 1백 20만명으로 예상했다.[1] 체스터 니미츠 제독 및 더글러스 맥아더 장군 모두를 보좌하는 참모는 매일 1천명 이상의 사상자를 예측했으며, 해군성 인사담당국은 총 사상자들이 4백만 이상, 그리고 일본인 사상자들은 1천만명에 달할 것이라고 생각했다. 『로스앤젤레스 타임스』(The Los Angeles Times)는 다소 낙관적으로 1백만명의 사상자를 어림잡았다.

이러한 숫자들을 고려해 본다면 미국이 실제로 핵무기 선택을 감행하여 8월 6일에 히로시마에 리틀 보이(Little Boy) 그리고 8월 9일에 나가사키에 패트 맨(Fat Man)을 투하했다는 것은 놀라운 일이 아니다. 일본은 24일 후에 공식적으로 항복하여, 결과적으로 수백만명의 미군의 생명을 잠재적으로 구했으며, 그리고

* Alan Mosley, 2018. 12. 31(이종선 역). 알란 모슬리는 자유주의적 관점에서 현재의 사건, 정치, 대중문화를 얘기하는 〈알란 모슬리와 함께하는 골드 스탠다드〉(Gold Standard with Alan Mosley)의 진행자이다. 원문은 https://mises.org/wire/atomic-bombing-japan-reconsidered.

1) https://www.historylearningsite.co.uk/world-war-two/the-pacific-war-1941-to-1945/operation-downfall/

소름끼칠 정도이지만 필연적인 폭격에 정당성을 부여했다.

적어도 이것은 우리 모두가 초등학교 시절에 배웠던 보통의 이야기이다. 그러나 너무나 많은 역사적 이야기들과 마찬가지로 그것은 과도하게 단순화되었고 역사적으로 둔감하다.

트루먼 대통령이 신형 개발 원자탄 배치를 승인했을 때, 그는 일본이 최후까지 전쟁을 수행할 계획을 갖고 있다고 확신했다. 많은 사람들은 사상자 추정치가 그로 하여금 태평양에 있는 미군의 생명을 보호하기 위한 경고의 방향으로 잘못된 판단을 하도록 만들었다고 주장을 하고 있다. 그렇지만 이러한 주장이 간과하는 것은 트루먼을 둘러싼 다른 중요한 수치들이 정반대의 결론을 이끌어 내었다는 사실이다. 그 반대자 가운데 주요한 인물인 드와이트 아이젠하워(Dwight Eisenhower) 장군은 "나는 두 가지 측면에서 (원자탄 사용에 대하여) 반대했다. 첫째, 일본은 항복할 준비가 되었으며, 그리고 그들을 그렇게 무시무시한 무기로 공격할 필요가 없었다. 둘째, 나는 우리나라가 그러한 무기를 사용하는 첫 번째 국가가 되는 것을 싫어했다."[2] 비록 그는 이러한 말을 1963년에 공개적으로 했지만 1945년에 당시의 전쟁성 장관이었던 헨리 스팀슨(Henry Stimson)에게 동일한 주장을 했다. 그의 회고록은 이렇게 묘사하고 있다. "나는 그에게 심각한 우려를 표명했다. 그 생각의 근거들 가운데 첫 번째는 일본이 이미 패망했고, 그래서 폭탄 투하는 완전히 불필요하다. 그리고 두 번째 이유는 나의 생각은 우리나라가 그 무기의 사용함으로써 세계 여론에 충격을 주는 것을 회피해야 한다는 것이었다. 나는 그 무기의 사용은 미국인들의 생명을 구하는 조치로써 더 이상 위임을 받지 않았다고 생각했다. 나의 믿음은 일본은 바로 그 시점에 최소한의 '최면' 손실로서 항복의 길을 찾고 있었다는 것이었다."[3]

아이젠하워의 정서에 동조한 또 다른 저명인사는 윌리엄 레이히(William D. Leahy) 제독이었다. 그는 제2차 세계대전 기간 중에 현역으로 복무한 장교 가운데 최고령자였으며, 트루먼의 수석 군사고문단에 소속되어 있었다. 그의 1950년 저서 『나는 거기에 있었다』(I Was There)에서 레이히는 "이러한 야만적인 무기를 히로시마와 나가사키에 사용한 것은 일본과의 전쟁에서 우리에게 전혀 실질적인 도움이 되지 못했다는 것이 나의 의견이다. 일본은 이미 패망했으며, 효과적

2) https://old.seattletimes.com/special/trinity/supplement/quotes.html
3) https://www.csmonitor.com/1995/0804/04091.html/(page)/2

인 해상봉쇄와 재래식 무기에 의한 성공적인 폭격으로 항복할 준비가 되어 있었다."[4] 일본 본토가 봉쇄 상태에 있었기 때문에 중국과 한국에 있는 일본군은 병력 보충과 물자 조달로부터 효과적으로 단절되어 있었다.

『포린 폴리시』(Foreign Policy)의 워드 윌슨(Ward Wilson)이 쓴 글에 의하면,[5] 일본에 가장 장엄한 날은 8월 9일이었으며, 그 날은 일본 최고회의에서 항복이 논의가 된 날이었다. 그날이 중요한 이유는 그 날이 히로시마 폭격 이후의 날이었기 때문이라기보다는 오히려 소련이 일본 점령 하에 있는 만주를 세 개의 전선에서 침략함으로써 태평양 전쟁에 개입한 날이었기 때문이다. 8월 8일 이전에는 일본은 러시아가 전쟁 종식에 중재자 역할을 할 것이라는 것을 기대했다. 그러나 러시아가 일본에 적대적 태도를 보였을 때, 일본은 러시아가 미국보다 심지어 더 큰 위협으로 인식했다. 이 점은 당시의 일본 고위 관리가 작성한 문서에서 잘 드러나 있다.[6]

러시아의 움직임으로 인하여 사실상 일본은 무조건 항복을 고려하지 않을 수 없었다. 그 시점에 도달해서야 비로소 일본은 히로히토 일왕에 대한 약간의 품위와 전범재판으로부터 보호의 조항이 담긴 무조건 항복을 바로 받아들였다. 윌슨은 유럽에서의 전쟁과 마찬가지로 일본을 패배시킨 사람은 트루먼이 아니라 스탈린이었다고 결론을 내린다.

해리 트루먼은 그가 내린 원자탄 사용 결정에 대한 공식적인 유감 표명을 결코 하지 않았다. 그러나 그는 1945년 8월에 이르기까지의 전쟁 상태, 그리고 히로시마와 나가사키 폭격의 전략적 가치에 대한 독자적인 연구를 지시했다. 1946년에 미국의 『보밍 서베이』(Bombing Survey)는 다음과 같은 결과물을 발표했다.[7] "모든 사실에 대한 심층 조사와 더불어 관련된 생존 일본인 지도자들의 증언에 기반을 둔 본 연구의 의견은 1945년 12월 31일 이전에는 반드시, 그리고 1945년 11월 1일 이전에는 십중팔구 아마도 비록 원자탄이 투하되지 않았더라도, 러시아가 전쟁에 참가하지 않았더라도, 그리고 어떠한 침공이 계획되거나 신중하게 고려되지 않았더라도 일본은 항복했을 것이다." 이것은 트루먼의 결

4) https://www.csmonitor.com/1995/0804/04091.html/(page)/2

5) https://foreignpolicy.com/2013/05/30/the-bomb-didnt-beat-japan-stalin-did/

6) https://www.washingtonpost.com/opinions/five-myths-about-the-atomic-bomb/2015/07/31/32dbc15c-3620-11e5-b673-1df005a0fb28 story.html?utm term=.bf315ba9b3e6

7) https://chnm.gmu.edu/loudountah/activities/pdf/Excerpt-Truman13.pdf

정, 러시아의 참전, 그리고 침공을 심하게 비난하고 있다.

티모시 카니(Timothy P. Carney)가 『워싱턴 이그재미너』(Wasington Examiner)에 기고했듯이,[8] 전쟁의 안개는 복잡한 것일 수 있다. 그러나 만약 트루먼이나 혹은 아이젠하워와 반대의견을 가진 다른 군부 지도자들의 편을 들어야 하는 상황이라면 아이젠하워의 입장은 단순히 타당한 것은 아니다. 그것은 사실상 미국의 몇몇 근본적인 가치들과 잘 부합한다. 그 시대의 상황, 그리고 근대의 수정주의 역사관 모두의 관점에서 본 모든 불확실성을 고려해 보면, 정에 의존하는 것보다 원칙에 기대를 거는 것이 더 좋다. 모든 사람들의 관심 사항 중에 가장 상위에 위치한 하나의 원칙은 이것이다. 대량살상무기로 민간인들을 공격대상으로 삼는 것은 잘못된 것이다. 선량한 남자, 여자, 그리고 어린이 수십만 명[9]을 고의로 살해하는 것은 어떠한 상황에서도 정당화될 수 없으며, 더군다나 트루먼이 직면한 상황에서도 마찬가지이다. 그의 결정이 일본의 옹고집[10]에 대한 분노에서 나온 것인지 아니면 미군에 대한 우려에서 이루어진 것이든지의 여부와 관계없이 비전투원들을 향한 트루먼의 그렇게 파괴적인 무기 사용은 변명의 여지가 없다. 미국인들은 과거(그리고 현재)의 분쟁에 대한 완전하고 솔직한 분석을 위한 노력을 경주해야 한다. 그리고 만약 미국이 자신의 이상에 충실하려면 미국은 국내외적 모든 분쟁에 있어서 더 고귀하고 도덕적인 목적들을 추구해야 하며, 그리고 그 목적들은 우리가 가장 소중하게 지켜 온 황금률과 같은 기본원칙들 의해 인도되어져야 한다. 적어도 미국인들은 대량학살을 정당화하려는 노력을 하지 않아야 한다.

8) https://www.washingtonexaminer.com/it-wasnt-necessary-to-hit-them-with-that-awful-thing-why-dropping-the-a-bombs-was-wrong

9) https://www.aasc.ucla.edu/cab/200708230009.html

10) https://www.trumanlibrary.org/whistlestop/studycollections/bomb/large/documents/index.php?documentdate=1945-08-09&documentid=9&pagenumber=1

제15장 러시아, 중국 그리고 실크로드의 지정학*

러시아와 서방 국가들 간의 가장 현저한 지정학적 특징은 러시아와 중국 간의 상대적으로 모호한 지정학적 특징으로 그 방향을 바꾸고 있다. 미국의 주류 미디어는 중국이 2013년에 시도한 '새로운 실크로드'나 '일대일로' 계획으로 일반적으로 알려진 9천억 달러에 달하는 복잡한 구성물인 전략적 수송로 건설을 최소한으로 그리고 단지 다소 부수적으로 보도하고 있다. 그것은 역사적으로 가장 큰 규모의 인프라와 투자 사업 중의 하나로서, 68개국이 참여하고 세계 인구의 65%와 2017년 기준으로 세계 국민총생산의 40%에 해당할 정도이다.

러시아가 그 계획의 초기에는 중국의 영토적 야심에 대한 우려로 참여를 주저했음에도 불구하고 그 계획은 러시아의 중국과 관계 강화에 핵심적인 동인으로 작용했다. 그 이후에 양국 간의 협력적 관계는 적극적으로 발전했고 그것은 러시아의 영향권 확대에 큰 혜택을 주었다. 러시아에 미친 즉각적이고 긍정적인 효과 중의 하나는 유라시아 국가들과 이란이 러시아에 더욱 밀접하게 접근했다는 것이며, 이것은 서방 국가들과 관련하여 잠재적으로 폭발적인 영향을 미치는 사태의 전개이다. 왜냐하면 카프카스의 에너지 지정학은 유럽연합과 미국의 관계에 있어 긴장의 근원이었기 때문이다. 그러나 동·서 간의 종반전에서 러시아 문제를 전반적으로 구성하는 기반은 에너지 지정학이며, 중동지역은 긴

* Marcia Christoff-Kurapovna, 2018. 4. 20(이종선 역). 「미제스와이어」(2019. 2. 25). 마르시아 크리스토프-쿠라포브나는 오스트리아의 빈에 본사를 두고 있는 『월스트리트저널 유럽판』(The Wall Street Journal Europe)에 스위스와 리히텐슈타인 은행과 관련한 특집기사와 기고문을 게재했으며, 『스위스 와치』(Swiss Watch) 칼럼의 저자이기도 하다. 그녀는 현재 미국 워싱턴 D.C.에 거주하며, 해외 고위인사들을 대상으로 강연과 기고문을 작성하고 있다. 원문은 https://mises.org./wire/russia-china-and-geopolitics-silk-road.

장을 상승시키는 위치가 될 것이다.

중국의 최근 상황을 고려해 보면, 현 시점까지 중국에서 유럽으로 가는 컨테이너 선적의 '90% 이상'이 해상수송으로 이루어지고 있다. 중국의 계획은 대륙 간의 육로 통로 네트워크를 통하여 운송 항로의 선택을 다양하게 하는 것이다. 중앙아시아와 중동지역이 중요한 역할을 하는 것은 명백하며, 이 모든 것들은 러시아의 이익과 연결되어 있다. 중국도 북극지역으로 접근하기를 바라고 있다. 그 지역은 유라시아를 관통하는 대륙의 회랑(그리고 구상 중인 인도-태평양 해로)의 추가적인 시설물로서 건설될 것이다. 사실상 중국은 자국을 "북극에 근접한 국가"로서 선언하고 이른바 북극 실크로드 건설을 목표로 하고 있다.

더욱이 이러한 새로운 중국-러시아 경제 전략은 석유-달러에 대한 의존으로부터 벗어나기 위하여 중국의 통화 단위인 위안화를 중국-러시아에 통용되는 금본위화폐로 만들려는 중국의 결정과 더불어 중국이 최근에 '금본위 석유-위안'을 도입한 시점과 일치하고 있다. 우리가 과소평가할 수 없는 것은 현 시점까지 석유를 구입하고자 하는 모든 국가들은 그 무역거래를 위해서는 달러를 먼저 구입해야 한다는 점을 고려해 볼 때, 이것이 세계적 에너지 시장에서 야기할 수 있는 엄청난 변화이다. 상하이 국제 에너지 거래소에서 석유-위안으로 명명된 미래의 석유 계약이 시작됨에 따라 그 거래소는 일곱 종류의 원유, 특히 중동산인 이라크, 두바이, 그리고 오만 원유를 취급할 것이다. 이것은 세계 최고의 석유 수입 지역인 아시아에서 수입되고 소비되는 석유의 가격을 산정하는 데 있어서 기준점을 제공할 것이다.

이러한 움직임은 중국의 통화를 진정한 세계적 통화로 인정받게 하는 데 기여할 뿐만 아니라 원유가격의 결정에 있어서 중국에 더 많은 힘을 주도록 고안된 것이다. 특히 중국이 미국의 보복을 거의 두려워하지 않고 있는 것이 명백하다는 사실을 고려해 보면, 그 시점은 여기서 흥미롭다.

러시아는 이 모든 것을 의욕적으로 환영하고 있다. 러시아 학자인 아르티움 루킨(Artyom Lukin)은 2월 8일자 『워싱턴포스트』지에 실린 기고문에서 다음과 같이 언급했다. "러시아가 가졌던 초기의 오해에도 불구하고, 중국이 실크로드 깃발을 들고 중앙아시아로 침투한 것은 현 시점까지는 러시아의 이익을 현저하게 침해하지는 않았다." 중국의 야망들은 사실상 그 반대로 이루어졌다.

지난 해 11월 9일에 블라디미르 푸틴(Vladimir Putin)과 카자흐스탄의 나자르

바예프(Nazarbayev)는 중국에서 유럽으로 가는 철도 노선들 중 하나가 러시아와 카자흐스탄을 경유하는 계획을 발표했다. 블라디보스토크에 있는 극동대학교 교수인 루킨은 이 계획이 실현될 경우 "지정학적 및 경제적 결과는 카자흐스탄과 우즈베키스탄뿐만 아니라 중앙아시아 지역의 부근에 있는 다른 나라에도 영향을 미칠 것"이라고 지적했다. 중앙아시아와 남부 카프카스에서의 러시아 영향력은 러시아가 유라시아 영토의 노선을 지배함에 따라 강해질 뿐이다.

지난 십여 년 간에 걸쳐 이루어진 서방에 대한 러시아의 경제적 위치를 고려해 보면 러시아가 받는 혜택은 이 시점보다 더 좋을 수가 없다. 우크라이나의 2006년 오렌지 혁명을 둘러싼 유럽과의 1차 '에너지 전쟁', 2014년 이후에 이루어진 우크라이나 내전 시점의 유럽 가스 공급 혼란, 카프카스에서의 경쟁적인 에너지 지정학, 그리고 제재들과 지난 주 현 시점의 새로운 제재들이 그것이다. 그 핵심은 동쪽 방향에 두어지지 않으며, 그렇게 이루어지고 있다. 유럽으로 향하는 중국의 화물들은 카자흐스탄을 가로질러 러시아 철도 네트워크를 통과하여 운송되어야 한다. 그럼에도 불구하고 중앙아시아에 있는 국가들("states")은 자유무역지대를 추구하는 중국의 야망이 자신들을 살아 있는 상태로 먹어버릴 것이라는 두려움에 경계심을 표명하고 있다. 중앙아시아의 국민들, 특히 카자흐스탄과 키르기스스탄의 국민들은 "러시아 제국주의에 대한 분노를 훨씬 능가할" 정도로 중국에 대한 공포증을 가지고 있다고 위에서 언급한 학자인 루킨은 서술하고 있다. 간단히 말해서, 중앙아시아 국가들은 러시아를 포기하고 중국을 선택하지 않을 것이며, 중국의 경제적 영향력 확대를 견제하기 위해서라도 러시아에 더 한층 기댈 것이다. 이 모든 것들은 러시아에 크게 유리하게 작용하고 있다.

그렇게 되면 실크로드 계획의 주요한 축을 담당하는 이란이 있다. 그 계획은 중국의 서부 신장지역의 수도인 우루무치와 이란의 수도인 테헤란까지 약 2천 마일의 연결 노선을 필요로 한다. 그리고 테헤란에서 시작하여 이란의 철도 네트워크를 통하여 터키, 동유럽으로 연결되며, 그리고 그 외의 유럽 지역들에 연결되기 위해서는 이란 남부로부터 아제르바이잔까지 철도 노선의 개발이 필요한 실정이다. 이란의 영자지 『파이낸셜 트리뷴』(Financial Tribune)지에 의하면 중국-이란 노선은 "양국 간의 상품과 에너지 수송의 순풍이 될 것이며, 장기적으로 양국 간에 매년 6천억 달러의 무역 거래를 목표로 하고 있다." 이란으로서는 그 노선은 2025년까지 모든 철도에 전력의 공급을 명문화하는 광범위한 철도 개발 계획의 일부분이다. 이란은 세계적 수송과 물류에 관하여 자신들의 능력을 인식하고 있으며,이란, 러시아 그리고 터키는 유라시아의 미래 운반자들로서 간주되고 있다.

에너지 분야가 러시아의 최우선 경제적 순위임은 두말할 필요가 없다. 에너지 수익은 러시아의 경제 회복에 주요한 열쇠가 되며, 국제적 영역에서 러시아의 지위에 영향을 미친다. 영국의 리즈 대학교(University of Leeds)가 발간한 백서에 따르면, 에너지 이득은 "냉전기간 동안과 그 후에 러시아가 진 빚을 갚게 하고, 국가의 안정화 펀드와 러시아 중앙은행의 외화 보유고를 늘리게 하며, 그리고 수년간에 걸쳐 적자 예산을 방지할 수 있게 했다." 그리고 이러한 상황은 세계무대에서 러시아의 독립성을 어느 정도 가능하게 했다.

냉전 이후의 러시아연방에서 두 번째 강대국인 우크라이나는 4천 4백만명의 인구를 가지고 있으며, 러시아가 유럽연합에 버금갈 정도의 경제적 블록을 추구함에 있어 필수적으로 여겨졌던 우크라이나의 손실은 러시아로 하여금 동쪽으로의 진출을 재촉했다. 루킨은 "러시아는 독자적으로 생존이 가능할 정도로 충분한 규모의 지경제적 지역 시장의 확보에 실패한 나머지, 러시아의 유일한 대안은 다른 국가의 경제적 궤도 속으로 들어가는 것이었다"고 주장했다. 2015년에 러시아는 중국의 통제 하에 있는 아시아 인프라 투자은행에 참여를 주저했지만, 가장 결정적인 행보는 몇 개월 후인 5월에 이루어졌다. 그 시점에 중국의 시진핑과 러시아의 푸틴이 모스크바에서 만나 러시아의 유라시아 경제동맹과 중국의 일대일로 계획의 '연결'을 도모하기로 약속했다.

러시아는 자국에 대한 미국의 행동과 새로운 제재들이 중국과 중동지역에 대한 자국의 지전략적 에너지 정책의 성장을 붕괴시키는 데 궁극적 목적을 가진 것으로 보고 있다. 2015년의 이란과의 '핵협상'에 대하여 다음 달에 있을 미국의 재검토 시점이 다가옴에 따라 이란에 대한 미국의 도발적인 언사가 점증하는 상황과 결부되어 있다는 관점에서 앞으로의 10년간은 러시아와 미국 양국의 관계가 최악의 상황이 될 수도 있다. 이러한 모든 것들이 에너지 수송관의 지역적 게임 보드에서 어떻게 작동할 것인가, 그리고 막후 실세 국가들도 영리하고 다차원의 체스 경기에서 승자가 되지 못할 수도 있다. 왜냐하면 그 경기는 똑같이 예측 가능하며 그 경기의 움직임인 수(手)들도 똑같이 예측할 수 있기 때문에 킹(kings)을 폰(pawns)으로부터 벗어나게 할 수 없기 때문이다.

제16장 마약전쟁은 더 많은 이민자들을 미국 국경으로 밀어붙이고 있다*

지난 몇 주간에 걸쳐 미국 정부가 남쪽 국경을 불법적으로 넘어오는 외국인에 대처하는 모습과 그들의 아이들이 미국 정부에 의해서 부모들과 생이별하는 모습들을 보도하는 뉴스들이 넘쳐나고 있다. 나는 처음에는 이런 소동에 나 자신이 대상이 되지 않으려고 노력했지만, 약 1주일 동안 면밀히 관심을 두고 있었다.

나는 그것을 하나의 소동이라고 표현하는데, 그 이유는 히스테리가 개입되어 있기 때문이다. 트럼프 당의 무지한 자들로부터 극단적인 개인용 컴퓨터 진보주의자들까지, 그리고 자유주의자들, 그리고 심지어 영부인인 멜라니아 트럼프(Melania Trump)마저도 감정적인 롤러코스터에 뛰어 올랐다. 토크쇼에서는 분노가 넘쳐나고 있으며, 전미 공공방송 협회의 기자들조차도 우리가 알아들을 수 있을 정도의 감정 표현을 했다는 것은 주목할 만하다.

나도 이러한 이야기의 전개과정을 따라가지 않으려는 노력을 부단히 하고 있지만 중미 출신의 이런 사람들이 그들의 생명을 무릅쓰고 위험한 여행을 하는 이유에 대해서는 예외 없이 언급하지 않고 있다. 그들의 종착지는 그들에게 적대적인 대통령과 정부가 통치하는 국가이며 그들은 자신들의 언어를 사용하지도 않고 있다. 미국이 1845년에 텍사스를 병합하고 1848년에 멕시코의 북부

* Mark Thornton, 2018. 6. 26(이종선 역). 마크 손턴은 미제스연구소의 연구위원이며, 오스트리안 경제학의 계간 저널 Quarterly Journal of Austrian Economics의 서평 편집인이다. 오번 대학교(Auburn University)의 경제학 박사학위를 받았으며, 오번 대학교와 콜럼버스 주립대학교(Columbus State University)에서 대학원 교수로서 일하고 있다. 그는 2014년에는 옥스퍼드 유니온(Oxford Union Society)에서 "마약 전쟁" 주제로 반대토론에 참여했다. 원문은 https://mises.org/wire/drug-war-pushing-more-migrants-our-borders.

절반을 강탈한 이후 최소한 멕시코 사람들이 미국의 영토로 들어오고는 있지만, 중미 이민자들이 미국의 국경으로 온다는 것은 상대적으로 새로운 현상이다.

만약 우리가 위험성이 매우 높은 이민이라는 새로운 현상을 일으키는 이유를 안다면 우리는 그것을 중지시키고 모든 히스테리를 종식시킬 수도 있다. 그러나 아직은 미디어가 이런 현상의 원인을 밝히는 데 관심이 없어 보인다. 아마도 그들은 대부분의 결과가 원인이 있다는 것을 인지하지 못할 정도로 영리하지 않을지 모른다?

중미의 폭력

이런 이민의 가장 직접적인 원인은 그들의 모국에서 일어나는 폭력이다. 폭력의 수준은 이번 세기에 급격하게 증가했다. 유엔 통계에 의하면 중미국가인 엘살바도르는 2016년에 인구 10만명당 83명을 기록함으로써 세계에서 가장 높은 살인율을 보였다. 그 국가의 북쪽 이웃인 온두라스에서는 57명으로 두 번째로 높았다. 조그마한 벨리즈는 7번째로, 그리고 과테말라는 15번째로 상황이 악화되었다.

한때는 고요하고 그림같이 아름다운 국가인 코스타리카를 최근에 여행을 다녀오면서 나는 폭력과 살인이 그 국가의 주요한 문제라는 것을 알게 되었다. 살인율은 12번째로 우간다보다도 조금 더 나쁜 상황이다!

살인율이 높은 순위의 20개 국가들을 살펴보면, 17개국들이 우리의 남쪽 국경 아래에 있는 중미, 카리브 지역, 그리고 남미에 속해 있다. 이런 사실들은 중미 국가들로부터 탈출을 일으키는 원인에 대한 시사점을 우리에게 강력히 제기하고 있다.

미국의 마약전쟁

여기서 가장 중요한 요인은 마약에 대한 우리 자신의 전쟁이다. 불법 마약의 생산은 중남미에서 대규모로 이루어지고 있다. 미국 정부는 군사력과 다른 자원들을 사용하여 이런 마약들이 비행기와 배를 통하여 선적되는 것을 막고 있으며, 그래서 밀수업자들은 미국에 도달하기 위한 공급 루트로서 중미의 정글과 사막을 사용하고 있다.

게다가 마약 카르텔과 두목들은 국가안보를 위한 무장상태가 취약한 조그만 중미 국가들을 작전을 위한, 그리고 마약, 자금 및 무기를 보관하는 근거지로 사용한다.

그 카르텔은 폭력과 폭력의 위협을 사용하여 그 지역민들과 정부를 협박한다. 그들은 그 국가들의 전체가 아니라 조그만 공급 루트만을 원한다. 그 결과, 폭력은 그들이 통제권을 갖고 싶은 지역에서 매우 집중적으로 발생한다. 이런 장소에서는 카르텔 밖의 삶은 인내하기 힘들다. 이것은 지난 수년간에 걸쳐 보호자가 없는 어린이들이 중미의 자신들 고향을 벗어나 독자적으로 미국으로의 위험한 여행을 감행했을 때의 히스테리와 같은 이유이다.

만약 당신이 나만큼 미국의 보호시설에 있는 이민 어린이들에 대하여 관심을 갖는다면, 그들의 모국에 있는 겁먹고 두려움에 떨고 있는 그들의 사촌들에게도 적어도 그만큼 관심을 보여야 한다.

당신들 가운데 몇몇은 불법 이민을 막기 위하여 장벽 건설에 대한 생각을 품고 있을 지도 모른다. 그것은 먹히지 않을 것이다. 다른 사람들은 이민이 본질적으로 사악한 것이라고 생각할 수도 있다. 그것은 그렇지 않다.

우리는 마약전쟁을 끝냄으로써 이런 억지 희극의 종식시킬 특별한 능력을 가지고 있다. 중미와 남미 국가들에 보조금을 주고 압력을 가함으로써 금지령을 유지하게 만드는 것이 그것이다. 이것은 카르텔을 부강하게 하는 단계로 나아가게 된다.

마약전쟁의 종식은 폭력과 살인율을 낮추는 데 크게 도움이 될 것이다. 그렇게 되면 중미의 삶은 어느 정도 정상 상태로 복귀할 것이다. 이와 더불어 외국으로부터의 투자가 늘어나서 그 국가들에서 일자리도 창출될 것이다. 사실상 이렇게 되면 북미와 유럽으로부터 이 지역에로의 이민에도 큰 자극제가 됨으로써 더 많은 일자리와 서비스업이 창출될 것이다.

그러는 동안에, 해답을 찾기 위해서는 자유시장의 본능을 믿고 정치적 과정과 주류 미디어를 믿지 말기를 바란다.

제17장 인구 감소는 대재앙인가?*

1970년대에는 지구 인구가 너무 넘쳐나서 우리는 지구에서 떨어질 것이라는 얘기를 들었다. 지금 그 공포증 환자들은 인구 감소로 방향을 바꾸었다. 그들은 70년대에는 오류를 범했지만 또다시 그럴 것인가? 인구감소는 대재앙인가?

독일에서부터 일본에 이르기까지 많은 국가들은 대량 이민이나 출산 친화적 정책에 투자하고 있는데, 그 가정은 경제적 붕괴를 피할 정도로 충분하게 살아 있는 사람들이 필요하다는 점이다. 본인 생각으로는 이것은 잘못된 것이다. 국가 단위에서의 인구 감소가 대재앙이 아닌 것은 당연하며 사실상 긍정적일 수도 있다. 몇 가지 이유를 여기서 살펴보도록 하겠다.

역사적으로 볼 때, 첫 번째 질문은 왜 인구가 줄어드는가이다. 만약 그 이유가 또다시 몽골의 침공이라면 맞는 말이다. 경제는 고통을 받을 것이다. 사망만의 원인이 아니라 대규모의 학살도 생산자본을 파괴하는 경향이 있다.

그렇지만 만약 인구가 전쟁 없이도 줄어든다면 우리는 흑사병이라는 전염병의 자연적 대재앙을 경험했다. 어느 것이 서방국가들의 '이륙'에 도움이 되었는가. 만약 경작지를 포함한 자본이 똑같이 유지되지만 제3의 요인에 의해 인구가 감소한다면 우리는 공급 초과를 얻게 된다. 똑같은 자원을 적은 수의 인구로 나누어 보라.

멋쟁이 친구가 무제한의 자원—멋진 차, 전망 좋은 강변 펜트하우스—을

---

* Peter St. Onge, 2017. 10. 3(이종선 역). 「미제스와이어」(2019. 1. 17). 피터 세인트 온지는 대만의 풍치아 대학교(Fengjia University) 경영대학 조교수이며, "혼돈의 이익"(Profits of Chaos)의 블로거이다. 원문은 https://mises.org/wire/population-decline-catastrophic.

소비하면서 여기저기 돌아다니는 좀비 영화를 상상해 보라. 그것은 희석된 형태이지만 인구 감소가 우리에게 제공하는 것 — 더 많은 토지, 더 많은 고속도로나 더 많은 빌딩, 일인당 더 많은 자원 — 이다.

만약 인구 감소가 흑사병과 같은 무시무시한 역병 때문이 아니라 우리가 단지 적은 수의 아이들을 원하는 지금의 상황이라면 생산인구의 감소로부터 오는 충격은 그렇게 크지 않을 수 있다. 40살에 사망하는 노동자는 그 자신이 생산성을 많이 갖고 있어서 우리에게 피해를 많이 주는 경우이지만 태어나지 않은 아이들은 사실상 우리에게 전혀 피해를 주지 않고 단지 희망과 꿈을 파괴할 뿐이다.

그렇기 때문에 만약 흑사병이 일인당 관점에서 유럽에 큰 경제적 이득을 주었다면 아이를 적게 낳는 문제는 일인당 관점에서 심지어 더 큰 횡재가 될 수도 있다.

독일의 예를 들어보자. 최근의 이민 증가가 있기 전에는 독일은 여성 일인당 1.25명의 아이를 낳았다. 이것은 순환주기 기준(다시 말해서, 만약 사람들이 75세까지 생존한다면 매 75년 기간당)으로는 인구의 1/3 감소를 의미한다. 그래서 만약 독일의 경우 이민이 없다면 독일은 2100년에는 인구의 1/3 감소를 경험할 것이다. 이것은 좋은 일인가? 나쁜 일인가?

그 문제는 두 부분으로 나누어 보자. 인구의 절대적인 수치, 그리고 나이 구성상의 변화가 그것이다. 수치만 놓고 보면 독일인들에게는 좋은 현상이다. 똑같은 실물자본, 똑같은 양의 토지, 공기, 그리고 물이 그것이다. 국방비와 같은 공동비용을 분할 상환해야 하는 세금 납부자가 줄어드는 것은 맞는 말이다. 그렇지만 이런 비용은 크지 않으며, 경험적으로 볼 때 어쨌든 인구 규모와 종종 비교된다. 예를 들면 네덜란드의 국방비 예산과 인구는 둘 다 독일의 약 1/5이다.

그렇다면 수치상으로는 꽤 좋다. 적은 수의 사람들에게 더 많은 자원이니까. 이제 두 번째 질문인 나이 구성이다. 여기서 중요한 것은 인구 감소는 노동력 감소, 즉 연금을 받는 사람들의 증가이다. 그렇지만 이것은 아이들의 숫자 감소도 의미하고 있다. 누구에게 더 비용이 많이 드는가. 양측 모두를 포괄하는 숫자는 '의존율', 즉 분모는 노동자이고 분자는 어린이 더하기 노인들이다.

현실 세계의 예를 들어보자. 유엔은 독인의 인구가 2100년에는 6천 8백만명이 될 것이라고 예측하고 있다. 지금의 8천 2백만명과 비교하면 약 20% 감소를 의미한다. 나이 구성도 변해서 1/3이 65세 이상이 될 것으로 보고 있다. 1천 7백만명부터 2천 3백만명이다. 그러는 동안에 14세 이하의 어린이들은 1천 1백만명에서 9백만명으로 감소한다. 그렇게 되면 총 의존인구는 지금의 2천 8백만명에서 2100년에는 3천 2백만명이 된다. 그러는 동안에 15세에서 64세의 인구 숫자는 지금의 5천 4백만명에서 2100년에는 3천 6백만명이 된다. 요지는 지금은 한 명의 노동자가 1/2명의 의존인구 — 5천 4백만명이 2천 8백만명 — 을 부양하지만, 2100년에는 한 명의 노동자가 한 명의 의존인구 — 3천 6백만명이 3천 2백만명 — 을 부양하게 된다는 것이다. 여기까지 볼 때, 나쁜가, 좋은가?

그런데 여기에는 두 가지 단서가 있다. 둘 다 장기적 추세에 기반을 두고 있다. 첫 번째 단서는 약 일백년에 걸쳐 지금의 사람들은 단지 장수할 뿐만 아니라 더 오랫동안 건강하게 산다는 것이다. 이것은 '건강수명'이라고 불리는데, 계속하여 독일의 경우를 보면 매 십년당 약 1.4년 증가하고 있다.

이것은 2100년의 65세 어른은 지금의 53세 어른만큼 건강하다는 것을 함축하고 있다. 지금의 65세 어른들은 2100년의 78세 어른들의 건강과 비슷한 셈이다. 이것만으로 의존 노인들의 숫자를 지금의 상황까지 내릴 수 있지만 어린이의 숫자 감소는 노동자의 부담을 사실상 줄어들게 한다.

물론 이것은 건강수명과 맞추어 퇴직 연령을 높일 필요성 — 매 십년당 1.4년 — 을 보여 주지만, 정치인들이 그렇게 하기를 매우 주저하는 것은 명백하다.

두 번째 단서는 또 다른 장기적 추세인 경제성장이다. 여기서 역설적인 것은 인구성장의 관점에서 볼 때 경제성장은 사실은 최악의 시나리오라는 점이다. 왜냐하면 만약 경제가 성장하는 대신에 무너진다면 역사적으로 볼 때 인구는 실제로 늘어났기 때문이다 — 복지국가가 붕괴한다면 아이들이 당신들의 안전망이 된다. 그렇기 때문에 우리가 성장에 실패한다면 어쨌든 인구문제는 자체적으로 해결될 것이다. 우리 경제가 성장하든 아니면 인구가 감소하든 어쨌든 그것은 근거 없는 경계심을 불러일으키는 것이다.

경제성장을 계량화해 보면, 지난 50년간 독일은 매년 일인당 1.65% 성장을 했다. 이런 추세는 2100년의 독일 노동자가 지금보다 4배 이상의 생산능력을 갖추게 된다는 것을 보여 준다. 이것은 그 혜택을 과소평가하고 있다는 점을 명심하길 바란다. 왜냐하면 어떠한 성과든지 그것은 독일인을 부유하게 만들지만 대재앙은 어떤 것이든 그들로 하여금 아이들을 더 갖게 만들 것이기 때문이다.

그래서 요약을 해보면 건강수명의 증가는 2100년의 독일에 있어서 사실상 의존인구의 감소로 이어질 것을 시사하며, 경제성장은 단지 성장만으로 볼 때 독일 노동자들을 4배 정도로 부유하게 할 것이라는 점을 함축하고 있다. 인구통계의 부담은 80% 이상까지 줄어든다.

그런데 만약 우리가 매 십년당 1.4년을 부가적으로 일할 수 있다는 전망에 빠져든다면 그 경제성장이 암시하는 것은 노동자 부담이 50% 감소 — 소득의 4배 증가와 2배의 의존인구 증가 — 한다는 점이다. 그렇기 때문에 비록 정치인들이 용기가 없다 하더라도 복지 부담은 의존인구가 늘어나더라도 줄어들게 된다.

요컨대, 우리가 전체인구 숫자로 보든지 아니면 인구통계학적으로 보든지 간에 단지 아이들을 적게 낳으려는 선택으로부터 오는 인구 감소는 대재앙과 전혀 관련이 없다는 것이다.

이제는 결론이다. 세계적 맥락에서 볼 때, 인구가 많아지면 투자가 증가하고 그 결과 혁신과 경제성장으로 이어지는 경향이 있다. 전체적으로 보면 이것은 명백하지만 — 인간이 전혀 없다면 어떤 공장도 없을 것이다 — 인간은 망각의 경향이 있다. 그래서 우리는 국가 수준에서는 인구 감소가 전혀 재앙적이지 않다는 점을 인정하면서도 세계적 수준에서는 인구 과다에 대한 편견을 가지고 있다.

제18장 학자의 감소와 학계의 쇠퇴*

훌륭한 교육자를 비롯하여 학구적인 학자가 대학교의 교수진들로부터 사라지고 있다. 그들이 떠난 자리는 전문가들이 차지하고 있다. 이 과정의 첫 번째 희생자들은 학생들이다. 전문가 교수들은 자신들의 조그마한 전문 영역을 벗어난 강의를 좀체로 하지 않는다. 전문화된 영역을 벗어난 부분에 대해서는 1차원적의 전문가는 학생들만큼이나 무지하다. 그 전문가들이 자신들의 전문화된 영역을 강의할 경우 그 내용은 학생들이 이해하기에는 너무 어렵게 되며, 만약 그 전문가들이 그 학문의 넓은 영역을 다루게 되면 그 강의는 아마추어를 벗어나지 못하게 된다. 지난 수십년에 걸쳐 진행되어 온 학계의 학문 쇠퇴는 이러한 변화에 기인하고 있다.

학자들, 교육자들, 그리고 전문가들

대학교 교수들의 세 가지 이상적인 유형—학자, 교육자, 그리고 전문가—가운데 학자는 특정 분야에의 깊은 전문성뿐만 아니라 다른 분야에도 상당한 지식을 겸비한 사람이다. 1970년대까지만 해도 유럽과 미국의 많은 대학교에는 학자들이 있었다. 그 가운데 극히 소수만이 우연한 발견을 통하여 비범한 재능을 드러냈지만 그 외의 많은 학자들은 숙달된 전문가로서 위용을 뽐냈다. 그 학자들은 지혜를 겸비한 지식을 전파했는데, 그것은 훌륭한 학자는 연구자의 자질뿐만 아니라 훌륭한 교육자 자질을 동시에 가져야 했기 때문이다.

* Anthony P. Muller, 2019. 1. 21(이종선 역). 「미제스와이어」(2019. 3. 18). 안토니 뮐러는 브라질에서 교육을 담당하고 있는 독일인 경제학자이다.
원문은 https://mises.org/wire/decline-scholar-and-decline-academia.

학자의 자질을 갖춘 훌륭한 교육자도 대학교의 교수진으로부터 쇠퇴하고 있다. 학자와는 달리 순수한 의미에서의 훌륭한 교육자는 전문성 면에서 우수하지 못하다. 그러나 그의 강점은 그의 학문적 영역에 대한 광범위하고 정확한 파악에 있으며, 그리고 자신의 통찰력을 학생들에게 전달할 수 있는 능력에 있다. 훌륭한 교육자는 지식에 대한 문호를 개방하고 있다. 그는 현재 존재하는 지식의 입구를 많이 파악하고 있으며, 지식의 미로에서 벗어날 수 있는 방법을 다양하게 알고 있다.

만약 학자들과 훌륭한 교육자들이 아직도 대학교 교수진에 있다면 학생들뿐만 아니라 전문가들도 혜택을 받을 것이다. 학과 내의 학자들과 훌륭한 교육자들은 소통의 강화시키며, 교수진 모두를 공통의 토론장으로 이끌 것이다.

과거에는 훌륭한 교육자들과 학자들은 학문의 도입부인 개론 강의를 담당했다. 그들은 자신이 선택한 학문 분야와 다른 분야를 비교하면서 학생들에게 자신감을 심어 주거나 아니면 학생들이 다른 길을 선택하도록 도움을 주었다. 그러나 요즈음 대학교에서는 이런 추세가 종말을 고했다. 근래에 들어 대부분의 대학교에서 개론 강의는 대체 강사들에게 넘기고 있다. 이러한 조교수들이나 초빙강사들은 자신들의 경력을 시작하는 단계이기 때문에 학자들이나 좋은 교육자가 되기 어려우며, 마찬가지로 아직 전문가가 되기에 부족하다. 이러한 쇠퇴 분위기가 가장 우수한 이른바 '엘리트' 대학교에서 일어나고 있다는 조짐이 있는데, 그 대학교에서는 정치적 공정성에 대한 공포심이 절실히 필요하며, 미국의 정신에 대한 포용이 무엇보다도 요구되는 기관이다.

전문가의 출현

오랜 시간 동안 대학교의 기금은 외부로부터 기금 조성에 크게 의존해야만 했다. 학자적 자질과 교육의 중요성은 줄어든 반면, 제한된 영역에서의 전문성을 인정받은 전문가들이 대학교 발전의 새로운 지표로서 등장했다. 기금을 지원받기 위해서는 각각의 학문들은 '과학의 망토'를 입어야 했다.

논문의 발표량은 증가한 반면, 그 질은 하락했다. 자연과학과 행태과학의 전 분야에 걸쳐 이른바 '재생 불가능 위기'가 가장 우수한 결과물일지라도 그것에 대한 신뢰성에 의문을 제기했다. 발간된 연구 결과를 재생산하지 못하면 그것은 다양한 분야의 학문 영역 — 의학과 심리학에서부터 사회과학에 이르기까지—에 영향을 미쳤다. 후속 연구가 기존의 연구 결과를 입증할 수 있는지에 대한 조사가 이루어졌다. 그 문제는 통계치의 부정확한 적용, 연구기법의 편견, 신뢰성의 부족, 그리고 정치적 집단사고를 포함했다. '출판 아니면 죽음'에 대한 압박이 비록 데이터 근거에 의해 증명되지 않더라도 실정적인 결과를 도출하는 과학적 문화로 이어졌다.

의학 분야에서 가장 출판이 많이 된 연구 결과물이 허위라고 주장하는 몇몇 연구자들이 있다. 다른 연구에 따르면 연구자들이 다른 과학자들의 많은 실험을 재생산하지 못했으며, 그 과반수 이상은 자신들의 결과물을 재생산하지 못했다고 한다. 또 다른 연구는 조작된 결과물의 이면에는 명백한 오류가 있다는 것을 보여 주었다. 건강증진협회와 관련된 날조된 논문에 드러난 순진한 오류는 몇몇 학술지의 정치적 편견을 드러내었다.

전문가들이 대학에서 우월적 지위를 차지하면 할수록 교육과 지식의 향상이라는 대학의 본래 목적은 더욱 더 고통을 받게 된다. 계량적 업적 평가는—심지어 기업 세계에서도 예상과 다르게 나올 수 있는데—기업 세계보다 계량적 평가가 부적절한 교육과 같은 영역에서는 재앙이 될 수 있다. 제리 뮐러(Jerry Muller)가 그의 저서, 『측정기준의 폭정』(Tyranny of Metrics)에서 언급했듯이 학문적 성과에 공식적인 잣대를 적용하는 것은 학문의 발전에 전혀 도움이 되지 않았고, 도박, 속임수, 그리고 목표 전환으로 이끌게 되었다. 규칙과 규제의 폭포는 대학의 원천적인 목적 달성에 방해가 된다. 잘못 조정된 동기 부여는 전문가에게 유리하게 작동하지만, 그 노력들이 대학을 그 존재 의미로부터 벗어나게 만들게 된다.

많은 영역에 있어서 학문적인 결과물은 수익체감의 단계에 도달했으며 과학적 진보는 정체된 상태에 있다. 과학에 대한 공적인 신뢰는 여전히 유지되고는 있지만 유사과학에 대한 매력은 점증하고 있고 유사과학에 대한 인기가 반과학으로 가기까지 조그만 계단이 있을 뿐이다. 많은 학자들이 채용되는 대학교의 학과들을 지배하는 것은 전문가들의 자기본위적 이익이다.

출판 아니면 죽음이라는 과당 경쟁을 감소시킬 수 있는 중요한 단계는 과학에 대한 공적인 기금을 단계적으로 정지시키는 것이다. 과학적 진보가 공적인 자금에 의존한다는 것은 하나의 신화이다. 공적인 기금이 없다고 하더라도 혁신적인 발전은 줄어들지 않는다. 오히려 그 반대이다. 연구에 대한 공적인 기금 조성이 혁신보다는 전통적인 연구 영역과 통상적인 방법에 시간과 자금을 투자하도록 연구의 방향을 지정한다.

결 론

많은 학문적 영역에 있어서 학자의 감소가 대학교에서의 지적인 삶을 저하시켰다는 인식이 점증하고 있다. 대학교의 쇠퇴는 지난 이십년 간에 걸쳐 가속화되었다. 국가의 침범에 의해 방향을 지정받은 고등교육기관들은 정부에 굴복했다. 과학주의는 학자들과 훌륭한 교육자들을 밀어냈다. 이 과정에서 가장 큰 희생자들은 좋은 교육을 더 이상 받을 수 없는 학생들이다. 학생들의 발전과 연구의 결과물 향상, 모두의 관점에서 볼 때, 그 이득은 비용을 정당화시키지 못한다. 국가 개입의 철수는 학계의 활성화에 있어서 첫 번째 단계가 될 것이며, 그것은 연구에 대한 공적 자금의 감소와 중지로서 시작될 것이다.

찾아보기

[ㅈ]

■ 이 종 선

연세대학교 정치외교학과
연세대학교 대학원 정치학과(정치학석사)
미국 Ohio State University 대학원 정치학과(정치학박사)
국회도서관 입법조사연구관
(현) 인제대학교 공공인재학부 교수
미제스와이어 집필위원
한국정치학회이사
한국국제정치학회이사

<저 서>

『외교정책의 이론과 이해』(공저) (오름, 1998)
『미국외교정책–이론과 실제』(공저) (박영사, 2009)
『한반도 통일과 외교해법』(삼우사, 2015)

국제정치특강

–전쟁과 정치, 그리고 지구촌 안보

2021년 12월 27일 초판 인쇄
2021년 12월 30일 초판1쇄 발행
저 자 **이종선**
발행인 **조병철**
발행처 **三宇社**
경기도 고양시 일산동구 장백로 20,
102동 426호(백석동, 동문굿모닝힐1차)
전화: (02)718–8553(대) Fax: (02) 718–8554
등록: 1994. 9. 23(제396–2001–000025호)

정가 20,000원 **ISBN 978-89-91083-83-7 (93340)**